Choga Regina Egbeme

Hinter goldenen Gittern
Hinter dem Schleier der Tränen

Zwei Bestseller in einem Band

Ullstein

Besuchen Sie uns im Internet:
www.ullstein-taschenbuch.de

Umwelthinweis:
Dieses Buch wurde auf chlor- und säurefreiem Papier gedruckt.

Ungekürzte Ausgabe im Ullstein Taschenbuch
1. Auflage Dezember 2005

Redaktion: Angela Troni, München
Umschlaggestaltung: Büro Hamburg
Titelabbildung: © Colin Samuels/photonica;
© Christine Osborne/Picture Press
Gesetzt aus der Sabon
Druck und Bindearbeiten: Ebner & Spiegel, Ulm
Printed in Germany
ISBN-13: 978-3-548-36803-0
ISBN-10: 3-548-36803-4

Hinter goldenen Gittern

Inhalt

Vorwort

Ich bin 25 Jahre alt, mein Sohn Joshua ist fast sechs. Zurzeit geht es uns beiden ganz gut. Wir hoffen, dass der Ausbruch der Krankheit möglichst lange auf sich warten lässt. Ich versuche, uns nach bestem Wissen mit den Mitteln der Natur zu schützen. Westliche Medizin können wir uns nicht leisten. Ich wache jeden Tag mit dem Bewusstsein auf, morgen oder übermorgen alles zu verlieren – meinen Sohn, mein Leben. Unendlich traurig macht mich der Gedanke, womöglich nicht miterleben zu können, wie mein kleiner Josh aufwächst, niemals seine Kinder in meinen Armen wiegen zu dürfen: dass irgendwann das unsichtbare Band aus Liebe und Wissen, das die Generationen zusammenhält, abreißt.

Während meiner Schwangerschaft mit Joshua bat mich meine mütterliche Freundin Amara, meine Geschichte aufzuschreiben, damit ich mit dem Schrecklichen, das mir zugestoßen ist, besser fertig werde. Nachdem ich vor etwas mehr als einem Jahr zum ersten Mal meine deutsche Halbschwester Magdalena getroffen habe und sie von den Notizen hörte, ermunterte sie mich, diese zu vervollständigen.

Meine Zustimmung zur Veröffentlichung meines Manuskripts gab ich unter einer Bedingung: Die Namen und die genauen Lebensumstände aller betroffenen Personen (mich eingeschlossen) werden verändert. Denn Joshua soll niemals die genauen Hintergründe seiner Herkunft erfahren. Wenn Sie unsere Geschichte kennen, werden Sie das verstehen. Körperlich trägt er bereits seit der Geburt ein Stigma. Möge seine Seele rein bleiben.

Dank gesagt sei allen, die dieses Buch erst möglich gemacht haben. Ohne manche von ihnen würden Joshua und ich heute nicht mehr am Leben sein.

Gott schütze und segne Sie.

Jeba, im Mai 2001
Choga Regina Egbeme

Die fremde Schwester

Auf Mutters Nachttisch im Harem stand immer das Foto eines zehnjährigen Mädchens. Niemals lag ein Staubkorn darauf. Mit diesem Bild bin ich aufgewachsen.

»Das ist deine Schwester«, hatte Mutter mir irgendwann einmal erklärt. »Du kannst stolz auf sie sein.« Magdalena trug einen Kranz aus weißen Blumen in den blonden Haaren. Mutter erzählte mir, dass es Margeriten seien, die in Deutschland den Sommer über an den Rändern der Felder und auf den Wiesen blühten.

Ich stellte mir oft vor, wie Magdalena über eine grüne Wiese lief und Margeriten pflückte. Manchmal habe ich auch von ihr geträumt, habe versucht, sie zu fangen. Aber sie war immer viel schneller als ich. Nichts hatte ich mir sehnlicher gewünscht, als meine deutsche Schwester kennen zu lernen. In meiner Vorstellung war Magdalena immer das Mädchen auf der Wiese.

Dann kam eines Tages ein Brief von ihr. Magdalena hatte sich entschlossen, uns zum ersten Mal zu besuchen. Sie hatte ein Foto beigelegt. Ich blickte in das Gesicht einer völlig fremden Frau. Aus dem Mädchen mit den neugierigen blauen Augen und den halblangen blonden Haaren, die ihr in sanften Locken auf die Schultern fielen, war eine Frau mit kastanienbraunem, kurzem Haar geworden, die mich durch ihre strenge Brille nachdenklich ansah. Das Mädchen aus meiner Kindheit war inzwischen eine 41 Jahre alte Lehrerin aus Deutschland. Mir wurde bang. Denn zum ersten Mal wurde mir richtig bewusst, dass ein großer Teil meines Lebens bereits vorüber war.

Meine eigene Jugend, meine Sorglosigkeit, ja, auch ein Teil meiner Hoffnungen.

Mutters Freundin Amara begleitete mich zum Flughafen. Es war Karfreitag. Um mich herum tobten Kinder, Frauen lachten und Männer begrüßten sich lautstark. Alle Menschen wirkten so glücklich, als ob sie etwas ganz Besonderes geschenkt bekämen. Und ich stand mitten unter ihnen. Meine Kehle war wie zugeschnürt. Kopfschmerzen und Durst plagten mich gleichzeitig. Das Herz schlug mir bis zum Hals, ich schwitzte. Immer wieder starrte ich auf das Foto in meinen feuchten Händen, hob die Augen und suchte die Menschenmenge ab, die aus dem Ankunftsbereich herausströmte. Zufriedene Gesichter strahlten mich an, Reisende, die nach acht Stunden endlich aus dem Flugzeug steigen durften und sich in die Arme von Verwandten stürzten.

Das Foto brauchte ich nicht, um Magdalena zu erkennen. Es waren ihre Augen. Mamas Augen – sie hatte immer diesen leicht fragenden Blick gehabt. Als wollte sie alles ganz genau wissen. Erkennen, ob man es gut mit ihr meint. Manchmal lag auch ein wenig Angst in ihren Augen.

Amara hat dieser Angst einen Namen gegeben: »Die Menschen wissen gar nicht, dass sie diese Furcht in sich tragen. Aber ich kann sie sehen – die Furcht derer, die einen Verlust erlitten haben, über den sie nicht hinwegkommen. Sie steht ihnen ins Gesicht geschrieben, verrät ihre Sorge, wieder etwas Ähnliches erleiden zu müssen.« Ich kann sie inzwischen auch erkennen, diese Unsicherheit. Sie wohnt in den Augen unzähliger Menschen. Auch in Magdalenas. Vielleicht sogar in meinen eigenen, das kann ich natürlich nicht selbst beurteilen.

In der Menge der fremden Menschen suchte Magdalena nicht mich, sondern Mutter. Sie lief direkt an mir vorbei, ich roch ihr Parfüm, der weiche Stoff ihrer Kleidung streifte flüchtig meine Hand. Sie war zum Greifen nah. Und doch schien sie weiter entfernt als in all den Jahren zuvor. Plötzlich schoss mir eine unglaublich banale Frage durch den Kopf: Wie sollte ich sie ansprechen? Konnte ich einfach »du« sagen? Mit einem Mal fiel mir kein einziges deutsches Wort mehr ein. Mein Hirn war leer und mein Herz so voll.

Amara spürt, wenn Menschen zusammengehören. Sie verstellte meiner deutschen Schwester daher einfach den Weg. »*Welcome to Nigeria,* Magdalena!«, sagte sie.

Und ich stand da wie ein Dummkopf, ein paar Schritte von ihr entfernt, während die Leute mich immer wieder zur Seite drängten. Dabei hatte ich mir extra für den Flughafen richtige Schuhe angezogen, obwohl ich gar nicht daran gewöhnt bin, welche zu tragen. Ich passte wohl nicht richtig auf, wurde angerempelt und fiel hin. Da sah sie auf mich herunter, wie ich reglos und völlig verdattert am Boden lag. In meinem schönen weißen Kleid. In diesem Augenblick kam ich mir vor wie ein kleines Kind.

Wie sie mich angesehen hat! So voller Mitgefühl. Mutter hat mich auch immer so angesehen, wenn mir wieder einmal etwas sehr Dummes passiert war.

Im Fallen war mir das Foto aus der Hand geglitten. Nun lag es neben mir. Magdalena stellte ihre Koffer ab und bückte sich, um mir die Hand zu reichen. Das war unsere erste Berührung.

Sie half mir hoch und sagte meinen Namen: »Choga Regina?« Ich nickte stumm, mit zusammengepressten Lippen. Weil ich mich so schämte für diesen misslungenen Auftritt. Ich wollte es wieder gutmachen und ihre Koffer tragen.

»Die sind nicht schwer«, wehrte sie ab. Vom ersten Augenblick an sprach sie mit mir Deutsch. So wie Mutter es immer getan hatte.

Gehen in Deutschland eigentlich alle so schnell?, fragte ich mich stumm. Ich hatte immer das Gefühl, Mutter würde rennen, wenn sie aus ihrer Heimat zurückkam. Ich konnte auch Magdalenas Tempo nicht mithalten. Denn ich habe dieses Beinproblem. Bei mir dauert alles ein bisschen länger. Auch das Laufen. Darum lasse ich die Schuhe meistens ganz weg. Barfuß bin ich besser unterwegs.

Obwohl sie vor mir her eilte, entging mir nicht, dass meine Schwester nach Mutter Ausschau hielt. Aber sie fragte erst, als wir an Amaras Auto standen: »Ist Mama denn nicht mitgekommen?«

Noch immer hatte ich keinen Ton hervorgebracht.

Magdalenas Blick wanderte von Amara zu mir und wieder zurück: »Was ist mit ihr?« Sie stellte die Koffer ab und sah mich an. Mit diesem Blick, der direkt aus Mutters Augen zu kommen schien. Dem ich mich nicht entziehen konnte, weil ich darin die Verletzbarkeit erkannte. Und wusste, dass Magdalena wieder wehgetan würde. Mein eigener Schmerz war zu groß, um meiner Schwester in diesem Augenblick helfen zu können.

Da machte Amara etwas ganz Wunderbares: Sie breitete ihre starken Arme aus und schob uns auf ihre direkte Art aufeinander zu. »Ihr seid Schwestern«, sagte sie aufmunternd. »Also begrüßt euch auch wie Schwestern.« Die alte Frau schubste mich sogar ein bisschen. Das war unsere erste Umarmung. Ich glaube, Magdalena war sie ein bisschen unangenehm. Zuerst rührte sie sich nicht. Dann spürte ich ihre Hände auf meinem Rücken; das gab mir die Kraft, auch sie zu umarmen. Als wir so stumm dastanden, wünschte ich mir, dass dieser Augenblick ewig dauern werde.

Ich selbst bin in meinem Leben nicht sehr viel gereist. Aber wenn, dann war jede Fahrt mit einer Hoffnung verbunden. Am Ziel irgendjemanden oder irgendetwas zu finden, das ich dort nicht hatte, von wo ich aufgebrochen war. Magdalena war so weit geflogen, hatte sich jahrzehntelang auf das Wiedersehen mit unserer Mutter gefreut. Nun war sie gerade angekommen und ich musste ihr sagen, dass unsere Mutter, die sie wieder zu finden gehofft hatte, gestorben war.

Magdalena war genau einen Tag zu spät eingetroffen. Das Schicksal hatte es nicht zugelassen, dass die beiden sich auf dem Boden wieder begegnen konnten, den Mutter so sehr geliebt hatte – Afrika.

Die Angst in den Augen meiner Schwester wich einer großen Leere. Magdalena schien durch mich hindurchzublicken. »Das kann doch nicht sein«, flüsterte sie fassungslos. Sie schüttelte immer wieder den Kopf, lehnte sich müde gegen Amaras Wagen.

All der Trubel rings um uns herum, die vielen Menschen, die lärmend und lachend in ihre Autos stiegen und hupend davonfuhren, verschwanden auch für mich hinter einer undurchsichtigen Glaswand. Es schien nur noch uns beide zu geben, zwei Schwestern, die sich kaum kannten. Zwei Fremde, die dennoch verbunden waren durch ein extrem starkes Band – unsere Mutter. Obwohl sie gestorben war, schien sie in unserer Mitte zu stehen. Zu versuchen, unsere Hände zusammenzuführen. In Wirklichkeit übernahm Amara diesen Part. Wir umarmten uns erneut. Aber diesmal hatte die Umarmung nichts mit einer Begrüßung gemein, sondern unsere Seelen fanden sich.

Seit Mutters Tod wollte ich den Schmerz nicht zulassen. Die ganze Zeit über hatte ich immer wieder an Magdalena gedacht, dass ich für sie stark sein musste, ihr helfen, das Unbegreifliche zu begreifen. Nun fühlte ich gemeinsam mit meiner Schwester die offene Wunde, die der Verlust dieses geliebten Menschen uns zugefügt hatte.

»Irgendwie kommt es mir so vor, als könnte sie uns jetzt sehen«, hörte ich Magdalena nach einer Ewigkeit sagen. Sie sprach mir aus der Seele. Ich wusste, wie groß Mutters Sehnsucht gewesen war, uns zusammenzuführen, ihre beiden so unterschiedlichen Töchter. Ihre Hoffnung, unser Kennenlernen möge in uns so tiefe Gefühle wecken, dass sie für ein ganzes Leben reichten.

In jenem Glauben, in dem ich nach der Geburt meines Sohnes Joshua drei Jahre lang von weisen Frauen unterrichtet worden bin, wird gelehrt, dass die Seele eines Menschen auch eine Woche nach dem Dahinscheiden des Körpers noch über die Erde wandelt. Das konnte ich Magdalena in diesen Momenten am Flughafen zwar nicht erklären, aber genau das passierte: Mutter benutzte Amaras Hände, um Magdalena und mich für immer zu verbinden. Die weise alte Frau wusste das ebenso wie ich. Und blieb unsere stumme Beschützerin.

Nachdem wir uns wieder voneinander gelöst hatten, fuhr Amara uns durch die nächtlichen Straßen von Lagos, meiner riesigen Heimatstadt. Magdalena und ich saßen Seite an Seite im Fond des Wagens, ließen das laute, bunte Leben vor den Fenstern vorbeiziehen, als hätte es nichts mit uns zu tun.

»Hast du eigentlich Kinder?«, fragte ich Magdalena unvermittelt und riss sie damit aus ihren Gedanken.

»Eine Tochter, Katharina. Sie ist 19. Letztes Jahr hat sie ihr Abitur gemacht.«

»Wollte sie denn nicht mitkommen? Ihre Oma kennen lernen?«, fragte ich.

Magdalena schwieg einen Augenblick. Mir blieb genug Zeit, um ihre Antwort zu erraten: Sie wollte erst einmal sehen, wie Mutter hier so lebte. Stattdessen sagte meine Schwester: »Katharina arbeitet seit ein paar Monaten in den USA als Au-pair-Mädchen.«

Das sagte mir nichts und meine Schwester erklärte mir, was meine Nichte dort machte in dem fernen Land. Mir fiel auf, dass Magdalena keinen Ehering trug. Doch wir kannten uns zu kurz; ich traute mich nicht zu fragen. Sie bemerkte meinen Blick und meinte nur: »Ich bin geschieden.«

Ich erzählte Magdalena von meinem Traum, in dem ich als kleines Mädchen versucht hatte, sie zu fangen. Und in dem sie immer viel schneller als ich gewesen war.

»Ich wusste lange nicht, dass es dich gibt«, antwortete sie.

»Danke, dass du gekommen bist«, sagte ich.

Meine Schwester nickte stumm. Sie rieb sich die Augen. Ich glaube, ich fühlte dasselbe wie sie: den tiefen Schmerz, wenn man erkennt, dass man um einen Teil seines Lebens betrogen wurde. Verlorene Zeit kann man nicht mehr zurückholen. Man kann nur versuchen, mit Worten zu beschreiben, was dem anderen verborgen geblieben ist.

Das Haus meiner Kindheit

Gemessen an den enormen Ausmaßen der unaufhörlich wachsenden Stadt Lagos war der Weg vom Flughafen zum Haus meines Vaters in Ikeja recht kurz. Als Amara das Auto vor einem der Nebeneingänge anhielt, zu dem ich einen Schlüssel besaß, sah Magdalena mich verblüfft an. »Was ist das für ein Lärm?« Musik und Stimmengewirr erfüllten die ganze Nachbarschaft; die vom *compound* ausgehende Helligkeit flutete über die zwei Meter hohen Mauern herüber bis auf die ungeteerten Straßen.

Es war inzwischen fast zehn Uhr nachts. Im *compound,* wie wir die große Anlage des Harems bezeichnen, feierten die Frauen. Ich hörte den vertrauten Klang der schweren Trommel, des heiteren Ballaphons (einem hölzernen Xylophon mit darunter aufgehängten Calebassen, die die Klangwellen verstärken), der dominanten Cowbell (einer Metallglocke, gegen die geschlagen wird) und der schwerelosen Flöte. Darunter mischte sich immer wieder mal eine Frauenstimme, der sich eine andere anschloss.

Seit dem Mittag ging das schon so. Jetzt brannte in den Häusern und in den Gärten des Harems jede verfügbare Lampe, bis der Generator irgendwann gegen Morgen ausgeschaltet würde. Dann würden Kerosinlampen entzündet und das Fest ginge weiter. Für mich war es normal, den Abschied eines wertvollen Menschen von der Erde so zu feiern.

Wir betraten den Hof und standen mitten im Gewimmel von wahrscheinlich hundert Menschen, die gekommen waren, um Mutter die letzte Ehre zu erweisen. Auf langen Tischen lagen köstliche Speisen bereit, die Luft duftete nach reifen Papayas und Ananas, nach Mangos und Bananen. Dicht vor dem Kochhaus befand sich ein Drehspieß, auf dem ein Lamm gegrillt wurde. Aus unzähligen Töpfen wehte das verlockende Aroma scharfer roter Sauce herüber.

Meine Schwester und ich wurden von den Anwesenden herzlich aufgenommen. Teilweise völlig fremde Frauen umarmten und begrüßten Magdalena und nahmen uns in die Mitte. Sie alle hatten Mutter gekannt, nur hatte ich leider von den meisten die Namen vergessen. Aus allen Teilen von Lagos waren sie gekommen, manche sogar aus Städten, die über hundert Kilometer weit entfernt sind, wie Ibadan und Benin-City.

»Ist denn hier niemand traurig, dass Mutter gestorben ist?«, fragte Magdalena verwirrt. »In Deutschland gedenkt man eines toten Menschen in Stille.«

Das hatte ich nicht gewusst oder es war mir wieder entfallen. Denn so sehr es auch wehtut, einen geliebten Menschen verloren zu haben, so sehr freut man sich auch für ihn, dass er die Leiden dieses Lebens überwunden hat. Man hofft für ihn, dass sein nächstes Leben fröhlich und angenehm wird. Gleichzeitig bringt das laute Fest mit vielen Freunden zum Ausdruck, wie sehr der Tote geschätzt wurde. Wenn es nach dem Lärm ging, der Mutters Abschied begleitete, hatten sie alle sehr geliebt ...

»Warum sind alle weiß gekleidet?«, wollte Magdalena nun wissen. »In Deutschland tragen die Menschen Schwarz, wenn jemand gestorben ist.« Meine fremde Schwester aus Deutschland war tatsächlich die einzige Frau, die dunkel gekleidet war. Sie trug einen grauen Pulli und einen passenden Rock, entsprechend der Mode in Deutschland. In diesen grauen Sachen stand sie mitten unter all den weiß gekleideten Frauen.

»Weiß ist die Farbe der Wiederauferstehung«, gab ich wie selbstverständlich zurück.

»Wiederauferstehung?«, wiederholte Magdalena nachdenklich, »das ist schön. Eigentlich besser als unser Schwarz.«

In diesem Augenblick begannen drei Frauen mit sonoren Stimmen zu singen und auf große Trommeln zu schlagen. Es war ein altes Volkslied aus dem Osten unseres großen Landes. Die Frauen lachten und kicherten wie junge Mädchen. Nachdem das Lied zu Ende war, fragte Magdalena, was der Text bedeute, und ich erklärte, dass er die große Potenz eines mächtigen Mannes beschrieb, der viele Frauen hatte.

Magdalena sah sich kritisch um. »Ist das hier der berüchtigte Harem?«

»Es ist der Ort, an dem ich geboren wurde«, sagte ich. »Ich führe dich gern herum, wenn du magst.«

Sie nickte begeistert und so stellten wir Magdalenas Koffer vor jenem Haus ab, in dem sich die Räume meiner Mutter befanden, und begannen den ausgedehnten Rundgang durch die vielen miteinander verbundenen Höfe, die von mehreren, unterschiedlich großen Häusern umstanden waren. Zwölf davon waren reine Wohnhäuser, in denen Vaters Frauen wohnten, einige davon modern aus Stein gebaut, mit mehreren Stockwerken übereinander. Dazu zählte auch das Kinderhaus, in dem ich mehrere Jahre meiner Kindheit und mehrere Monate meines »Teenager«-Lebens verbrachte.

Interessiert betrachtete Magdalena die älteren Häuser, die noch aus einer altertümlichen Konstruktion aus Holzrahmen und Lehm bestanden und weiß gestrichen waren. Ich erklärte meiner erstaunten Schwester, dass sie jedes Jahr repariert werden mussten, aber trotzdem ihren Platz behielten, weil sie als Erste errichtet wurden, und zwar von Vaters ersten Frauen. Sie waren sozusagen die Wurzeln des Harems. »Du wirst es nicht glauben«, informierte ich meinen Gast, »aber sie haben das angenehmste Raumklima und benötigen im Gegensatz zu den Neubauten keine Klimaanlage. Im Moment wohnen Mama Patty und Mama Felicitas darin, die ältesten Frauen meines Vaters.

»Ich bin schon sehr gespannt auf die beiden«, sagte Magdalena und blickte sich neugierig um.

»Dann gibt es noch ein großes Gemeinschaftshaus, in dem an jedem Sonntag die Familienversammlung abgehalten wurde, sowie ein Kochhaus und verschiedene Nebengebäude für Gerätschaften und einige Verschläge, in denen die Autos abgestellt wurden«, fuhr ich mit meinen Erklärungen fort. »Mein Vater besaß übrigens stets mehrere davon. Die großen Wagen unterstrichen sein Ansehen als einflussreicher Mann, musst du wissen. Hier in Nigeria sind solche Äußerlichkeiten, zu denen auch teurer Männerschmuck und goldene Armbanduhren gehören, extrem wichtig.«

»Aha, und warum?«, wollte meine Schwester wissen.

»Ganz einfach«, lautete meine Antwort, »weil sichtbar zur Schau gestellter Luxus für die normalen Menschen bedeutet, dass Gott seine schützende Hand über den Besitzer hält.«

An jenem Abend, als die warme Nachtluft in den stillen Höfen erfüllt war von den süßlichen Aromen der verschiedenen Frauenparfüms, den schweren Blütendüften und den vertrauten Stimmen, die Neuigkeiten austauschten, fühlte ich mich im Harem zum ersten Mal seit langem wieder so wohl wie in den Tagen meiner Kindheit. Das Abschiedsfest für meine Mutter schien die besten Jahre des Harems zu neuem Leben zu erwecken. Ihre Seele muss sich in unserem Kreis sehr wohl gefühlt haben; es fand alles in Mutters Sinne statt.

Unser Rundgang führte Magdalena und mich zurück zum Haus meiner Kindheit, in dem ich meine ersten Lebensjahre verbracht hatte. Zwei weiß gekleidete Frauen – die eine klein und rund, die andere groß und hager – erwarteten uns neben Magdalenas Koffern. Die kugelrunde Mama Bisi nahm den Gast mit jener Herzlichkeit in die Arme, die ich an meiner Lieblingsmama so schätze. Sie reichte meiner groß gewachsenen Schwester aus Deutschland nicht mal bis zur Schulter. Mama Ada folgte dem Beispiel ihrer Freundin und Mitfrau, allerdings lag in ihren Bewegungen die für sie typische Eckigkeit, die sie nur im Umgang mit ihren wirklichen Freunden abstreift. Ihr von Liebe und Verständnis geprägter Charakter offenbart sich meist nicht auf den ersten Blick. Dafür findet sie, auch wenn sie nur wenig spricht, immer genau die richtigen Worte.

Während Mama Bisi sich gerührt die Tränen aus den Augen wischte und kein Wort hervorbrachte, sagte Ada in ihrem harten Englisch: »Du bist das genaue Abbild deiner Mutter. Du siehst aus wie sie, als sie damals hier ankam.«

»Lisa trug keine Brille und ihr Haar war auch etwas länger«, verbesserte Mama Bisi. »Aber du hast Recht, Ada, sie ist im gleichen Alter.« Dann schüttelte sie nachdenklich den Kopf. »Es ist schon seltsam. Die Mutter geht, die Tochter kommt. So soll es wohl sein.« Dann putzte sie sich geräuschvoll die Nase. »Hat Choga dir schon etwas zu essen gegeben? Du bist so dünn. Genau wie deine Mutter.«

»Als Lisa hier ankam, war sie nicht so dünn. Das kam erst später«, korrigierte diesmal Ada ihre Mitfrau.

»Sie hat immer so viel gearbeitet. Überall war sie gleichzeitig«, erzählte Mama Bisi. »Choga, hol doch deiner Schwester etwas zu essen!«

Gehorsam wollte ich schon loslaufen, als Magdalena mich zurückrief: »Bitte bleib, ich bin überhaupt nicht hungrig! Aber ich würde mich gern etwas ausruhen.«

»Die Arme«, pflichtete die stets um jeden besorgte Mama Bisi bei, »Choga, du musst ihr doch etwas Ruhe gönnen.«

Mama Ada, die im Gegensatz zu Mama Bisi damals noch im Harem lebte und arbeitete, sagte nur: »Ich habe die Betten für euch beide gerichtet.«

Ich brachte meine deutsche Schwester in Mutters Zimmer, wo sie übernachten sollte. Verwundert sah sie sich darin um. Ich ertappte mich dabei, die beiden winzigen Räume mit Magdalenas Augen sehen zu wollen. Mutter war immer mit so wenigen persönlichen Sachen zufrieden gewesen. Das schmale Sofa, auf dem sie und ich Platz hatten, auf dem wir so oft gesessen hatten, wenn sie mir ihre Geschichten erzählte. Damit man nicht sah, wie abgeschabt der Stoff war, hatte sie mehrere Decken über die Polster gebreitet. Auf der Anrichte standen die geschnitzte Madonna und das Wasserbecken, an der Wand hing das Bild von den Alpen, von denen sie mir so oft erzählt hatte.

»Ich hatte es mir anders ausgemalt«, sagte Magdalena nach einer Ewigkeit. »Hier drin sieht es gar nicht aus, wie ich es mir in einem Harem vorgestellt habe.«

»Jede Frau durfte sich ihre Zimmer selbst einrichten und ihre persönlichen Sachen mitbringen«, versuchte ich zu erklären. »Das war Vaters Wunsch.«

»Mutter wird es wohl gegen das Heimweh geholfen haben«, warf Magdalena ein. »Hat sie oft von Deutschland gesprochen?«

»Manchmal. Sie mochte den Winter in Bayern, den vielen Schnee und den Wechsel der Jahreszeiten, den man hier nicht so deutlich spürt.«

»Sie ging mit mir gern im Winter zum Skifahren«, erinnerte sich Magdalena, »da war sie wie ausgewechselt. Hat viel gelacht.« Sie überlegte kurz. »Wir haben das nicht oft gemacht, glaube ich. Es ist schon so lange her. Die Erinnerung an die Kindheit meiner Tochter ist frischer als an die eigene.«

»Meine Mutter hat eigentlich selten gelacht«, meinte ich und als mir mein Versprecher auffiel, verbesserte ich mich schnell: »Unsere Mutter, wollte ich sagen.«

»Na ja, vielleicht hast du ja Recht«, gab Magdalena zu bedenken, »in gewisser Weise hatten wir wohl zwei verschiedene Mütter.« Sie trat ans Fenster und klappte den unteren Teil hoch. Schweigend blickte sie hinaus und hörte der Musik zu, die heraufwehte. Dann wandte sie sich zu mir um. »Glaubst du, ihr Leben wäre anders verlaufen, wenn ich mitgekommen wäre nach Afrika?«

»Warum hast du es nicht getan? Wollte sie es nicht?«

»Nein, ich. Als meine Eltern nach Lagos gingen, war ich 16. Ich wollte unbedingt mein Abitur in dem Klosterinternat am

Chiemsee machen, in das ich damals ging«, erklärte Magdalena.

»Und, hast du es bereut? Ich meine, du warst doch dann ganz allein.«

Meine Schwester wich der Frage aus: »Wir haben uns geschrieben. Anfangs. In den ersten Wochen.«

Im Schlafzimmer stand das Foto von meiner Taufe auf dem Nachttisch, daneben das Margeritenbild. Magdalena nahm es in die Hand und setzte sich langsam aufs Bett, ganz in das Abbild ihrer Jugend vertieft. Wie oft hatte ich Mutter Löcher in den Bauch gefragt über das Mädchen auf dem Foto, das ich so gern einmal getroffen hätte. Und nicht selten wurde sie ganz traurig, weil sie meine Fragen nicht beantworten konnte. Weil sie nicht wusste, was ihre große Tochter tat, dachte und fühlte.

»Mama hat dich sehr vermisst«, erzählte ich. »Oft meinte sie: ›Ich weiß nicht einmal mehr, wie sich Magdalenas Haar anfühlt.‹«

»Sie hat mir auch gefehlt. Aber ich habe mich gegen dieses Gefühl gewehrt, mir eingeredet: Meine Eltern wollen sowieso nicht, dass ich bei ihnen in Afrika bin. Und später ...« Magdalena brach ab, musterte das von Mama Ada perfekt gemachte Doppelbett: »Diese Bettwäsche! Die kenne ich! Da drin habe ich auch schon geschlafen. Unglaublich, dass es die noch gibt.«

»Mama war sehr sparsam. Sie hat ihre Sachen immer in Ordnung gehalten.«

»Ordentlich, ja, das war sie. Deswegen konnten wir das alle nicht verstehen, das mit ihr und deinem Vater. Es passte so gar nicht zu ihr.« In ihrer Stimme war ein Unterton, dem ich aber nicht nachspüren wollte. Mein Vater hatte Magdalena die Mutter weggenommen. Mein Vater? Oder sogar ich selbst? Seit meiner Geburt stand ich schließlich zwischen Mutter und Magdalena ... Mir brannte die Frage auf der Zunge, ob sie am Ende glaubte, dass ich Mutter den Rückweg nach Deutschland versperrt hatte.

Meine Schwester deutete auf das Bett. »Hat dein Vater in dem anderen Bett geschlafen?«

»Nein, nie. Wenn Mutter ihn sehen durfte, dann ist sie hinüber in sein Haus gegangen.«

»Er ist nie hierher gekommen?«, fragte Magdalena verwundert.

Seltsam, darüber hatte ich nie nachgedacht. Vater hatte sich tatsächlich niemals in unseren Räumen blicken lassen. Was hätte er hier auch gesollt? Dies war Mutters Reich. Vater hatte sein eigenes Haus, und zwar das größte und neueste, am Rande des *compound* gelegen, mit einem eigenen Eingang zur Straße hin. So konnte er Besucher empfangen, von denen der Harem nichts mitbekam.

»Mutter hat geschrieben, dass dein Vater schon vor Jahren gestorben ist«, sagte sie dann. »Wieso gibt es den Harem denn immer noch?«

»Weil Mutter es so wollte. Sie hat dafür gekämpft, damit die Frauen ihr Zuhause behalten konnten«, antwortete ich.

»Und sie wollte hier nie weg?« Das ungläubige Erstaunen in ihrer Stimme entging mir nicht. »Hätte sie denn nicht gehen können? Wurde sie etwa hier festgehalten?«

Was hatte meine deutsche Schwester nur für eine Vorstellung von einem afrikanischen Harem! »Alle Frauen lebten und leben freiwillig hier«, sagte ich. »Wir sind eine große Familie!« Ich erklärte Magdalena, dass wir alle diesen Ort liebten, weil er jahrezehntelang vor allem ein Hort des Friedens gewesen war. Die Sorgen der Menschen blieben ausgesperrt. Hier konnten wir ungezwungen lachen, spielen, uns Geschichten erzählen und füreinander da sein. Im Harem meines Vaters hatte nicht nur ich viele unbeschwert glückliche Kindheitsjahre verbracht. Ich dachte immer, dass alle Familien so groß seien wie unsere. Manchmal waren wir über hundert. Ebenso war ich davon überzeugt, dass jedes Kind zwanzig Mütter habe – oder zumindest Frauen, zu denen es Mama sagen kann. Und dass jede dieser Mamas für einen da sein müsse.

Viel Zeit war seitdem vergangen. Ich wusste inzwischen, dass die Welt so nicht war. Mein Vater hatte diese Welt für uns erschaffen, doch unser Paradies hinter den hohen weißen Mauern war zerbrochen. Wie ein buntes Glas, das auf harten Zementboden fällt und dessen Scherben sich überall verstreuen. So wie die bunten Splitter, die die Krone unserer Mauern zierten. Als ich einmal sah, wie sie im Sonnenlicht glitzerten, hielt ich sie für tausend kleine Sterne, die vom Himmel gefallen waren, um mich und meine Schwestern zu beschützen.

Vor vielen Jahren, als ich noch ein kleines Mädchen war, hatte Mutter mir den Sinn der Glasscherben auf den Mauern rings um den Harem erklärt. Niemals hatte ich den Wunsch verspürt, auf die andere Seite zu klettern, um nachzusehen, was sich dort befinden mochte. Keine meiner Spielgefährtinnen wäre auf den Gedanken gekommen, so etwas zu tun. Zwischen den hohen Mauern, das war unsere Welt. Damals reichte mir diese Welt vollkommen.

Dass ich den Harem irgendwann mit ganz anderen Augen sehen musste, davon sagte ich meiner Schwester vorerst nichts. Schließlich war es unser erster Abend.

Es klopfte. Mama Ada schob den Kopf zur Tür herein. »Ich habe von unten gesehen, dass bei euch noch Licht brennt«, sagte sie. »Wollt ihr eurer Mutter einen letzten Besuch abstatten?«

Mit ihrem Tod war Mutter dorthin zurückgekehrt, wo ihr Leben im Harem begonnen hatte – in das Haus meines Vaters. Ein Raum in diesem Haus, in dem mein Vater auch vor Jahren starb, war einst extra für ihn so hergerichtet worden, dass er die letzte Phase seiner Krankheit leichter ertragen konnte. Nun lag Mutter dort. Die kalte Stille in dem Raum, die so gar nicht zu der warmherzigen Stimmung des Fests draußen passte, legte sich eisig um mein Herz.

Die Tote sah aus, als ob sie eben erst eingeschlafen wäre. Mama Felicitas und Mama Patty hatten sich viel Mühe gegeben, damit wir unsere Mutter als eine Frau von würdevoller Schlichtheit in Erinnerung behalten konnten. In ihrer für die Ewigkeit geschminkten Schönheit, gehüllt in weißes Tuch, das nur ihr Gesicht freiließ, wirkte sie irgendwie entrückt. Meine Schwester trat stumm an den offenen Sarg, an dessen Kopfende zwei violette Kerzen brannten. Die Muskeln in Magdalenas Gesicht arbeiteten. Ein Vierteljahrhundert lang war sie ihrer Mutter nicht mehr so nah gewesen wie in diesem Augenblick.

»Soll ich euch allein lassen?«, fragte ich. Als sie stumm nickte, ging ich hinaus. Einige Zeit später gesellte sie sich zu mir; ihr Gesicht war verweint.

»Ich glaube, sie hat mir verziehen«, sagte Magdalena.

»Was musste sie dir denn verzeihen?«

»Dass ich sie zurückgewiesen habe. All die Jahre. Wann immer sie nach Deutschland kam, bin ich ihr stets aus dem Weg gegangen. Ich habe Mutter nie eine Chance gegeben, mir zu erklären, warum sie hier in Nigeria leben wollte. Ich war so selbstsüchtig. Dachte nur an meinen eigenen Verlust.«

»Hat Mutter denn nie gefragt, ob du nicht nachkommen willst nach Afrika?«

Gedankenverloren sahen wir den Frauen zu, die zum Klang der Trommeln einen Tanz aufführten. Noch immer hatte Magdalena mir nicht geantwortet. »Doch, sie hat mich schon gefragt. Ich glaube, jedenfalls. Später riss dann der Kontakt über Jahre hinweg ab.« Magdalena nahm meine Hand. »Was weißt du eigentlich über das Leben unserer Mutter, bevor sie deinen Vater geheiratet und dich bekommen hat?«

»Sie hat nicht oft darüber gesprochen.«

»Soll ich dir davon erzählen? Und dann berichtest du, wie es weiterging?«

Ich nickte heftig und wir gingen hinauf in Mutters Zimmer. Es war längst Mitternacht, doch wir waren zu aufgewühlt, um uns schlafen zu legen.

»Mutter ist hier«, sagte ich. »Ich spüre es ganz deutlich.«

»Ich fühle ihre Gegenwart auch«, meinte Magdalena. »Dann will ich jetzt anfangen.«

Eine Bayerin in Afrika

»Der deutsche Nachname unserer Mutter ist Hofmayer«, begann Magdalena ihren Bericht. »Sie kam 1933 in Bayern auf einem Bauernhof zwischen Rosenheim und Traunstein zur Welt. Als sie das erste Mal afrikanischen Boden betrat, hatte sie Bayern noch nie zuvor verlassen. Damals war sie 41 Jahre alt und seit 16 Jahren mit ihrem Mann Bruno, ihrer ersten und bis dahin einzigen Liebe, verheiratet. Sie konnte praktisch kein Englisch.« Meine Schwester musterte mich: »Weißt du eigentlich, dass du einen leicht bayerischen Akzent hast, Choga?«

Ich verstand nicht, was sie damit sagen wollte. »Ich habe selten mit jemandem Deutsch gesprochen, außer mit Mutter«, antwortete ich.

»Das meine ich«, sagte Magdalena. »Du hast von Mutter einen bayerischen Akzent übernommen. In Bayern würde man glauben, du wärst dort aufgewachsen. Obwohl du nie dort gelebt hast. Das ist schon eigenartig!«

Magdalena machte eine Pause, bevor sie fortfuhr. »Am Sarg ist mir aufgefallen, dass Mutter immer noch den Schmuck von früher trägt.«

Sie meinte ein etwa fünf Zentimeter langes, schlichtes Kreuz aus Silber und einen silbernen Anhänger mit dem Bild des Heiligen Christophorus. »Das Kreuz hat sie zu ihrer Taufe geschenkt bekommen, das Medaillon von ihrem Vater, bevor er in den Krieg zog«, sagte ich. Mutter hatte mir einst von den beiden Schmuckstücken erzählt, von denen sie sich nie trennte. Ich vereinbarte mit Magdalena, dass wir sie unter uns aufteilen sollten.

»Deine deutschen Großeltern hießen Maria und Sepp Brunner«, fuhr meine Schwester fort, »sie waren Landwirte. Unser Opa meldete sich 1944 freiwillig an die Front; er starb, als Mutter zwölf Jahre alt war. Oma Maria bewirtschaftete daraufhin den Hof gemeinsam mit Xaver, Mutters acht Jahre älterem Bruder. Mutter ging damals noch zur Schule. Es war eine Hauswirtschaftsschule. Irgendwann kehrte sie dann als Hauswirtschafterin auf den elterlichen Hof zurück. Auf dem Brunnerhof gab es nicht nur Kühe und Schweine, sondern auch eine umfangreiche Geflügelzucht, um die sich Mutter ganz besonders kümmerte. Auf den fruchtbaren Feldern gediehen Mais und Getreide. Oma Maria hat ihre eigenen Bedürfnisse immer hintan gestellt und sich selbst nie etwas gegönnt. Obwohl sie eine vermögende Frau war. Aber das hat sie nie interessiert. Sie machte einfach nur ihre Arbeit und ging jeden Sonntag, nachdem sie das Vieh versorgt hatte, in die Kirche. Du weißt ja selbst, dass auch Mutter sehr gläubig war«, sagte Magdalena.

»Ja, natürlich, sie hat auch mich so erzogen«, erzählte ich. »Und ich bin ihr dafür sehr dankbar, vor allem in schweren Zeiten.«

»Als Mutter 22 Jahre alt war, begann sich ihr Leben zu verändern: Ihr Bruder Xaver heiratete. Seine Frau Johanna war drei Jahre älter als Mutter«, berichtete Magdalena weiter. »Die beiden verstanden sich überhaupt nicht. Tante Johanna war eine ziemlich bestimmende Person, der auch ich lieber aus dem Weg ging. Zwei Jahre nach ihrer Heirat mit Onkel Xaver übernahm sie endgültig das Kommando auf dem Brunnerhof: Oma Maria hatte einen Schlaganfall erlitten. Onkel Xaver war zwar ein lieber Mensch, der von früh bis spät nur schuftete. Aber die Hosen hatte eindeutig Tante Johanna an. Mutter hat sich wohl immer im Weg gefühlt, zumindest hat sie es so erzählt. Deshalb hat sie es auch so genossen, als Bruno, ein Freund von Onkel Xaver, ihr damals den Hof machte. Bruno war das, was man zu jenen Zeiten eine gute Partie nannte: Von

Beruf war er Bierbrauer. Die beiden heirateten 1958. Ich kam im selben Jahr zur Welt. Schon zwei Jahre später zogen wir nach München, weil Papa eine Stelle bei einer Brauerei angeboten worden war«, schilderte Magdalena und ich hing gebannt an ihren Lippen.

»Ich kann mich erinnern, dass Mama mir erzählt hat, sie wäre nicht gern in die Stadt gezogen. Sie hat gesagt, sie wäre ein echter Landmensch. Das laute, stinkende Lagos hat sie auch nie gemocht. Sie hat sich schon immer im Harem wohler gefühlt als draußen«, konnte ich hinzufügen.

»Das kann ich mir gut vorstellen«, schmunzelte meine Schwester. »Ach ja, etwas Wichtiges habe ich noch vergessen. Der Streit zwischen Mutter und ihrer Schwägerin wurde immer schlimmer, bis Tante Johanna und Onkel Xaver ihr kurz vor der Hochzeit mit meinem Vater die Tür wiesen.«

»Mir ist das bis heute völlig unverständlich. Mutter war für mich eigentlich immer eine Person, die jeder Konfrontation aus dem Weg ging«, warf ich ein. »Wie dem auch sei. Jedenfalls wurde aus dem großen Zerwürfnis der beiden Geschwister nach Oma Marias Tod eine erbitterte Feindschaft. Der Auslöser war die Heirat unserer Mutter mit deinem Vater«, fuhr Magdalena fort.

Ich sah meine Schwester überrascht an. Aus diesem Blickwinkel hatte ich das Ganze noch gar nicht betrachtet. Nun wollte ich unbedingt mehr über Mutters Vorleben erfahren. »Wie ist es euch in München ergangen?«, fragte ich daher aufgeregt.

»In München hat Mutter schnell eine neue Arbeit gefunden«, ging Magdalena auf meine Frage ein. »Der Brauerei, für die mein Vater gearbeitet hat, gehörten einige Lokale und Biergärten. Als sie Mutter irgendwann eine Stelle als Leiterin einer der Gaststätten anboten, hat sie sofort eingewilligt.«

»Ja, ich weiß«, erwiderte ich, »Mama hat oft davon gesprochen, wie glücklich sie damals war. Aber es muss auch ganz schön hart für sie gewesen sein. Schließlich warst du damals doch noch ziemlich klein, oder?«

»Stimmt. Viel Freizeit hatten die beiden damals nicht. Und Urlaub haben wir auch nie gemacht«, sagte Magdalena. »Obwohl Papa seit seiner Jugend den Wunsch gehabt hatte, fremde Länder zu bereisen. Doch Mutter wollte die Gastwirtschaft keinen fremden Händen überlassen.«

»Ach so. Mir hat Mutter mal erzählt, dass Johanna der Grund dafür war. Sie befürchtete, ihre Schwägerin könnte noch einmal zerstören, was sie sich aufgebaut hatte«, legte ich meine Version der Ereignisse dar.

»Das kann natürlich gut sein«, sagte meine Schwester nachdenklich. »Aber schließlich hat sie sich doch von der Gastwirtschaft getrennt. Ich glaube, es war 1972, als die Brauerei jemanden suchte, der eine Zweigniederlassung in Südamerika aufbauen wollte. Papa war sofort Feuer und Flamme und auch Mutter war bald überzeugt und stimmte seinen Plänen zu. Damals wollte ich noch mitgehen«, fuhr Magdalena fort. »Aber ausgerechnet zu diesem Zeitpunkt erlitt Oma Maria einen zweiten, sehr schweren Schlaganfall, der sie halbseitig lähmte. Tante Johanna sah sich außerstande, Oma zu pflegen, denn der Brunnerhof war inzwischen der größte der ganzen Gegend geworden. Außerdem hatten Tante Johanna und Onkel Xaver drei Kinder. Mutter sah es als ihre Pflicht an, Oma zu uns nach München zu holen.«

»Darum ist dein Vater also ohne Familie nach Südamerika aufgebrochen.« Das hatte ich nicht gewusst. »Mama hat nur mal erzählt, dass dein Vater im Ausland eine Beziehung zu einer anderen Frau eingegangen ist. Und dass er ihr bei seinen Besuchen in München wie ein Fremder vorkam.«

»Das war bestimmt schon nicht leicht für sie. Aber nach Oma Marias Tod ging es ihr dann richtig schlecht«, erinnerte sich meine Schwester. »Sie litt unter starken Angstzuständen. Papa hat schließlich in Südamerika gekündigt und ist nach München zurückgekehrt. In der Zeit seiner Abwesenheit hatte Mutter sich äußerlich stark verändert. Zuvor war sie nicht gerade schlank gewesen, aber die doppelte Belastung durch die

Trennung von meinem Papa und Omas Pflege hatten sie stark abmagern lassen. Bei einer Größe von 1,68 Meter wog sie nur noch 52 Kilo.«

»Ja, sie war wirklich immer sehr dünn«, bestätigte ich. »Aber erzähl weiter. Was ist dann passiert?«

»Gegen Ende des Jahres 1974 erfuhr Papa von der Möglichkeit, in Afrika einen Ausbildungsbetrieb für Brauereiwesen aufzubauen. Bis zu diesem Zeitpunkt hatten meine Eltern noch nie von einem Land namens Nigeria gehört«, erzählte Magdalena. »Die beiden waren damals sehr mit sich selbst beschäftigt, vielleicht haben sie sich deshalb nicht richtig Mühe gegeben, mich davon zu überzeugen, dass ich besser mitgehen sollte. Wahrscheinlich wussten sie aber einfach nur nicht, was sie erwartete. Ich war in der Schule sehr gut. Was sollte ich in Lagos? Soweit ich weiß, konnte man uns nicht mal sagen, ob es dort eine deutsche Schule gab. Für mich war damals klar, dass ich im Internat blieb. Na ja, jedenfalls bestiegen die beiden zwischen Weihnachten und Silvester ein Flugzeug, das sie nach Lagos brachte. Es ist wirklich unglaublich: Als Mutter in Nigeria ankam, wusste sie weder etwas über das fremde Land, noch sprach sie richtig Englisch. Aber das Schlimmste war wohl, das hat sie zumindest behauptet, dass sie sich völlig überflüssig vorkam! Du kennst ja Mutter. Sie hat schon immer alles am liebsten selbst gemacht. Außerdem hat sie streng nach der Bibel gelebt und sich zeit ihres Lebens nur am siebten Tag der Woche ausgeruht. Und plötzlich fand sie sich einer völlig neuen Situation gegenüber. Papa hatte ein sehr großes, modernes Haus zur Verfügung gestellt bekommen, in dem Mutter jeder Handgriff von dienstbaren Menschen abgenommen wurde. Wann immer sie versuchte, sich in den Tagesablauf einzumischen, kam es zu Missverständnissen und sie fühlte sich mehr und mehr ausgeliefert. Papa hatte einen Dreijahresvertrag unterschrieben, die Gastwirtschaft in München leitete jemand anders – wo sollte sie also hin?«

Magdalena sah mich müde an, doch ich bat sie weiterzusprechen. An Schlaf war jetzt sowieso nicht zu denken.

»Obwohl Papa gehofft hatte, Mutter glücklich zu machen, kam alles noch viel schlimmer als zuvor. Tagelang lag sie im Bett und rührte sich nicht. Zu diesem Zeitpunkt trat diese Heilerin in Mutters Leben.«

»Das war Amara«, sagte ich mit einem breiten Lächeln. »Sie vermittelte damals Hauspersonal an wohlhabende Weiße, die in Lagos lebten. Eines ihrer Mädchen hatte ihr wohl von Mama erzählt und sie beschloss, sich die traurige Frau aus Deutschland einmal anzusehen. Irgendwie gelang es Amara, sich mit Mama zu verständigen. Zunächst gab sie ihr eine Medizin aus verschiedenen afrikanischen Kräutern, die sie selbst angerührt hatte. Nach einigen Wochen legte sich das Gefühl der Niedergeschlagenheit und Mama begann, sich für ihre Umgebung zu interessieren. Sodann brachte Amara sie mit einer Frau zusammen, die ihr Englisch beibrachte. Allerdings liefen die Dinge anders, als von Amara erwartet.« Ich musste kichern.

»Wieso denn?«, fragte Magdalena. »Was ist denn passiert?«

»Kaum konnte Mama ihren Wünschen Ausdruck verleihen, begann sie die Dienstmädchen zu erziehen. Nichts machten die armen Dinger richtig. Anstatt beleidigt zu sein, kam Amara schließlich auf die fantastische Idee, Mama die Mädchen ausbilden zu lassen. Mutter blühte auf und ...«

Magdalena unterbrach mich. »Ja, genau, Vater hat mir davon erzählt. Er freute sich riesig, dass es ihr endlich auch gefiel. Zu der Zeit haben sie es sich richtig gut gehen lassen und ständig Leute eingeladen.«

»Und auf einem dieser Feste haben sich wohl meine Eltern kennen gelernt. Mama sagte, David Umukoro, also mein Vater, habe das Auftreten eines Königs gehabt, sei aber auch ein guter Zuhörer und viel zu bescheiden gewesen, um mit seiner Arbeit zu prahlen. Außerdem erregten seine sanften Augen ihre Aufmerksamkeit«, schwärmte ich bei der Erinnerung an die lebendige Schilderung meiner Mutter.

»Ich weiß«, erinnerte sich nun auch Magdalena. »Er war nicht nur Mutter vom ersten Augenblick an sympathisch. Auch Papa war von ihm sehr angetan und erzählte ihm bereitwillig von seiner Arbeit.«

»Mein Vater war jemand, der mit großem Geschick Menschen zusammenbrachte. Er hatte ein sicheres Gespür dafür, was jemand brauchte und wer ihm dabei behilflich sein konnte. Außerdem kannte er unglaublich viele Leute. Er vermittelte deinem Vater, glaube ich, sogar einen Beratervertrag bei einer im Aufbau befindlichen Brauerei. Das stimmt doch?« Ich sah meine Schwester fragend an.

»Ja, ja. Papa David war oft bei meinen Eltern zu Gast. Er und Mutter haben sich wohl häufig über Landwirtschaft unterhalten. Und dann muss er sie wohl mal auf seine Farm eingeladen haben. Papa erzählte damals, sie sei völlig begeistert von dem Ausflug zurückgekommen und habe von den rotbraun leuchtenden Böden geschwärmt«, berichtete Magdalena. »Und dein Vater hat ihr dann angeboten, diese Farm zu bewirtschaften. Warum auch immer!«

»Das kann ich dir erklären!«, rief ich aus. »Nigeria wurde in den 70er Jahren von einem plötzlichen Reichtum förmlich überrannt. Aus dem Erlös der sprudelnden Ölquellen wurden viele materielle Wünsche erfüllt. In dieser Zeit startete die mit reichlich Geld gesegnete Regierung ein Programm, das mein Land auch heute gut gebrauchen könnte. Es hieß *Feed the nation.* Mit der Absicht, das Volk auch künftig satt machen zu können, erhielten Investoren die Möglichkeit, dem Staat Land abzukaufen und zu bewirtschaften. Damals wurden auch viele Ausländer aufgefordert, sich an dieser Aktion zu beteiligen. Insofern war es also nichts Außergewöhnliches, dass mein Vater unsere Mutter um Hilfe bat«, schloss ich meinen Vortrag.

»Das leuchtet mir ein«, pflichtete Magdalena mir interessiert bei. »Für Mutter hatte das Ganze ja auch nur Vorteile. Sie kehrte zu ihren wahren Wurzeln zurück, dein Vater gab ihr eine neue Aufgabe und ihre gerade überwundene Depression war bald vergessen. Mutter war wieder sie selbst geworden.«

»Allerdings merkte sie bei all der Arbeit wohl nicht, dass sie deinen Vater immer seltener zu Gesicht bekam. Aber offensichtlich schien der die allmähliche Entfremdung kaum zu bemerken. Allerdings hatte auch er zu jener Zeit sehr viel zu tun, das hat Mama immer wieder betont.«

Nun meldete sich Magdalena wieder zu Wort. »Ja, so hat es mein Vater auch gesehen. Dennoch behauptete er, deinem späteren Vater nicht ganz so blind vertraut zu haben wie unsere Mutter. Zwar hat er sich niemals so abfällig über David Umukoro geäußert wie meine Tante und mein Onkel. Aber man konnte schon heraushören, dass er David für einen Menschenfänger hielt, der es auf Mutter abgesehen hatte. Vor allem auf eine Frage fand Papa nie eine Antwort: Warum musste dein Vater ausgerechnet einer verheirateten Frau Avancen machen? Er hatte doch bereits mehr als genug eigene Frauen!«

»So einfach lässt sich das wohl nicht sagen«, wendete ich ein. »Als es um den Aufbau dieser ersten Farm ging, war zwischen den beiden wohl noch keine Liebe im Spiel. Du hast doch selbst gesagt, dass Mutter sehr religiös war. Und sie war deinem Vater garantiert treu. Oder glaubst du, das stimmt nicht?«

»Nein, das wird schon so gewesen sein. Jedenfalls hat Vater nie etwas anderes gesagt. Er meinte, da wären ein paar Dinge zusammengekommen. Was, das hat er nicht genau erklärt. Mir jedenfalls nicht.«

»Wenn du willst, erzähle ich dir die Geschichte meiner Eltern so, wie ich sie kenne«, bot ich meiner Schwester an.

»Die würde ich gern erfahren, um endlich zu verstehen, warum sich eine Bayerin in einen afrikanischen Haremsherrscher verlieben konnte«, sagte meine deutsche Schwester und sah mich gespannt an.

Vaters 33. Frau

Die Geschichte meiner Eltern hat tatsächlich keinen leichten Anfang genommen. Es kam eine Menge zusammen, bis sich meine Mutter endlich in meinen Vater verliebte!

»Ich war kein leichtsinniges junges Mädchen mehr«, sagte sie mir, als ich sie wieder einmal gebeten hatte, mir alles von Anfang an zu erzählen. »Sondern eine Frau von 41 Jahren. In Deutschland hatte mir mein Hausarzt gesagt, ich wäre bereits im Klimakterium. Als ich Deutschland verließ, dachte ich, dass ich die besten Jahre als Frau bereits hinter mir hatte. Das war wohl auch der Auslöser für die Depressionen, unter denen ich damals litt.«

Und dann kam Papa David! Ein Mann mit Charme, manche Leute sagten sogar, er habe Charisma gehabt, und seine Ausstrahlung machte ihn tatsächlich unwiderstehlich. Vater wirkte auf Frauen. Mutter mag das wohl zunächst verdrängt haben, aber Papa David verstand es, ihr den Hof zu machen. Ob er es darauf anlegte, dass sie sich in ihn verliebte? Ich weiß es nicht. Aber ich habe meine Eltern später oft beobachtet und bin überzeugt, dass die beiden sich gesucht und gefunden haben. Sie passten einfach gut zusammen, ergänzten sich in vielerlei Hinsicht. Außerdem glaube ich an die Macht des Schicksals. Die beiden waren einfach füreinander bestimmt.

Doch da war noch so vieles andere, zum Beispiel die Art, wie Papa David lebte. Nachdem die beiden mit dem Aufbau der Farm begonnen hatten, lud er Mutter in sein Haus ein. »Es war ein Sonntagmorgen, diesen Tag werde ich nie vergessen«, erzählte Mutter mir. »Papa David hatte mir einen Fahrer mit einem dieser blank polierten großen Wagen geschickt. Dann fuhren wir zum *compound*, wo er mich schon erwartete. Ich war völlig sprachlos, als ich sah, wie er lebte. Diese riesige Anlage mit den zahlreichen Häusern, der zur Schau gestellte Reichtum, die Gelassenheit, mit der er im Mittelpunkt so vieler Menschen stand. Doch die Herzlichkeit, mit der mich die Frauen empfingen, beeindruckte mich bald noch mehr. Die Menschen, die Papa David umgaben, waren alle so freundlich, ungezwungen und natürlich. Von ihnen ging eine unglaublich positive Stimmung aus. Anfangs wusste ich gar nicht, dass sie alle seine Ehefrauen waren. So ein Gedanke wäre mir nicht im Traum gekommen. Gleich nach unserer Ankunft zogen wir alle in das größte Gebäude, wo die Frauen zu singen begannen. Es ging unglaublich laut und fröhlich zu, den ganzen Abend wurde getanzt und geklatscht. Für mich war das der Inbegriff von Lebensfreude. Und wie sehr hatte ich mich danach gesehnt! Nach all den trüben Jahren in Deutschland. Das hier war der vollkommene Gegensatz. Dann hielt Papa David eine Ansprache. So gut war mein Englisch damals noch nicht, daher brauchte ich eine Weile, bis ich kapierte, dass er predigte! Jetzt erst verstand ich, dass ich einem afrikanischen Gottesdienst beiwohnte. Die Zeremonie war in keinster Weise zu vergleichen mit dem, was ich aus Deutschland kannte.«

Bald ließ Mutter sich jeden Sonntag abholen, sie freute sich die ganze Woche über auf die Geselligkeit. Sie lernte die fremde Sprache überraschend schnell und verfolgte bald aufmerksam, was Papa David predigte. »Mir hat gefallen, was er da sagte. Er sprach von gegenseitiger Rücksichtnahme, vom Miteinander, von der Gleichheit aller Menschen. Da war nicht ein Satz, den ich missbilligt hätte. Und hinterher verteilte er Essen an die Kinder aus armen Familien. Ich hatte die Armut in Lagos inzwischen kennen gelernt. Und hier sah ich: Da tat einer etwas, half, teilte mit den Ärmeren.«

Und dann waren da die anderen Frauen, einige im Alter von Mutter. Mama Patty und Mama Felicitas zum Beispiel, mit denen sie sich sofort gut verstand. Sie bezogen die Deutsche in ihr Leben ein; Mutter liebte Handarbeiten und Basteln. Die Frauen zeigten ihr, womit sie so beschäftigt waren, und Mutter lernte begeistert. Andererseits verstand sie sich auf Dinge, die die anderen nicht konnten. So entwickelte sich eine gesellige Runde; auch ohne Papa David, den Mittelpunkt.

»Irgendwann musste ich mir eingestehen, dass es nicht nur die Geselligkeit und Fröhlichkeit im Haus von Papa David waren, das harmonische Miteinander. Das Leben dort wurde zu meinem eigenen. Denn was erwartete mich schon zu Hause? Leere und Einsamkeit. Nein, ich erkannte, dass ich mich in den Mann verliebt hatte, der all das erschaffen hatte, diese eigene kleine Welt«, erzählte Mutter mir, als ich sie fragte, wann sie sich zum ersten Mal ihrer Liebe zu meinem Vater bewusst geworden war.

Innerhalb von wenigen Monaten hatte Mutter sich völlig verwandelt und kleidete sich in die weiten, weißen Gewänder, die Vaters Frauen trugen. Viele Jahre später berichtete sie mit einem wundervollen Strahlen in den Augen: »Das war viel angenehmer als die engen deutschen Sachen, die mich immer einschnürten. Plötzlich fühlte ich mich geradezu symbolisch befreit von dem ganzen Druck, der all die Jahre auf mir gelastet hatte. Die Liebe, die ich für deinen Vater empfand, gehörte dazu: Ich fühlte mich mit einem Schlag um Jahre jünger. Ich war deinem Vater richtig dankbar. Er gab mir nicht nur meine Zuversicht und meine Lebensfreude zurück, sondern auch meine Jugend. Das Gleiche empfand ich, als ich merkte, dass ich dich erwartete. Ich fühlte, dass ich ein Geschenk bekommen hatte, ein unerwartetes, ein großes und kostbares.«

Magdalenas Vater war bereit, mich als seine Tochter zu akzeptieren. Mutter wollte das jedoch nicht: »Ich liebte Papa David und wünschte mir, dass du als sein Kind aufwächst«, sagte sie Jahre später, als sie mir von dieser Zeit im Jahr 1975 berichtete. Außerdem wollte Papa David sich auf jeden Fall zu uns beiden bekennen und meine Mutter heiraten.

Mutter meinte, erst da hätte sie allmählich verstanden, wie Vaters Leben funktionierte. Stolz erzählte sie mir: »Ich wurde allen seinen Frauen vorgestellt. Die meisten kannte ich ja schon, aber als ich erfuhr, dass ich seine 33. Frau werden sollte, da war mir doch etwas mulmig zumute. Und alle anderen 32 Frauen mussten der Ehe zustimmen! Damit es keinen Streit gab. Doch Papa David war sehr geschickt vorgegangen. Er hatte mich ja schon in den *compound* mitgenommen, bevor wir ein Paar waren. Seine wichtigsten Frauen, Felicitas und Patty, die das Sagen hatten, mochten mich. Wenn er gespürt hätte, dass die beiden mich schon anfangs abgelehnt hätten, dann wärst du wohl nie geboren worden, Choga Regina. Ich denke, dein Vater hätte die Beziehung beendet, bevor es dafür zu spät gewesen wäre.«

Ich selbst habe übrigens erlebt, wie Vater in späteren Jahren auf die gleiche Weise weitere Frauen allmählich an den Harem herangeführt hat. Ich halte das den anderen gegenüber für absolut fair; vorausgesetzt, man heißt die Vielehe an sich gut.

Auf die Idee, dass Mamas erster Mann sich von Papa David missbraucht und betrogen gefühlt haben konnte, bin ich nie gekommen. Aber er war wohl der Ansicht, mein Vater sei richtig strategisch vorgegangen. Er hat wohl schon gewusst, dass Papa David mit meiner Mutter weitere Pläne hatte, als er sie das erste Mal in den *compound* eingeladen hat. Mutter hatte mir irgendwann mal erzählt, dass er um Auflösung seines Vertrages gebeten hatte und wieder zurück auf den Brunnerhof gekehrt war, wo er fünf Jahre später mit nur 54 Jahren starb. Mutter und er hatten sich aber in Deutschland noch mal getroffen und er hatte ihr wohl auch verziehen.

Mutter war bereits mit mir im fünften Monat schwanger, als sie Ende 1975 David Umukoro nach nigerianischem Recht heiratete. Es muss eine sehr pompöse Zeremonie gewesen sein, bei der die ganze riesige *Familie* – so nennen wir alle Bewohner des Harems – versammelt war. Das heutige Gemeinschaftshaus gab es damals noch nicht und das alte war für Hochzeiten zu klein. Daher haben sie unter freiem Himmel geheiratet, was Mutter auch viel schöner fand. Ihre Ehe war übrigens die letzte, die auf diese Weise geschlossen wurde. Das Fest dauerte bis zum nächsten Morgen.

Da ich schon einige Hochzeiten im Harem erlebt habe – jene meines Vaters und auch viele meiner Halbgeschwister –, kann ich mir gut vorstellen, wie stimmungsvoll es zugegangen sein muss: Schon Tage vorher wurde der *compound* geschmückt, es wurden seltene Speisen zubereitet und alle Frauen waren damit beschäftigt, sich schön zu machen. Der Haremschor aus Mädchen und Frauen übte neue Lieder ein. Die Vorfreude auf dieses gesellschaftliche Ereignis zauberte eine besondere, spannungsgeladene Atmosphäre. Die Familie der neuen Frau war natürlich auch willkommen. In Mutters Fall war das nicht möglich. Nur Amara, die mittlerweile zu Mutters Freundin und Ratgeberin geworden war, konnte damals dabei sein.

Amara erinnerte sich auch Jahre danach immer wieder gern an die Hochzeit. »Ein knappes Jahr zuvor hatte ich deine Mutter als eine tieftraurige Frau kennen gelernt«, sagte sie einmal, »jetzt stand sie neben diesem würdevollen Mann und strahlte wie eine Königin. In ihren Augen lag der glückliche Glanz junger Frauen, die die erste entscheidende Etappe ihres Lebens erreicht haben. Ihr weißer Schleier war mit bunten Blumen geschmückt und ein mit feinen, golden glänzenden Fäden durchwebtes Tuch lag um ihre Schultern. Als ich deine Eltern dann gemeinsam tanzen sah, schien die Vergangenheit wirklich sehr weit entfernt.«

Die schon vor der Hochzeit geknüpften Freundschaften erwiesen sich nun als Mutters Stütze. Mama Patty und Mama Felicitas halfen ihr beim Einrichten der privaten Räume. Mutter war die erste und blieb die einzige Europäerin im Harem. Mit entsprechend großem Interesse lauschten die anderen ihren Berichten aus der fremden, fernen Welt. Kaum eine von Davids Frauen kannte etwas anderes als den *compound* und das elterliche Zuhause. Mutter genoss die Aufmerksamkeit, die ihr entgegengebracht wurde, und verwöhnte die Mitfrauen mit ihrer Kochkunst – sie war schließlich lange genug Gastwirtin gewesen! Und gutes Essen wurde im Harem stets gern genossen. Außerdem mussten meine vielen Halbschwestern früher oder später auf ihre eigene Hochzeit vorbereitet werden, so dass Mutters Wissen über Haushaltsführung durchaus angebracht war.

Durch die abweisende Reaktion von Mutters Verwandten kannte ich die deutschen Vorbehalte gegen die Vielehe, aber ich hatte mit eigenen Augen gesehen, dass Mama sich in diesem Kreis wohlgefühlt hat. Dort gab es keine Einsamkeit, sondern gegenseitige Hilfe und Verständnis. Im Laufe meines Lebens habe ich leider erfahren müssen, dass dies nicht überall der Fall ist, doch dazu später. Es lag an der Person meines Vaters und zu einem erheblichen Teil an seinen beiden ersten Frauen Patty und Felicitas, dass der Harem, in den ich hineingeboren wurde, eine wirklich harmonische Gemeinschaft darstellte.

Papa David achtete stets darauf, dass jede seiner *queens* – seiner Königinnen, wie er seine Frauen nannte – gleich behandelt wurde. Sowohl was die Zeit betraf, die er mit ihnen verbrachte, als auch die materiellen Zuwendungen für ihre Wohnung und ihre Garderobe. In regelmäßigen Abständen besuchten Händlerinnen den Harem, verkauften Schönheitsmittel für den ganzen Körper, Stoffe, aus denen Kleider genäht wurden, sowie Schmuck.

Zwar gab es nur eine Farbe, die unsere Kleidung haben durfte – weiß. Allerdings waren alle Stoffarten von Seide über Baumwolle bis zu teuren Stickereien in zarten Abstufungen, elfenbein, hauchfeines Zartrosa oder die Andeutung eines milden Gelb erlaubt. Allerdings musste der Grundton jedes Stoffes weiß sein, das war ein ungeschriebenes Gesetz, das von niemandem übertreten werden durfte. Mit diesem äußeren Zeichen unserer Garderobe wollte Papa David uns somit bereits das Gefühl geben, über die Tage unseres irdischen Daseins hinaus für die Ewigkeit bereit zu sein.

Jeder *queen* stand für den Kauf von Kleidung und anderen Kleinigkeiten der gleiche Geldbetrag zur Verfügung. Dennoch schafften es einige immer wieder, die Händlerinnen, die sich natürlich über jedes zusätzliche Geschäft freuten, zu überreden, ihnen etwas zu verkaufen, das die anderen nicht hatten. Damit wollten sie dann meist angeben – oder beispielsweise mit einem ausgefallenen Duft andere beim Buhlen um Vaters Gunst ausstechen.

Ich glaube, ein Harem ist der beste Ort, um zu erlernen, welche Wirkung ein Duft haben kann. Vater hatte eine sehr empfindliche Nase. Ihn mit einem außergewöhnlichen Parfüm zu betören und somit die von Mama Patty festgelegte Besuchsreihenfolge umzuwerfen, war für manche Frau ein echter Sport. Da die Frauen alle ähnlich geschnittene Kleider trugen, also oft wirklich wie Zwillinge aussahen, blieb ihnen eigentlich auch kein anderes Mittel als der persönliche Duft, um auf sich aufmerksam zu machen.

Vater, der mit seinem Charme nicht gerade sparsam umging, lobte dann die neue Parfümnote und erwählte ihre Trägerin zu seiner Favoritin. Gott sei Dank tat er das nur selten und wurde wohl auch oft genug von Mama Patty auf die Folgen solch impulsiven Handelns hingewiesen. Denn die Favoritin war dann dem handfesten Ärger jener *queens* ausgesetzt, die eigentlich an der Reihe gewesen wären.

Umgekehrt konnte die Rechnung auch mal nicht aufgehen: Vater wandte sich ab und erwies seine Gunst eben gerade nicht der *queen,* die sich für ihn einparfümiert hatte. Ich muss nicht erwähnen, dass die Abgewiesene obendrein noch den Spott der anderen zu ertragen hatte ...

Mama Patty war die Regentin der *queens.* Zu ihren Aufgaben gehörte auch, dass sie gerecht einteilte, welche Frau mit meinem Vater zusammen sein durfte. Bei so vielen Frauen war das eine aufreibende Tätigkeit! Es musste bedacht werden, welche Stillzeiten eingehalten werden mussten (nach der Geburt eines Jungen zwei Jahre, nach der Geburt eines Mädchens ein Jahr). Oder wann die fruchtbaren Tage waren, in denen die jeweilige Frau von den anderen geschmückt und gereinigt meinem Vater zugeführt wurde. Zu beachten waren natürlich auch die unreinen Tage, in denen Vater auf keinen Fall mit der betreffenden Frau zusammenkommen durfte.

Manches Mal hatte eine der *queens* ein blaues Auge, das sie einer Mitfrau verdankte. Konnten sich die beiden nicht einigen, hatten sie vor Mama Patty zu erscheinen, die dann entschied, wer im Recht war. Patty berief dann das »Tribunal« ein, das aus ihr selbst (weil sie als erste Frau die ältesten Rechte besaß) und zwei weiteren Frauen bestand.

Unter den *queens* gab es enger befreundete Gruppen, die sich darum bemühten, ihre Vertreterin im »Tribunal« unterzubringen, um so ihren Einfluss zu vergrößern. Da Mutter sich mit fast allen verstand, wurde sie bereits im dritten Jahr ihres Haremslebens in das Frauengericht gewählt. Als Europäerin und nicht mehr ganz junge Frau konnte sie mit nüchternem Blick urteilen. Eine Fähigkeit, die die anderen sehr schätzten. Übrigens auch mein Vater, der Mutter oft um Rat fragte.

Unter all den Frauen gab es nur eine, die Mutter von Anfang an ablehnte. Ihr Name war Idu. Mein Vater hatte sie nur wenige Wochen vor meiner Mutter zur Frau genommen. Idu stammte aus dem Norden Nigerias, war groß und schlank und zum Zeitpunkt ihrer Hochzeit mit Vater 21 Jahre alt, also halb so alt wie meine Mutter. Die Afrikanerin entstammte einer sehr wohlhabenden Familie. Sie war stolz auf ihre Herkunft, denn ihr Vater trug den Titel eines Sultans; ein großer Clan war ihm treu ergeben. Soweit ich heute weiß, heiratete sie Papa David, weil ihr eigener Vater es von ihr verlangte. Es verletzte Idus Eitelkeit zutiefst, dass ihr Mann nur wenige Monate nach ihrer Hochzeit erneut heiratete. Als schlimmste Demütigung muss sie es aber aufgefasst haben, dass Mutter mich gebar, bevor Idu selbst schwanger wurde.

Die anfängliche Kinderlosigkeit und das Glück meiner Mutter, das ihr durch meine Geburt zuteil wurde, waren der Nährboden, auf dem Idu gegen meine Mutter zu hetzen begann. Da Vater sich mit Mutter nicht nur zum ehelichen Beisammensein traf, sondern auch mit ihr beriet, hetzte Idu die anderen auf und behauptete, dass Mutter Papa David verhexen würde. Also sorgte Mama Patty dafür, dass nur noch Idu zu meinem Vater durfte: Sie wurde endlich schwanger und es herrschte wieder Frieden.

Ein Mann von Einfluss

Mein Vater war nicht der einzige Nigerianer, der in Vielehe lebte. Allerdings haben die meisten Männer in meinem Land »nur« zwei oder drei Frauen. Das hängt von ihrer Religion, ihrem sozialen Stand oder schlichtweg von ihrem Geldbeutel ab. Papa David war ein reicher Mann. Vor allem aber jemand, der davon überzeugt war, eine große Aufgabe zu haben. Deshalb hatte er sich auch die größte zum Ziel gesetzt, die sich ein Mann stellen kann: den Menschen Selbstvertrauen und Selbstbewusstsein zu geben, damit sie ein glückliches Leben führen können. Der Weg dahin war die *Family Of The Black Jesus,* kurz *die Familie.* Er selbst, Papa David Umukoro, war die Keimzelle dieser *Familie.* Seine Frauen – und deshalb mussten es so viele sein – gebaren ihm die Kinder, die diese Familie immer weiter vergrößern und den Gedanken von Papa David in die Welt hinaustragen sollten.

Diese Aufgabe fiel in erster Linie den Söhnen zu. Zum Beispiel Papa Davids Ältestem, Moses. Bei meiner Geburt war Moses bereits 24 Jahre alt. Er war von unserem Papa in den moslemischen Norden geschickt worden, um dort eine *Familie* im Sinne unseres Vaters zu gründen. Im Jahr 1976, als ich auf die Welt kam, hatte er drei Kinder, soweit ich weiß, sind es heute etwa 20. Sie alle tragen dazu bei, den christlichen Glauben in der Interpretation meines Vaters zu verbreiten. Und die ältesten Nachkommen von Moses werden gewiss demnächst neue *Familien* gründen ...

Der Anfang zu diesem Lebenswerk liegt in einer Missionsschule in Calabar, einer Stadt im äußersten Südosten Nigerias.

Der kleine David – Kind armer, aber aufrechter Christen – lernte dort von den Patres Lesen, Schreiben und Rechnen. Natürlich im Glauben an Jesus Christus. Für die weißen Priester stand fest, dass Gottes Sohn weiß war. Doch irgendwann stellte mein Vater die Frage, ob Jesus die gleiche Hautfarbe gehabt haben könnte wie er selbst und seine Freunde in der Missionsschule. Und wie seine eigenen Eltern. Einige Mitschüler fanden diesen Gedanken durchaus sehr interessant. Aber nicht die Patres, die den knapp Zehnjährigen Mitte der Vierzigerjahre erzogen: Sie warfen ihn von der Schule. Vater empfand das stets als Unrecht. Er erzählte diese Begebenheit sehr oft, denn sie lieferte die Grundlage für sein gesamtes Leben.

Die Eltern schickten den aufmüpfigen kleinen David daraufhin zu Onkel Emanuel, dem Bruder seiner Mutter, ins fast tausend Kilometer entfernte Lagos. In Onkel Emanuels Haus wohnte nicht nur dessen sechsköpfige Familie, sondern auch deren nahe und entfernte Verwandtschaft. David, der kleine Querkopf aus der Fremde, begann ganz unten als *boy*, als Diener. Vater sagte immer, er sei dankbar dafür gewesen, dass er der Geringste von allen gewesen war. Denn so lernte er, sich zu behaupten.

Auch Onkel Emanuel war ein gläubiger Christ, erwies sich allerdings als ein sehr strenger Ziehvater. Das Gerede von einem dunkelhäutigen Sohn Gottes unterließ Papa deshalb bald. Den Gedanken daran allerdings nicht. Er hatte gelernt, dass das ungeschützt ausgesprochene, offene Wort unter Umständen den Verlust der Heimat nach sich zieht.

Mit der Zeit, als Vater nach Lagos kam, war die heute etwa zehn Millionen Menschen zählende Stadt viel kleiner und der Großteil der Bevölkerung sehr arm. Um ihren Glauben zu praktizieren, bauten die Bewohner der schlichten Siedlungen ihre eigenen Kirchen. Es waren einfache Hütten mit einem Kreuz, klapprigen Bänken (wenn überhaupt) und einem schlichten Altar. Aber diese Gotteshäuser boten den Gläubigen, die wie die Familie meines Onkels aus noch viel ärmeren

Gegenden Nigerias stammten und zum Arbeiten nach Lagos gekommen waren, einen Schutz und eine Gemeinschaft. Der Gott der Christen war das Dach, ihr Trost in schweren Zeiten und die Hoffnung, irgendwann das Paradies zu finden.

Auch Onkel Emanuel baute eine schlichte Kirche aus Lehm, Holz und Blech, die nur über eine einzige, abgegriffene Bibel verfügte. Sie genügte, denn lesen konnte ohnehin kaum jemand. Bis auf meinen Vater! Der hatte in der Missionsschule im Heimatdorf vier Jahre lang gut aufgepasst. Das blieb Onkel Emanuel nicht verborgen. Da man keinen Pastor für die selbst gebaute Kirche bekommen konnte, übernahmen Mitglieder der Gemeinde die Predigt, vorzugsweise Papas redegewandter Onkel. Und Vater, etwa zwölf Jahre alt, las aus der Bibel vor. Er, der als Diener gekommen war, stand somit nach kurzer Zeit jeden Sonntagmorgen im Mittelpunkt: Der kleine David hatte Zugang zur »Wahrheit«, dem Wort Gottes.

Immer öfter kamen auch die älteren Männer zu ihm und ließen sich von ihm mit Dingen helfen, die irgendwie mit Lesen und Schreiben zu tun hatten. Dieses Wissen, das er den anderen voraus hatte, zusammen mit seiner hilfsbereiten Art, machte ihn in der ärmlichen Gegend rasch zu einer wichtigen Person. Inmitten so vieler Leute, die er täglich traf, wusste er, was die Menschen brauchten. Einerlei, ob es sich dabei um heimliche Liebeswünsche, die Suche nach einer Arbeit oder um Dinge des täglichen Bedarfs handelte – vor allem Essen.

Irgendwann verliebte sich Papa David in die Tochter seines Onkels – Patricia, die spätere Mama Patty! Als sie Moses gebar, war sie schätzungsweise 18, Papa David circa 16 (in Nigeria werden Geburten öfter verspätet oder auch – wie in meinem Fall – gar nicht registriert). Gleichwohl gestattete der Onkel, dass die beiden nach ihrer Heirat in seinem Haus wohnen blieben. Jung, wie mein Vater war, machte er aber einen Fehler: Er schwängerte auch eine von Pattys Schwestern, Felicitas. Wieder bestand der Onkel auf einer Ehe. So hatte Papa David mit 17 bereits zwei Frauen und mittlerweile drei Kinder, allesamt Söhne. Indem Onkel Emanuel Vater aus dem Haus warf, setzte er ihn unter Druck, für das Auskommen seiner sechsköpfigen Familie zu sorgen. Was mitten in einer Wellblechsiedlung ein echtes Problem ist.

Zu dieser Zeit bereiste ein Afroamerikaner aus New York Nigeria, dessen Vorfahren aus Lagos stammten. Vater glaubte an eine göttliche Fügung, dass er den Mann ausgerechnet zu diesem Zeitpunkt kennen lernte. Dem Fremden erzählte Papa David von seiner Überzeugung, dass Jesus kein Weißer gewesen sei. Zum ersten Mal in seinem Leben bekam Vater zu hören, dass er mit dieser Idee keineswegs allein dastand!

Papa David lieh sich von dem Mann aus New York einen geringen Geldbetrag, mit dem er ein schlichtes Gotteshaus einrichtete. Es befand sich genau vor jener Hütte, in der er mit seinen beiden Frauen und den drei Kindern wohnte. Im Vorgarten sozusagen. Aber das ist etwas hochtrabend ausgedrückt, denn das kleine Stück Land diente gleichzeitig als Heimstatt vieler Hühner, eines Schweins und mehrerer Ziegen, die den mageren Boden umgruben. In jenen Jahren machte sich Nigeria gerade politisch von der Kolonialmacht England frei. Papa David bot den Menschen, wonach sie hungerten: Sie waren wegen ihrer Hautfarbe keine Menschen zweiter Wahl mehr.

Der Mann aus New York hatte Vater erzählt, dass die freien Gemeinden seiner Heimatstadt sich aus regelmäßigen Geldzahlungen der Mitglieder finanzierten. Bis zu 20 Prozent ihres Einkommens stifteten die Gläubigen für den Aufbau und den Erhalt ihrer Gotteshäuser und deren Einrichtungen. Dieses System übernahm Papa David, wie er trotz seiner Jugend – er war gerade mal Anfang 20 – bereits respektvoll genannt wurde. Er bat seine Gemeindemitglieder allerdings nur um fünf Prozent ihres Einkommens. Ich nehme an, es waren minimale Beträge, die auf diese Weise zusammenkamen, denn in jenen Anfangsjahren verdiente ja kaum jemand etwas.

Die *Familie* bestand bereits seit mehr als einem Jahr, als eine junge Frau namens Yemi die übliche Sonntagsversammlung morgens um neun besuchte. Seit ihrer Geburt litt sie unter einer Lähmung beider Beine, so dass sie von ihren Angehörigen getragen werden musste. Mama Patty, die an jenem Sonntagmorgen anwesend gewesen war, erzählte uns oft, dass niemand gesehen hatte, wie es geschehen war. Die von den lauten Gesängen berauschte Menge bemerkte plötzlich, dass die gelähmte Yemi sich unter die Tanzenden gemischt hatte.

Von diesem Sonntag an war die Kirche derart überfüllt, dass die Menschen bis hinaus auf die schmalen Wege der Nachbarschaft standen. Und von Mal zu Mal kamen mehr. Sie brachten Kranke mit, wollten erleben, wie Lahme von Papa David geheilt wurden. Die Menschen gaben freiwillig mehr, als sie sollten. Mein Vater war bald in der Lage, ein größeres Grundstück zu kaufen und eine neue Kirche zu bauen, damit sonntags alle Platz finden konnten. Vaters Ruf und seine Lehre vom schwarzen Jesus Christus verbreiteten sich so schnell wie der reife Samen eines Baumes im Sommerwind.

Von Onkel Emanuel hatte Vater eine zutiefst christliche Tradition übernommen: die Speisung der Kinder der Ärmsten. Sie fand regelmäßig nach jedem Gottesdienst statt. Ich will nicht behaupten, dass das kostenlose Mahl dazu beitrug, viele Menschen in die Kirche zu bringen. Aber geschadet hat es gewiss nicht. Viele Kinder kamen auf diese Weise zu einer richtigen Mahlzeit, die sich ihre Eltern nicht leisten konnten.

Mutter hat einmal gesagt, als ich sie über das Wunder befragte, das Yemi vor 35 Jahren erlebt hatte: »Vielleicht war sie gar nicht körperlich krank, sondern hatte einfach nur Angst aufzustehen. Als sie aber sah, dass alle anderen um sie herum tanzten und glücklich waren, hat sie es auch getan und ihre Angst vergessen.«

Ich glaube, genau das ist das wirkliche Wunder, das mein Vater vollbracht hat. Er hat allen, die er kannte, die Angst genommen. Jedenfalls, solange er die Kraft dazu hatte. Wenn Papa Davids Geschichte in seinen *Familien* erzählt wird, heißt es oft: Man muss von sich selbst überzeugt sein, damit Gott einem hilft, Großes zu schaffen. Diese Idee gibt vielen Mutlosen Kraft.

Mein Vater war kein Daddy, zu dem man sich auf den Schoß setzen konnte, um den Kopf Schutz suchend an seine Schulter zu betten. Papa war für alle da, aber für niemanden ganz persönlich. Sein Leben war gewissermaßen zu »groß« für unsere Alltagsprobleme. Bewusst vermisst habe ich seine väterliche Liebe jedoch selten – ich kannte es ja nicht anders.

Meine vielen Mamas

Fünf Monate nachdem meine Mutter in den Harem eingezogen war, kam ich zur Welt. Sie sagte immer, ich hätte mir ausgerechnet den heißesten Tag des Jahres ausgesucht. Aber sie befand sich auch bereits in ihrem 43. Lebensjahr und die letzte Geburt lag 18 Jahre zurück. Den halben Tag hatte sie damit verbracht, zusammen mit ein paar anderen Frauen die Innenwände des neuen Gemeinschaftshauses zu streichen. Bis zum Tag der Niederkunft gab es für Schwangere keine Schonung; sie arbeiteten wie alle anderen Frauen auch. Mutter hatte sich im Harem gut eingelebt und sich vorgenommen, keine Ausnahme zu bilden. Selbst als die Wehen einsetzten, arbeitete sie mit zusammengebissenen Zähnen weiter. Kurz nachdem die Fruchtblase geplatzt war, ließ sie sich von zwei Mitfrauen in ihr Zimmer bringen.

Bei ihrem Umzug von München nach Lagos hatte Mutter ein Doppelbett aus Eichenholz mitgenommen, falls sie mal Besuch bekam. Dieses Bett war in Vaters Harem ihre Schlafstatt. Darin wurde ich geboren. Kein einziger Arzt war anwesend. Mama Felicitas, die selbst insgesamt sechs Kinder zur Welt gebracht hat, betätigte sich schon seit ewigen Zeiten als Hebamme. Das nötige Wissen hatte sie bei einer Frau erlernt, die aus dem Norden Nigerias stammte. Mama Felicitas hatte ihre Arbeit bisher auch immer gut gemacht, doch ich wollte nicht so einfach aus ihrem Bauch kommen!

Mutters Erinnerung daran war noch Jahrzehnte später lebendig: »Es war ein ewiges Hin und Her. Erst hockte ich auf dem Boden neben dem Bett. Dann sollte ich mich ins Bett hineinlegen. Felicitas massierte mir immer wieder den Bauch. Dann ging's wieder in die Hocke. Ich bin fast verrückt geworden vor Schmerzen, aber nichts passierte.« Heute weiß ich, woran es scheiterte: Ich befand mich in Beckenlage; ich steckte fest!

Die Komplikationen bei der Geburt überforderten wahrscheinlich die Kenntnisse von Mama Felicitas. Nach stundenlanger Anstrengung packte sie schließlich eines meiner Beine und zog mich heraus. Das hört sich wenig sanft an, trotzdem schrie ich nicht, wie Mutter sich erinnern konnte. Um das im Mundraum und in den oberen Atemwegen festsitzende Fruchtwasser und den Schleim zu entfernen, wirbelte mich Mama Felicitas in der Luft herum, bis ich den ersten Schrei tat. Meiner Mutter schadete die – bei aller Liebe, die ich Mama Felicitas gegenüber empfinde, muss ich es so sagen – letztlich unsachgemäße Entbindung ebenfalls: Sie war mehrfach gerissen, wurde aber nicht genäht. Jahre danach bereiteten ihr die Narben noch Schmerzen.

Die Folgen meiner komplizierten Geburt wurden erst im Lauf der Jahre sichtbar: Krabbeln lernte ich nie und zu laufen erst sehr spät, mit über zwei Jahren. Anfangs fiel es niemandem auf, dass ich humpelte. Und als man es bemerkte, war es zu spät; ich habe eine kaputte Hüfte, was Mutter auf die schwere Geburt und die ruppige Behandlung zurückführt, die mir dabei zuteil wurde. Ohne diese Behinderung wäre mein Leben später wohl anders verlaufen. Aber es ist sinnlos, sich darüber zu beklagen; ich kann froh sein, dass es nicht noch schlimmer gekommen ist. Was das betrifft.

Die zweite »Hebamme«, die Mutter zur Seite stand, war Mama Bisi. Sie ist etwas jünger als Felicitas und die vierte Frau meines Vaters. Neben meiner Mutter ist sie der liebste Mensch, den ich von Kindesbeinen an kenne. Bisi ist klein und rund, obwohl mein Vater sonst eher groß gewachsene Frauen geheiratet hat. Sie stammt aus dem Volk der Yoruba, das in der Gegend von Lagos lebt. Obwohl sie Christin ist, hat sie von ihrer

Großmutter eine ganze Menge über Zauberei und Magie gelernt. Vater hielt von solchen Sachen überhaupt nichts. (Yemis »Wunder«, das ihm so viele neue Gemeindemitglieder bescherte, war ihm immer auch etwas peinlich, weil er keinesfalls als Voodoo-Priester dastehen wollte.) Deshalb musste man sich an Bisi immer heimlich wenden, wenn es um »die spezielle Sache« ging. Sie hat außerdem die Gabe, verwelkt am Boden liegende Pflanzen wieder hochzupäppeln. (Sie schwört darauf, an Vollmond auf eine schwache Pflanze einzureden!)

An Bisis weicher Schulter ist immer Platz zum Ausweinen. Nur in einen Streit mischt sie sich nie ein, sie heilt lieber hinterher die seelischen Wunden. Was auch passiert, Bisi findet in allem immer etwas Positives und sie lacht viel, ohne albern zu sein. Bisi strahlt eine Lebensfreude aus, die sich auf ihre ganze Umgebung auswirkt. Sie ist für mich mehr als eine Freundin, auf die Verlass ist: Bisi ist meine zweite Mutter, meine Mama Bisi.

Es war also gut, dass ausgerechnet sie Felicitas und Mutter half. Als ich auf die Welt gekommen war, soll Bisi gerufen haben: »Sie wird ein hübsches Kind!« Das war wirklich sehr freundlich von ihr, denn ich war völlig verschrumpelt, hatte ein schwarzes Fell am Körper und eine käseweiße Haut, auf der sich überall rote Stellen und blaue Flecken abzeichneten. Mutter selbst hatte nach der Geburt kaum die Kraft, mich zu begutachten. Mama Bisi betreute die geschwächte Wöchnerin und mich liebevoll und half uns über die ersten schweren Tage mit ihrer Kräutermedizin.

Vater besah sich jedes seiner Kinder ausgesprochen gründlich am Tag nach der Geburt. Die Zeremonie der Namensgebung fand allerdings erst 14 Tage später statt, wenn das Risiko des frühen Kindstods etwas geringer war. Über mein Aussehen muss er ziemlich entsetzt gewesen sein, denn der Name, den er mir entgegen seiner üblichen Vorgehensweise gleich bei unserer ersten Begegnung verlieh, mutet etwas trotzig an: Gott hat mich gemacht. (So lautet mein tatsächlicher Name in der Sprache des Volks meines Vaters.) Irgendwie klingt das in meinen Ohren so, als wollte Vater sagen: Ich kann nichts für Chogas Aussehen! Ausgerechnet ich wurde als eine der Ersten im neuen Gemeinschaftshaus zusammen mit drei anderen getauft. Mama Bisi wurde meine Patentante, Ada ebenfalls.

Ada ist ganz anders als Bisi, allein schon äußerlich: Sie ist fast hager, und hat riesige Hände, die ganz schwielig sind. Denn Ada liebt es, hart zu arbeiten. Sie hat einige der Häuser auf Vaters Grundstück mit erbaut. Meine Patentante redet nicht viel, hört aber gern zu, wenn andere erzählen. Irgendwann sagt sie dann einen Satz, nur einen einzigen, der aber alles zusammenfasst, was die anderen mit tausend Wörtern ausgedrückt haben. Wer nicht warten kann, bis Ada endlich etwas sagt, der hält sie für etwas dumm. Womit man ihr sehr Unrecht tut. Aber ich glaube, es ist ihr ziemlich egal, was die anderen über sie denken. Ada stammt aus einem sehr kargen Landstrich im Norden. Ihre Familie zog zeit ihres Lebens mit den Tieren auf der Suche nach Weideland herum. Vielleicht hat sie dadurch gelernt, dass man im Leben Geduld braucht, bis sich die Dinge fügen.

Als Kind glaubte ich immer, dass die kleine runde Bisi ganz jung sei und Ada schon sehr alt. Später fand ich dann heraus, dass es genau umgekehrt ist. Vater hat Ada nur vier Jahre vor Mutter geheiratet. Sie war seine 28. Frau und ist heute erst etwa 50 Jahre alt.

Doch nun wieder zu mir. Bisis Optimismus war berechtigt gewesen: Ich, der behaarte Bleichling, entwickelte mich zu einem hübschen Kleinkind. Allerdings hatte ich als Kind oft mit meinem Gewicht zu kämpfen. Im Harem wurden Unmengen von Essen gekocht und gefuttert! Die Ernährung war auch nicht gerade figurbewusst. Die *queens* übertrafen sich in der Zubereitung köstlicher Speisen. Meine Favoriten waren Yamsbrei mit gebackenen Kochbananen, Ananas mit süßer Dosenmilch, frisch geröstete Erdnüsse und süßes Weißbrot. Leckere, mit Wasser, Dosenmilch und viel Zucker zubereitete Ovomaltine trinke ich heute noch am liebsten (habe es mir inzwischen aber verboten).

Dank Bisis aufmerksamer Pflege gediehen auch die Obstbäume auf dem Grundstück prächtig. Die reifen Früchte schmeckten köstlich. Und nicht nur die. Ich naschte den ganzen Tag lang! Entsprechend sah ich aus. Ich war kugelrund, kullerte über den Boden und wurde von allen gerne gekitzelt, weil ich so eine fröhliche, helle Stimme hatte. Anstatt dafür zu sorgen, dass ich Bewegung bekam, trugen mich meine vielen Mamas und Schwestern dauernd auf dem Rücken herum.

Vielleicht war ich auch dank meines ungewöhnlichen Aussehens das Haremsmaskottchen: Meine Haut war heller und meine Haare waren nicht kraus, sondern lockig weich. Ständig wurden mir neue Frisuren gelegt, Zöpfchen geflochten und mit bunten Perlen geschmückt. Viele der Frauen suchten meine Nähe, um mich zu verschönern. Ich genoss die Prozeduren und hielt ganz still ...

Die Einzige, die in mir mehr als nur ein süßes Püppchen sah, war Ada. Ich war etwa zwei gewesen, als Mama Adas einziges Kind, ein Mädchen, im Alter von sechs Jahren an Lungenentzündung starb. Als Patentante fühlte Ada sich außerdem doppelt berufen, ein wachsames Auge auf mich zu haben. So entdeckte sie mein Beinproblem als Erste: ein Bein war kürzer und weniger kräftig als das andere, da die Muskeln nicht so stark ausgeprägt waren. Ada machte oft Beinübungen mit mir und achtete darauf, dass ich die richtigen Sachen aß, damit ich nicht zu dick wurde. Leider war mein ausgeprägtes Hüftleiden auf diese Weise nicht zu heilen. Aber durch Adas Hilfe entdeckte ich immerhin, dass meine Beine zum Laufen da sind.

An meine ersten Jahre im Harem habe ich nur angenehme Erinnerungen. Meine Kinderwelt bestand aus bunten Glasperlen, die ich zu Ketten auffädelte, Holzstücken, die ich in Puppen verwandelte, und Stoffresten, die zu Kleidern wurden. Kronkorken oder die Ösen von Getränkedosen wurden zu fantasievollen Gesellschaftsspielen genutzt. Die anderen Mädchen und ich spielten nach, was die *queens* für ihre Schönheitspflege taten: Wir bemalten uns mit Farben, für die wir ersatzweise die rote Erde des Bodens in etwas Wasser aufweichten. Aus Kreide stellten wir Weißschminke oder wunderbaren Puder her. Heimlich und sparsam verwendeten wir die Parfüms unserer Mütter, weil wir genauso verführerisch duften wollten wie sie.

Um mich herum waren so viele Kinder, mit denen ich aufwuchs. Am liebsten spielte ich mit Efe und ihrer Schwester Jem, den beiden jüngsten Töchtern von Mama Bisi. Efe war zwei Jahre älter als ich, Jem vier. Die Wohnung meiner Mutter lag im gleichen zweistöckigen Haus wie jene von Mama Ada und Mama Bisi. Eine steile Außentreppe verband die beiden Etagen – ein wunderbarer Spielplatz. Oben zurrten wir ein Seil fest, an dem wir dann kletterten und schaukelten. Wir bestanden Mutproben, indem wir von oben heruntersprangen, oder wir spielten die Geschichte von Rapunzel nach. (Mutter hatte einige deutsche Märchen übersetzt, die sie allen Kindern vorlas.) Jem, die Älteste von uns, wollte immer die arme eingesperrte Rapunzel sein, Efe der Prinz und mir blieb nur die Rolle der bösen Hexe.

Da wir vom oberen Treppenabsatz aus über die hohe Mauer hinwegblicken konnten, die den Harem umgab, diente die Treppe auch als Ausguck und verband uns somit zumindest durch unsere Fantasie mit unserer Nachbarschaft. Eine unserer Nachbarinnen war eine Frau aus Deutschland, die ganz allein ein großes Haus bewohnte. Wir stellten uns vor, dass sie eine Hexe wie aus dem Rapunzel-Märchen sei, die Kinder ihren Eltern wegnimmt, denn die weiße Frau hatte keine Familie.

Oft waren wir drei auch die Ersten, die mitbekamen, wenn eine neue Frau in Vaters Harem einzog. Je bedeutender Papa Davids Rolle wurde, desto reicher schienen die Frauen zu sein, die er heiratete. Besonders deutlich erinnere ich mich an den Einzug einer in goldene Gewänder gekleideten Frau, die ihre Sachen von zwei weiteren Autos anliefern ließ. Aber auch diese *queen* hatte sich bald der einheitlichen Kleiderordnung zu beugen.

Von solchen Ereignissen abgesehen war unser Tagesablauf von beruhigender Gleichmäßigkeit. Bei Sonnenaufgang standen wir auf, dann wurden wir Kinder in Schüsseln gewaschen, bevor wir uns zum gemeinsamen Gebet und anschließenden Frühstück mit unseren Müttern in den Höfen der jeweiligen Häuser versammelten. Danach trennten sich die Gruppen in jene, die das Haus zu säubern, jene, die zu kochen, und jene, die auf dem Grundstück zu arbeiten hatten. Die Aufgaben der Gruppen wechselten wöchentlich; ihre Einteilung oblag Mama Felicitas, die für Organisatorisches zuständig war.

Vormittags gingen die größeren Kinder in die Schule, deren Unterricht im Gemeinschaftshaus abgehalten wurde, die kleineren spielten oder halfen mit, beaufsichtigt von den Frauen, die in den Höfen und Gärten arbeiteten. Nach dem schlichten, meistens nur aus einem Brei oder einer Schale Reis bestehenden Mittagessen, etwa gegen elf Uhr, wurde eine lange Mittagsruhe eingelegt. Man konnte schlafen, sich von den älteren etwas vorlesen oder erzählen lassen. Nachmittags gegen vier wurde der Harem wieder lebendig. Es wurde Tee getrunken und Gebratenes geknabbert. Die älteren Kinder hatten anschließend wieder Unterricht oder mussten ihre Hausaufgaben erledigen, die jüngeren spielten zusammen. Mit einem gemeinsamen Gebet und Abendessen so gegen acht ging der Tag zu Ende. Um neun, halb zehn lag der Harem bereits wieder in tiefem Schlummer.

Jede Woche verlief nach dem gleichen Muster. Am Samstag wurde gemeinsam sehr gründlich gebadet, die Frauen machten sich gegenseitig schön. Das mindestens einmal wöchentliche Geschrubbe mit harten Bürsten, das unsere Haut weicher machen sollte, mochte ich überhaupt nicht. Mutter bearbeitete meinen Körper jedes Mal, als wollte sie allen Dreck der ganzen Woche und der folgenden von mir herunterholen. Anschließend wurden wir eingeölt und massiert. Ich genoss die Samstagabende und Sonntage, wenn wir in frisch gewaschenen, weißen Kleidern ins Gemeinschaftshaus gingen – meistens die einzige Gelegenheit, Vater zu sehen. In seinem leuchtend hellen Gewand sprach er zu seinen Frauen und Kindern und erzählte Geschichten.

Papa David hatte eine tiefe Stimme, der ich gern zuhörte. Er redete meist sehr lange; ich begriff oft nicht, was er erzählte, doch der Klang seiner Worte wirkte beruhigend. Nicht nur auf mich. Auch meine Geschwister wachten oftmals erst auf, wenn unsere Mütter uns sanft anstießen, weil alle zu klatschen, singen und tanzen begonnen hatten. Bei diesem Teil des wöchentlichen Fests machten die Jüngsten am liebsten mit.

Die Sonntagsversammlung war die einzige Gelegenheit, fremde Menschen zu Gesicht zu bekommen. Die Besucher betraten das Versammlungshaus durch einen Hintereingang, in dessen Nähe wir niemals kamen. Es waren Leute, die in der Nachbarschaft des Harems wohnten, die sich aber zu den Versammlungen ebenso weiß kleideten wie wir. Ehrfurchtsvoll nannten wir sie »unsere Gäste«. Es waren auch einige Männer darunter. Aber niemals unternahm einer von ihnen den Versuch, eine der *queens* auch nur anzusehen. Das wäre sowieso sinnlos gewesen, denn die Gesichter der Frauen waren durch weiße Tücher verhüllt. Die sich anschließende Speisung der Kinder wurde ausschließlich von den älteren *queens* durchgeführt, aber der ganze Harem hatte dafür zuvor stundenlang das Essen zubereitet.

Da Papa David nur vier Grundschuljahre lang die Schule besuchen durfte, achtete er sehr auf die Ausbildung seiner Kinder. Sobald seine Söhne sechs Jahre alt waren, schickte er sie in Internate, die im ganzen Land verteilt waren. Auf diese Weise sicherte er ihnen eine gute Ausbildung. Viele meiner Halbbrüder studierten oder gingen zum Militär und einige von ihnen bekleiden heute politische Ämter. Wir Mädchen, die wir den Harem nicht verlassen durften, besuchten den Unterricht im Gemeinschaftshaus. Trotzdem hatten wir uns morgens die Schuluniform anzuziehen. Sie bestand aus einem knielangen, weißen Rock, langärmliger weißer Bluse und einem weißen Kopftuch, das stramm um den Kopf gebunden wurde. Glücklicherweise durften wir barfuß gehen, denn wir sollten voller Demut den Boden unter unseren Füßen spüren, aus dem wir hervorgegangen waren und zu dem wir zurückkehren, wenn die Zeit gekommen ist.

Da wir Mädchen auch eine stattliche Zahl waren, manchmal über 30 in den verschiedensten Altersstufen, machte unsere kleine Privatschule im Gemeinschaftshaus durchaus Sinn. Wir wurden alle gemeinsam unterrichtet. Mama Nita war ausgebildetete Lehrerin und sehr streng mit uns, sonst hätten wohl alle durcheinander geplappert. Die älteren Schwestern halfen uns jüngeren und gelegentlich übernahm eine der anderen Mamas Teile des Unterrichts, wozu wir dann in kleine Gruppen aufgeteilt wurden. Mama Bisi brachte den Älteren gelegentlich Biologie bei. Meine eigene Mutter fand nur selten Zeit zum Unterrichten. Dann widmete sie sich den Größten, meistens nur vier oder fünf Mädchen, denen sie komplizierte Mathematik beibrachte.

Mama Patty, die eine sehr schöne Singstimme hat, unterrichtete Musik und lehrte uns Kirchenlieder, die wir als Chor am Sonntag vortrugen. Da ich recht musikalisch bin, durfte ich hin und wieder einen Solopart übernehmen. Ich genoss es sehr, Vaters Augen leuchten zu sehen, wenn ich sang.

Ich ging schon deshalb gern zur Schule, weil mir das Lernen leicht fiel. Meine vier Jahre ältere Freundin Jem, die ich wie alle Mädchen mit *sister* ansprach, drückte sich wann immer sie konnte vor dem Schulunterricht. Am liebsten versteckte sie sich schon gleich morgens.

»Sister Jem! Wo bist du? Geh lernen!«, rief ich durch den ganzen *compound*. Das brachte mir den Spitznamen »Geh-lernen« ein und da ich später immer am fleißigsten war, stand ich im Ruf, eine Streberin zu sein. In Wirklichkeit litt ich unter meiner Körperfülle und meiner Humpelei, die ich durch meinen Lerneifer ausgleichen wollte. Jem, die es irgendwann Leid war, von mir in ihren Verstecken aufgestöbert zu werden, fand einen Weg, um mich für immer davon abzubringen: Sie hänselte mich wegen meines Beins und machte dadurch ihre gleichaltrigen Freundinnen erst darauf aufmerksam.

Älter als zwölf war keines der Mädchen, das die Schule besuchte. Sobald die erste Regel einsetzte, mussten sie die gemeinsame Unterkunft aller Schulkinder, das Kinderhaus, verlassen. Sie wurden dann im so genannten »Hühnerhaus« auf ihre Rolle als künftige Ehefrau und Mutter vorbereitet, um spätestens zwei bis drei Jahre später verheiratet zu werden.

Bis zum Alter von sechs Jahren durften alle Kinder bei ihren leiblichen Müttern leben. Vorausgesetzt, die *queen* bekam nicht ein neues Baby. Dann übernahm eine andere Mama die Mutterrolle, damit sich die junge Mutter um ihr neues Kind kümmern konnte. So entlasteten sich die Frauen gegenseitig. Meine Mutter bekam kein weiteres Kind mehr und so teilte mein Vater ihr wichtige Aufgaben außerhalb des Harems zu, über die ich später berichten werde. Bisi und Ada wurden meine Lieblingsmamas, bei denen ich mich so geborgen fühlte, dass ich Mutter nicht wirklich vermisste.

Hohe Mauern

Die Anlage des Harems brachte es mit sich, dass stets jene Gruppen von Halbschwestern zusammen spielten, die sich den Hof zwischen ihren Gebäuden teilten. Trotzdem kannte ich so ziemlich jede im Harem mit Namen. Und natürlich kannten alle mich. Eines der Wohnhäuser lag etwas abseits, sein Hof grenzte an die Außenmauer. Daraus ergab sich, dass die Bewohnerinnen dieses Hauses dazu neigten, für sich zu bleiben. Meine Mutter, Mama Ada und Mama Bisi sahen es nicht gern, wenn ich mit Jem und Efe dorthin zum Spielen ging. Sie wollten unnötigen Streit vermeiden, denn in diesem Haus lebte Mama Idu, jene Frau, die Vater kurz vor meiner Mutter geheiratet hatte.

Irgendwann, ich muss etwa fünf gewesen sein, machte das Gerücht die Runde, Mama Idu habe einen Zauberkasten, der bewegte Bilder hervorbringe. Niemand von uns hatte zuvor von der Existenz von Fernsehgeräten gehört, wir hatten ja nicht mal Radios. Aber Mama Idu hatte solch ein Ding und sämtliche Frauen und alle Kinder ihres Hauses saßen davor. Wir waren alle fasziniert von dem Gerät, aus dem fremde Frauen und Männer zu uns sprachen. Am Anfang jedenfalls. Mich langweilten schon bald die großen Köpfe auf dem Bildschirm, die immer so ernst dreinblickten. Denn meistens liefen irgendwelche Schulprogramme, mit denen man Rechnen und Schreiben lernen konnte.

Also verstand ich nicht, dass die *queens* sich so sehr darüber aufregten, dass nur Idu einen Fernseher besaß. Bis Vater eines Nachmittags plötzlich in dem besagten Hof auftauchte, in dem sich alle um den kleinen Apparat versammelt hatten. Es kam nie vor, dass er sich in den Frauenhöfen blicken ließ! Wollte er mit einer seiner *queens* Kontakt aufnehmen, so schickte er ihr eines der immer irgendwo herumlaufenden Kinder.

Eigenhändig unterbrach Papa David die Stromversorgung des Geräts. Alle schrien durcheinander! Es war ein unglaublicher Aufstand. Vater stand inmitten der *queens* in ihren weißen Gewändern, die wild mit den Armen herumfuchtelten. Sie sahen aus wie aufgescheuchte große Vögel. Keine Ahnung, ob Vater irgendwas sagte; man hätte es sowieso nicht verstanden.

Plötzlich schnappte er sich einen der herumstehenden Stühle, trug ihn zur Außenmauer, schleppte den Fernseher ebenfalls dorthin, wuchtete ihn hoch – und warf ihn über die Mauer. Wir hörten erst einen Knall und sahen dann Rauch aufsteigen. Alle starrten Papa David mit offenen Mündern an. Und diesen Moment werde auch ich niemals vergessen: Er, der immer so distanziert war, sich würdevoll gab, hatte ein Problem ganz handgreiflich gelöst ...

In das entstandene Schweigen hinein sagte er: »Gottes Wort kommt nicht aus einem solchen Kasten. Nur der Teufel spricht daraus in seinen vielen Zungen zu euch.«

Mama Idu, damals etwa so alt wie ich heute, schob sich durch die anderen Frauen hindurch. Trotzig trat sie Papa David entgegen. Zwei *queens* versuchten sie zurückzuhalten, aber sie tippte mit ausgestrecktem Zeigefinger gegen Vaters Brust: »Was redest du da? Es war nicht das Wort des Teufels, dem wir zuhörten!«

Idu hatte es gewagt, Vater zu widersprechen! Eisige Stille legte sich über alle. Papa David blieb ganz ruhig. »Hat dich dein Vater nicht gelehrt, deinem Mann zu gehorchen?«, fragte er.

Ihre Freundinnen wollten Mama Idu fortziehen, denn sie hatte etwas absolut Verbotenes getan. Papa Davids Wort war Gesetz, niemand wagte je, es anzuzweifeln. Doch Idu schien das ziemlich egal zu sein. »Ich bin zu jung, um von der Welt da draußen ausgeschlossen zu sein!«, fauchte sie.

Ich war damals noch klein und hatte nicht die geringste Ahnung, wovon Mama Idu sprach. (Auch später habe ich niemals eine *queen* sich derart abfällig über den Harem äußern hören.) Nur an der Reaktion der anderen Frauen und meiner älteren Schwestern konnte ich erkennen, dass Idu einen furchtbaren Fehler begangen hatte. Kein Mensch sagte mehr ein Wort.

Papa David sah jede Einzelne an: »Versteht ihr jetzt, was ich meine? Aus Mama Idu spricht der Teufel. Sie versündigt sich nicht nur gegen ihren Mann, sondern auch gegen unsere Gemeinschaft. Für sie ist in unserer Mitte kein Platz mehr.«

Plötzlich blieb Vaters Blick auf mir haften. Mein Herz setzte vor Schreck einen Schlag aus. Ich glaubte, er wollte mich jetzt auch bestrafen, weil ich ebenfalls der Stimme des Teufels gelauscht hatte. »Choga, lauf zu Mama Patty und Mama Felicitas. Sie sollen kommen und Idus Sachen zusammenpacken. Idu verlässt uns noch heute.«

So schnell ich konnte, raste ich aus dem Hof hinaus, um die beiden ältesten Mamas zu alarmieren. Die waren gerade damit beschäftigt, gemeinsam mit meiner Mutter irgendwelche Schreibarbeiten zu erledigen. Sie ließen alles stehen und liegen und eilten hinüber zum Schauplatz des Geschehens. Ich wollte sie begleiten, aber Mutter verbot es mir. So habe ich Idus Abschied nicht miterlebt. Meine älteren *sisters,* die dabei waren, erzählten, dass Idu um Verzeihung und Gnade gebettelt habe. Vergeblich. Ihren damals erst vierjährigen Sohn musste die Rebellin im Harem zurücklassen; er gehörte zu seinem Vater.

Damals konnte ich mir nicht ausmalen, welches Leben Idu erwartete, wenn sie die hohen Mauern verließ, die ich damals als Schutz empfand und gegen die sie aufbegehrte. Idu habe ich erst fast zehn Jahre später wieder getroffen. Leider – wie ich heute sagen muss. Denn während der schweren Zeit, die sie nach ihrem Rauswurf durchmachte, traf sie irgendwann auf jenen, den Vater mit seinem eindrucksvollen Auftritt aus dem Harem verbannen wollte: den Teufel.

Papa David unternahm alles, um uns im Harem vor der Welt

draußen zu beschützen. Zumindest, was geistiges Gut betraf. Materielles dagegen vermochte die Glasscherben bewehrte Mauer durchaus zu überwinden: Nigeria hatte sich dank des Öls zu einem wohlhabenden Land entwickelt und der Reichtum ging auch an unserer behüteten Welt nicht spurlos vorüber. Die Frauen, die Vater heiratete, brachten immer wertvollere Gegenstände mit. Damit sich niemand benachteiligt fühlte, hatte Vater irgendwann dafür zu sorgen, dass überall Kühlschränke standen, wenn mehrere *queens* dies wünschten. Als Deckenventilatoren in Mode kamen, wurden auch die in allen Schlafzimmern angebracht. Zwei Jahre nach Idus Rauswurf konnte er sich auch der Fernsehwelt nicht länger entgegenstellen. Er setzte allerdings durch, dass nur zwei Stunden pro Tag geguckt werden durfte. Und zwar ausschließlich Lernprogramme, für die ich mich aber ebenso wenig interessierte wie die anderen Kinder.

Etwa zu der Zeit, als Vater den Fernseher über die Mauer schleuderte, sollte ich zum ersten Mal den Harem verlassen. Der Grund war mein Humpeln, das nun nicht mehr zu übersehen war. Eines Tages putzte mich Mutter heraus und führte mich zu einem von Vaters großen Autos. Erst am Wagen stellte ich fest, dass sehr wohl auch Männer für Vater arbeiteten und in der Nähe des Harems wohnten – seine (und unsere) Leibwache.

Vom Treppenabsatz, auf dem wir spielten, hatte ich zwar schon öfters die breite Straße vor unserem Harem gesehen, doch als wir über den staubigen Belag fuhren, sagte ich laut, was ich dachte: »Hier ist es aber schmutzig.«

Mutter nahm meine Hand, hielt sie fest und sagte: »So ist die Welt nun einmal, Choga Regina.«

Wir mussten ziemlich weit fahren, in eine ganz andere Gegend, in der keine hohen Mauern um die Häuser errichtet waren. Dort lagen kranke Menschen auf den Straßen, dreckiges Wasser sammelte sich in stinkenden offenen Kanälen. Ich war schockiert; wie wunderbar wir es doch in Vaters großem *compound* hatten!

Mutter hatte veranlasst, dass ich im Haus ihrer Freundin Amara einer indischen Ärztin vorgestellt wurde. Amara kannte ich von deren gelegentlichen Besuchen im Harem. Vater hätte nie zugelassen, dass ich die Praxis eines normalen Arztes aufsuchte. Deshalb die umständliche Vorgehensweise, mich zu Amara bringen zu lassen, wohin die Ärztin schließlich kam. Sie untersuchte mich in Mutters und Amaras Gegenwart. Keine Ahnung, was sie herausfand; zu diesem Zeitpunkt interessierte es mich ja auch nicht.

Viel beunruhigender fand ich, dass es bei Amara so ganz anders aussah als im Harem. Dass die Fenster vor unseren Zimmern vergittert waren, das war für mich stets eine Selbstverständlichkeit gewesen. Erst, als ich das Haus von Amara sah und bemerkte, dass sie keine Gitter an den Fenstern hatte, fiel es mir auf.

»Bei dir ist es aber hässlich«, sagte ich unbedacht zu ihr. Sie erzählte mir diese Geschichte noch Jahre später immer wieder, als ich bei ihr wohnte. Heute kann ich mir nicht mehr vorstellen, dass ich es einmal schön gefunden habe, so eingesperrt zu leben. Aber es war auch ein anderes Leben, als unschuldiges Kind, das sich freute, mit seiner Mutter hinter die hohen Mauern zurückkehren zu dürfen. Eben weil dort diese Gitter, die hohen Mauern und die Scherben waren, von denen ich glaubte, dass sie mich vor der Welt draußen beschützten.

Heute denke ich, dass auch goldene Gitter bleiben, was sie sind – Gitter. Mein Vater begründete die Sicherheitsmaßnahmen so: »Die Art, wie wir leben, wird von vielen Menschen mit Misstrauen betrachtet. Sie verstehen nicht, dass unsere *Familie* etwas Besonderes ist, in der einer für den anderen da ist. Nur so gewinnen wir die Kraft, um anderen helfen zu können. Draußen in der Stadt herrscht ein ausgeprägter Egoismus, der den Menschen das Leben verdirbt. Davor müssen wir uns schützen.« Nachdem ich das Elend der Riesenstadt gesehen hatte, konnte ich seine Worte kaum in Zweifel ziehen.

Mutter war durch den Besuch bei Amara aufgefallen, dass

ich viel zu große Angst vor dem Leben »draußen« hatte. Wenn sie Amara besuchte, nahm sie mich daher seitdem gelegentlich mit. Erfolgreich war diese »Therapie« allerdings nicht. Wahrscheinlich begann sie deshalb, mir mehr von dem Leben zu erzählen, das sie früher geführt hatte, in Deutschland, auf einem Bauernhof mit grünen Wiesen ringsum. Von einem fremden Land mit Bergen, auf denen Schnee lag, von Kindern, die im Winter mit einem Schlitten fuhren. Ob sie sich danach gesehnt hat? Ja, aber sie fand einen Weg, ihre Sehnsucht zu stillen.

Eine Sehnsucht

In meinen Träumen versuchte ich mir manchmal vorzustellen, wie es dort aussehen mochte, wo meine Schwester Magdalena lebte. Allerdings wusste ich nicht einmal, wie sich grünes Gras anfühlte!

»Soll ich dir welches besorgen?«, fragte Mutter, als ich etwa vier Jahre alt war.

»Wo gibt es denn Gras?«

»Ich werde dir Grassamen aus Deutschland mitbringen.«

»Ich will auch nach Deutschland!«, rief ich.

Diesen Wunsch wollte meine Mutter mir jedoch nicht erfüllen. Heute weiß ich, dass es auch gar nicht möglich gewesen wäre, denn ich hatte keinerlei Personaldokumente: Mein Vater hat meine Geburt niemals offiziell gemeldet. Das allerdings war gar nicht der wirkliche Grund, wie Mutter mir wesentlich später gestand: Papa David hatte Sorge, dass wir beide nicht wieder nach Nigeria zurückkommen würden. Blieb ich allerdings im Harem, würde seine 33. Frau das niemals wagen.

»Hatte Papa David denn Grund zu dieser Sorge?«, fragte ich meine Mutter, als ich selbst schon erwachsen war.

»Ich liebte deinen Vater und hatte mich im Harem gut eingelebt. Also sah ich überhaupt keinen Anlass, wieder in Deutschland zu wohnen. Noch dazu, wo dein Vater im Begriff war, ein neues Farmprojekt aufzuziehen, das ich mitgestalten konnte.«

Mutter reiste allein. Per Testament hatte Oma Maria das Erbe zwischen Onkel Xaver und meiner Mutter geteilt. Der Onkel bekam natürlich den Hof, meiner Mutter wurden Wiesen und Felder vermacht. Sie hatte mit keinem großen Erbe gerechnet. Doch in Bayern wurde ihr eröffnet, dass auf dem scheinbar wertlosen Land ein großer Golfplatz angelegt werden sollte. Nun waren die »sauren Wiesen« ein Vermögen wert, und das wollte man der »Ehebrecherin« nicht kampflos überlassen. Statt wie geplant zwei Wochen blieb Mutter drei Monate lang in Deutschland.

Als sie zurückkam, brachte sie mir einen Karton voll Grassamen mit. Mama Bisi grub für mich ein vier mal vier Meter großes Stückchen harten Boden um, das zwischen unserem Haus und dem Garagengebäude der Autos lag. Dann streuten wir die deutschen Grassamen darauf. Daraus wollte ich Magdalenas Deutschland erstehen lassen. Ich hatte dafür zu sorgen, dass dieser kleine Flecken Erde immer feucht war. Und das war in der langen regenarmen Zeit nicht gerade einfach. Dreimal am Tag begoss ich den immer wieder austrocknenden Boden! Mutter hatte mir gesagt, dass aus dem Samen eine bayerische Wiese erwachsen würde, wie es welche bei ihr zu Hause gab. Ich ordnete rings um meine künftige Wiese eine Markierung aus Steinen und freute mich, als sich darin ein leichter grüner Flaum bildete.

Natürlich hatte ich angenommen, dass wir auch in Afrika irgendwann diese weißen Blumen haben würden, aus denen Magdalena den Kranz geflochten hatte, mit dem ich sie auf dem Bild im Schlafzimmer sah. Doch trotz all meiner Fürsorge spross keine einzige Margerite. Das Gras war anfangs zwar weich, bildete aber bald gelbe Spitzen. Dann wurde ich krank, kümmerte mich eine Woche lang nicht um mein kleines Stück Deutschland – und von meinem Traum waren nur noch vertrocknete, harte Gräser im rissigen Boden übrig. Magdalenas Land war von der afrikanischen Sonne aufgefressen worden. So viel Wasser ich auch darauf kippte, mehr als ein paar spärliche Halme ließen sich nicht blicken. Und denen machte schließlich eine Ziege den Garaus.

Mutter nahm mich tröstend in den Arm. »Wenn ich das nächste Mal nach Deutschland fahre, nehme ich dich mit.

Dann kannst du über eine richtige Wiese laufen. Stundenlang«, versprach sie mir.

Sie fuhr zwar ein Jahr später wieder in ihre Heimat, doch mitnehmen durfte sie mich auch diesmal nicht. Ob dieses Misstrauen, das Vater ihr unterschwellig entgegenbrachte, die Beziehung der beiden belastete, kann ich nicht sagen. Anmerken ließ sich Mutter es jedenfalls nicht. Andererseits war es ihr wichtig, dass ich wusste, dass ein Teil meiner Wurzeln in Deutschland liegt.

Daher hatte sie schon zeitig damit begonnen, mir Deutschunterricht zu geben. Sie brachte mir zahlreiche Kinderlieder bei, später deutsche Gedichte, die sie aus den deutschen Büchern, die sie von ihrem zweiten Besuch in einer großen Kiste mitbrachte, gemeinsam mit mir auswendig lernte. Meine Lieblingsschwestern Efe und Jem lachten mich damals oft aus, wenn ich mal wieder irgendwelche für sie unverständliche Verse vor mich hin brummelte. Ich war jedoch unglaublich stolz darauf. Ich habe sie trotzdem alle vergessen. Nur noch an eines erinnere ich mich: *Wer reitet so spät durch Nacht und Wind* ... Weil es so schön gruselig ist. Kinderlieder konnte ich mir besser merken: *Ein Männlein steht im Walde, ganz still und stumm* ... Immer wieder übte Mutter mit mir das deutsche Ä. Heute kann mein kleiner Sohn Joshua dies Lied auch. Ich bin mir aber nicht ganz sicher, ob er weiß, was er da singt.

In dieser Zeit, zwischen meinem fünften und achten Lebensjahr, begann meine Mutter sich ihren sehnsüchtigen Wunsch nach einem Landleben zu erfüllen. Dazu kamen zwei Dinge zusammen: das unverhofft große Erbe und die besondere Gabe meines Vaters – seine stets großen Ideen. Meine Mutter besaß das nötige Geld, damit er die neueste realisieren konnte.

Papa David hatte von einem sehr erfolgversprechenden Farmprojekt nordöstlich von Abuja gehört. Abuja, mitten im Land, 1 000 Kilometer von Lagos entfernt, war 1976 zur neuen Hauptstadt Nigerias ausgerufen worden. In den Ausläufern des fruchtbaren Jos-Plateaus stand eine heruntergekommene

Farm zum Verkauf. Der Ort hieß Jeba. Vater, dessen Kontakte sich inzwischen über das ganze Land erstreckten, erkannte die enormen Vorteile der Lage Jebas: Die neue Hauptstadt würde irgendwann einmal Millionen Menschen anziehen (inzwischen sind es etwa 700 000). Und die brauchten Nahrung. Mit einer großen, auf die Bedürfnisse der Städter zugeschnittenen Farmproduktion würde viel Geld zu verdienen sein. Darüber sprach er mit Mutter.

Vaters Idee von einer großen Farm stieß bei ihr auf offene Ohren. Gemeinsam besahen sie sich das Projekt in Jeba und Mutter war von der Lage und dem fruchtbaren Boden begeistert. Abgesehen davon ist das leicht hügelige, weite Land zum Verlieben schön. Die Farm wurde mit Mutters Geld gekauft, Eigentümer wurde allerdings mein Vater, der eine andere *Familie* dorthin schickte, um die Farm aufzubauen. Meine Mutter durfte lediglich wochenweise nach Jeba reisen.

Als die Sache mit Jeba begann, erfuhr ich davon natürlich kein Wort. Später verteidigte Mutter Papa Davids Vorgehen: »Es hätte nicht afrikanischen Sitten entsprochen, wenn ich fortgegangen wäre.« Bei ihrem zweiten Deutschlandbesuch erstand Mutter landwirtschaftliches Gerät. All das verschlang zwar einen Großteil des Erbes, brachte aber nicht den von Papa David erhofften Gewinn. Was ihn seine Meinung über »afrikanische Sitten« offensichtlich ändern ließ. Soweit ich weiß, war meine Mutter die einzige Frau, der mein Vater überhaupt erlaubte, den Harem auf längere Zeit zu verlassen, um für ihn jenseits der hohen Mauern Aufgaben zu übernehmen. Es muss wohl an dem drohenden Niedergang der Farm gelegen haben.

Später fand Mutter mir gegenüber auch dafür eine vertretbare Begründung: »Ich befand mich nun wirklich in der Menopause. Eine Frau, die keine Kinder mehr bekommen kann, darf ihren eigenen Geschäften nachgehen.« In der Tat beginnt die Zeit selbst bestimmten Frauenlebens nach Ansicht nigerianischer Männer erst mit Mitte 40. Mutter war damals, Anfang 1984, knapp 50 Jahre alt.

Ich war fast acht, als meine Mutter mir eröffnete, dass wir den Harem verlassen würden, um in Jeba zu leben. Natürlich hätte ich am liebsten geweint und geschrien, dass ich nicht fort will von meinen Mamas und Schwestern, dass ich mein Zuhause liebe, meine Schule. Meine kleine, so vollkommen erscheinende Welt. Aber ich bin so erzogen worden, niemals einer meiner Mamas zu widersprechen. Es war höchstens erlaubt, respektvoll zu fragen, warum etwas geschah oder warum eine Erwachsene etwas für richtig hielt. Die Erwachsenen wiederum hatten das zu respektieren und vernünftige Begründungen zu geben. Das taten auch alle; sie nahmen uns Kinder für voll.

Meine Mutter erklärte mir geduldig die Gründe für den bevorstehenden Auszug aus dem Harem. Sie sprach von der Aufgabe der Farm, den Menschen Nahrung zu verschaffen, von der Arbeit des damaligen Verwalters, der sich mit den teuren deutschen Geräten nicht auskannte, so dass ständig etwas kaputt ging und die Farm daher hoch verschuldet war. Sie sagte, Papa David habe deshalb entschieden, dass sie die Leitung Jebas übernehmen sollte. Da das aber bedeutet hätte, dass sie und ich ganz getrennt gewesen wären, hatte Vater ihr erlaubt, mich mit nach Jeba zu nehmen.

»Warum darf Mama Bisi nicht mitkommen? Sie macht alle Pflanzen gesund! Und Mama Ada? Sie ist stark und kann bestimmt Häuser bauen!«, protestierte ich. Als Kind griff ich somit in das Schicksal meiner Mamas ein. Ich wollte sie um mich haben, denn ich hing an ihnen wie an meiner leiblichen Mutter. Bisi musste nicht lange überredet werden! Sie freute sich, uns begleiten zu dürfen. Mama Bisis Töchter Jem und Efe, inzwischen zwölf und zehn, kamen sogar auch mit. Mama Ada war gerade schwanger geworden, weshalb auch sie mitreisen durfte.

Allerdings behielten Mutter, Ada und Bisi auch während ihrer Abwesenheit vom Harem ihre Räume. Alles andere hätte bedeutet, dass Papa David sie – so wie die ungehorsame Mama Idu Jahre zuvor – verstoßen hatte. Nur ihren Platz in Mama Pattys Tribunal musste Mutter aufgeben, wodurch sie an Einfluss auf die Geschicke der übrigen Frauen verlor.

Unser Abschied vom Harem war tränenreich und sogar Vater ließ sich in unserem Hof blicken, gab Ratschläge, was mitzunehmen sei. »Warum kommst du nicht mit, Papa David?«, fragte ich meinen Vater. Es war eine der seltenen Gelegenheiten, dass ich mich direkt an ihn wenden konnte.

Mein Vater warf meiner Mutter einen verwunderten Blick zu. Dann beugte er sich langsam zu mir herab: »Papa David ist immer bei dir, kleine Choga. Aber manche Dinge kann ich nicht selbst machen. Du kannst sehr stolz auf deine Mutter, Mama Bisi und Mama Ada sein. Tu immer, was sie dir sagen, denn was deine Mamas dir sagen, das kommt auch von Papa David.«

»Aber du wirst uns doch besuchen?«

»So oft ich kann, kleine Choga. Sei unbesorgt, du wirst dich dort wohl fühlen, wo ihr hinfahrt.«

»Dürfen Frauen denn ganz allein wegfahren?«

»Du bist ein kluges Kind«, sagte Vater lachend, »nein, das dürfen sie nicht. Es muss jemand dabei sein, der euch beschützt.«

Papa David schickte uns in einem Konvoi von Autos auf die Reise. Allein schon die Fahrt glich einem Abenteuer! Niemals zuvor hatte ich die Weiten meines Landes zu Gesicht bekommen. Riesige Wälder und ebenso endlose kahle Flächen. Das alles überstieg mein Vorstellungsvermögen völlig! Damals gab es noch nicht so viele gut ausgebaute Straßen und Autobahnen, die Strecke war in miserablem Zustand und führte über viele Umwege, wie ich heute weiß.

Vater hatte jedem unserer vier Autos einen Leibwächter mitgegeben. Wegen der Anwesenheit der Männer hatten wir uns während der ganzen Fahrt zu verschleiern. Zum ersten Mal begann mich der Schleier zu stören, denn im Wagen war es stickig und heiß.

Wir übernachteten bei zwei anderen *Familien,* denen wir vor allem Kleiderstoffe mitbrachten, die sie freudig entgegennahmen. Die beiden Zwischenstopps entwickelten sich zu richtigen Wiedersehensfeiern. Mama Ada und Mama Bisi kannten viele der jüngeren Frauen. Sie waren in Lagos aufgewachsen und in die neuen *Familien* als Ehefrauen verheiratet worden. Auch Mutter war bekannt, da sie unseren Gastgebern schon früher einmal in Papa Davids Auftrag Besuche abgestattet hatte. Alle wussten, dass sie die Sorgen der *Familien* Papa stets zu Gehör brachte. Sie lebten alle wie wir in großen Gemeinschaften, ähnlich gut abgesichert durch Mauern und Gitter, aber ihre *compounds* waren nicht annähernd so groß wie unserer in Lagos.

Landleben

Unter der Farm in der Nähe von Jeba hatte ich mir all die Jahre einen *compound* vorgestellt wie den Harem in Lagos – eine kleine Festung. Umso erstaunter war ich über die Offenheit des Gehöfts! Keine hohen Mauern, keine Gitter. Stattdessen ein großes weißes Steinhaus mit einem braunen Blechdach. Ein Engländer hatte es Jahrzehnte zuvor errichtet.

Ein Haus wie dieses, mit einer großen Eingangs- und Wohnhalle samt offenem Kamin und Freitreppe in das obere Stockwerk, kannte ich bis dahin nicht. Seitdem der Brite ausgezogen war, hatte das Anwesen eine wechselhafte Zeit erlebt und vom früheren Stil waren nur noch Ansätze zu erkennen. Trotzdem erschien es mir, die ich unsere schlichten Häuser im Harem gewohnt war, verschwenderisch luxuriös. In den ersten Wochen verbrachten wir Kinder Stunden damit, die herrliche Treppe rauf und runter zu gehen. Bis Efe auf einer Stufe einbrach und sich dadurch die morsche Konstruktion entlarvte. Mama Adas geschickte Hände flickten nicht nur an dieser Stelle ...

Die Anlage bestand außerdem aus neuen Lehmbauten mit Dächern aus Palmwedeln, in denen Lebensmittel gelagert wurden, und einem ziemlich verfallenen Schuppen für die landwirtschaftlichen Geräte. Etwas abseits befand sich ein leerstehender Flachbau, der bei unserem Einzug unbewohnbar war, früher aber die Bediensteten des Engländers beherbergt hatte. Neben dem Haus hatte Papa Udoka eine wacklige Kapelle errichtet, die eher einem Schuppen glich und in die gerade mal ein Dutzend Menschen passte. Nur einige Holzzäune umgaben das Gelände, aber selbst die waren anfangs größtenteils vom Wind niedergedrückt.

Damals fehlte mir natürlich jede Vergleichsmöglichkeit mit einer intakten Farm, so dass ich Mutters Entsetzen über den Zustand des von ihrem Geld erworbenen Hofs nicht verstand. Mittlerweile ist mir aber klar, dass es eine energische Frau wie meine Mutter brauchte, um dies verkommene Juwel auf Vordermann zu bringen. Damit allerdings war die *Familie,* die diese Farm seit drei Jahren bewirtschaftete, völlig überfordert.

Deren Vorstand Papa Udoka machte bald deutlich, was er von den engagierten Plänen hielt: »Ihr Frauen werdet das hier nie schaffen!« Er hatte keine Lust, sich Mutter unterzuordnen.

Als Antwort teilte Mutter die mitgereisten Leibwächter ein, um die zerbrochenen Zäune zu reparieren und das entkommene Vieh – Ziegen und Hühner – einzufangen. Papa Udoka erkannte rasch, dass Mutter, Ada und Bisi die neue Chance, die sich ihnen bot, zupackend nutzten. Immerhin blieben zwei von Papa Udokas Frauen bei uns. Mama Ngozi und Mama Funke waren ältere Frauen, deren bereits verheiratete Töchter im nächsten Dorf lebten. Sie hatten deshalb keine Lust, Papa Udoka in jenen Ort zu begleiten, in den Papa David ihn und seine Familie schickte. Mama Ngozis und Mama Funkes Töchter sowie deren Verwandtschaft wurden in der Folge zu unerlässlichen Helfern auf dem 20 Hektar großen Farmland.

Obwohl ich spürte, dass Mama Ada und Mama Bisi die Liebe meiner Mutter zur Farm teilten und sich sofort inmitten der sanften grünen Hügel wohl fühlten, hatte ich Angst. Ich kam mir so ungeschützt vor. Die ersten Tage verließ ich mein neues Zimmer im Erdgeschoss, das ich mit Efe teilte, daher kaum. Und Mutter hatte leider zu wenig Zeit, um sich um mich zu kümmern.

Efe und Jem sollten als Farmarbeiterinnen ausgebildet werden. Um tagsüber nicht allein im Haus herumzusitzen, begann ich, die beiden aufs Feld zu begleiten, denn die Yamsernte stand bevor. Mama Bisi und Mama Ada machte die harte körperliche Arbeit nichts aus, aber uns Stadtmädchen ging schnell die Puste aus.

Die schweren Yamswurzeln kann man nur mit Mühe aus der Erde graben und muss obendrein gut aufpassen, dass sie nicht abbrechen, wenn man es falsch angeht. Männliche Unterstützung gab es auf der Farm selbstverständlich nicht; wir waren auf uns gestellt. Für die Frauen und Mädchen, die zum Helfen auf die Farm kamen, war das normal, denn auf allen Bauernhöfen ist die Feldarbeit Sache der Frauen. Aber ich war erst acht! Und vom Leben im städtischen Harem ziemlich verwöhnt. Da ich jedoch wegen meines Babyspecks kräftiger wirkte, als ich war, erwarteten alle von mir, dass ich mithalf. Um mich keinen Hänseleien auszusetzen, tat ich mein Bestes, stellte mich bei der Ernte allerdings eher ungeschickt an. Daher war es schon bald meine Aufgabe, die schweren Wurzeln mit einem kleinen Handkarren zum Haus zu transportieren, von wo sie mit einem alten Traktor zum Markt gefahren wurden. Von der enormen Anstrengung schmerzten meine Beine und mein Rücken. Abends fiel ich wie ein Stein aufs Nachtlager.

Nach ein paar Monaten nahm mich Mama Ada zur Seite und begutachtete mich eingehend, dann lachte sie: »Das Leben auf dem Land tut dir gut, meine Kleine. Dein Babyspeck ist wirklich verschwunden.« Wahrscheinlich lag es daran, dass ich durch die schwere körperliche Arbeit, auf die ich nicht vorbereitet worden war, überhaupt nicht mehr zum Naschen kam und nicht mehr träumend und spielend den Tag verdöste. Ich hatte mich deutlich verändert. Bald kannte ich jeden Winkel der Farm und des Hauses und es erschien mir nach so kurzer Zeit bereits unvorstellbar, wie ich mein Leben je hinter Mauern verbringen konnte!

Papa Udokas *Familie* hatte sich nicht nur kaum um den Erhalt des Hauses gekümmert. Von ihrem Erbe hatte Mutter auch einen neuen Traktor angeschafft. Als wir in Jeba eintrafen, stand das wertvolle Gefährt bereits seit Wochen im Freien neben dem undichten Schuppen, ungeschützt der Witterung ausgesetzt. Es dauerte Wochen, bis endlich ein Mechaniker mit den erforderlichen Ersatzteilen kam, um das Fahrzeug zu reparieren. Von einem ebenfalls neuen Lastwagen hieß es anfangs, er sei zur Reparatur in Jeba. Als Mutter dann im Ort nachfragte, hatte niemand das teure Gefährt je gesichtet.

Dass Mutter auf dem Land als Weiße und obendrein als selbstständig handelnde Frau einen schweren Stand hatte, erfuhr ich erst später. Es dauerte lange, bis die Männer, die in Jeba das Sagen hatten, die Fremde respektierten. Und zwar genauso lange, bis sie merkten, dass Mutter und die anderen Frauen gute Arbeit leisteten und mit unseren Farmprodukten Geld zu verdienen war.

Schulunterricht war auch nicht mehr in dem Umfang möglich wie im Harem in Lagos. Da Jem und Efe nicht mehr zur Schule gingen, blieb ich als einzige Schülerin übrig. Doch niemand hatte Zeit, mich zu unterrichten, also besuchte ich anfangs die Schule in Jeba, einem Ort mit etwa 2 000 Einwohnern. Der Fußmarsch ins Dorf, vorausgesetzt ich nahm die Abkürzung über die Felder, dauerte eine Stunde. Was mit meinem Bein nicht gerade angenehm war. Der Weg über die unasphaltierte Straße war zwar sicherer, weil Schlangen besser zu erkennen waren, nahm aber gut drei Stunden in Anspruch.

Also entschied ich mich für den Querfeldeinmarsch. Bis eines Tages eine Schlange vor meinen Füßen lag. Mama Funke erklärte mir zwar, dass es sich um ein harmloses Exemplar handelte, und wollte mich in »Schlangenkunde« unterweisen. Doch zum einen verstand ich die zahnlose Mama Funke und ihre ungewohnte Sprache sehr schlecht, zum anderen gibt es rund ein Dutzend verschiedene Sorten, die sich teilweise recht ähnlich sind.

Doch das waren nicht die einzigen Probleme, die mir die Schulzeit verleideten. Wenn beispielsweise Erntezeit war, wurden alle Hände gebraucht und so saß ich oft allein im Klassenraum der Schule von Jeba. Und dafür hatte ich einen dreistündigen Marsch hinter mich gebracht, der mir am Nachmittag noch einmal bevorstand. Ich gebe zu, anfangs erschienen mir einige dieser Widrigkeiten des Landlebens alles andere als verlockend! Um dem langen Weg und dem Frust über den Ausfall zu entgehen, blieb ich bald ganz zu Hause.

Mama Bisi wusste immer viele Lieder und Reime, um mich aufzumuntern oder mir zu beweisen, dass ich mich im Irrtum befand. Damals weckte sie mich morgens oft mit diesem Kinderlied: »Da steht ein Bulle im Gras und frisst und frisst nur was. Denn er will nicht ziehen den Karren zur Stadt, lieber wird er dick und satt. Doch wenn der Bulle ihn zöge, dann würde er kräftig und stark.« Dann gab Mama Bisi mir einen Kuss und sagte: »Also, lerne und werde stark wie deine Mutter.«

Ich wollte durchaus lernen. Aber eben so wie früher, im Harem. Dass meine beiden Lieblingsschwestern jedes Interesse am Unterricht verloren hatten, war mir rätselhaft. Im Gegensatz zu ihnen bestand ich auf meinem Recht – so empfand ich es zumindest. Schließlich schrieb Mutter meinem Vater einen Brief, in dem sie um eine Lehrerin bat. Wochen vergingen und nichts geschah. Dann hielt eines Abends eines von Vaters großen Autos vor dem Haus. Papa David war persönlich gekommen, um mir einen Lehrer zu bringen! Er hatte die Jahreszeit für sein Kommen klug gewählt. Auf den Feldern war jetzt nicht viel zu tun. Aus dem Norden blies der Harmattan ständig den Sand der Sahara über das Land.

Vater wollte vor allem auch seine Frauen sehen und ihnen beweisen, dass er sie weiterhin liebte. Auch mit Mutter verbrachte er sehr viel Zeit und ich stellte fest, dass sie in den zwei Wochen seines Aufenthalts selbst mich ganz anders behandelte. Sie war irgendwie liebevoller, weicher. Im Harem war mir dieser Einfluss meines Vaters auf Mutter nie aufgefallen, vielleicht, weil immer so viele Menschen um uns herum waren und ich deshalb keinen so engen Kontakt zu ihr hatte.

Der Lehrer, den Papa David ausgesucht hatte, hieß Okereke. Er unterrichtete Efe, mich und die Enkel von Mama Funke und Mama Ngozi sowie eine Hand voll weiterer Kinder, die im Umkreis der nächsten zwei Kilometer wohnten. Jem arbeitete lieber weiter auf dem Feld und war mit keinem Mittel zur Teilnahme am Unterricht zu bewegen. Okereke war uralt, sehr mager und hatte einen Buckel. Er hatte ein abwechslungsreiches Leben geführt, von dem er mir abends auf der breiten Veranda unseres Hauses, wo übrigens auch der Schulunterricht stattfand, lange erzählte.

Von Okereke erfuhr ich eigentlich alles über die Geschichte meines Landes, er lieh mir sogar seine Bücher. Dafür bin ich ihm sehr dankbar. Außerdem war er das erste männliche Wesen, das mir seine Zeit schenkte. Papa David hatte ich ja eigentlich nur als würdevolles Oberhaupt der Familie erlebt, aber nicht als Vater. Und einen Großvater hatte ich nie. Okereke war alles zusammen: Ersatzpapa und -opa, Lehrer und Geschichtenerzähler.

Als Übersetzer für den englischen Gouverneur hatte er lange Jahre gearbeitet, sich aber irgendwann für die Unabhängigkeit Nigerias eingesetzt und war zwischen die Fronten geraten. Er öffnete mir die Augen, wie leicht das in meinem Land geschehen kann. Okereke bewunderte meinen Vater und die Art, wie er den Mitgliedern seiner Familie half, selbst für ihren Unterhalt zu sorgen. Deshalb lebte der alte Mann bei uns; seine »Bezahlung« bestand aus Essen und einem Nachtlager in einem wieder hergerichteten Teil des separaten Flachbaus. Die in einem Gefängnis erlittene Folter machte es ihm unmöglich, körperliche Arbeiten zu verrichten. Umso unentbehrlicher war er für Mutter bei der Erledigung der vielen Schreibarbeiten, die das Führen einer solch großen Farm mit sich bringt.

Bisis Prophezeiung

Mutters größte Hilfe beim Wiederaufbau der Farm war Mama Ada, die unermüdlich arbeitete. Bereits in den ersten Wochen hatte sie ihr Baby verloren. Sie hatte sich wohl doch zu sehr angestrengt. Vaters Besuch hatte auch sie verändert, sie lachte öfter und war nicht mehr so schweigsam wie sonst. Den Grund fand ich erst ein paar Monate später heraus: Mama Ada war erneut schwanger. Da sie so groß und hager war und sich stets in weite Gewänder wickelte, bekam ich das erst recht spät mit, denn Ada schonte sich immer noch nicht. »Ein Mensch, der nichts arbeitet, ist nutzlos. Umso besser, wenn mein Baby das frühzeitig merkt«, sagte sie immer.

Mama Bisi hatte auf einem versteckten Fleckchen Erde neben dem Haus ein kleines Blütenwunder zustande gebracht. Dort gediehen einige prächtige Bougainvilleabüsche, die sie zu neuem Leben erweckt hatte. Wenn ich sie am Abend suchte, um mit ihr ein bisschen zu plaudern oder mich an sie zu kuscheln, konnte ich sie dort zumeist finden. Sie sprach mit ihren Büschen und zupfte welke Blüten ab.

Deshalb war ich auch nicht sonderlich erstaunt, als ich sie eines Abends leise sprechen hörte, während ich mich näherte. Zu meiner Überraschung war sie nicht allein. Mama Ada war bei ihr; meine beiden Lieblingsmamas hockten am Boden zwischen den Sträuchern. Als Mama Ada mich sah, hob sie mahnend den Zeigefinger an die Lippen, um mich schweigen zu heißen, bevor ich etwas sagen konnte.

Ich verstand nicht sofort, was vor sich ging: Mama Bisi befragte das Orakel, um die Zukunft von Mama Adas ungeborenem Kind zu erfahren. Papa David, das wusste jeder, lehnte die traditionelle Anrufung der Ahnen ab. Doch in der Abgeschiedenheit der Farm konnte sein langer Arm uns nicht erreichen; Mama Bisi praktizierte wieder ihr Orakel, für das sie ihre alten Kaurischnecken verwendete. Natürlich heimlich.

Die Prophezeiung des Orakels habe ich an jenem Abend zwar nicht wortwörtlich verstanden, aber ich bekam mit, dass Mama Adas Baby nicht lange nach der Geburt sehr krank werden würde und dass wir alle besonders gut auf die Kleine aufpassen müssten. Ihre erste Tochter war nur sechs Jahre alt geworden und erst vor kurzem hatte sie eine Fehlgeburt erlitten – kein Wunder, dass diese Prophezeiung ein Schock für sie war.

»Wird es sterben wie das andere Kind?«, fragte Ada.

»Kein ›es‹. Eine ›sie‹ – ein Mädchen!«, sagte Bisi. Sie warf die kleinen Schnecken erneut und studierte eingehend ihre Lage. »Deine Tochter wird rein wie eine weiße Blume sein, die keine Schuld auf sich lädt. Deshalb verlangen ihre Ahnen, dass ihr Name Susan lautet.«

Mama Ada war nach dieser Prophezeiung sehr verstört. Sie begab sich sofort in unsere kleine Kapelle. Sie verließ sie die nächsten Tage nicht einmal, betete pausenlos und flehte Gott um Hilfe an.

Mutter bemerkte Adas seltsames Verhalten bald und befragte auch mich über die Ursache, da sie sich große Sorgen machte und wusste, dass ich oft mit meiner Patentante zusammen war. Aber ich hatte meinen beiden liebsten Mamas versprochen, dass ich kein Wort über Bisis Orakel verraten würde. Denn obwohl Ada und Bisi Mutters beste Freundinnen waren, befürchteten sie dennoch, dass Mutter Papa David informieren und ihm Bisis heidnisches Verhalten berichten würde. Das Schweigen, das ich mir selbst auferlegt hatte, machte mich krank. Ich bekam hohes Fieber und Durchfall. Mama Bisi vernachlässigte ohne zu zögern ihre täglichen Arbeiten und übernahm meine Pflege.

Ich hatte wohl schon einige Tage lang so hohes Fieber, dass Mutter keinen Rat mehr wusste. Da legte sich meine Pflegerin zu mir auf das Nachtlager aus Strohmatten, streichelte mir den nassen Kopf und sagte: »Ich habe einen schrecklichen Fehler gemacht, Choga. Verzeih meine Dummheit. Ich werde deiner Mutter alles beichten. Du sollst nicht weiter darunter leiden, dass Erwachsene von dir verlangen, über ihre Taten zu schweigen.«

»Papa David wird sehr böse mit dir werden! Wenn er dich nun fortschickt wie Mama Idu?«

»Dann ist das Gottes Wille.« Mama Bisi sagte das vollkommen ruhig, aber für mich waren ihre Worte schrecklich. Sie zu verlieren, wäre das Schlimmste überhaupt gewesen.

»Mama Bisi«, fragte ich nach einer Weile, »sind denn Mama Adas Ahnen im Himmel?«

»Ja, mein Kind, natürlich«, bestätigte sie.

»Aber warum sagen sie dann, dass Mama Adas Baby krank wird? Warum helfen sie nicht, dass es gesund bleibt?«

»Das tun sie doch, Choga! Sie weisen uns auf die Gefahren hin, die dem Kind drohen.«

»Aber Gott beschützt doch alle Kinder, Mama Bisi. Warum beschützt er nicht Mama Adas Baby?«

»Er wird es beschützen, aber wir müssen ihm dabei helfen.«

»Ich werde ganz schnell gesund und Mama Adas Baby pflegen«, versprach ich. Mama Bisi küsste mich und ich spürte, wie ein Tropfen auf mein Gesicht fiel. Nie zuvor hatte ich meine Patentante weinen sehen.

Dass meine Mutter die Farm leitete, darüber hatte ich mir zuvor nie Gedanken gemacht, weil mir gegenüber niemand darüber sprach. Erst Mama Adas Schicksal machte mir deutlich, dass Mutter eine besondere Stellung innehatte – als Vaters Stellvertreterin auf der Farm. (Erst später habe ich erfahren, dass sie tatsächlich die einzige Frau war, die eine von Vaters *Familien* führte.) Meine Mutter regelte die verfahrene Situation ausgesprochen diplomatisch. Nachdem Bisi ihre Verfehlung gestanden hatte, kam sie zu mir und erklärte mir, dass Bisi es gut gemeint habe mit Mama Ada.

Schon am nächsten Tag war mein hohes Fieber so gut wie verschwunden und zwei Tage später konnte ich wieder draußen spielen.

Ich war gerade neun geworden, als Papa David zur Taufe von Mama Adas drei Wochen altem Baby auf der Farm eintraf. Vater hatte für meine kleinste Halbschwester den Namen Rebecca ausgewählt. Allerdings nannten wir die Kleine alle längst Susan und wenn ich morgens aufwachte, lief ich zuerst zu Mama Ada und fragte: »Wie geht es der kleinen Sue?« Ich war ja dabei gewesen, als Mama Bisi von den Ahnen diesen Namen mitgeteilt bekommen hatte. Als der Taufsonntag kam, war ich gespannt, welchen Namen Papa David meiner Halbschwester geben würde.

»Ich taufe dich hiermit auf den Namen Rebecca Susan«, sagte er. Ich atmete erleichtert auf. Meine Mutter, die das Mädchen als Patin über das Taufbecken hielt, strahlte über das ganze Gesicht. Ja, so machte Mutter das! Wenn sie etwas erreichen wollte, tat sie es leise und unauffällig. Und alle waren zufrieden mit dem Kompromiss, den sie erzielt hatte. Gerufen wurde mein Schwesterchen allerdings nur mit ihrem Kosenamen Sue. Aber das wusste Vater nicht; er war ja weit entfernt. Auch als Sue blieb sie seine Tochter und wurde in seinem Sinne erzogen.

Von der ersten Minute an hatte ich eine besondere Beziehung zu Sue. Natürlich mochte ich Efe und Jem nach wie vor sehr gern, aber die Kleine konnte den beiden die Position als meine Lieblingsschwester durchaus streitig machen. Ich ließ mir von meinen Mamas alles beibringen, was man wissen muss, um ein Baby richtig versorgen zu können. Schon bald trug ich Sue den ganzen Tag in einem Tuch auf dem Rücken herum. Ich kam mir richtig nackt vor, wenn ich sie nicht dabei hatte. In Okerekes Unterricht legte ich sie neben mir auf den Boden. Als die Kleine zu krabbeln begann, hatte auch der Lehrer ein Auge auf sie und sogar meine Mitschülerinnen und Halbschwestern beaufsichtigten sie. Da Sue lange Zeit unsere jüngste Mitbewohnerin blieb, wurde sie von allen geliebt. Wenn Mama Ada sie mit aufs Feld nehmen wollte, war ich richtig traurig. Die kleine Sue war ein Teil von mir geworden. Das Tollste aber war, als sie ihr erstes Wort sagte – meinen Namen. Ich trug Sue überall hin und forderte sie auf, das Wort zu wiederholen. Es war zwar nur die zweite Silbe meines Namens, aber alle freuten sich mit uns und lachten. Und Mama Adas Tochter lachte mit!

Da nur Mutter und meine Lieblingsmamas in die Prophezeiung des Orakels eingeweiht waren, achteten vor allem wir vier besonders auf das kleine Mädchen. Sobald eine von uns Sue weinen hörte, kamen wir herbeigestürzt. Was nicht immer eine gute Idee war, denn die Kleine bekam bald spitz, dass sie schon mit einem leisen Quengeln große Aufmerksamkeit erreichte!

Lebensretter Corn

Ein Hund gilt in meinem Land nicht viel. Die Leute haben selbst wenig zu essen und teilen nicht gern mit einem Hund. Deshalb suchen sich die Tiere ihr Essen selbst und die, die zu keiner Farm gehören (das ist die Mehrzahl), schließen sich in Rudeln zusammen. Das sind richtige Banden, die sich vor allem nachts blutige Kämpfe liefern. Oft konnte ich keinen Schlaf finden, wenn ganz in der Nähe das beängstigende Geheul der Meute zu hören war. Außerdem gelten Hunde als schmutzige und nutzlose Tiere, die niemandem einen Gewinn bringen, anders als Ziegen oder Hühner.

Trotzdem gab es auf unserer Farm einen Hund und der war sogar geachtet. Er war nämlich sehr nützlich, weil er eine ganz besondere Gabe hatte: Corn jagte Schlangen. Irgendeiner seiner Vorbesitzer hatte dem Hund diese Fähigkeit wohl beigebracht. Seinen Namen verdankte Corn übrigens der Farbe seines Fells; er war so gelb wie reifes Getreide.

Da ich vor allem Angst hatte, was ich nicht aus dem Harem in Lagos kannte, fürchtete ich mich auch vor Corn, denn ich war zu jung, um den Unterschied zwischen einem streunenden und einem zahmen Haushund erkennen zu können. Daher ging ich dem Hund nach Möglichkeit aus dem Weg. Wir wussten wenig über Corns früheres Leben. Aber Papa Udoka hatte das Tier nach Auskunft von Mama Funke ganz offensichtlich dazu abgerichtet, immer in der Nähe der kleinen Kinder zu bleiben. Wenn eines schrie, dauerte es keine fünf Sekunden und Corn war zur Stelle. Die Nase am Boden suchte er dann die Umgebung ab, ob er irgendwo eine Schlange entdecken konnte. Und einmal fand er tatsächlich eine. Zufällig war Okereke gerade in der Nähe und sah alles mit an: Corn stürzte sich blitzschnell auf die Schlange, biss sie direkt hinter den Kopf, wirbelte sie herum und machte ihr so den Garaus.

»Noch ist er nicht zu alt für die Schlangenjagd«, sagte Okereke, »aber wenn er ein bisschen langsamer wird, ist irgendwann eine Schlange schneller als er.«

»Und was passiert dann?«, fragte ich.

»Man wird einen neuen Hund holen oder selbst auf die Schlangen achten müssen«, antwortete der alte Lehrer. Dann überlegte er laut: »Es wäre vielleicht eine gute Idee, einen zweiten Hund zu besorgen. Vielleicht kann Corn ihn anlernen, bevor es zu spät ist.«

Ich sah Okereke mit großen Augen an: »Du meinst, Corn wird nicht besonders alt werden?«

Der Mann nickte: »Das ist nun mal der Lauf der Welt. Ein Hund ist kein Mensch.«

Ich blickte die kleine Sue neben mir an und dann den Hund. Ich dachte an Mama Bisis Orakel und daran, dass wir auf Sue gut aufpassen mussten.

Von diesem Tag an sah ich Corn mit anderen Augen. Ich fing an, mit ihm zu spielen, und er begleitete Sue und mich überall hin. Als Mama Bisi sagte, dass der Hund ungepflegt sei und deshalb nicht ins Haus dürfe, befragte ich Mutter so lange, bis sie mir erklärte, wie man einem Hund kämmt und von Ungeziefer befreit. Mutter mochte Corn; sie hatte in Deutschland auf dem Brunnerhof stets Hunde gehabt. Allerdings war Corn für sie genauso wie für alle anderen ein Tier mit einer Aufgabe. Doch ich stellte fest, dass ein Hund wie eine Freundin sein kann, an die man sich kuschelt. Trotzdem blieben meine Mamas der Meinung, dass er nicht ins Haus durfte. Sie fürchteten, ich würde den Hund wie einen Menschen behandeln und ihn so um seine Jagdinstinkte bringen. Lediglich Efe und Jem unterstützten meine Bestrebungen – wir drei hielten nach wie vor zusammen –, doch leider ohne Erfolg.

Von Corns Nachtleben bekam ich nur dann etwas mit, wenn der Schlangenhund mal wieder eine frische Bisswunde hatte, die er sich bei einer Auseinandersetzung mit den Streunern zugezogen hatte. Mama Bisi gab mir dann eine ihrer Tinkturen und ich behandelte den tapferen Kämpfer, während ich ihm Mut zusprach. Zum Dank blieb Corn stets in meiner Nähe. Als ich eines Nachts vom Geheul der anderen Hunde erwachte, öffnete ich das Fenster und sah in die schwarze Nacht hinaus. Da erregte ein sanftes Fiepen meine Aufmerksamkeit: Corn saß unter meinem Fenster. Er hatte Wache gehalten. Beruhigt legte ich mich wieder hin.

Dann wurde ich wieder einmal sehr krank. Mutter sagte immer, dass ich durch das Leben in der Stadt zu empfindlich geworden sei und deshalb anfällig für jede kleine Krankheit. Ich lag mit hohem Fieber auf der Schlafmatte am Boden. Efe sah hin und wieder nach mir, machte mir kalte Wadenwickel und flößte mir Mama Bisis selbst hergestellte Medizin ein. Mittags war es drückend heiß in meinem Zimmer. Auf der Farm hatten wir nicht den Komfort eines Deckenventilators, wie ich ihn aus dem Harem in Lagos kannte. Obendrein musste das Fenster geschlossen bleiben, damit kein Ungeziefer hereinkommen konnte. Ich flehte Mutter an, die mir gerade aus deutschen Märchenbüchern vorlas, das Fenster zu öffnen. Nach langem Betteln gab sie endlich nach. Irgendwann schlief ich wohl ein. Ich träumte wirren Unsinn, und als ich erwachte, war Mutter nicht mehr im Zimmer.

Plötzlich nahm ich eine langsame, kriechende Bewegung wahr. Durch das weit offen stehende Fenster wand sich ein langer, dunkler Körper. Bevor ich realisieren konnte, dass es eine Schlange war, ließ sie sich schon mit einem leisen Klacken auf den Boden fallen. Ich setzte mich auf und starrte das etwa anderthalb Meter lange Tier an, das sich auf mich zubewegte. Es war direkt zwischen dem Fenster und mir, auf der anderen

Seite befand sich die Wand. Ich konnte nirgendwohin entkommen. Die Schlange hob ihren Kopf, züngelte suchend nach meinem heißen Körper.

Nach einer langen Schrecksekunde schrie ich gellend los: »Mama!«

Die Schlange bewegte sich nun nicht mehr. Ich sah zur Tür, aber niemand kam. Das machte dem Biest wohl Mut, seinen Angriff fortzusetzen. Ohne nachzudenken, formte mein Mund einen hellen, aufgeregten Schrei: »Corn! Komm schnell!«

Vielleicht hatte der Hund schon meinen ersten Hilferuf richtig verstanden, denn wie der Blitz sprang er über die niedrige Fensterbank und stürzte sich auf die Schlange. Alles ging so rasend schnell; ich sah nur ein Bündel Fell über den Boden toben. Nach wenigen Augenblicken war es wieder still. Corns bernsteinfarbene Augen blickten mich an, so, als wollte er fragen: Bist du okay? Zwischen seinen Beinen lag der tote Leib der Schlange.

»Komm her!«, rief ich atemlos und umarmte meinen Lebensretter. Aber irgendetwas stimmte nicht mit Corn. Er krümmte sich auf dem Boden und knabberte an seinem Hinterbein. Schlagartig kamen mir Okerekes Worte in den Kopf, dass irgendwann eine Schlange schneller als der Hund sein würde. Ich bog den Kopf des Hundes zurück und näherte mich der Stelle, an der er herumgebissen hatte. In seinem kurzen Fell erkannte ich deutlich zwei kleine, an den Rändern ausgefranste Punkte – den Abdruck der Giftzähne!

Ich schrie wie noch nie in meinem Leben um Hilfe. Mein Lebensretter durfte nicht sterben! Mutter kam als Erste ins Zimmer gestürmt, dann Bisi, schließlich Okereke. Der alte Lehrer beugte sich über den Hund und schüttelte den Kopf.

»Ich nehme Corn besser mit«, sagte er.

»Was tust du mit ihm?«

»Ich werde ihm helfen, dass er nicht unnötig leiden muss.«

»Nein!« Ich rappelte mich hoch, verstellte Okereke, der den Hund schon auf dem Arm hatte, um ihn hinauszutragen, den Weg. »Corn darf nicht sterben.«

»Wir können ihn nicht retten«, sagte der Lehrer.

Ich drehte mich zu Mutter: »Mama, bitte, er hat mir das Leben gerettet. Du kannst doch bestimmt etwas tun!« Mein Kreislauf war zu schwach, ich konnte mich kaum aufrecht halten und fiel schließlich gegen meine Mutter, die mich auffing.

»Es gibt nur eine Möglichkeit«, meinte Mutter. Sie nahm ihr Kopftuch vom Kopf und band Corns Bein am Ansatz ab. Als sie die Enden fest zuzog, jaulte der Hund auf.

»Mit drei Beinen hat das Tier keine Chance, Mitfrau Lisa«, sagte Mama Bisi gefasst.

»Drei Beine?«, stammelte ich.

»Wenn, dann müssten wir ihm eines amputieren, und zwar unverzüglich«, entgegnete Mutter. »Er stirbt sonst unter furchtbaren Qualen.«

Ich riss mich von ihr los, stürzte auf Corn zu und streichelte ihn. Er hechelte bereits kurzatmig, sein Fell war schweißnass.

»Dann aber schnell«, entschied Bisi. Sie befahl mir, mich wieder hinzulegen. Mit raschen Schritten trug Okereke den Hund nach draußen, Mutter folgte ihm, während Mama Bisi die Schlange packte. Sie war schon fast aus dem Zimmer, als sie zurückkam, um das Fenster wortlos zu schließen.

Wenig später hörte ich einen markerschütternden, kurzen Schrei. Dann herrschte schreckliche Stille. Ich presste die Augenlider zu und begann zu schluchzen.

Corn sah ich erst über eine Woche später wieder, als es mir etwas besser ging und ich aufstehen konnte. Sein Anblick versetzte mir einen Stich ins Herz. Sein Körper war dick verbunden, um den Kopf trug er einen Beißschutz, damit er sich nicht seine Wunde lecken konnte. Ich bettete seinen Kopf in meinen Schoß und kraulte ihn stundenlang.

Irgendwann stand Mama Bisi vor mir: »Das ist doch kein Leben für einen Jagdhund, Choga. Willst du wirklich, dass er für immer leidet?«

Ich wusste nicht, was ich sagen sollte. Mama Bisi schien Recht zu haben, mein Lebensretter stand überhaupt nicht mehr auf.

Ich legte ihn auf eine alte Decke, schob ihm Wasser hin. Was sollte Corn fressen? Er hatte sich seine Nahrung immer selbst gesucht; ich hatte mir nie darüber Gedanken gemacht, wie er das anstellte. Hundefutter gab es sowieso nicht; dass man in Deutschland so etwas kannte, erfuhr ich erst viel später durch Mutter. Aber es war selbst mir als Neunjähriger klar, dass er in diesem Zustand niemals mehr auf die Jagd gehen konnte.

Am nächsten Tag fand Okereke mich, wie ich neben dem kraftlosen Corn kauerte. »Wenn du willst, dass der Hund wieder laufen lernt, dann darfst du ihn nicht länger verhätscheln«, sagte er. »Steh auf und ruf ihn, versuch ihn aufzumuntern.« Ich versuchte Corn mit einem Stock zu locken, doch er blickte dem Spielzeug nur ratlos nach. Schließlich suchte ich Hilfe bei Mama Bisi, fragte, ob sie nicht eine Medizin hätte.

»Versuchen kann ich es ja mal«, meinte sie. »Wenn es Gottes Wille ist, dann wird der Hund überleben.«

Mutter gab mir für Corn Essensreste, heimlich natürlich, weil wir selbst nicht besonders viel hatten. Es waren vor allem gekochte Yamswurzeln mit winzigen Brocken Fleisch, unter die Mama Bisi ihre Medizin mengte. Hin und wieder bekam er einen Knochen. Allmählich versuchte Corn tatsächlich aufzustehen. Er war ein sehr starker Hund mit kräftiger Beinmuskulatur. Als der Verband nach Wochen entfernt wurde, hatte sich mein Liebling schon an sein Schicksal gewöhnt. Es gelang ihm bald, mit drei Beinen zu laufen. Nicht sehr schnell, eben so wie ich, wenn mir meine Hüfte wieder einmal sehr weh tat.

Corn wich nicht mehr von meiner Seite. Wir beide waren wohl ein besonderes Paar, wenn wir abends gemeinsam vom Feld zurück zum Haus humpelten. Niemand verlangte mehr von ihm, nachts draußen zu schlafen, wo die Hunderudel umherzogen. Gegen die hätte er keine Chance gehabt. Er durfte sich an meinem Fußende zusammenrollen. Heulten draußen seine Artgenossen, schrak er manchmal hoch und jaulte im Traum kurz auf, drehte sich dann im Kreis und kuschelte seine Nase wieder ins Fell.

»Wen Gott liebt, den lässt er nicht im Stich«, sagte Okereke.

»Siehst du, Gott liebt auch Hunde, obwohl sie keine Menschen sind«, antwortete ich.

»Es war gut, dass du für deinen Lebensretter gekämpft hast. Wenn ich ihn getötet hätte, hätte ich mich an Gott versündigt. Ich habe etwas von dir gelernt, mein Kind«, sagte mein alter Lehrer und strich mir sanft über den Kopf, »vor Gott ist jedes Lebewesen gleich.«

Am nächsten Sonntag durfte Okereke vor allen die Ansprache halten. Er erzählte die Geschichte von Corn und mir. Unser kleiner Hund war danach überall bekannt. Niemand wagte es mehr, den dreibeinigen Hund zu verspotten oder gar Steine nach ihm zu werfen, denen das arme Tier nicht entkommen konnte.

Manchmal kamen Frauen vorbei, nur um Corn zu streicheln. Die Menschen hielten ihn für einen Glücksbringer, weil Gott ihn beschützte. Einige Zeit später hörte ich von einer weiter entfernt gelegenen Farm, die ebenfalls einen so genannten Schlangenhund hielt, dass auch ihrer gebissen worden war. Entgegen der Sitte, ein nutzloses Tier zu töten, hatten auch die Nachbarn ihren Hund nicht erschossen, sondern ihn gesund gepflegt wie wir unseren Corn.

Das Herz eines Vaters

Als ich eines Nachmittags von einem der Felder zurückkam, sah ich Mutter und Mama Bisi schon von weitem. Sie standen nebeneinander vor der Veranda. Es war später Nachmittag, die Sonne glühte intensiv, die Luft über der warmen Erde flirrte. Ich sagte zu Mama Ada, die neben mir herging und einen ausladenden Korb mit Mais auf dem Kopf trug, dass die beiden Mamas zu einer Person zu verschmelzen schienen, mit zwei Köpfen. Ich selbst trug die kleine Sue auf den Rücken gebunden mit mir und hielt mit einer Hand einen wesentlich kleineren Korb auf dem Kopf fest, damit er nicht hinunterfiel. Es gelang mir nie, etwas freihändig auf dem Kopf zu balancieren wie die Erwachsenen und viele meiner Schwestern – mein Beinproblem ließ und lässt mich noch heute ständig von einer Seite auf die andere schwanken. Die kleine Sue fand das ganz lustig und wollte immer viel lieber von mir getragen werden als von ihrer kerzengerade einherschreitenden Mama. An meiner Seite humpelte Corn, dem die Zunge hechelnd aus dem Maul hing.

Wortlos nahm Mutter mir meinen Korb ab. Sie verwöhnte mich selten mit Zärtlichkeit. Diese Aufmerksamkeit war schon sehr viel. Und dann strich sie mir flüchtig über die staubigen Zöpfe.

»Du bist sehr tapfer, Choga«, sagte Mutter.

Ich blickte zu ihr auf und war verwundert, denn ich wusste nicht, was sie meinte. Deshalb schwieg ich. Mama Bisi befreite mich von Sue. Später beteten wir und aßen unser Nachtmahl zusammen mit den anderen Frauen und Schwestern und einigen Farmhelferinnen ein, die während der Saison vor allem in der verschwenderisch großen Eingangshalle schliefen (der feine englische Vorbesitzer hätte daran sicher seine Freude gehabt ...).

Vor dem Zubettgehen rief mich Mutter auf die Veranda, wo bereits Mama Bisi saß und einen Korb flocht, den sie zusammen mit unzähligen anderen auf dem Markt verkaufen wollte. Seitdem wir in Jeba lebten, kam es nicht mehr sehr oft vor, dass Mutter mir noch eine Geschichte vorlas oder erzählte. Umso mehr freute ich mich also und wollte mich zu ihren und Mama Bisis Füßen auf den Boden setzen.

»Choga, geh mal ein paar Schritte auf und ab«, sagte Mutter.

»Warum?«

»Ich möchte sehen, wie du gehst.«

Ich tat, wie mir geheißen. Der Tag auf dem Feld hatte mich angestrengt, der ganze Körper tat mir weh.

»Belaste mal das andere Bein«, meinte Mutter. Ich versuchte es. Nach einigen Schritten verfiel ich wieder in meine übliche Haltung, in der ich das schmerzende Bein weniger beanspruchte. Das tat ich aus reiner Gewohnheit immer so.

»Deine Mutter hat Papa David geschrieben«, meldete sich plötzlich Mama Bisi zu Wort. »Wir alle finden, er soll dir helfen, dass du besser laufen kannst.«

Entsetzt starrte ich erst Mama Bisi an, dann Mutter. »Das dürft ihr nicht!«, stieß ich hervor.

»Es muss etwas geschehen, Kind, bevor es zu spät ist! Ich habe Papa David gebeten, dich von einem Arzt behandeln zu lassen.« Mutter sprach sehr ernsthaft und sah mich dabei fest an.

Ich hasste es, wenn sie oder irgendjemand anders von meinem Bein sprach. Es tat zwar weh, doch damit hatte ich mich abgefunden. So wie Corn, der es sogar schaffte, mit drei Beinen durch die Gegend zu laufen.

»Irgendwann wirst du heiraten und Kinder bekommen wollen, meine Kleine«, sagte Mama Bisi. »Dann ist es zu spät, noch etwas zu tun.« Ich stutzte, meine mütterliche Patentante steckte also dahinter. Sie, die immer nur tröstete, aber sich nach Möglichkeit nicht einmischte in den Lauf der Dinge, wollte tatsächlich in mein Schicksal eingreifen.

Ich hielt Mama Bisi und Mutter entgegen: »Ich will keinen Arzt. Gott hat mich so gemacht.« Doch das war nur die halbe Wahrheit, wie ich heute eingestehen kann. Ich wollte niemals anders behandelt werden als meine Schwestern. Ich wollte nichts Besonderes sein, deswegen schämte ich mich, wenn über mein Bein so offen gesprochen wurde.

Einige Wochen später eröffnete mir Mutter, dass sie die Farm für unbestimmte Zeit verlassen müsse. Eine erneute Reise nach Deutschland stand bevor: Noch einmal sollte sie in ihrer Heimat eine Anzahl landwirtschaftlicher Geräte, Saatgut und Düngemittel erstehen. Nicht nur für uns, sondern auch für die anderen Farmen, die Papa David gehörten.

»Dein Vater schickt uns ein Auto, mit dem wir nach Lagos gefahren werden«, sagte Mutter.

Ich spielte gerade mit Sue. »Darf Sue mitkommen?«, fragte ich. Mutter lachte und sagte, dass mein Schwesterchen Mama Ada brauche. Und dann fügte sie hinzu: »Du wirst ein paar Wochen im Harem bleiben, Choga Regina.«

Niemals hatte ich gewagt, meiner Mutter offen zu widersprechen. Doch jetzt tat ich es: »Ich will aber hier bleiben!«, stammelte ich trotzig.

Sie erklärte mir geduldig, dass ich nach Lagos müsse – um zum Arzt zu gehen. »Dein Vater hat zugestimmt, dass dich ein Spezialist im Krankenhaus ansieht.« Mutter hatte, das wusste ich aber damals nicht, in mehreren Briefen an Papa David dafür gekämpft, dass ich diesen Termin bekam. Doch ich weigerte mich! Und zwar auf meine Art: Ich lief weg, verkroch mich hinter Mama Bisis Bougainvilleabüschen und heulte, als wollte man mir ein großes Unrecht antun. Ein Krankenhaus! Wie entsetzlich! Dorthin kam man doch nur, wenn man krank war. War ich etwa krank? Die Welt brach für mich zusammen. Corn spürte mich auf und kuschelte sich an mich.

Irgendwann fand mich Mama Bisi und durch ihre Worte beruhigte ich mich zumindest wieder ein bisschen. »Deine Mutter ist einverstanden, dass ich mitfahre, meine Kleine. Du musst keine Angst haben. Mama Bisi wird immer bei dir sein«, versprach sie mir. Corn allerdings konnte uns nicht begleiten.

Als Jem abends vom Feld zurückkam, erzählte ich ihr von den Plänen unserer Mütter. Doch anstatt mich wie erwartet zu unterstützen, sagte sie nur: »Ist doch toll, wenn sie dir helfen wollen.«

Am Tag der Abreise fiel mir der Abschied von Sue am schwersten. »Du musst gut auf sie aufpassen«, ermahnte ich immer wieder Mama Ada. Bis Mutter mich mit einem Lächeln darauf hinwies, dass Mama Ada schließlich Susans Mutter sei! Aber ich hatte so ein seltsames Gefühl.

»Choga kommt bald wieder«, versprach ich meinem Schwesterchen.

»Choga wieder«, sagte Sue. Wenn ich gewusst hätte, dass ich sie zum letzten Mal sprechen hörte, hätte ich mich mit Händen und Füßen dagegen gewehrt, fortzufahren.

Für die Fahrt nach Lagos wurde diesmal ein anderer Weg gewählt, was ich an den unterschiedlichen *Familien* erkannte, die wir besuchten. Wir steuerten Farmen an, die wie unsere unterhalten wurden, um landwirtschaftliche Produkte herzustellen, die dann auf Märkten verkauft wurden. Wie bei uns litten auch die anderen *Familien* unter der Trockenheit der Böden, obwohl die Flüsse durchaus Wasser führten. Aus Mutters Gesprächen mit den Leitern der Farmen, den Vorständen der *Familien,* die ich stets belauschte, erfuhr ich, dass unbedingt Bewässerungssysteme benötigt wurden, vor allem Pumpen, um die Felder fruchtbarer zu machen.

Die Farmer behandelten Mutter mit großer Ehrfurcht, denn sie wussten, dass Mutter in den nächsten Tagen nach Deutschland reisen würde, um genau solche Geräte zu besorgen. Wir drei wurden sehr freundlich behandelt, denn meine beiden Mamas hörten allen Farmern geduldig zu und beendeten die

Gespräche schließlich mit einem wichtigen Satz: »Wir werden Papa David eure Probleme vortragen, damit er für eine Lösung sorgt.«

Der Tagesablauf im Harem hatte sich kaum verändert. Mama Patty und Mama Felicitas hatten zugestimmt, dass Papa David in der Zwischenzeit zwei neue Frauen heiratete. Wir wurden von den Mitfrauen meiner Mamas und meinen Schwestern eher verhalten begrüßt. Sie waren uns gegenüber ein wenig misstrauisch und neideten uns wohl die Sonderrolle, die wir in ihren Augen einnahmen. Niemand traute sich so recht, uns Fragen über das Landleben zu stellen, und so kehrte schnell wieder der Stadtalltag in mein Leben ein. Vom Mangel, den wir auf dem Land so deutlich gespürt hatten, merkte man in Lagos nichts. Sogar ein neues Haus war errichtet worden. Und wie früher gab es reichlich zu essen; ausgehungert stürzte ich mich auf die reichlich vorhandenen Leckereien. Als wollte ich nachholen, was mir in Jeba gefehlt hatte.

Von meinen beiden Mamas sah ich nicht mehr viel. Sie verbrachten viel Zeit bei Papa David, worauf sie ein Anrecht hatten. Ich war inzwischen zehn und lebte wieder im Kinderhaus, diesmal aber in einem anderen Trakt, der den älteren Mädchen vorbehalten war. Meine Schwestern hatten sich ebenso wie ich verändert. Viele von denjenigen, mit denen ich groß geworden war, kamen entweder allmählich in die Pubertät oder führten sich gar schon wie Fast-Erwachsene auf. Manchmal fühlte ich mich richtig einsam. Meine Erfahrungen in Jeba interessierten hier niemanden. Ich gab bald auf, meinen Schwestern vom Landleben erzählen zu wollen. Andererseits konnte ich mit ihren Schönheitstipps nicht viel anfangen und ihren Gesprächen nur als dumme Zuhörerin lauschen, die nicht verstand, wovon sie sprachen.

Plötzlich bemerkte ich auch die Mauern, die das Grundstück umgaben. Mir fehlte die klare Luft, ich roch die Abgase der Autos und störte mich an ihrem lauten Hupen. Die kümmerlichen

Büsche im Garten, die ich als kleines Kind für prächtige Gewächse gehalten hatte, taten mir nur noch Leid. Mama Bisis Einfluss machte sich bemerkbar. Ich begann mit den Blumen zu sprechen, verwöhnte sie mit Wasser, von dem es auf der Farm zu wenig gab. Meine Schwestern lachten über meinen Pflanzentick und machten Bemerkungen über mein Beinproblem.

Mit einem Satz: Meine Heimat im Harem war mir recht fremd geworden. Ich hatte Heimweh nach Sue und Corn, die mich brauchten. Im Harem hatte ich nichts zu tun. Meine einzige Rettung war die Schule, die ich lieber besuchte als je zuvor. Und natürlich die Familienfeste, bei denen ich singen durfte, während Papa David in der ersten Reihe saß und mich mit wohlwollendem Blick bedachte. Hinterher lobte er meine schöne Stimme und mein gepflegtes Aussehen, fragte, ob ich mich auf der Farm wohl fühlte.

»Es ist herrlich dort!«, platzte ich heraus.

»Das klingt ja fast so, als ob es dir hier nicht so gut gefällt.« Vater sah mich aus seinen großen, gütigen Augen an.

»Doch, doch ... aber wir haben dort einen Hund und der fehlt mir«, fiel mir gerade noch rechtzeitig ein. Schließlich wusste ich, dass Papa David der Harem über alles ging!

»Ich habe davon gehört, wie du um Corns Leben gekämpft hast, kleine Choga. Ich habe diese Geschichte allen erzählt, die ich getroffen habe. Denn wir müssen jedes Lebewesen achten«, sagte Vater und küsste meine Stirn. Es kam wirklich selten vor, dass Papa David eines seiner Kinder auf diese Weise aus der Menge der anderen hervorhob. In unserer Welt, in der alle gleich waren, bedeutete ein Kuss des Vaters so viel wie ein Ritterschlag.

Einige Tage später kam gegen Mittag Mama Bisi zu uns Mädchen. Es war während der Stunden der Ruhe, in denen es zu heiß zum Lernen und Arbeiten war. Sie brachte mich zu Mutters Wohnung. Im ersten Augenblick erkannte ich Mutter kaum wieder: Sie trug einen knielangen Rock und eine weiße Bluse; das helle, zu einem Knoten im Nacken gebundene Haar bedeckte ein dünner weißer Schal. Ich starrte sie entgeistert an.

Sie sah wunderschön aus. Ganz anders als in den weiten weißen Gewändern, mit denen wir uns sonst verhüllten. Sie hatte sich in eine Europäerin verwandelt. Ich hatte sie nie zuvor so gesehen, denn Mutter wollte keine Sonderrolle einnehmen und vermied es, dass die Mitfrauen sie in westlicher Kleidung sahen. Deshalb hatte Mama Bisi mich zu ihr geführt.

»Choga Regina, ich werde jetzt zum Flughafen gebracht«, sagte Mutter. »Ich weiß nicht genau, wann ich wieder zurück bin. Du musst mir versprechen zu tun, was dir gesagt wird. Auch wenn du anderer Meinung bist. Du kannst dich erinnern, dass wir in Jeba über deine Schwierigkeiten beim Gehen gesprochen haben. Dein Vater hat zugestimmt, dass du im Krankenhaus behandelt wirst. Also sei bitte brav und folgsam. Mama Bisi wird bei dir bleiben und auf dich aufpassen.« Meine Patentante nickte mir aufmunternd zu.

Ich blickte auf das Bild meiner deutschen Schwester Magdalena, neben dem Mutter stand. »Kann ich nicht mitkommen nach Deutschland?«, fragte ich zaghaft. Mutters Antwort bestand aus einem stummen Schütteln ihres Kopfes. »Bitte, Mama«, versuchte ich noch einmal. Sie ließ sich nicht erweichen.

Heute weiß ich, dass Mutter auch diesmal meinen Vater darum ersucht hatte, mich in ihre Heimat mitnehmen zu dürfen, um mich dort operieren zu lassen. Doch er hatte sich geweigert; zum einen, weil ich keine Papiere hatte (ein Problem, das man leicht hätte lösen können), zum anderen, weil er nicht wollte, dass ich durch eine Auslandsreise eine Sonderbehandlung genoss, die den anderen Kindern gegenüber unfair gewesen wäre.

Dafür hatte ich Verständnis und beharrte nicht länger auf meinem Wunsch. Allein die Tatsache, dass Vater mich anderntags in ein riesiges modernes Krankenhaus bringen ließ, war schließlich schon ein unglaubliches Privileg. Zwar hatte er mir während des Familienfests seine Zuneigung offen gezeigt, aber heute weiß ich, dass Mutter dennoch die treibende Kraft hinter diesem Schritt war.

Schon die Größe der Klinik ängstigte mich. Ich wurde natürlich sofort von Mama Bisi getrennt, die wieder nach Hause zurückgehen musste. Die Ärzte untersuchten mich mehrmals und von all dem ist mir am besten in Erinnerung geblieben, dass ich mich dafür vor lauter fremden Männern entkleiden musste. Ich schämte mich entsetzlich und wäre am liebsten davongelaufen – was ich auch einmal versuchte. Aber schon an der dritten Tür scheiterte ich, weil ich nicht erkannte, dass sie aus Glas war: Ich rannte mit dem Kopf dagegen und zog mir eine Platzwunde zu.

Schließlich erschien Vater persönlich. Es war das erste Mal, dass er sich um meine Gesundheit direkt kümmerte. Man hatte ihn wohl gerufen, um ihn über die Operation, die die Ärzte vornehmen wollten, zu informieren. Das Ergebnis ließ mich aufatmen: Papa David packte mich in eines seiner großen Autos und wir fuhren zurück zum Harem. Die Operation war ersatzlos gestrichen worden. Sie hätte mehr gekostet, als 20 Männer in einem Jahr verdienen. So erklärte mir Mutter es nach ihrer Rückkehr Wochen später. Das sah ich ein. Denn wenn Vater mich hätte operieren lassen, hätte er mehrere meiner Geschwister auf die gleiche Weise behandeln lassen müssen. Das wäre unbezahlbar gewesen.

Dass Mutter über Vaters Entscheidung in Wirklichkeit sehr empört gewesen ist, habe ich erst über zehn Jahre später von ihr erfahren. Durch den Verkauf von Oma Marias Wiesen hatte Mutter eine solch enorme Menge Geld bekommen, dass man mir ohne weiteres zwanzig oder dreißig neue Hüftgelenke hätte einbauen lassen können. Das einzige Ergebnis meines Aufenthalts in der Klinik war ein Paar Schuhe mit erhöhtem Absatz. Ich trug sie nicht oft, denn sie drückten. Im Harem achtete niemand darauf, ob ich sie anzog. Und da auch sonst niemand Schuhe an den Füßen hatte, ließ ich sie gerne weg. Als Mutter endlich aus Deutschland zurück war, befahl sie mir, die Schuhe zu tragen. Aber da passten sie mir schon kaum noch, was ich für einen Glücksfall hielt. Also humpelte ich weiter wie zuvor. Ich hatte mich daran gewöhnt.

Kaum war Mutter wieder im Harem, packten wir schon für die Rückreise nach Jeba. Der Abschied von Lagos fiel mir nicht sonderlich schwer, da ich mich dort seit unserer Rückkehr nicht mehr richtig wohl gefühlt hatte. Im Auto bekam ich mit, dass sie in Deutschland sehr viel Ärger mit ihrer Familie in Bayern gehabt hatte. Sie sprach mit Mama Bisi darüber, ihrer besten Vertrauten, wenn die beiden glaubten, dass ich schlief. Die Verwandten warfen Mutter vor, das Erbe in Afrika zu verschleudern. Sie hatte in ihrer Heimat wohl eine ziemlich schlechte Zeit durchgemacht.

»Ich habe meine Wurzeln verloren«, hörte ich Mutter sagen.

In Jeba humpelte Corn schwanzwedelnd auf uns zu und leckte mir vor Freude die Hände, als ich aus dem Auto stieg. Doch er sollte der Einzige sein, der uns freudestrahlend begrüßte. Mama Ada empfing uns voller Sorge. Sue war schwer krank, hatte hohes Fieber und konnte keine Nahrung bei sich behalten. Die Kleine war matt und ausgezehrt, viel zu schwach zum Reden. Wir vier wussten natürlich alle, dass Anlass zu größter Sorge bestand. Mama Bisis Prophezeiung schien uns die Luft zum Atmen abzuschnüren. Mama Ada und ich wichen überhaupt nicht mehr von Sues Seite, sangen ihr Lieder vor, versuchten, ihr Wasser und Medizin zu verabreichen. Mama Bisi war davon überzeugt, dass Sue an Malaria litt.

Schließlich beschloss Mutter, dass Sue in die Klinik ins 60 Kilometer entfernte Jos gebracht werden müsse. Allerdings hatte sie diese Entscheidung mit Papa David abzustimmen. Dazu musste sie am Markttag, dem einzigen Tag, an dem sie in die Stadt kam, zum Postamt gehen und ihn anrufen.

Vater lehnte die kostspielige Behandlung für seine Tochter ab. »Sie ist nur ein Mädchen und Ada wird noch viele Kinder haben können«, beschied Papa David die verzweifelten Frauen, die um das Leben der kleinen Sue beteten.

Vielleicht wäre es auch tatsächlich sinnlos gewesen, Sue ins Krankenhaus zu bringen. Inzwischen war sie so abgemagert, dass sie nur noch teilnahmslos auf ihrer Bettstatt neben uns lag. Sie schlief in ihren Tod hinein. Schon am nächsten Morgen wurde sie begraben. Mama Bisi, Mama Ada und Mutter hoben schweigend ein Grab neben den Bougainvilleabüschen aus. Die kleine Sue bekam eine schöne Beerdigung mit vielen Gebeten und Gesang. Es kamen nicht viele Menschen. Zu oft kam es vor, dass ein Kind starb. Für mich war es die erste Begegnung mit dem Tod. Und wie alle Kinder konnte ich es nicht verstehen.

»Der Herr gibt und nimmt«, lautete die Inschrift, die Mama Ada für ihr Kind ausgesucht hatte. Susan, die unbefleckte Blume, wurde nur zweieinhalb Jahre alt. Gott hatte mir ein Schwesterchen geschenkt, das ich liebte wie sonst kaum einen Menschen. Und er hatte es mir wieder genommen.

Sue sei nun im Paradies, dachte ich, wenn ich an ihr Grab unter den Sträuchern ging, in denen die Bienen nach Nahrung suchten. Ich fühlte mich unendlich einsam ohne mein Schwesterchen, auf das ich doch so gut aufpassen wollte. Aber ich war wohl zu jung, um die kleine Sue beschützen zu können. Und meine beiden Lieblingsschwestern Efe und Jem auch – obwohl wir es uns so fest vorgenommen hatten. Damals suchte ich vor allem bei meinem Lebensretter Corn Zuflucht.

Sicher, Papa David liebte mich und gewiss auch seine Tochter Sue, die er insgesamt nur zweimal gesehen hatte. Aber bei ihm im Harem lebten damals über 30 andere Töchter. Während ich unter Bisis Sträuchern sinnierte, fragte ich mich, ob das Herz eines Vaters wirklich groß genug sei, um so vielen Nachkommen gerecht zu werden. Wir sollten alle gleich behandelt werden. Das war sicher ein guter Vorsatz, den Papa David auch beherzigte. Aber mit meinen zehn Jahren wagte ich erstmals den Gedanken, ob man damit jedem einzelnen Menschen gerecht werden könne. Für mich selbst hätte ich diese stillschweigende Anklage nicht erhoben. Aber Sue hätte wirklich Vaters Hilfe gebraucht.

Bruder Jo

Sues überraschender Tod, drei Wochen nach unserer Rückkehr auf die Farm, hatte mich verändert. Ich sprach kaum noch und hatte auch keine Lust, Okerekes Unterricht zu besuchen. Corn und ich, wir suchten uns stille Winkel, wo uns niemand finden konnte. Mutter hatte in dieser Zeit sehr viel zu tun und meine beiden Lieblingsmamas sowie meine Schwestern halfen ihr; für Mama Ada schien die harte Arbeit ein Mittel, um Sues Tod zu verkraften. Sie wurde noch wortkarger als zuvor. Damit ich nicht als faul beschimpft wurde, hatte ich begonnen, Körbe zu flechten. Meine Finger wurden von dem harten Raphiabast zwar wund und blutig, aber wenigstens konnte ich etwas vorweisen, das ich getan hatte.

Bei der Arbeit, die auf der Farm anstand, konnte ich nicht helfen. Mutter hatte in Deutschland Wasserpumpen bestellt, die bald geliefert werden sollten. Zuvor mussten unzählige Bewässerungsleitungen verlegt werden. Alle packten mit an, selbst Okereke. Denn Mutter wollte schon den nächsten Regen nutzen, um die Felder so zu bewässern, dass alles auch nach dem Ende der Regenzeit weiterwuchs. Sie dachte sehr europäisch; in meinem Land ist man sonst eigentlich nur froh über das, was der Regen bringt. Mutter aber ging die Sache langfristig an. Durch das Geld aus Deutschland hatte sie dazu die Möglichkeit.

Eines Abends erfuhr ich beim Nachtessen, dass Mutter Papa David gebeten hatte, jemanden zu schicken, um beim Verlegen der Wasserleitungen zu helfen. Dabei war sie natürlich von einer jungen kräftigen Frau ausgegangen, vielleicht auch einem jungen Ehepaar, das in dem abseits stehenden Flachbau wohnen könnte. Auf dem Land verliert man leicht das Gefühl für die Zeit und so kann ich nicht genau sagen, wann ich das Knattern eines Motors näher kommen hörte. Es war ein altes Motorrad, das sich den mit Schlaglöchern übersäten Weg zu uns bahnte. Darauf saß ein junger Mann, den Corn lauthals zu verbellen suchte.

Die anderen waren draußen bei der Arbeit und ich saß allein bei meinen Körben. Zaghaft ging ich dem Mann entgegen, nicht ohne mich zuvor mit einem weißen Schleier zu verhüllen. Aus gebührender Entfernung fragte ich, was er wolle.

»Ich soll nach Mama Lisa fragen«, antwortete er scheu und blickte auf den Boden. Ich sagte, sie sei nicht da. Daraufhin erkundigte er sich nach Mama Bisi. Als ich das Gleiche antwortete wie zuvor, sah er mich ratlos an. Er war ein schmächtiger Bursche mit abstehenden Ohren und großen Augen. Das Fahren über den schlechten Weg hatte ihn ins Schwitzen gebracht. Corn hatte sich dem Mann, der eher noch ein Junge zu sein schien, bereits zu Füßen gelegt. Ich vertraute Corns Menschenkenntnis und bot dem Fremden Wasser an, das er begierig trank.

»Papa David schickt mich zu euch«, erklärte er, »ich soll helfen.« Er hieß Jo und war einer der älteren Söhne von Mama Bisi. Sie wohnten alle schon nicht mehr im Harem, als ich geboren wurde. Daher kannte ich auch ihn nicht.

»Du sollst hier bleiben, um zu helfen?«, fragte ich neugierig. Der Mann nickte. Dass er mitarbeiten sollte, war in zweierlei Hinsicht ungewöhnlich: Zum einen war Feldarbeit Frauensache, zum anderen war der alte Okereke bislang der einzige Mann auf der Farm. Jo berichtete, dass er fünf Tage gebraucht hatte, um von Ibadan aus zu uns zu kommen. Auf der letzten Rückreise waren wir über Ibadan gefahren und ich wusste, dass es ein weiter Weg war. Noch dazu mit einem laut knatternden alten Motorrad. Ich holte ihm etwas zu essen, Gari und Okrasuppe vom Frühstück; er machte sich mit riesigem Appetit darüber her.

»Kennst du dich denn mit Feldarbeit aus?«, fragte ich. Jo erzählte, dass er die letzten sechs Jahre auf einer Farm in der Nähe von Ibadan gearbeitet hatte.

»Sie wird von Papa Felix geleitet«, berichtete Jo. Dieser Name sagte mir nichts und Jo erzählte, dass Papa Felix einer der Stellvertreter von Papa David in der *Family Of The Black Jesus* sei. Seine Gemeinde in Ibadan sei eine der größten des ganzen Landes. »Aber ich bin froh, dass ich von dort wegdurfte«, berichtete Jo. Papa Felix sei ein Mann, der schnell wütend werde und dann auch mal eine seiner Frauen und die Kinder schlage.

Ich hatte nie gesehen, dass mein Vater so etwas getan hatte. Also schaute ich den Fremden ungläubig an: »Papa Felix ist doch bestimmt ein gerechter Mann? Sonst würde Papa David ihm doch nicht vertrauen.« Der Junge schwieg. Und ich fragte nicht weiter. Aber wenn von Papa Felix künftig die Rede war, hörte ich etwas genauer hin.

Jo zog zu Okereke in den Flachbau. Mama Ada und Mama Bisi halfen ihm, sich ein Zimmer herzurichten. Genau genommen kannte Mama Bisi ihren Sohn kaum. Als er auf der Farm eintraf, war Jo 21. Von seiner Mutter war er im Alter von sechs Jahren getrennt worden – ein üblicher Brauch im Harem von Lagos. Seine beiden jüngsten Schwestern Efe und Jem lernte er ebenfalls erst richtig auf unserer Farm kennen. Zuvor waren sie sich zwar bei Familienfesten begegnet, da aber auch bei diesen Gelegenheiten selbst für Geschwister kaum die Möglichkeit bestand, ausführlich miteinander zu sprechen, begegneten sich die drei wie Fremde.

Efe, die etwas aufgeschlossener war, suchte auf der Farm durchaus die Nähe zu Jo. Jem hingegen sagte mir ziemlich offen, dass sie ihren Bruder zwar für einen guten Arbeiter hielt, ansonsten aber für einen Einfaltspinsel. Jem war bereits 14 und interessierte sich für Jungs. Ich glaube, sie wusste einfach nicht, wie sie mit diesem fremden, muskulösen Mann umgehen sollte. Mir, mit meinen zehneinhalb Jahren, machte Jos

Anwesenheit kein Kopfzerbrechen. Im Gegenteil: Sein Auftauchen sorgte für willkommene Abwechslung.

Durch Jos Hilfe kamen die Frauen mit dem Bewässerungssystem gut voran und die nächste Ernte fiel so üppig aus wie nie zuvor. Mutter musste diesmal auch Frauen aus den weiter entfernten Dörfern bitten, uns auf den Feldern zu helfen. Das Jahr, in dem erst Sue starb und dann Jo zu uns kam, war für die Farm das beste seit ihrem Bestehen. Als Papa David uns mal wieder besuchte, versprach er als Belohnung für die Anstrengungen aller den Bau einer größeren Kirche.

Mutter hatte zwar geplant gehabt, den eingenommenen Gewinn in weitere Bewässerungssysteme, Saatgut und einen neuen, stärkeren Traktor zu investieren, aber sie wagte nicht, Vaters Ankündigung zu widersprechen. Mit dem Abstand vieler Jahre kann ich heute sagen, dass sie dazu durchaus das Recht gehabt hätte, denn schließlich war der Erfolg vor allem jenen Geräten zu verdanken, die sie von ihrem geerbten Geld angeschafft hatte.

»Unsere Kirche ist wirklich zu klein und zu baufällig gewesen«, meinte Mutter stattdessen einlenkend.

Eigentlich hätte Jo nach der erfolgreichen Ernte zu Papa Felix nach Ibadan zurückkehren sollen. Aber eines Tages ging sein Motorrad kaputt und er fand kein Ersatzteil. So verschob er seine Abreise, worüber ich sehr glücklich war. Jo vertrieb nämlich meine trübsinnigen Gedanken. Er machte auch nie Anspielungen wegen meines Beins, sondern behandelte mich wie einen Freund. Wir beide und Corn gingen oft die Rohrleitungen ab, zogen gelockerte Verschraubungen fest, schlossen Brunnen an, in denen sich Wasser gesammelt hatte, und setzten ausgetrocknete außer Betrieb. Schon bald kannte ich mich auf den Feldern besser aus als Mutter, der ich eifrig von unseren Erkundungsgängen berichtete.

Eines Abends hörte ich eine Unterhaltung meiner Mamas mit an. Mama Bisi wollte, dass Jo auf der Farm blieb! »Sieh dir Choga an, Mitfrau Lisa«, sagte meine Lieblingsmama, »es tut ihr richtig gut, mit ihrem großen Bruder zusammen zu sein. Er ist ein guter Junge und hilft unserer Kleinen über den Verlust ihres Schwesterchens hinweg.«

»Papa David sieht es nicht gern, dass Jo so lange bleibt«, entgegnete Mutter. »Außerdem braucht Papa Felix ihn. So war es abgemacht.«

»Papa Felix hat eine große Familie. Wir aber sind nur sehr wenige«, gab Mama Bisi zu bedenken. Sie hatte Recht. Wir bewirtschafteten 20 Hektar mit fünf Erwachsenen und drei Mädchen. Hätten wir keine Erntehilfen gehabt, wären die meisten Früchte unserer harten Arbeit verdorben.

»Trotzdem«, beharrte Mutter, »wir haben nicht das Recht, Papa Davids Entscheidungen in Frage zu stellen.«

»Mein Sohn hat mir gesagt, dass er auf der Farm bei Ibadan sehr zu leiden hatte. Felix Egbeme ist ein aufbrausender und ungerechter Mann. Ich habe noch nie verstanden, warum Papa David so viel von ihm hält«, entgegnete Mama Bisi. In meinem Versteck spitzte ich die Ohren!

»Versteh mich bitte nicht falsch, Mitfrau Bisi«, hörte ich Mutter sagen, »ich denke über Papa Felix genau wie du. Aber die Sache ist komplizierter, als du glaubst. Eigentlich sollte Papa Felix an unserer Stelle hier sitzen. So lautete ursprünglich Papa Davids Entscheidung. Du weißt, dass es mich Jahre gekostet hat, ihn davon zu überzeugen, dass wir beide und Mama Ada die Arbeit hier selbst erledigen können.«

»Papa Felix hätte sich nie die Mühe gemacht, die Farm hier wieder aufzubauen!« Mama Bisi lachte verächtlich. »Arbeit ist nicht das, was ihn interessiert.«

»Ich habe seine Farm gesehen. Der Mann ist ein miserabler Farmer, der sich nicht um sein Land und seine Gerätschaft kümmert.«

»Sein Land!«, entgegnete meine Lieblingsmama leidenschaftlich. »Du bist zu bescheiden, Lisa. Eigentlich ist dies alles dein Land.«

»Unseres«, verbesserte Mutter mit einer ungewohnten

Weichheit in der Stimme. »Ich bin so froh, dass wir hier gemeinsam leben dürfen.«

»Und wir sind glücklich, ohne Mann. Papa Felix macht seine Familie nicht glücklich. Er denkt nur an sich selbst«, sagte Mama Bisi enttäuscht.

»Ja, das ist wahr. Außerdem ist Jo dein Sohn. Und ich mag ihn sehr. Er wird bleiben! Wir müssen nur einen Weg finden, damit Papa David das auch so sieht. Aber da wird uns gewiss etwas einfallen.« Die beiden stimmten ein verschwörerisches Lachen an. Als ich mich vorsichtig aufrichtete, sah ich, dass sie sich gegenseitig die Arme um die Schultern gelegt hatten. Ich fühlte, dass die beiden füreinander durch dick und dünn gehen würden.

Am nächsten Tag erzählte ich Jo von dem Gespräch. Er grinste mich verschmitzt an: »Ich habe da eine Idee, die auch Papa David gut finden wird.« Jo zeigte mir zwei ziemlich dicke und lange Stücke Holz. »Daraus schnitze ich das Kreuz für unseren Altar und einen Jesus Christus.«

Unter meinen Augen begann Jo mit der Arbeit. Das Zusehen reichte mir schon bald nicht mehr und ich versuchte mich an dem zweiten Stück Holz, das den Querbalken bilden sollte. Wir hatten nur einen Hobel, eine Säge und ein Messer, das zum Schnitzen taugte, aber nach wenigen Tagen konnte man bereits erkennen, was wir herstellten.

»Siehst du, der Junge wird hier gebraucht«, erlauschte ich ein paar Tage später ein Gespräch zwischen Mama Bisi und meiner Mutter.

»Das war die Idee, nach der wir gesucht haben, um Papa David überzeugen zu können«, pflichtete Mutter bei. Ich empfand eine klammheimliche Freude, daran nicht ganz unschuldig zu sein ...

Jo überließ bald mir die Fertigstellung des Kreuzes, während er sich daran machte, den schwarzen Jesus Christus zu schnitzen. Anfangs konnte ich kaum glauben, dass es ihm gelingen würde, aus einem Stück Holz das Abbild eines Menschen zu formen. Doch das Ergebnis gelang so gut, dass Papa David, der im folgenden Jahr die neue Kirche einweihte, ganz begeistert war. Da es nicht weit von unserer Farm noch genügend weiteres geeignetes Holz gab, durfte sich Jo eine kleine Werkstatt neben dem Flachbau einrichten, in der er neben den kunsthandwerklichen Gegenständen auch Tische und Stühle herstellen konnte. Nun sprach niemand mehr davon, dass mein Bruder uns verlassen müsse. Mit der Zeit brachte Jo mir die Schnitzkunst bei. Zwar gelang es mir nie, einen Christus herzustellen, aber mein Talent reichte immerhin für ein paar schlichte Tierfiguren.

In den Monaten, in denen die Felder ruhten, fanden sich nach und nach auch Frauen, die während der Saison als Erntehelferinnen arbeiteten, sowie meine Schwestern Jem und Efe in der Werkstatt ein. Mit großer Freude zeigte ich ihnen, was Jo mir beigebracht hatte. So entstand eine richtige kleine Produktion von geschnitzten Figuren, Holzgefäßen und Madonnen, die mein Bruder mit großer Schnelligkeit herstellte. Mutter beschloss, dass wir versuchen sollten, sie auf dem Markt zu verkaufen, um so zum Unterhalt der Farm beizutragen.

Nachdem die Gefahr gebannt war, dass Jo mit seinem Motorrad wieder nach Ibadan zurückkehren musste, wollte er mit dem reparierten Gefährt selbst zum Markt nach Jeba fahren. Er sagte, er habe in seinem alten Zuhause oft am Marktstand der *Familie* mit verkauft. Mama Bisi entschloss sich, ihn zu begleiten.

Als sie sich am nächsten Morgen zu ihrem Sohn aufs Motorrad setzte, war das Gelächter groß. Ihr schwerer Leib passte nämlich nicht darauf.

»Nimm Choga mit«, schlug sie stattdessen vor, »die ist so zart, da könnt ihr eine Menge Sachen transportieren!« Ich küsste meine Patentante auf beide Wangen. Eine größere Freude hätte sie mir nicht machen können.

»Aber du legst deinen Schleier an!«, rief Mutter, als ich mich für die Reise zurecht gemacht hatte und auf den Hof trat.

Ich trug ein großes Tuch auf dem Rücken, das voll gepackt

war mit Schnitzereien und einigen Tongefäßen voller Gemüse, einer deutschen Spezialität meiner Mutter, die sich großer Beliebtheit erfreute.

Ich hatte mir das Motorradfahren allerdings etwas einfacher vorgestellt. Und Jo wohl auch, denn wir kamen nicht weit. Zu zweit mit den vielen Sachen war das Motorrad überfordert und schon bald platzte ein Reifen. Glücklicherweise konnten wir auf der schlechten Strecke nicht schnell fahren, so dass der Sturz glimpflich abging. Wir freuten uns beide so sehr auf den Markt, dass wir überhaupt nicht daran dachten, umzukehren. Stattdessen schoben wir das Motorrad bis nach Jeba. Wir hatten für die Fahrt höchstens eine halbe Stunde einkalkuliert. Nun kamen wir drei Stunden später an und fanden nur einen schlechten Platz, an dem wir unsere Raphiamatten auf dem Boden ausbreiten konnten.

Mutters nach deutschen Rezepten eingemachtes Gemüse konnten wir mühelos absetzen. Meine Tierfiguren, die in ähnlicher oder sogar besserer Ausführung von anderen Frauen ebenfalls angeboten wurden, verkauften sich hingegen schlecht. Aber die Madonnen, von denen wir an diesem ersten Tag nur vier mitgenommen hatten, wurden uns förmlich aus den Händen gerissen. Vom Erlös konnten wir den Reifen des Motorrads reparieren lassen. Und trotzdem blieb noch etwas mehr übrig, als wir erwartet hatten.

Von diesem Tag an fieberte ich dem Samstag regelrecht entgegen. Der Erfolg mit den Madonnen hatte Mutter überzeugt: Ab sofort verlegten wir uns auf Heiligenbilder der Mutter Jesu. Jo brachte seinen Schwestern Efe und Jem und mir bei, wie man Gesichter und Figuren schnitzt. Pro Woche schafften wir mindestens drei, in unseren besten Zeiten sogar sechs Madonnen!

Im Gegensatz zu uns Mädchen hatte Jo eine ganze Menge von der Welt gesehen. Während wir unsere Schnitzereien machten, fragten wir ihn daher über alles Mögliche aus. Anfangs war er schüchtern, berichtete aber schon bald mehr. Vor allem von

Papa Felix und der Farm in der Nähe von Ibadan. Das Leben dort schien keinesfalls so unbekümmert zu verlaufen wie in Papa Davids Harem. Papa Felix hatte zwar wesentlich weniger Frauen als mein eigener Vater, trotzdem beobachteten sich die *queens* voller Eifersucht. Und Geld, so erzählte Jo, sei das Hauptthema. Es gab immer viel zu wenig, weshalb ständig und an allem gespart wurde.

Mein Bruder berichtete von einer Welt, die mir vollkommen fremd war. In Lagos schien es uns an nichts zu fehlen; in Jeba musste Mutter zwar ziemlich haushalten, aber dafür hatten wir auch wesentlich geringere Ansprüche. Keine von uns, selbst die eitle Jem nicht, kam auf die Idee, mehr als drei Kleider zu besitzen – im ganzen Jahr. Eines für die Sonntagsmesse und zwei für den Alltag, von denen eines jeden Tag ausgewaschen wurde; unser traditionelles Weiß ist eine unpraktische Farbe für die Arbeit auf den Feldern. Diese Zeit, in der wir so völlig ohne Eitelkeit lebten, genoss ich sehr.

Das Leben in Ibadan, von dem Jo berichtete, war anders. Papa Felix selbst schien den ständigen Geldmangel zu verursachen. Anstatt sich um seine Angetrauten zu kümmern, schenkte er seine Gunst immer neuen Frauen, die er mit Geschenken verwöhnte. Wir mussten uns aus Jos Erzählungen mehr oder weniger selbst ein Bild dieses Mannes zusammenbasteln, denn mein Bruder machte meistens nur vage Andeutungen. Zum Beispiel über Papa Felix' Kinder, die nicht alle nur von seinen Ehefrauen stammten.

So hatte ich vom Stellvertreter meines Vaters eine ziemlich schlechte Meinung. Aber was ging mich dieser Mann überhaupt an? Ibadan war weit weg, dachte ich. Ich lauschte diesen Geschichten vor allem deshalb, um mich noch stärker an meinem Leben auf der Farm zu erfreuen. Wie klein, überschaubar und friedlich hier doch alles war. Oft verweilte ich in unserer schönen Kirche, kniete vor dem Schwarzen Jesus nieder und dankte Gott, dass er es mit uns allen so gut meinte.

Eine Sünde

Jos Motorrad war schon sehr alt und verlangte viel Pflege. Aber auch das konnte nicht verhindern, dass eines Tages auf dem Weg zum Markt – glücklicherweise nicht weit von Jeba – der Motor endgültig kaputt ging. Während ich unsere Waren feilbot, brachte mein Bruder das Motorrad zu einer Werkstatt. Es war das erste Mal, dass ich allein am Stand verkaufte, was mir jedoch nicht viel ausmachte. Jo hatte auf dem Markt Freunde gefunden und schwatzte meistens ohnehin in der Nähe mit ihnen. Ich hingegen versuchte, mich stets recht unauffällig zu verhalten, und mied eher den Kontakt mit anderen. Doch zumindest äußerlich war ich alles andere als unauffällig. Durch meine weiße Kleidung stach ich aus der Menge der bunt gekleideten Händlerinnen heraus. Meistens lockerte ich den Schleier, so dass nur noch meine Haare bedeckt waren. So ließ sich die Hitze unter freiem Himmel besser ertragen.

Dieser Markt wird sehr selten von Europäern besucht, da die touristisch attraktiven Ziele des Jos-Plateaus (die sehenswerten Felsformationen, der Yankaripark oder das berühmte Freilichtmuseum in Jos) rund 60 Kilometer entfernt liegen. Aber ausgerechnet an diesem Tag kam ein Weißer vorbei, der an meinem Stand stehen blieb. Ich starrte den Mann unverblümt an, obwohl meine Erziehung mir das untersagte. Der Weiße bückte sich herab zu meinen ausgebreiteten Waren und nahm sie nacheinander in die Hand.

»Das sieht aber nicht aus, als käme es aus dieser Gegend«, sagte der Mann auf Englisch.

»Das machen wir alles selbst«, antwortete ich.

Der Fremde nahm eines der tönernen Einmachgefäße in die Hand: »Hat das deine Mutter gemacht?« Ich nickte. »Wo kommt sie denn her?«

»Aus Deutschland. Es ist nach einem deutschen Rezept hergestellt und schmeckt sehr lecker.« Ich nannte den Preis.

»Wie heißt du denn?«, fragte er mich nun auf Deutsch. Ohne zu überlegen, gab ich Antwort. »Dann sprichst du meine Sprache?«, fuhr der Mann fort. Nun wollte er alles ganz genau wissen und hockte sich zu mir auf den Boden. Obwohl ich sonst immer sehr gute Geschäfte machte, traute sich nun keine meiner Stammkundinnen mehr zu mir hin. Mir wurde unbehaglich. Was sollte ich zu Hause erzählen, wenn ich ohne Einnahmen zurückkam? Und dann auch noch das kaputte Motorrad, für das gewiss eine Menge Geld gebraucht würde!

Schließlich kam der weiße Mann auf die Madonnen zu sprechen, von denen noch vier übrig waren. Warum ich ausgerechnet »so etwas« verkaufte und keine traditionellen afrikanischen Sachen?

»Weil die Madonna so schön ist«, antwortete ich ehrlich.

»Aber sie ist schwarz«, meinte der Fremde.

Ich sah den Weißen verwirrt an. »Ja«, sagte ich schließlich. Darüber hatte ich nie nachgedacht. Für mich war auch Jesus Christus schwarz. Etwas anderes kam gar nicht infrage.

»Weißt du, was?«, meinte der Mann, »ich kaufe dir alle deine Madonnen ab. Und das ganze eingemachte Gemüse.«

»Die Tontöpfe brauche ich aber wieder. Mutter muss darin neues Gemüse einmachen.« Alle meine Kundinnen brachten die kostbaren Gefäße nämlich nach Gebrauch zurück.

Der Weiße dachte kurz nach. »Okay. Bist du nächsten Samstag wieder hier?« Ich nickte. Der Mann legte ohne zu fragen einige Scheine vor mich hin. »Ist das genug?« Reflexartig griff ich nach dem Geld, zählte, nickte. »Also, bis nächsten Samstag«, sagte der Fremde. »Und wenn du kannst, bring mehr mit.« Dann sammelte er seine Einkäufe ein und ging. Ich saß sprachlos vor meinem abgeräumten Tuch, auf dem nur zwei leere Tontöpfe übrig geblieben waren, die eine Frau bereits am Morgen zurückgegeben hatte.

Als Jo irgendwann zurückkam, zählte ich zum ich-weiß-nicht-wie-vielten-Mal das Geld des weißen Mannes. Die Summe, die er mir gegeben hatte, war so hoch wie der Erlös aus sieben Samstagen. Ich berichtete meinem fassungslosen Bruder von dem Erlebnis. Dann gingen wir zu Fuß zurück zur Farm. Es war glühend heiß und die Luft staubtrocken, meine Beine schmerzten von dem langen Marsch.

»Was ist eigentlich mit dem Motorrad?«, fragte ich Jo. Ich hatte schon gar nicht mehr daran gedacht.

»Der Mann aus der Werkstatt sagt, es braucht einen neuen Motor. Aber der ist sehr teuer.«

»Wie viel kostet der denn?« Als Jo die Summe nannte, rechnete ich schnell nach. Wenn der Weiße drei Mal käme, würde das Geld reichen. Und ich müsste nicht laufen. Erschöpft setzte ich mich auf die staubige Erde. »Mama Lisa erwartet nicht so viel Geld«, sagte ich schließlich. »Wir könnten einen Teil behalten. Und die nächsten Male auch«, überlegte ich laut, blickte meinen Bruder aber nicht an. »Dann könntest du das Motorrad reparieren lassen.«

»Das ist eine Sünde, Choga. So etwas darf man nicht einmal denken. Das Geld gehört der *Familie,* wir können es nicht behalten.«

»Ja, ich weiß«, sagte ich. Ich stand auf und schleppte mich weiter, musste jedoch nach einer Weile wieder Halt machen.

»Ich werde dich tragen«, meinte Jo. Er nahm mich auf den Rücken und schleppte mich das ganze Stück bis zur Farm. Es dämmerte fast, als wir endlich heimkamen.

Ich wollte nicht sündigen. Aber ich wollte auch nicht den weiten Weg zum Markt und zurück zu Fuß gehen müssen. Denn die einzige Alternative bestand aus einem vierrädrigen Handkarren, einer Art stabilem, aber schwerem Anhänger, den beladen nur ein kräftiger Mann wie Jo befördern konnte. Mich zu den Waren zu setzen und von ihm ziehen zu lassen, wäre mir nicht in den Sinn gekommen. Ich war doch keine Prinzessin!

Also sann ich nach einem Ausweg. Ich erzählte Mutter zwar von dem Weißen und lieferte viel Geld bei ihr ab – aber nicht alles. Der Schwindel fiel niemandem auf, da Jo nicht dabei war. Ich behielt ein Viertel des Geldes und stopfte es – sorgsam verpackt in eine Plastiktüte – in eine alte Blechdose, die ich hinter dem Bougainvilleabusch vergrub. Ich schämte mich, dass ich nicht mal ein schlechtes Gewissen hatte, und war sogar noch ein bisschen stolz auf mein geschicktes Vorgehen. An meine beiden Schwestern, die viel härter schufteten als ich, dachte ich in dem Moment nicht.

Mutter machte sich um Jos kaputtes Motorrad wenig Sorgen. »Wir kommen auch ohne zurecht«, meinte sie nur. »Wir haben ja noch den alten Traktor. Okereke kann dich damit zum Markt bringen. Wenn der deutsche Mann mehr kaufen will, ist es ohnehin besser, ihr nehmt den Traktor und einen Anhänger.« Überdies war gerade die Zeit, in der die Süßkartoffeln reif waren, und für die Ernte wurde Jo dringend gebraucht. Auf dem Markt angekommen, erwies sich meine Befürchtung, der alte Lehrer würde die ganze Zeit über bei mir bleiben, als überflüssig. Im Gegenteil: Okereke setzte mich mit der Ware ab und fuhr weiter.

Diesmal tauchte der Deutsche mit seiner weißen Frau und einem schwarzen Bediensteten auf. Die Frau deutete auf das Einmachgemüse, von dem sie mir praktisch sämtliche Töpfe aufkaufte, und dafür einen Berg von leeren, sauber gespülten ablieferte. Sie lobte die köstlichen Speisen und fragte mich über meine Mutter aus. Die hatte mir zu Hause eingeschärft, auf keinen Fall zu verraten, wo sich unsere Farm befand.

»Warum denn nicht?«, hatte ich gefragt.

»Wir wollen hier in Ruhe leben«, hatte sie gesagt. Das hatte ich eingesehen.

»Seid ihr denn die einzigen Deutschen, die auf der Farm leben?«, wollte die weiße Frau auf dem Markt von mir wissen.

»Ich bin Nigerianerin«, antwortete ich. Dann fragten sie, ob ich schon mal in Deutschland gewesen sei und wer mein Vater sei. Das ärgerte mich. Ich dachte an die Blechdose im Versteck und an das Geld, das ich haben wollte, damit Jo wieder ein Motorrad bekam. »Kann ich bitte das Geld haben?«, fragte ich daher leise. Der Mann griff in die Tasche und legte einen kleinen Berg Scheine vor mich hin. Hastig ließ ich die Nairas verschwinden; es waren, das erkannte ich, ohne nachzuzählen, noch mehr als beim ersten Mal.

Dann fingen die Fremden wieder von den schwarzen Madonnen an und wollten wissen, warum wir die machten. Sie fragten, ob ich auch glaubte, dass Jesus schwarz sei. »Ja«, antwortete ich.

»Und deine Mutter glaubt das auch?«, fragte die Frau aus Deutschland. Ich nickte. »Aber deine Mutter kann das doch nicht immer geglaubt haben«, sagte die Fremde.

Ich weiß noch, dass ich auf die Schuhe der beiden Deutschen sah. Sie waren aus Leder, aus neuem Leder. Ob es wohl angenehm ist, in solchen Schuhen zu laufen?, dachte ich. Dann fiel mir Magdalena ein, meine deutsche Schwester. Ob sie auch solche Schuhe trug, wenn sie über die grünen Wiesen mit den Margeriten lief?

»Lass das Mädchen«, sagte der Mann. Er gab mir noch mehr Geld und nahm die fünf Madonnen mit, die wir in der vorangegangenen Woche geschnitzt hatten. Zu mehr hatte die Zeit wegen der Kartoffelernte nicht gereicht, obwohl ich allein drei fertig gestellt hatte.

»Bist du glücklich, mein Kind?«, fragte mich die Frau. Ich sah noch immer auf ihre Schuhe; sie hatte weiße, schmale Füße.

»Ich möchte mal Ihre Schuhe anziehen«, stieß ich unvermittelt hervor. Die Frau streifte die Sandalen ab und reichte sie mir. Ich zog sie an und stand auf. Sie waren viel zu groß. Trotzdem machte ich einige Schritte.

»Mein Gott, sie ist ein Krüppel«, hörte ich die Frau hinter meinem Rücken sagen.

»Sie versteht dich doch!«, zischte ihr Mann.

Die Schuhe waren ganz weich, nicht so hart wie jene, die ich in Lagos erhalten hatte und die sich wie Krücken anfühlten. Es war ein angenehmes Gefühl, sie an den Füßen zu spüren. Ich reichte der Frau die Schuhe zurück. Sie zog sie wortlos an und ging mit ihrem Mann fort. Ich habe die Fremde nie wieder gesehen. Ihr Mann kam noch drei Mal mit seinem Bediensteten, kaufte immer fast alle unsere Waren und bezahlte sehr gut.

Ich hatte stets den vierten Teil der Einnahmen vom Markt in den Bund meiner Unterhose geklemmt. Nachdem ich Mutter den Rest gegeben hatte, verdrückte ich mich unauffällig zu meinem Versteck und legte alles in die Blechdose. Leider kamen weder der Deutsche noch seine Frau wieder zum Einkaufen und ich konnte nur noch die übliche Summe bei Mutter abliefern.

»Schade, das Geld hat uns gut getan«, sagte sie.

Wann immer sich die Gelegenheit bot, holte ich meine Schatzdose aus dem Versteck und zählte die vielen bunten Scheine. Monatelang hätte ich zum Markt fahren müssen, um so viel einzunehmen. Aber mir bereitete ein ganz anderes Problem Kopfzerbrechen: Wie konnte ich Jo das Geld zukommen lassen? Er würde mich ohne Zweifel fragen, woher ich es hatte! Da lag nun dieses viele Geld in meinen Händen und war doch wertlos. Eines Sonntag saß ich in der Kirche und blickte zu dem schwarzen Jesus empor, den Jo geschnitzt hatte.

»Es ist eine Sünde«, schien er zu sagen.

Von da an lief ich vor jeder Fahrt zum Markt zum Bougainvilleabusch, holte ein paar Scheine aus der Dose und steckte sie in meinen Hosenbund. Lieferte ich abends den Marktverdienst bei Mutter ab, mogelte ich stets das einbehaltene Geld unter.

Ich wusste, dass wir das Geld gut gebrauchen konnten, dennoch ermahnte Mutter mich, als sie die ungewohnt hohen Einnahmen bemerkte, die Marktpreise nicht weiter heraufzusetzen. »Die Menschen sind arm, Choga Regina. Denke daran und handle christlich. Verlange stets nur das, was du wirklich für die Ware berechnen musst, und übervorteile niemanden.« Folglich traute ich mich nicht mehr, das Geld aus meinem Versteck zurückzugeben. Ich blieb regelrecht darauf sitzen.

Dann erregte eines Tages eine Händlerin auf dem Markt meine Aufmerksamkeit: Sie verkaufte Schuhe, die jenen der Weißen recht ähnlich waren. Als ich neugierig um ihren Stand herumschlich, forderte sie mich auf, die Sandalen anzuprobieren. Und sie passten. Dennoch kaufte ich sie nicht, obwohl mein Geld sogar für drei Paar gereicht hätte. Schließlich wusste ich nicht, wann ich sie hätte anziehen sollen. Niemand in meiner Umgebung trug Schuhe, außer Mutter, wenn sie die Pedale des schweren Traktors bedienen musste, mit dem sie auf die Felder fuhr.

Für mich war das Erlebnis mit den Weißen somit zu einer Lehre im Umgang mit Geld geworden: Es nutzt nichts, welches zu besitzen. Es kommt darauf an, wie man es verwendet. Diese Erfahrung prägt mich heute noch; deshalb ist es mir völlig unverständlich, wenn ich zum Beispiel Menschen mit teuren Autos herumfahren sehe und andere müssen zu Fuß gehen, weil sie zu arm sind. Immer werden sie mit einem gewissen Neid auf die Autofahrer blicken. Dabei sollte Neid in unserer Welt keinen Platz haben.

Ein unerfüllter Wunsch

In jener Zeit hatte ich einen ziemlichen Wachstumsschub gehabt. Mit meinen fast 13 Jahren war ich annähernd so groß wie Mutter geworden. Mein Beinproblem hatte sich dadurch allerdings verschlimmert. Dennoch blühte ich durch das Farmleben auf. »Du wirst mal eine hübsche junge Frau«, sagte Mama Bisi. Mutter stimmte ihr zu.

Da meinte Mama Ada: »Papa David wird dir bestimmt bald einen jungen Mann aussuchen.«

Entsetzt sah ich sie an. »Mich wird niemand heiraten. Ich bin ein Krüppel.«

Darauf wusste keine meiner Mamas etwas zu erwidern. Dann stand Mutter auf, strich mir sanft übers Haar und sagte mit ungewohnt weicher Stimme: »Was redest du da, Choga Regina? Wer hat dir denn den Floh ins Ohr gesetzt?«

Ich zuckte mit den Schultern: »Irgendwer.« Mutter versuchte, mich auszufragen, aber ich gab nichts preis.

Inzwischen hatte Jo mit einer neuen Madonnenfigur angefangen. Sie war größer als jene, die wir auf dem Markt verkauften. Mein Bruder ließ sich mit der Arbeit viel Zeit und oft kam es mir so vor, als wollte er nicht, dass ich ihm dabei zusah. Erst zu Weihnachten sah ich die Madonna wieder. Mama Ada und Mama Bisi hatten ihr einen kleinen Altar an der Längsseite der neuen Kirche gebaut. Die Madonna trug ein langes weißes Kleid und meine Lieblingsmamas sagten, dass alle junge Frauen, die ein Kind erwarteten, die »weiße Madonna« um Beistand bitten sollten. So knieten in der Zeit danach oft schwangere Frauen aus der Umgebung davor und beteten.

Jo hatte eine wunderschöne Madonna geschaffen. Er hatte ziemlich helles Holz verwendet. Mama Bisi meinte, dass die Figur Ähnlichkeit mit mir habe, aber das konnte ich ganz und gar nicht finden. Während ich die helle Mutter Gottes ansah, fiel mir der Satz der deutschen Frau vom Markt ein: dass Mutter nicht immer an einen dunklen Jesus Christus geglaubt haben könne.

Kurz darauf stellte ich Mutter die Frage, die mir schon so lange im Kopf herumspukte: »Sind Jesus und Maria eigentlich Schwarze gewesen? Oder Weiße? Oder waren sie so wie ich?«

Anstatt zu antworten, stellte mir Mutter die Gegenfrage: Wieso ich das wissen wolle? Ich berichtete nun endlich die Geschichte mit den Deutschen.

»In Deutschland glauben die Menschen an einen weißen Jesus«, gab Mutter zu.

»Aber er war doch schwarz«, sagte ich.

Daraufhin erzählte sie mir die Geschichte von Vaters Rauswurf aus der Schule, der ihm den grundlegenden Anstoß für die Gründung der *Family Of The Black Jesus* gegeben hatte. »Eigentlich«, meinte Mutter, »sollte es aber keine Rolle spielen, welche Hautfarbe jemand hat. Wichtig ist nur, dass er ein guter Mensch ist.«

»Und wenn ich einmal Kinder bekomme, welche Farbe wird ihre Haut haben?«, fragte ich.

»Gott sieht nicht die Farbe der Haut, sondern die Reinheit des Herzens«, entgegnete Mutter.

Dieses Gespräch beschäftigte mich noch lange. Gerne hätte ich auch eine meiner Schwestern oder Jo zu diesem Thema befragt, doch dann traute ich mich nicht. Ich befürchtete, sie würden mich auslachen. Als ich eines frühen Morgens wieder einmal vor der weißen Madonna kniete, wusste ich nicht, ob ich sie um ein helles oder dunkles Kind bitten sollte. Dann hatte ich eine Idee. »Wenn du dich nicht entscheiden kannst«, sagte ich, »schenke mir ein Baby, das so aussieht wie meine kleine Schwester Sue.« Aber auch das war nicht richtig. Etwas anderes war viel wichtiger: Mein Kind müsste gesund sein. Also betete ich, dass mein Baby nicht sterben müsse, bevor es selbst einmal Mutter würde.

Als ich die Kirche verließ, wusste ich plötzlich, was ich mit dem Ersparten vom Markt anfangen könnte. Ich ging zum Bougainvilleabusch, grub meine Blechdose aus und zählte das verbliebene Geld. Dann buddelte ich das Loch ein wenig tiefer und legte die Dose wieder hinein.

Als ich anschließend der Madonna meinen Entschluss mitteilte, fand ich endlich die richtigen Worte für meine Bitte an sie: »Hilf mir bitte einen Arzt zu finden, der mein Kind gesund macht, wenn es einmal krank wird.« Den Rest würde ich dann schon allein schaffen. Denn ich war überzeugt, dass mir das Geld in Wirklichkeit aus diesem Grund zugefallen war; ich sollte damit einen anderen unterstützen können, der selbst hilflos war. Ich war beruhigt: Dann konnte es auch keine Sünde mehr sein, das Geld aufzuheben, anstatt es bei Mutter abzuliefern.

So dachte ich mit knapp 13. Meine Welt war klein. Ich wusste nicht, dass das Leben als Erwachsene viel komplizierter war.

Unsere Farm in Jeba hatte sich zu Papa Davids erfolgreichster entwickelt. Und er kam uns nun alle paar Monate besuchen. Wenn er sich auf der Farm aufhielt, fanden große Feste statt, zu denen auch die einflussreichsten Männer aus Jeba eingeladen wurden. Denn Vater wollte zeigen, dass er, der Mann aus dem fernen Lagos, hier auf dem Land das Sagen hatte. Der *compound* war dann voller fremder Menschen, die wir freigiebig bewirteten. Es wurde viel gesungen und getanzt. Die Sonntagsspeisung der armen Kinder hatte Mutter zwar all die Jahre durchgeführt, aber längst nicht in dem Umfang, wie Vater das nun tat. In seinen Ansprachen betonte er stets, dass es unserer Farm so gut gehe, weil wir gottesfürchtige Menschen seien. Mir kam nie in den Sinn zu sagen, dass alle viel arbeiteten, um eine gute Ernte einbringen zu können.

Einmal belauschte ich ein Gespräch zwischen meiner Mutter und Papa David. Es ging um den alten Traktor, mit dem wir auf den Markt fuhren.

»Er ist ständig kaputt«, klagte Mutter, »die Reparaturen verschlingen mehr Geld, als der Traktor wert ist. Der Händler in Jeba kann mir einen fast neuen verkaufen, zu einem wirklich guten Preis. Das nötige Geld habe ich bereits gespart.«

»Ihr besitzt doch noch einen anderen Traktor, der noch fährt. Andere haben nur alte Maschinen, Lisa. Glaubst du nicht, es wäre richtig, zunächst an jene zu denken, denen es schlechter geht?«

»Du hast Recht, David. Wenn diese Farm wirtschaftlich arbeitet, kommt das allen anderen zugute.«

»Aber du bist trotzdem der Meinung, dass ihr zwei Traktoren braucht.«

»Die Farm braucht sie. Wir leben sehr genügsam und sind sehr glücklich mit unserem Dasein. Du weißt, dass ich nichts verlange, was nicht im Sinne aller ist.«

»Du kannst nur für jene sprechen, deren Schicksal du im Auge hast. Ich habe jedoch die Aufgabe, für das Wohl aller zu sorgen«, sagte mein Vater entschlossen.

Meine Mutter stand auf und ging in ihr Zimmer, das neben meinem lag. Wenige Augenblicke später kam sie zurück und überreichte meinem Vater einen Stapel Geldscheine, die er sofort unter seinem Gewand verschwinden ließ. Das Gespräch hätte ich natürlich nicht belauschen dürfen; Fragen verboten sich somit von selbst. Aber auch so verstand ich Vaters Verhalten. Es entsprach christlichen Grundsätzen.

Wenige Tage nachdem Papa David wieder abgereist war, erkannte ich, dass auch Mutter Recht gehabt hatte: Der alte Traktor konnte nicht mehr benutzt werden und verschwand in der Scheune. Wir mussten wieder auf den Handkarren zurückgreifen. Allein konnte ich das schwere Ding unmöglich zum Markt ziehen, also begleitete mich Okereke. Wir brachen noch vor Tagesanbruch auf, hatten den Wagen viel zu schwer beladen und keuchten langsam wie Schnecken durch die Hitze. Sowohl für den Lehrer als auch für mich war die Anstrengung zu groß.

Der alte Mann musste widerstrebend meine Hilfe in Anspruch nehmen: Er zog, während ich schob. Es war fast Mittag, als wir auf dem Markt ankamen, und viele Kunden waren schon wieder fort. Wir mussten mehr als die Hälfte unserer Waren wieder zurücktransportieren. Mutlosigkeit ist ein schlechter Weggefährte! Es war bereits dunkel, als wir heimkehrten. Die beiden folgenden Tage konnte ich kaum mehr laufen, so sehr schmerzten meine Beine. Zudem hatte ich das beklemmende Gefühl, meiner *Familie* keine große Hilfe zu sein.

Trotzdem stand für mich außer Frage, mich am folgenden Samstag erneut für den Marsch in die Stadt bereitzumachen. Doch meine beiden Schwestern trauten sich den Marktjob nicht zu: Jem konnte einfach nicht ausreichend rechnen und Efe war zu schüchtern, um von einer Kundin Geld zu verlangen. Sie hätte wahrscheinlich alles verschenkt. So durfte Jo, der die »Frauenarbeit« auf den Feldern zwar gern erledigte, aber noch lieber die Geschäfte in der Stadt wahrnahm, mich wieder begleiten. Allerdings kamen wir nicht weit. Die Überanstrengung der Vorwoche ließ mich aufgeben.

»Geh allein weiter«, sagte ich, »du wirst die Waren auch ohne mich verkaufen. Ich warte hier, bis du wieder zurückkommst.«

»Du willst den ganzen Tag hier faul herumsitzen und ich soll mich mit den Marktweibern herumärgern.« Jo grinste mich schräg an. »Und am Ende komme ich mit ein paar Kobo zurück und du schimpfst mich, weil ich mich übers Ohr habe hauen lassen. Nein, nein, dann schon lieber so!« Kurzerhand hob Jo mich hoch und zog den schweren Karren mit der Ware und mir in die Stadt.

Natürlich meinte er es gut, ich weiß. Doch tatenlos auf der Ladefläche zu sitzen, während mein Bruder schwitzte, war für mich noch demütigender, als den ganzen Tag lang am Wegesrand auf seine Rückkehr zu warten. Ich wollte nicht, dass er mich wie einen Krüppel behandelte.

»Was kannst du denn dafür, dass du nicht so gut laufen kannst!«, widersprach Jo. »Dafür hast du einen klugen Kopf. Das passt doch gut zusammen: eine schlaue Schwester und ein starker Bruder.«

Nicht nur in solchen Momenten bedauerte ich es ein wenig, dass er mein Bruder war. »Die Frau, die du einmal heiratest, wird es gut haben«, meinte ich.

»Ich weiß genau, wen ich heiraten würde«, antwortete Jo.

»Kenn' ich sie? Etwa eines von den Mädchen, das uns hilft?«

»Du kennst sie, aber du wirst nicht erleben, dass ich sie heirate.« Ich hatte ja keine Ahnung, dass Jo unglücklich verliebt war!

»Los, sag schon«, drängte ich.

»Das geht nicht«, antwortete mein Bruder. Während er das sagte, sah ich nur seine muskulösen Schultern, die sich im Rhythmus seiner Schritte bewegten.

Zwei Wochen später beobachtete Mutter uns, wie wir vom Markt heimkehrten: Ich saß, Jo zog. In ihren Augen las ich deutlich ihre Missbilligung. Als mein Bruder zu seinem Haus gegangen war, sagte Mutter: »Jo ist nicht dein Diener, Choga Regina. Ich kann verstehen, dass dir das Laufen Schmerzen bereitet, dennoch: So geht es nicht. Wir müssen einen anderen Weg finden, um die Waren in die Stadt zu schaffen.«

»Aber es macht Jo nichts aus. Er tut das gern«, wagte ich leise zu widersprechen.

»Du weißt, dass es darum nicht geht«, stellte sie fest.

Damit fiel mein wöchentlicher Ausflug zum Markt ganz weg. Stattdessen tauchten eines Tages Lastwagen auf, die unsere Erträge abholten. Der Samstag, der Höhepunkt meiner Woche, war mit einem Mal zu einem gewöhnlichen Wochentag geworden. Plötzlich war es in meinen Augen sinnlos, darauf hinzuarbeiten und Madonnen zu schnitzen. Schließlich durfte sie nicht mehr verkaufen. Um all das hatte ich mich selbst gebracht, weil ich nicht so laufen konnte wie andere.

Während der sonntäglichen Gottesdienste fand ich mich betend vor der weißen Madonna und flehte sie an, aus mir ein Mädchen zu machen wie alle anderen. Ein Mädchen, das arbeiten konnte und nützlich sein durfte. Doch die Madonna erfüllte meinen Wunsch nicht. Er war zu groß.

Die Braut im Brunnen

Als wieder einmal ein Lastwagen die staubige Straße zu uns herauffuhr, glaubte ich, die Ernte würde wie immer in die Stadt gebracht werden. Doch dieser Besuch galt Jem. Der Mann, der gekommen war, wollte Mama Bisis Tochter abholen, um sie zu heiraten. Meine Schwester war damals mit 17 bereits in dem Alter, in dem Afrikanerinnen für gewöhnlich Kinder bekommen. Allerdings hatte niemand ihr oder ihrer Mutter Bisi gesagt, dass Papa David für sie einen Mann ausgesucht hatte! Papa Sunday fuhr zwar mit einem Mercedes-Laster vor, der ihn als wichtiges Familienoberhaupt auswies, aber er war gewiss schon 50 Jahre alt, dick und einen halben Kopf kleiner als Jem.

»Ich will nicht so einen alten Mann heiraten!«, schrie Jem, kaum dass sie ihren Bräutigam gesehen hatte. Dann drehte sie sich auf dem Absatz herum, rannte davon und versteckte sich. Alle wurden dazu aufgefordert, sie zu suchen. Doch ohne Erfolg. Jem war schon zwei Tage lang verschwunden, als ich sie zufällig in einem stillgelegten Brunnenschacht entdeckte. Wie sie da unten hockte, musste ich an unsere Rapunzel-Spiele auf der Außentreppe zwischen den Stockwerken in unserem Haremhaus denken. Sie wollte immer gerettet werden, allerdings nicht von mir … Unser Verhältnis war seit ihrer Hänselei wegen meines Beins nicht das beste gewesen. Auf der Farm hielt sie sich im Gegensatz zu Efe meistens von mir fern und verbrachte die Zeit mit den Erntehelferinnen, die in ihrem Alter waren.

Aber jetzt war sie verzweifelt und ich bedauerte sie aufrichtig. Ich fand es nicht fair, dass sie mit einem Mann verheiratet werden sollte, der dreimal so alt war wie sie selbst. Also kehrte ich zurück zum Haus und brachte ihr heimlich mein Essen, ohne selbst ihre Schwester Efe einzuweihen.

Aus der Tiefe ihres Verlieses blickte sie mit glühenden Augen zu mir hoch: »Tut mir Leid, Choga, dass ich dich so schlecht behandelt habe.«

Ratlos hob ich die Schultern. »Du kannst doch nicht für immer da drinnen bleiben«, sagte ich.

»Lieber hocke ich hier im Brunnen, als diesen Kerl zu heiraten. Irgendwann wird der Mann schon wieder wegfahren. Solange du mich nicht verhungern lässt, werde ich es schon aushalten.«

Aber die Sache ging anders weiter, als Jem und ich dachten: Der Bräutigam fuhr zurück in die Stadt, rief Papa David an und berichtete ihm von seinem Pech. Mit einem zufriedenen Gesicht stieg er bei seiner Rückkehr auf die Farm aus dem großen Auto. Ich beeilte mich, in die Nähe von Mutter, Mama Bisi und Papa Sunday zu kommen, um das Gespräch belauschen zu können.

»Papa David ist ein weiser Mann«, tönte Papa Sunday. »Er sagt, Efe ist ebenfalls in dem Alter, in dem sie heiraten sollte.«

»Das hat Papa David gesagt?«, fragte meine Mutter so leise, dass ich sie kaum verstehen konnte.

»Sie ist erst vor wenigen Monaten 15 Jahre alt geworden«, stellte ihre Mutter fest. In Mama Bisis Stimme lag ein fast flehender Ton, mit dem sie den Bräutigam um Einsicht zu bitten schien.

»Efe, komm einmal her!«, rief Papa Sunday im Befehlston quer über den Hof. Meine Halbschwester beschäftigte sich nahe der Scheune gerade mit ihrem Lieblingsspiel: Sie warf Steine in einen Blechtopf, dessen Boden durchgerostet war. So viele Steine beim Anheben des Topfes hindurchfielen, so viele Kinder würde sie einmal bekommen. An diesem Nachmittag musste Efe ihr Spiel unterbrechen, denn ihr Leben als Frau sollte beginnen.

Papa Sunday begutachtete seine künftige Frau wohlwollend. »Du bist ein hübsches Kind«, stellte er anerkennend fest. Efe blickte beschämt auf den Boden. »Ich stimme Papa Davids Vorschlag zu!«, verkündete er dann. »Dein Vater sagt, ich soll dich auf der Stelle mitnehmen.«

»Wohin?«, fragte das Mädchen überrascht.

»Du wirst Papa Sundays Frau«, sagte Mama Bisi so leise, dass es einem Flüstern glich.

»Aber Jem ...«, begann Efe, brach ab und sah in die versteinerten Gesichter von Mutter und Mama Bisi. Sie hatte verstanden. Dann rannte sie an meinem Versteck vorbei in unser gemeinsames Zimmer. Ich gab meine Deckung auf und eilte ihr nach. Efe lag auf der Schlafmatte und heulte. Ich versuchte, sie zu streicheln und zu trösten, redete aber nur irgendeinen Unsinn. Indem ich Jem beschützt hatte, trieb ich meine Schwester, an der ich wirklich hing, in die Arme dieses alten Mannes und sorgte so unwillentlich dafür, dass sie in die Fußstapfen von Jem treten musste.

Ich stieß das Fenster auf: »Lauf davon, Efe, schnell. Dann nimmt er dich nicht mit!«

Sie drehte sich um und sah mich mit verweintem Gesicht an: »Das geht nicht, Choga. Sie finden mich ja doch.« Schweigend begann sie ihre wenigen Habseligkeiten und ihre beiden Kleider in eine Pappschachtel zu legen. Wir umarmten uns, dann ging sie aus dem Zimmer.

Damit sich das Unglück nicht wiederholen konnte, wurde Efe unverzüglich ins Auto geladen. Sie und ihr Bräutigam bekamen noch Yamswurzeln, Mais und Saatgut mit und fuhren davon. Nach Kaduna, zu jener *Familie,* der Papa Sunday vorstand.

Mama Bisi war furchtbar verärgert über ihre Tochter Jem, die sie derart blamiert hatte. Ausgerechnet meine Lieblingsmama, aus deren Mund ich noch nie ein böses Wort gehört hatte, schäumte vor Wut. Mein alter Lehrer Okereke erklärte uns, dass es normal sei, Mädchen auf diese Weise zu verheiraten.

Ich ging zu meiner Mutter und fragte, ob ich auch eines Tages einfach abgeholt würde.

»Dein Vater wird dir einen Mann aussuchen, wenn es so weit ist«, antwortete Mutter.

»Kann ich ihn denn nicht wenigstens vorher kennen lernen?«, wollte ich wissen.

»Die Liebe zwischen Mann und Frau kommt mit der Zeit«, beruhigte mich Mutter. Schließlich hatten wir alle gelernt, dass eine Ehe geschlossen wird, um Kinder zu haben. Jems Verhalten galt demnach als selbstsüchtig und eitel. Nicht das Mädchen hatte sich einen Bräutigam auszusuchen, sondern der Vater hatte darauf zu achten, dass seine Tochter einen Mann bekam, der sie gut versorgte und schätzte, damit die gemeinsamen Kinder im Schutz der Familie aufwachsen konnten. Das war der Sinn einer Ehe. Indem ich zu Jem hielt, widersetzte ich mich ebenfalls dem Willen meines Vaters, der im Interesse meiner Schwester handelte.

Mutter ahnte wohl von meiner Mitwisserschaft und sah mich scharf an: »Du weißt doch, wo Jem ist?«

Ich durfte nicht lügen und gestand. »Was wird mit ihr geschehen?«, fragte ich dann.

Mutter nahm meine Hände in ihre. »Ich werde sehen, was ich für Jem tun kann, Choga Regina. Aber es kann sein, dass Papa David sehr böse wird.«

»Wird er sie fortschicken?«

»Eine Tochter muss ihrem Vater gehorchen. Das Wort eines Mannes gilt nichts mehr, wenn sich ihm die eigenen Töchter widersetzen.« Sie musste mir nicht sagen, dass ich mich so niemals verhalten durfte.

Mama Bisi ahnte, dass Jems Benehmen schlimme Folgen haben würde. Vielleicht wusste sie es auch aus ihrem verbotenen Orakel. Sie nahm mich beiseite: »Lauf zu Jem und sag ihr, dass sie sofort zurückkommen und Buße tun muss.«

»Ist er weg?«, fragte meine Schwester, als ich gegen Abend an ihrem Versteck erschien.

»Er hat Efe mitgenommen. Sie wird jetzt seine Frau.« Ich erzählte ihr die Geschichte.

»Das ist ja noch mal gut gegangen!«, platzte Jem hervor. »Und jetzt hilf mir raus.«

Ich starrte zu ihr herunter und fühlte eine mir bisher unbekannte Regung: Hass. »Tut Efe dir denn gar kein bisschen Leid?«, fragte ich schließlich entsetzt über ihre Gleichgültigkeit.

»Papa David hat doch so entschieden. Also war es Gottes Wille, dass Efe Papa Sunday heiratet«, meinte sie.

Ich war sprachlos. Wozu man Gott nicht alles einspannen konnte! Es kam nur auf die Sichtweise an. Jem blieb auf Mutters und Mama Bisis Geheiß tagelang in der Kirche und betete um Vergebung für ihr Verhalten, das sie meiner Überzeugung nach nie wirklich bereute. Als ich abends mit meinem geliebten Corn eine kleine Runde drehte, redete ich mir all meine Enttäuschung von der Seele.

Leider verhinderten Jems Gebete nicht, dass Vater bereits eine Woche später bei uns auftauchte. Noch bevor er aus seinem von einem Leibwächter gelenkten Pritschenwagen ausstieg, wusste ich, dass es großen Ärger geben würde. Ich eilte in Mutters Zimmer, schob das Fenster ein winziges Stück hoch und kauerte mich draußen darunter, in der Hoffnung, dass die Aussprache dort stattfinden würde und ich die beiden belauschen könnte. Ich hatte Glück.

»Du hast mich in eine unhaltbare Situation gebracht, Lisa. Jems Benehmen wird sich in allen *Familien* herumsprechen«, hörte ich Vater sagen.

»Ich bedaure das wirklich und das Mädchen ist gebührend dafür bestraft. Aber meinst du nicht, du hättest mir und Bisi deine Entscheidung vorher mitteilen können? Dann hätten wir ausreichend Zeit gehabt, unsere Tochter darauf vorzubereiten«, entgegnete Mutter gefasst.

»Papa Sunday ist ein bedeutender Mann in Kaduna. Ich konnte ihm seinen Wunsch nicht abschlagen.« Er ging auf

Mutters Worte überhaupt nicht ein! Stattdessen fuhr er fort: »Ich muss ein deutliches Zeichen meiner Autorität setzen, sonst verliere ich mein Gesicht.«

»Wie lautet deine Entscheidung?«, fragte Mutter knapp.

»Dies ist unsere wichtigste Farm. Sie gehört in die Hände einer richtigen *Familie*, die ihrem Oberhaupt zu folgen weiß.«

»Ich habe einen Fehler gemacht, David, aber deshalb brauchst du mir nicht die Farm wegzunehmen.«

»Ich werde sie dir nicht wegnehmen. Diese Farm gehört der *Familie*. Und in ihrem Sinne wird sie bewirtschaftet.«

»Von wem?«, fragte Mutter einsilbig.

»Papa Felix wird in einigen Tagen hier eintreffen. Ich möchte, dass du ihn einarbeitest. Sobald er sich hier orientiert hat, werde ich dich und die anderen abholen.« Vaters Worte versetzten meinem Herzen einen Stich. Warum tat er uns das an? Dies war unser Zuhause! Ich hörte ihn fortfahren: »Ich weiß, dass du meine Entscheidung respektieren wirst, Lisa. Es ist das Beste so. In Lagos wirst du gebraucht.«

»Von dir, David?« Mutter lachte trocken auf.

»Ja, Lisa, von mir. Ich bin ...«

»Meine Kleine, was machst du denn da?« Mama Bisi! Sie hatte mich beim Lauschen ertappt. Verschwörerisch hob ich den Finger vor die Lippen, aber sie zog mich barsch von meinem Horchposten fort.

»Papa David schickt uns zurück nach Lagos!«, platzte ich hervor, sobald wir ein Stück vom Haus entfernt waren.

»Ich habe es geahnt!«, stöhnte Mama Bisi. »Was haben sie gesagt?« Meiner Lieblingsmama schien schlagartig klar zu werden, dass Lauschen nicht immer verkehrt ist ... Als ich mit meinem Bericht fertig war, nahm sie mich in die Arme. »Wir dürfen nicht verzweifeln, meine Kleine. Irgendwie geht das Leben immer weiter.«

»Mama Bisi, ich fühle mich schuldig. Ich hätte Jem nicht schützen dürfen.«

»Unsinn!«, widersprach meine Lieblingsmama, »was geschehen soll, geschieht. Das ist nicht deine Schuld. Ich frage mich nur, ob Männer immer die richtigen Entscheidungen treffen, wenn sie ihre Frauen nicht befragen. Ein Baum allein ist kein Wald, ein Mann allein keine Familie.« Mehr als diese leise Kritik gestattete sich Mama Bisi nicht. Obwohl ihr ganzes Leben umgekrempelt werden sollte.

Selbst angesichts ihrer Niederlage fand Mutter noch Worte, mit denen sie Vaters Verhalten vor uns rechtfertigte: »Wir Frauen sind zu wenige, um die Farm auf Dauer erfolgreich zu bewirtschaften. Papa David hat einen Mann ausgesucht, der eine Farm zu führen gewohnt ist«, sagte sie zu Mama Bisi, Mama Ada, Mama Funke, Mama Ngozi, Jem, mir und den Farmarbeiterinnen sowie unserem Lehrer Okereke und Jo. Während sie berichtete, dass Papa Felix und seine *Familie* unsere Nachfolger würden, blickte ich zu Jo und Mama Bisi hinüber, die neben Jem standen. Ich glaubte, ihre Gedanken lesen zu können.

Mama Bisi zumindest kannte die wahre Meinung meiner Mutter über Papa Felix. Sie hielt ihn für einen lausigen Farmer. Und Jo? Der sagte mir später: »Warum werde ich Papa Felix nur nicht los? Dieses Land ist so groß! Kann er nicht irgendwohin gehen, wo ich nicht bin?«

Papa Felix traf mit drei seiner Frauen und fünf Kindern wenige Tage später ein. Seine ältesten Töchter waren in meinem Alter. Mein Vater blieb nur noch einen weiteren Tag, den er ausschließlich mit dem neuen Oberhaupt der Farm verbrachte.

Dann kam die Stunde des Abschieds. Vater nahm Mama Bisi und Jem mit nach Lagos. Die beiden stiegen auf die Ladefläche von Papa Davids offenem Pritschenwagen und winkten uns zu. Ich stand noch lange reglos da, starrte in die dichte Staubwolke, die sich immer weiter entfernte. Ich fühlte mich schrecklich traurig. Bis zu diesem Tag war Mama Bisi immer an meiner Seite gewesen; sie zu verlieren, war der schlimmste Preis, den wir für Jems Ungehorsam zahlen mussten.

Ich wusste, dass es sehr egoistisch war, das so zu sehen, und kämpfte gegen meine Tränen an. Obwohl ich dachte, dass es nicht richtig sei, uns alle für das Fehlverhalten eines einzelnen Menschen zu bestrafen, schluckte ich meine Worte hinunter. Denn insgeheim konnte ich auch Jem verstehen, die sich der Ehe mit einem ihr Fremden widersetzte.

Kamel und Elefant

Auf den ersten Blick wirkte Papa Felix recht freundlich. Obwohl er mir als 14-Jähriger uralt vorkam (später erst erfuhr ich, dass er damals 46 war), sah er trotzdem jünger aus. Er war sehr schlank und lachte viel. Aber sein Lachen gefiel mir nicht. Es wirkte gespielt. Er hatte große weiße Zähne, die er gerne entblößte. Das verlieh ihm das Aussehen eines gefährlichen Tieres. Nach allem, was Jo mir erzählt hatte, war ich felsenfest davon überzeugt, dass Papa Felix nur so tat, als wäre er ein netter Kerl. Am unangenehmsten fand ich seine Hände und seine Augen. Die waren ständig in Bewegung, schienen nach einem greifen zu wollen. Ich fragte mich, wieso mein Vater, der so viele Leute kannte, nicht merkte, was für eine Art von Mensch sein Stellvertreter wirklich war. Aber ich schimpfte mich selbst wegen meiner Voreingenommenheit. Denn bislang kannte ich den Mann nur vom Hörensagen. Allerdings war mir nicht entgangen, dass Corn die Ankunft des neuen Farmleiters mit einem bedrohlichen Knurren kommentierte. Schließlich hatte mein Lebensretter eine ausgeprägte Menschenkenntnis.

Wenn man Papa Felix sah, konnte man unschwer erahnen, wer sein Vorbild war: Er kleidete sich wie mein Vater in eine weite Baba Riga, deren weißer Stoff golddurchwirkt war, und schmückte sich mit der gleichen hohen Mütze. Im Gegensatz zu Papa David war er jedoch schmaler, schlanker und kleiner.

»Der Papa, der gern ein großer Mann wäre«, sagte Mama Ada. Sie hatte gut reden. Ada war einen halben Kopf größer als Felix! Während mein Vater sich langsam und gemessen bewegte, was wohl das Geheimnis seines beeindruckenden Auftretens war, schien Felix von einer inneren Unruhe getrieben. Ständig tauchte er irgendwo auf der Farm auf, wenn man nicht mit ihm rechnete. Für den Leiter einer Farm mag das eine gute Taktik sein, denn dann wirkt er allgegenwärtig und niemand vernachlässigt seine Aufgaben. Felix jedoch gab keine Ratschläge, wie etwas zu verbessern sei, sondern verwickelte einen in Gespräche über Nebensächliches. Genau genommen hielt er die Leute vom Arbeiten ab.

Vielleicht empfand ich das aber nur so, weil ich bereits voreingenommen war. Die Farmarbeiterinnen jedenfalls schätzten es sehr, da er sie sehr freundlich behandelte. Von meiner Mutter waren sie diese Aufmerksamkeit nicht gewohnt. Sie teilte die Arbeiterinnen und uns andere zu Tagesbeginn ein und erklärte, wo sie selbst tagsüber zu finden sei, falls es Fragen gebe. Das war eine ganz klare Struktur.

Sobald Papa David mit Bisi und Jem abgereist war, wollte Felix das ganze Haus auf den Kopf stellen. Mutter und Mama Bisi hatten sich das Zimmer neben jenem geteilt, in dem ich bis zu Efes Abreise gemeinsam mit ihr gewohnt hatte. Mutters Zimmer war früher wohl die Bibliothek des englischen Besitzers gewesen. Der Raum war sehr groß und lag direkt neben dem Eingang, so dass Mutter immer wusste, was im Haus vor sich ging.

Um uns zu informieren, wie er die Zimmer neu aufteilen wollte, rief Felix alle Frauen in der Eingangshalle zusammen. Jo und Okereke waren beschäftigt und konnten daher nicht an der Versammlung teilnehmen. Allerdings waren sie von der Neuordnung nicht betroffen und verpassten somit nicht viel. Überhaupt gingen die beiden Papa Felix aus dem Weg. Der neue Farmleiter begann mit Mutter. »Lisa wird mit Ada, Ngozi und Funke ein Zimmer bewohnen.« Die drei Mamas hatten sich bislang das frühere Schlafzimmer des englischen Hausherrn geteilt, das im ersten Stock lag.

»Sobald mein Mann mich abgeholt hat, wird dir mein Zimmer zur Verfügung stehen«, entgegnete Mutter freundlich, aber bestimmt.

»Du widersprichst mir?«, zischte Felix leise.

»Ich schlage vor, dass du dich zunächst in Ruhe umsiehst, welches der beste Platz für dich ist. In ein paar Monaten wirst du die Farm und dies Haus führen, wie du es für angemessen hältst«, sagte sie nun ruhig.

Felix sprang aus dem Stuhl auf, in dem er gesessen hatte. »Du bist keine Afrikanerin. Aus dir spricht das Gehabe der Weißen, die Schwarze für ihre Diener halten!«, wetterte er.

»Ist es eine Frage der Hautfarbe, dass man jene Frau respektiert, die diese Farm zu dem gemacht hat, was sie ist?«, fragte Mama Ada. »Noch bist du Gast in diesem Haus. Keine von uns kann es hinnehmen, dass du unsere Mitfrau Lisa beleidigst.«

Felix schickte einen wütenden Blick in die Runde. Von seinen Frauen wagte keine, ihm auch nur in die Augen zu sehen. »Da drüben im Flachbau werden die Farmhelferinnen wohnen.«

»Ist es eine gute Idee, sie im gleichen Haus wohnen zu lassen wie Okereke und Jo?«, fragte Mutter.

»Du scheinst ja keine meiner Ideen gut zu finden!«, blaffte Felix.

»Ich hatte nicht die Absicht, deine Autorität zu untergraben. Angelegenheiten, die die Leitung der Farm betreffen, habe ich nie besprochen, wenn alle versammelt waren. Du aber wolltest es so«, meinte Mutter.

»Nun gut, dann werden wir warten, bis du mit deinen Frauen abgereist bist. Du bist ja offensichtlich nicht in der Lage, mit mir zusammenzuarbeiten«, zischte Felix.

»Kennst du die Geschichte von dem Kamel, das den Elefanten trifft?«, fragte Ada.

»Ja, die kenne ich«, knurrte der künftige Hausherr, drehte sich um und stampfte wütend aus dem Haus.

»Er kennt sie nicht«, sagte Ada. »Denn er benimmt sich wie der Elefant.« Alle Frauen lachten. Auch die von Felix.

»Wie geht die Geschichte vom Kamel und Elefant?«, fragte ich Ada, als wir abends auf der Terrasse saßen, Corn wie immer an meiner Seite.

»Ein Kamel und ein Elefant betraten einen dichten Wald«, erzählte Mama Ada, »das Kamel kostete von den harten Blättern, denn es lebte in der Wüste und freute sich an dem vielen Grün. Der Elefant aber riss die jungen Bäume aus, die ihm im Weg standen, und bahnte sich eine breite Schneise. ›Warum tust du das?‹, fragte das Kamel. ›Ein Elefant braucht Platz‹, antwortete der Dickhäuter nur und stampfte weiter. Sie durchquerten den Wald und kamen in eine weite Wüste. Irgendwann klagte der Elefant über Hunger, während das Kamel genügsam sein Essen wiederkäute. Schließlich brach der Dickhäuter entkräftet zusammen. Da sagte das Kamel: ›Wozu ist all deine Kraft nutze, wenn du sie doch nur brauchst, um deine Umwelt zu zerstören und am Ende in der Wüste zu verhungern?‹ Der Elefant konnte dem Kamel nicht mehr antworten. Er war gestorben.«

Meine Mutter war hinter uns beide getreten. »Nun, Choga Regina, glaubst du, dass Papa Felix diese Geschichte verstehen würde?«

Ich schüttelte den Kopf, denn mir machte die Fabel schwer zu schaffen. »Ich glaube, nicht«, meinte Mama Ada, »Elefanten walzen nun mal alles nieder, was ihnen in die Quere kommt, während das Kamel für schlechte Zeiten vorsorgt.«

»Und du hältst uns beide für Kamele?« Mutter amüsierte sich.

»Es sind gute Arbeitstiere«, sagte Mama Ada und streckte die Arme unter ihr Tuch, so dass sie am Rücken einen Höcker bildeten.

Daraufhin schlang Mutter die Arme ineinander, um einen Rüssel nachzumachen. »Ich kann's nicht«, prustete sie kichernd. »Wisst ihr, dass es in Deutschland ein Sprichwort gibt, demzufolge Elefanten alles Porzellan zertrampeln?«

»In Deutschland gibt es auch Elefanten?«, fragte Mama Ada interessiert.

»Aber nur welche mit zwei Beinen!«, lachte Mutter.

»Solche wie Papa Felix!«, rief ich fröhlich.

Mutter machte weiter wie bisher und fuhr jeden Morgen gemeinsam mit Mama Ada und Jo auf dem Traktor hinaus auf die Felder, wo viel Arbeit auf sie wartete. Papa Felix wollte die drei nicht begleiten. »Frauenarbeit!«, lautete sein Kommentar.

»Solltest du nicht besser wissen, wie die teuren Bewässerungsanlagen funktionieren, die wir installiert haben?«, fragte Mutter, die auf ihre deutschen Methoden zur Ertragssteigerung sehr stolz war. Doch er interessierte sich weder dafür noch für die verschiedenen Gemüsesorten, die wir kultivierten.

Ich kümmerte mich wie immer ums Haus, versorgte die Hühner und Ziegen und nutzte die Zeit, um meiner neuen Aufgabe nachzugehen. Wir hatten aus einfachen Mitteln ein recht großes Treibhaus gebaut, in dem ich begonnen hatte, Tomaten zu züchten. Die Idee dazu stammte von Mutter, die mir gezeigt hatte, wie leicht das ging. Vorausgesetzt, ich achtete auf die richtige Bewässerung. Endlich hatte ich eine für mich ideale Arbeit gefunden, die eine gute Ernte versprach und mich gleichzeitig nicht körperlich überforderte.

Die Frauen von Papa Felix kochten den ganzen Tag lang. Dabei steckten sie immerzu die Köpfe zusammen und kicherten. Sie benutzten einfach unsere ganzen Vorräte, die zusehends weniger wurden. Erst jetzt wurde mir bewusst, mit wie wenig wir zufrieden gewesen waren! Bereits am ersten Wochenende hatte Papa Felix die Hälfte der Hühner und eine Ziege geschlachtet.

»Das wird kein gutes Ende nehmen«, kommentierte Mama Ada, die die wenigen Worte, die sie sagte, wie immer sehr genau wählte. »Wenn die in diesem Stil weitermachen, werden sie bald ihre eigene Zukunft aufessen.«

Doch wir waren machtlos, unsere Tage auf der Farm gezählt. Papa Felix hatte beschlossen, unsere Ernte selbst zum Markt zu schaffen. Als er von seinem ersten Ausflug nach Jeba zurückkam, hatte er groß eingekauft. Von den Einnahmen hatte er ein Dutzend Hühner und eine neue Ziege erstanden. Die wurde an einen Pflock gebunden, damit sie nicht frei herumlaufen konnte. Sie wurde regelrecht gemästet, um ebenfalls schnellstens gegessen werden zu können. So waren wir mit unseren Ziegen nie verfahren. Unsere Tiere durften ihr Leben genießen und überall herumlaufen.

Für Papa Felix schien es zwei Formen von Schöpfung zu geben: wertvolle und nutzlose. Zur letzten Sorte zählte für ihn natürlich Corn, mein dreibeiniger Liebling, der nach wie vor stets an meiner Seite war.

»Der Hund frisst uns noch die Haare vom Kopf und macht nichts als Dreck«, pflegte Felix zu sagen. Corn hatte sich so an das Zusammenleben mit Menschen gewöhnt, dass er arglos zu jedem hinlief und ihn beschnüffelte. »Der ist ja voller Ungeziefer«, knurrte Felix angewidert und trat nach dem Tier. Von dem Tag an versuchte ich darauf zu achten, dass Corn nicht mehr in seine Nähe kam. Aber was sollte geschehen, wenn wir in den Harem zurückkehrten? Vater duldete dort keine Tiere. Mein geliebter Hund würde auf der Farm bleiben müssen. So oder so.

Papa Felix schien sich bei uns schon sehr bald zu langweilen. Ständig fuhr er mit seinem großen weißen Auto in der Gegend herum. Voller Naivität nahm ich an, dass er sich überall in der Nachbarschaft als neuer Familienvorstand vorstellen würde.

Jo belehrte mich jedoch eines Besseren: »Felix wird es hier genauso machen wie in Ibadan; er ist auf der Suche nach Frauen.«

»Will er die denn alle hier wohnen lassen und sie heiraten?«, fragte ich.

Mein Bruder sah mich nachsichtig an. »Felix heiratet nur, wenn er muss«, murmelte er verschwörerisch. Ich verstand die Bemerkung nicht. Ehebruch war schließlich verboten.

Doch Felix machte sich seine eigenen Gesetze. Das sollte ich bald am eigenen Leib erfahren. Ziemlich schnell entdeckte er mich in meinem Versteck bei den Bougainvilleabüschen. Ich verkroch mich dort nach wie vor oft mit Corn, streichelte ihn und sprach liebevoll mit ihm. Wenn sein letztes Stündlein schon demnächst schlagen würde, so sollte er wenigstens die letzten Tage noch genießen dürfen. Zunächst wunderte ich mich, dass Papa Felix so nett zu mir sprach, meine Haare und meine helle Haut bewunderte und meinen Fleiß lobte. Aber dann rückte er immer näher an mich heran und schließlich bekam ich Angst vor ihm und lief mit Corn davon.

In meiner Furcht vertraute ich mich Mutter an, doch die warf mir nur einen verwunderten Blick zu. Ich sei doch noch ein Kind, sagte sie, kaum älter als die Töchter des Familienvorstands. Um Felix nicht mehr schutzlos ausgeliefert zu sein, solle ich mich nach Möglichkeit in der Nähe der anderen aufhalten, riet Mutter mir noch. »Dann kann er dir nicht mehr nachstellen«, sagte sie. Das bedeutete, ich musste mein Versteck in nächster Zeit meiden.

Ich sei noch ein Kind, hatte Mutter gesagt. Genau in jener Nacht, nachdem sie das ausgesprochen hatte, ging meine Kindheit zu Ende. Ich bekam meine erste Regelblutung, genau zwei Monate nach meinem 14. Geburtstag. Ich glaube, ich war weniger über den Fleck im Bett entsetzt als darüber, dass nach den Gesetzen meines Vaters nun die Zeit gekommen war, für mich einen Ehemann zu suchen. Angsterfüllt schlich ich zu Mutter und gestand ihr mein »Unglück«.

»Papa Felix darf davon auf keinen Fall etwas erfahren«, entschied sie sofort. »Er wird sonst Papa David um deine Hand bitten.« Sie machte eine Pause, faltete die Hände im Schoß und blickte darauf. »Vielleicht wird er auch nicht so lange warten.« Mein Herz setzte einen Schlag aus. »Hier kann ich dich nicht beschützen, Choga Regina. Im Harem bist du wenigstens sicher.«

Mutter ließ mich sofort alles auswaschen. Anschließend lief ich zur weißen Madonna und dankte ihr, dass sie ihre Hand schützend über mich hielt. Durch Jems Ungehorsam war unsere Gemeinschaft zwar zerschlagen worden, doch mit einem Mal sehnte auch ich mich wieder stark nach den sicheren Mauern des Harems. Da es Felix nicht gelang, sich gegen meine Mutter und die ihr in Freundschaft ergebenen Frauen durchzusetzen, drang er gegenüber Papa David darauf, dass wir alle möglichst schnell von der Farm verschwanden.

Mama Ngozi und Mama Funke erhielten von Felix die Erlaubnis, bei ihren Töchtern in der Nähe von Jeba zu leben. Mutter, Mama Ada und ich mussten diesmal nicht mit einem Lieferwagen nach Lagos zurückfahren. Papa David kam nämlich mit einem seiner großen Autos vorbei. Felix wollte ihm wohl zeigen, dass er die Farm in den vergangenen drei Monaten übernommen hatte, und richtete ein großes Fest zu Vaters Ehren aus. Zahllose Menschen aus den anderen Dörfern hatte er dazu eingeladen. Bis in den Morgen hinein wurde gefeiert.

An jener Nacht ist vor allem erwähnenswert, dass Papa Felix mitbekam, wie viele Besucher die Nähe Corns suchten. Sie streichelten den kleinen gelben Hund, der immer noch im Ruf stand, ein Glücksbringer zu sein. Vater selbst hielt nichts von solchem Aberglauben, auch wenn er das Tier nach wie vor auf der Farm duldete. Felix hörte sich die Geschichte von Corns Lebensrettungsaktion aufmerksam an. Immer wieder kamen junge Mädchen und Frauen, um den Hund anzufassen. Felix ließ das Tier kaum aus den Augen. Als eine hübsche Frau sich vorsichtig Corn näherte, sich aber nicht traute, ihn zu berühren, kam Felix heran. Er, der Tage zuvor nach dem »nutzlosen« Hund getreten hatte, führte nun die Hand der Frau an das Fell Corns und redete dabei die ganze Zeit auf sie ein.

Die junge Frau streichelte Corn mit einem glücklichen Lächeln, während Felix scheinbar fürsorglich den Arm um sie legte. Ich stand die ganze Zeit daneben und kochte vor innerer Wut. Wie konnte er den Glauben an Gott niederträchtig missbrauchen, um sich eine andere Person gewogen zu machen!

Und diesem Umstand verdankte Corn letzten Endes auch noch sein Leben: Der verkrüppelte Hund lockte Frauen an. Felix, diese Schlange in Menschengestalt, brauchte nur geduldig abzuwarten und konnte dann zuschnappen.

Mir war natürlich klar, dass der Abschied von der Farm auch die Trennung von meinem geliebten Bruder bedeutete.

»Was wird aus Jo werden?«, fragte ich Mutter an unserem letzten Abend. »Wird er zu einer anderen Familie geschickt?«

»Was meinst du, was Jo möchte? Hast du ihn mal gefragt?«

»Er sagt, er würde lieber hier bleiben. Wenn Papa Felix nicht da wäre«, antwortete ich.

Mutter lächelte: »Wir können den Elefanten nun mal nicht in die Wüste schicken. Also werden wir wohl ein Kamel brauchen, das den Elefanten und seine Herde ernährt.«

»Und wenn Papa Felix nicht will?«

»Felix hat sich nichts erklären lassen. Das war nicht sehr klug von ihm. Pass morgen gut auf, was ich tun werde.«

Am Morgen unserer Abfahrt hatten wir unsere Sachen schon in Vaters Wagen verladen und trugen unsere Ausgehkleider, als eine der Farmhelferinnen aufgeregt angelaufen kam. »Mama Lisa!«, rief sie von weitem. »Die Pumpe am Stauteich ist kaputt. Das Wasser wird die Felder überschwemmen. Komm schnell!«

Mutter deutete auf ihr blütenweißes Kleid. »Das kann Papa Felix doch machen. Er ist jetzt für die Farm zuständig.«

Felix stand in seinem golddurchwirkten Kaftan daneben und tat keinen Schritt: »Ich bin kein Mechaniker.«

Papa David blickte von Mutter zu Felix. »Hast du ihm denn nicht gezeigt, wie alles funktioniert?«, fragte er.

»Ich habe ihm alles gezeigt, was er wissen wollte«, antwortete Mutter klug.

Mein Vater sah sich um: »Wo ist denn Jo?«

»Der wird nach Ibadan zurückkehren, wie du es verlangt hast«, antwortete Mutter. »Er ist drüben und packt seine Sachen zusammen.«

Papa David hatte verstanden. Und ich auch: Tatsachen überzeugen mehr als 1 000 Worte. Mit schweren Schritten ging mein Vater zum Flachbau. Wir sahen ihn mit Jo sprechen, dann winkte er Felix zur Seite. Schließlich durfte mein Bruder bleiben und Vater verlieh ihm sogar den Titel technischer Farmleiter. Meine Mutter nahm den Strohhut, den sie bei der Feldarbeit getragen hatte, aus dem Auto und setzte ihn Jo auf.

Mehr konnte sie nicht tun, um das Land zu retten, das sie vom Erbe ihrer Mutter gekauft und in eine blühenden Farm verwandelt hatte, die viele Menschen ernährte. So allerdings hätte Mutter das nie ausgedrückt. Dafür war sie zu bescheiden. Und dennoch ist es die Wahrheit.

»Ich werde dich vermissen«, sagte Jo, als wir uns zum Abschied etwas scheu und förmlich die Hand gaben. Ich brachte keinen Ton hervor und nickte stumm. Mein Blick fiel auf Corn, der mich aus großen Augen fragend ansah und überhaupt nicht wusste, wie ihm geschah.

»Nimm ihn auf den Arm, wenn wir fahren«, bat ich. »Er versucht sonst, dem Auto nachzurennen.«

»Ich werde gut auf ihn aufpassen«, versprach Jo, »bis du wiederkommst.«

»Und wenn ich nicht wiederkomme?«

»Du kommst wieder. Kennst du nicht den Spruch: Dein eigener Schatten wird niemals schneller sein als du selbst?«

»Wo ist denn mein Schatten?«

Mein Bruder antwortete nichts, er nahm Corn hoch und drehte sich ab. Ich hatte das Gefühl, Corn sei mein Herz, das Jo in Händen hielt, damit es in Jeba zurückbliebe. Ich heulte wie ein kleines Kind. Meine Eltern sagten beide kein Wort. Irgendwann legte Mutter ihre Hand auf mein Haar und streichelte mich.

»Mit Tränen kann man sein Schicksal nicht abwenden«, sagte Mama Ada, die wusste, wovon sie sprach. Von der nutzlosen Heulerei entkräftet, schlief ich in ihrem Schoß ein.

Irgendwann während der langen Fahrt erwachte ich. Mama Ada war eingeschlafen. Ich hörte, wie sich Mutter und Papa David unterhielten. Sie schienen sich schon eine Weile zu unterhalten, der Ton war sehr vertraut.

»Du hast Felix vor allen Frauen blamiert, Lisa. War das wirklich nötig?«, fragte Vater.

»Kennst du die Geschichte vom Kamel und dem Elefanten?«, fragte Mutter zurück.

Ich hörte Vater leise lachen: »Ich halte eine Menge von Elefanten, obwohl sie nicht die besten Strategen sind. Da magst du Recht haben. Aber es ist bekannt, dass Elefanten ihre Familie ausgesprochen fürsorglich führen.«

»Sie machen zu viel kaputt, David. Kamele haben einen lausigen Ruf, aber eines musst du ihnen lassen: sie sind genügsam.«

»Hast du schon mal ein Kamel getroffen, Lisa?«, fragte Papa David belustigt.

»Nein«, gab Mutter zu.

»Und einen Elefanten auch nicht, oder? Felix ist einer, da hast du Recht. Aber du solltest vorsichtig sein, wenn du dich mit einem anlegst.«

»Ich musste so handeln, David. Papa Felix hätte sonst nie eingesehen, dass er die Farm nicht führen kann. Das war doch im Sinne von uns allen.«

»Ich hoffe, es war auch in deinem Sinn, Lisa«, sagte Vater und meine Mutter schwieg.

In Lagos fiel mir ein, dass ich meine Blechdose unter den Bougainvilleabüschen zurückgelassen hatte. Ich weihte Mama Bisi, die ich im Harem wiedertraf, in mein Geheimnis ein. »Das ist doch schön«, freute sie sich, »das bedeutet, du wirst eines Tages wieder an den Ort zurückkehren, an dem du so lange glücklich gewesen bist.«

Dieser Gedanke war mir in der Tat ein Trost. Wenn ich allerdings geahnt hätte, unter welchen Umständen meine Rückkehr stattfinden sollte!

König Clown

Unsere Rückkehr in den Harem verlief auch diesmal erstaunlich unspektakulär. Mutters Mitfrauen waren so sehr mit sich und ihrem Alltag beschäftigt, dass sie uns kaum wahrnahmen. Die ein oder andere stellte zwar schon ein paar neugierige Fragen, doch allgemein interessierte sich der Harem nur wenig dafür, was außerhalb der hohen Mauern vor sich ging.

Einzig Mama Bisi stürzte freudestrahlend auf mich und Mutter zu und schloss uns in ihre kräftigen Arme. Verstohlen wischte sie sich eine Träne aus dem Augenwinkel, während sie immer wieder murmelte: »Wie schön, dass ich euch endlich wieder habe.«

Auch ich freute mich zunächst, wieder bei ihr zu sein, doch ich befand mich in einer echten Zwickmühle. Im Harem hatte ich wie früher im Kinderhaus zu wohnen, obwohl ich seit meiner ersten Regelblutung kein Kind mehr war. Doch das wollten Mutter und ich so lange wie möglich geheim halten. Leider kam meine Blutung unregelmäßig, so dass ich manchmal morgens in einem unreinen Bett erwachte. Dann war jedes Mal Vorsicht geboten, damit niemand das Malheur entdeckte. Meist schützte ich Kopfschmerzen oder Übelkeit vor, bis ich dann unbemerkt von anderen aus dem Bett huschen und meine Sachen zum Waschen zu Mutter schmuggeln konnte. Dieses Versteckspiel verstärkte die Rolle, die ich schon bei meinem Aufenthalt während Mutters Deutschlandreise eingenommen hatte: Ich war eine Außenseiterin, hatte kaum Spielgefährten und war oft ziemlich trübsinnig. In Wirklichkeit litt ich unter entsetzlichem Heimweh nach

Jeba, fragte mich, ob es Corn gut gehe, und hoffte, dass Jo sich mit Felix verstehen möge.

Von den wenigen Freundinnen meiner Kindheit war praktisch niemand mehr im Harem. Vater hatte sie alle bei anderen *Familien* untergebracht, sie verheiratet. Dadurch stärkte er die Bande zwischen den über das ganze Land verstreuten *Familien*. Wenn eine meiner Schwestern von ihm in unserem Gemeinschaftshaus getraut wurde, betonte er stets den Zusammenhalt aller, den großen gemeinsamen Gedanken, nach dem wir alle lebten. Und dem wir uns zu fügen hatten. Verstohlen musterte ich bei diesen Feiern die angereisten Gäste, warf den jungen Männern vorsichtig unter meinem Schleier neugierige Blicke zu. Ob einer von ihnen derjenige sein würde, mit dem ich in wohl nicht mehr allzu ferner Zukunft vor Vater stehen würde, um aus seinem Mund den Segensspruch für mein Leben an der Seite des Fremden zu hören? Immer wieder ertappte ich mich dabei, dass ich die jungen Männer mit Jo verglich, der mich mit so viel Respekt und Verständnis behandelt hatte.

Jem, die Ungehorsame, wurde nicht in Lagos verheiratet. Als ich im Harem eintraf, hatte Vater sie bereits nach Warri gebracht, einer Industriestadt im Süden Nigerias. Nur Mama Bisi hatte bei der Hochzeit dabei sein dürfen.

»Jem ist ein Dickkopf«, sagte Mama Bisi, »aber ich hätte ihr wirklich mehr Glück gegönnt, als ausgerechnet einem solchen Mann zur Frau gegeben zu werden. Und wie nutzlos ihre Flucht damals gewesen ist! Ihr jetziger Mann ist nicht jünger als Papa Sunday. Ich glaube, euer Vater wollte sie für ihren Hochmut bestrafen, damit es allen anderen eine Lehre ist. Und wo sie wohnt! Nicht so schön, wie sie es bei Papa Sunday gehabt hätte. Warri ist eine hässliche Industriestadt und Jems Haus ist sehr ärmlich.« Als dritte Frau ihres Mannes gebar sie ihm 19-jährig ein Kind.

Eines Tages traf ich Mama Bisi im Garten des Harems. Sie schnitt gerade die wilden Triebe eines jungen Limonenbaums zurück. Ich erwartete, dass sie wie immer mit der Pflanze sprach, ihr erzählte, dass es jetzt zwar etwas weh tue, der Baum danach aber umso kräftiger wachse. Manchmal sang sie auch ein Lied. Doch diesmal verrichtete sie ihre Arbeit stumm. Eine Weile sah ich ihr zu, doch sie beachtete mich nicht.

»Geht es dir nicht gut, Mama Bisi? Bist du krank?«, fragte ich schließlich. Sie machte weiter, als hätte sie meine Frage nicht gehört.

Als sie sich zu mir umdrehte, musterte sie mich, als sähe sie mich an diesem Tag zum ersten Mal. »Ich weiß, meine Kleine, dass du nicht glücklich bist. Aber sieh diesen jungen Baum an. Er steckt voller Kraft. Trotzdem muss ich ihm die jungen Zweige abschneiden. Er versteht nicht, dass ich es gut mit ihm meine. Ich weiß das und tue es trotzdem. Auch wenn wir Beine, Hände und Kopf haben, so sind wir doch wie der kleine Limonenbaum. Immerzu wird uns etwas abgeschnitten. Wir werden größer, die Wunden heilen und an anderer Stelle wachsen wir weiter. Es schmerzt, manchmal sogar das ganze Leben lang. Der arme Baum kann sich nicht wehren. Er nimmt sein Schicksal an, ohne dass wir ihn vor Schmerz schreien hören.«

Meine Lieblingsmama drehte sich zu ihrem Zögling um, fuhr mit den Fingerspitzen über seine zarte Rinde und begann ein Lied zu singen. Ein Kinderlied, das ich öfter aus ihrem Mund gehört hatte; ich mochte es, war mit ihm aufgewachsen.

»Ein König hatte einen Clown, auf den er sehr stolz war. Doch war er mal wütend, so nahm er seine Krone und warf damit nach dem Clown. Der fing die Krone auf und sprach: ›Ja, ich bin ein Clown, aber ich habe eine Krone, drum nenn' ich mich König Clown.‹ Er tanzte und lachte; der König ohne Krone sich nichts dabei dachte. Ein König hatte einen Clown; er war stolz auf seinen Clown.«

Als ich ein kleines Kind gewesen war, hatte Mama Bisi das Liedchen mit ein paar witzigen Bewegungen ihrer runden Hüften begleitet. Das hatte früher komisch ausgesehen und mich zum Lachen gebracht; doch diesmal klang das Lied traurig.

Jetzt drehte sie sich zu mir um. In ihren Augen standen Tränen. Meine Lieblingsmama, zu der ich als Kind immer aufgeblickt hatte, wirkte plötzlich ganz klein. Ich überragte sie schon um einen Kopf.

»Möge Gott dich schützen, meine Kleine«, sagte sie eindringlich und nahm mich in ihre weichen Arme, »was auch immer dein Vater von dir verlangt, widersetze dich ihm nicht. Er weiß, was für dich richtig ist. Versprich mir das, denn ich könnte es nicht ertragen, noch eine Tochter zu verlieren.«

Das war Mama Bisis Art, mir zu sagen, dass ihre Tochter Jem gestorben war. Weit entfernt von uns, in ihrem Zuhause.

In meinem Land werden die Verstorbenen meist am Tag ihres Todes oder kurz darauf bestattet, weil es heiß und feucht gleichzeitig ist. Aber fast immer wird der Toten anschließend in einem großen Fest gedacht. Das war bei Jem nicht so. Mama Bisi konnte sich von ihrer ältesten Tochter nicht verabschieden; Jems Tod war ihr von Papa David mitgeteilt worden. Denn Vater hatte meiner Schwester ihren Ungehorsam nicht verziehen; er verweigerte ihr eine schöne Totenfeier.

Ich sah Jem vor mir, wie sie da unten in dem Brunnenschacht saß, in den sie selbst hineingeklettert war. Sie hatte den Kopf in den Nacken gelegt und blickte mich aus großen Augen traurig an. Damals hatte ich noch nicht gewusst, dass sie an diesem Tag in ihr eigenes Grab hinabgestiegen war.

Die Ehe mit dem Mann aus der Nähe von Warri hatte ihr den Tod gebracht. Im Delta des Niger wird viel Öl gefördert. Dieses Öl fließt in überirdischen Leitungen aus dem Regenwald zu den Tankern vor der Küste, die es zu den Raffinerien fortbringen. Die Pipelines führen oft durch die Siedlungen der Menschen, die trotz der Bodenschätze in großer Armut leben. Nicht selten bohren sie daher Löcher in die Rohre, um das Rohöl zu verkaufen. Das ist so alltäglich, dass oftmals der gleichzeitige Umgang mit offenem Feuer nicht vermieden wird. Es kam zu einer Explosion. Meine Schwester, ihr Baby auf dem Rücken, befand sich direkt in der Nähe der Explosionsstelle. Jem hatte so gern Rapunzel gespielt und sich befreien lassen. Im wirklichen Leben gab es für sie keine Rettung.

Die Familienfeste am Sonntag, die mir früher wichtig gewesen waren, weil ich das schöne Gefühl genoss, mich unter so vielen Menschen geborgen zu fühlen, nahm ich nur noch unkonzentriert wahr. Leider durfte ich auch nicht mehr im Chor mitsingen, da ich schon seit Ewigkeiten bei den Probestunden gefehlt hatte. Meine Gedanken waren woanders – bei meiner ungewissen Zukunft, an die mich die fremden Männer im Gemeinschaftshaus stets erinnerten.

Vielleicht hatte Mutter ja Recht, dass die Liebe erst später kommt. Was aber, wenn nicht? Wäre es nicht besser, wenn sich zwei Menschen kannten, bevor sie sich ewige Treue versprachen? Worin lag der Sinn, dass so hart gestraft und die Selbstbestimmung einer Tochter vollkommen unterdrückt wurde, damit ein Vater nicht sein Ansehen verlor? War Papa David nicht ein wenig wie der König, der seine Krone nach dem Clown warf?

Es war noch nicht die Zeit und ich hatte nicht das Recht, diese Fragen laut auszusprechen. Ich litt darunter, dass ich sie überhaupt nur dachte, warf mir selbst vor, eitel an mein eigenes Glück zu denken anstatt an das der *Familie*. Heute aber weiß ich, dass die *Familie* nur glücklich sein kann, wenn es jeder Einzelne sein darf. Jene, die die *Family Of The Black Jesus* heute führen, sehen das anders. Es sind Männer wie Vater, die sich inmitten ihrer Frauen fühlen wie Könige, die stolz auf ihren Clown sind.

Als Papa David einige Monate später das Gemeinschaftshaus betrat, fiel mir auf, dass sein Gesicht nicht wie sonst strahlte. Es wirkte starr und glänzte feucht, als ob er stark schwitzte. Als er kurz darauf zur *Familie* sprach, verlor er immer wieder den Faden und musste von vorn beginnen. Mutter, die direkt vor mir saß, wechselte mit Mama Bisi mehrere besorgte Blicke. Ich sah, wie Mutter ihren Körper anspannte; sie schien aufstehen zu wollen. Schließlich setzte Papa David erneut an und brach wieder ab, griff Halt suchend ans Stehpult. Dann fiel er einfach um. Dabei riss er das hölzerne Gestell mit sich.

In der ersten Schrecksekunde bewegte sich niemand, dann sprang meine Mutter als Erste auf, Mama Bisi, die nicht so flink war, tat es ihr nach. Schließlich erhoben sich alle seine Frauen, umringten ihn, beugten sich zu ihm herunter und halfen ihm wieder auf die Beine. Geschwächt stand er inmitten seiner Ehefrauen. Ich werde diesen Anblick nie vergessen. Es tat weh, ihn so zu sehen. Er, der immer so viel Kraft ausstrahlte, musste gestützt werden.

Papa David sah verwirrt aus, als wüsste er nicht, wo er sich befand. Dann flüsterte er Mutter etwas ins Ohr, woraufhin sie sich aus der Mitte der Frauen löste. Inzwischen war es im Saal unruhig geworden, die fremden Gottesdienstbesucher unterhielten sich über den Vorfall, kleinere Kinder riefen dazwischen. Meine Mutter stellte das Stehpult wieder auf. Dann hob sie beide Hände und begann mit unnatürlich lauter Stimme das Vaterunser zu beten. Schon nach ihren ersten Worten kehrte Ruhe ein, dann murmelte die ganze Gemeinde die Worte des Gebets. Es war ein unglaublicher Augenblick. Alle Menschen beteten, während Vater von schätzungsweise einem Dutzend anwesender Frauen aus dem Gemeinschaftshaus geleitet wurde.

Plötzlich schoss mir ein Gedanke durch den Kopf: Von all seinen Frauen hatte Papa David meine Mutter ausgewählt, die Versammlung zu Ende zu bringen. Gleichzeitig war ich jedoch auch verwirrt, denn er hatte Mutter die Leitung der Farm weggenommen, weil sie sich nicht durchsetzen konnte, als es um Jems Bräutigam ging. Doch in diesem Moment traute er ihr eine beinahe noch größere Autorität zu.

Vater blieb fast ein Jahr lang verschwunden. Wir wussten zwar alle, dass er sich anfangs in seinen Räumen aufhielt, aber zu Gesicht bekam ihn niemand von uns. Außer drei Frauen: Mama Patty, Mama Felicitas und meine Mutter. Sie wechselte sich mit den beiden anderen Ältesten in der Pflege des Kranken ab, schlief sogar in seinem Haus. Wenn ich sie sah, machte sie ein ernstes, verschlossenes Gesicht. Fragte ich, was mit meinem Vater geschehen sei, erwiderte sie, dass er bald wieder gesund werde.

Da sie allen anderen das Gleiche sagte, gab es nur ein Thema im Harem: Woran leidet Papa David? Immerzu erschienen fremde Männer mit großen Taschen, zumeist Weiße. Da Weiße sonst nie den Harem betraten (höchstens durch einen Seiteneingang von der Straße aus), konnte es sich nur um Ärzte handeln. Dass es so viele waren, ließ bei den aufgeregten *queens* nur einen Schluss zu: Die Lage ist ernst!

Ich hatte begonnen, meinen Vater mit den kritischen Augen eines heranwachsenden Mädchens zu sehen. Seine plötzliche Verwundbarkeit ließ meine aufkommende Distanz zu ihm schwinden. Mir war klar, er war unser »König«. Ging es ihm schlecht, hatten wir allen Grund, uns Sorgen zu machen.

Das Hühnerhaus

Viel hatte ich im Harem nicht zu tun, jedenfalls verglichen mit dem Leben auf der Farm, wo ich für alles Mögliche zuständig gewesen war. Hier durfte ich gelegentlich beim Kochen helfen, den Hof fegen, auf die Kleinen aufpassen, leider nur selten in der Schule mithelfen und das Gemeinschaftshaus in Ordnung halten. Ich versuchte mich überall nützlich zu machen. Aber irgendwie hatte ich das Gefühl, an der falschen Stelle zu stehen. Ich gehörte nicht mehr in den Harem. Also zog ich von einem kleinen Hof in den nächsten und besah mir alles ganz genau.

Bei einem dieser Spaziergänge fiel mir eine Frau auf, die mir irgendwie bekannt vorkam. Ich starrte sie wohl ziemlich ungeniert an, doch dann fiel es mir ein. Es war Idu, die Vater etwa zehn Jahre zuvor aus dem Harem geworfen hatte, weil sie nicht auf ihren Fernsehapparat verzichten wollte! Ich verstand die Welt nicht mehr. Wie kam sie hierher, wieso hatte Vater sie wieder aufgenommen? Auf Mama Idu zuzugehen und sie zu fragen, traute ich mich nicht. Also wandte ich mich an Mama Ada, die mir als Erste über den Weg lief.

»Das Herz von Papa David hat viele Zimmer«, antwortete meine Patentante. Damit konnte ich jedoch überhaupt nichts anfangen. Mama Bisi war da schon gesprächiger, sie berichtete, dass Idu etwa zwei Jahre zuvor Vater um Gnade angefleht und für ihr Verhalten um Vergebung gebeten hatte. Das war etwa zu jener Zeit gewesen, als ich gerade von Lagos aus nach Jeba zurückgekehrt war. Deshalb war sie mir damals nicht begegnet.

Jems trauriges Schicksal hatte mir Vaters Strenge und Unnachgiebigkeit deutlich vor Augen geführt. Umso mehr verwirrte mich seine Milde Idu gegenüber. Die Sache mit dem Fernsehapparat hatte ich schon als kleines Kind als ungerecht empfunden. Sein Einlenken und Mama Adas Satz mit den vielen Zimmern in Vaters Herz schienen nun aber zu beweisen, dass er Unrecht wieder gutmachen konnte.

Mama Idu hatte im Harem ebenso wie ich wenige Freundinnen. Während ich eines Tages irgendein trübsinniges, einsames Spiel spielte, setzte sie sich zu mir und brachte mich zum Reden: »Du bist doch die Tochter meiner wichtigen Mitfrau aus Deutschland«, begann sie. »Wie ist es dir und deiner Mutter ergangen?« Unbefangen erzählte ich ihr von unserer Farm und dem Leben in der Natur. Mit keinem Wort allerdings erwähnte ich, warum es zu Ende gegangen war.

Nachdem ich ihr von Jo und unseren Madonnen berichtet hatte, kam Mama Idu eine Idee: »Warum schnitzt du nicht wieder?«, schlug sie vor. Ich sagte ihr, dass es im Harem praktisch unmöglich sei, an geeignetes Holz zu kommen. Gab es welches, so wurde es zum Feuermachen benutzt. Wenige Tage später überraschte sie mich mit ein paar wirklich brauchbaren Stücken. Endlich hatte ich wieder etwas zu tun! Ich war Mama Idu aus ganzem Herzen dankbar. Gemeinsam saßen wir in ihrem Hof, ich bearbeitete das Holz, während sie erzählte, wie es ihr in den Jahren außerhalb des Harems ergangen war.

Idu war von einer *Familie* zur nächsten gereist. Doch wo immer sie hinkam, war ihr der Ruf als ungehorsame Frau schon vorausgeeilt. »Ich galt nach wie vor als Frau deines Vaters, die kein anderer Mann ansehen durfte. Ich hatte niedrige Arbeiten zu verrichten und wurde zwar geduldet, war aber nirgends wirklich willkommen. Wenn ein Lastwagen mit Waren die Stadt verließ, die meine Gastgeber hergestellt hatten, um sie zu einer anderen *Familie* zu bringen, so fuhr ich mit. Ich führte praktisch das Leben einer Art Nomadin«, vertraute sie mir an.

Diese Rundreisen durch die *Familien,* so berichtete Idu, waren nichts Ungewöhnliches. Nur dass eine Frau im gebärfähigen Alter, die sich eigentlich um ihre Kinder kümmern sollte, es tat, war daran so bemerkenswert.

Idu konnte sehr lebendig erzählen und ich hörte gern zu, so wie damals Jo, nachdem er aus Ibadan gekommen war. Auch Idu hatte dort gelebt. Mir fiel sofort die Begegnung mit Papa Felix ein, der sich wie eine Schlange auch an mich herangeschlichen hatte. Plötzlich sah mich Mama Idu neugierig an: »Du kennst doch Papa Felix, nicht wahr? Du wirst ihn sicher in Jeba getroffen haben.«

Ich wusste nicht, was ich antworten sollte. Ich fühlte mich durchschaut. Mama Idu hatte die ganze Zeit über gewusst, warum wir aus Jeba fortgehen mussten! Ich schwieg.

»Papa Felix ist ein wichtiger Mann«, fuhr sie fort. »Wenn es deinem Vater nicht besser geht, wird Papa Felix das Oberhaupt der *Familie* werden.«

Erschrocken blickte ich sie an. Das wäre ja schrecklich! Er interessierte sich ja schon nicht für das Wohlergehen unserer Farm. Wie würde er erst den Harem leiten?

Mama Idu lächelte. »Du magst ihn wohl nicht?«, mutmaßte sie. Es klang so, als ob sie Papa Felix wirklich schätzte.

Ich schüttelte den Kopf und nahm meinen ganzen Mut zusammen, um zu fragen: »Warum bist du nicht bei ihm geblieben?«

»Ich bin immer noch offiziell die Frau deines Vaters. Er würde es niemals zulassen, dass ich einen anderen Mann heirate«, erklärte sie.

Über diesen Satz dachte ich die ganze folgende Nacht nach. Hieß das nicht, dass Mama Idu am liebsten Papa Felix heiraten würde?

Mein Versteckspiel mit den Monatsblutungen beherrschte ich inzwischen recht gut. Mutter hatte mir Baumwollbinden angefertigt, die verhinderten, dass ich in einem unreinen Bett erwachte. Um sie zu wechseln, ging ich in ihre Räume. Vor Vaters Erkrankung hatte ich sie Mutter zum Auswaschen gegeben, doch dazu fehlte ihr nun die Zeit. Also tat ich es selbst, holte Wasser aus einem der eigenen Brunnen und schleppte es hinauf in Mutters Wohnung. Bei einem dieser Gänge traf ich Mama Idu, die mich fragte, was ich denn vorhabe.

»Ich muss waschen«, sagte ich. Sie sah mich eigenartig an. Die anderen reinigten ihre Sachen an der Wasserstelle neben dem Kochhaus. »In Mutters Wohnung ist etwas verschmutzt«, schob ich nach und machte, dass ich mit meinem Eimer fortkam.

Am nächsten Morgen rief mich Mama Idu zu sich ins Kinderhaus. Sie hatte die Aufgabe, die Sauberkeit zu kontrollieren. Mama Idu deutete auf mein Bett. Darauf befand sich ein Fleck; es war unzweifelhaft Blut. Ich bekam einen Riesenschreck. Ohne nachzudenken, überprüfte ich den Sitz meiner Binde.

Mama Idus Augen blitzten mich verschmitzt an. »Weiß dein Vater es schon?«, fragte sie.

»Was?«, stotterte ich.

»Du bist eine junge Frau geworden«, meinte Idu.

»Bitte«, flehte ich, »das kann doch unser Geheimnis bleiben!« Hastig griff ich nach dem Betttuch und riss es herunter, um es zum Waschen zu bringen.

»Ich will keinen Ärger mit Mama Felicitas«, antwortete sie kalt. »Mädchen, die ihre erste Regelblutung haben, dürfen nicht mehr im Kinderhaus wohnen.«

Mit eingezogenem Kopf schlich ich davon, das verräterische Betttuch unterm Arm zusammengerollt. Ich hätte mich ohrfeigen können für meine Unachtsamkeit.

In Mutters Räumen faltete ich den Beweis meines Frauseins über der Waschschüssel auseinander. Der Fleck war noch feucht. Ich stutzte. Wie konnte das möglich sein? Seit drei Stunden war ich auf den Beinen. Dann erinnerte ich mich, dass mein Nachthemd und meine Unterhose sauber gewesen waren.

Das war gar nicht mein Blut! Mama Idu hatte mir eine Falle

gestellt! Ich war geradewegs hineingetappt, hatte mich selbst verraten. Wie konnte sie nur so niederträchtig sein und erst mein Vertrauen gewinnen, um mich anschließend zu verraten! Ich war verzweifelt, wollte Mutter um Rat fragen. Doch sie war zu beschäftigt mit Papa David. Mama Felicitas und Mama Patty ging es nicht anders, deshalb geschah eine Weile lang gar nichts. Nach einigen Tagen hatte ich den Vorfall fast vergessen, mied jedoch fortan Mama Idus Gesellschaft. Zu meiner Überraschung durfte ich weiterhin im Kinderhaus bleiben.

Mein Vater war nun schon seit einem halben Jahr krank und auch die vielen Ärzte konnten ihm offensichtlich nicht helfen. Zeitweise ging sogar das Gerücht, er sei gar nicht mehr auf dem Gelände des *compound,* sondern im Ausland zur Kur. Die Stimmung unter den *queens* war sehr gespannt. Wo vorher Harmonie geherrscht hatte, begann sich Zwietracht auszubreiten. Die Frauen stritten um die Reihenfolge beim Kochen, Waschen und Reinhalten der großen Anlage. Solange Papa David gesund gewesen war, hatte im gesamten *compound* ein fester Rhythmus bestanden, der durch das Zusammensein mit ihm bestimmt wurde. Vaters wichtigste Stützen, Patty, Felicitas und meine Mutter, hatten selbst gemeinsam nicht die nötige Autorität, um den Tagesablauf bestimmen zu können. Außerdem fehlte ihnen die Zeit; Vater verlangte ihre ganze Aufmerksamkeit. Insgeheim hoffte ich, dass meine Monatsblutung verglichen mit diesem Durcheinander zu unwichtig sei, um Konsequenzen zu haben.

Doch dann wurde ich eines Morgens unsanft geweckt, als mir jemand die Bettdecke wegriss.

»Ich habe es doch gesagt! Sie gehört nicht mehr ins Kinderhaus!« Mama Idu hatte eine Gruppe von Frauen um sich geschart. Alle gafften mich an. Es war wieder einmal so weit gewesen und meine Vorsichtsmaßnahmen hatten nicht ausgereicht: Das Bett war beschmutzt.

Die jüngeren Mädchen kicherten, als ich meine Sachen zusammensuchte und mit fast 15 Jahren aus dem Kinderhaus auszog. Für immer. So schändlich hatte ich mir den Abschied von meiner Kindheit nicht vorgestellt! Ich wurde in einem Haus untergebracht, das den wenig schmeichelhaften Namen »Hühnerhaus« trug. Dort wohnten die geschlechtsreifen jungen Mädchen, zu deren Kreis ich nun auch offiziell gehörte. Sie standen unter besonderer Bewachung der *queens,* die darauf zu achten hatten, dass sich keine Männer an die Jungfrauen heranmachten.

Wie sehr sehnte ich mich damals nach Beistand durch meine Mutter, damit sie ein gutes Wort für mich einlegte. Damit sie verhinderte, was mir als nächtlicher Albtraum immer wieder erschien – die aufgezwungene Heirat mit einem fremden Mann, den ich nicht kannte, der mich genauso wenig liebte wie ich ihn. Wochen später fand meine Mutter etwas Zeit, um sich meine Sorgen anzuhören, doch sie war nicht besonders beunruhigt.

»Dein Vater wird in nächster Zeit keine Hochzeit ausrichten lassen; er ist nicht in der Verfassung dazu«, sagte sie nur.

»Was hat er denn?«, wollte ich wissen.

»Er hat sich eine schwere Lungenentzündung geholt. Wahrscheinlich hat er sich auf der Fahrt von Jeba hierher erkältet und es nicht ernst genommen«, behauptete Mutter.

»Und wenn er wieder gesund ist? Wen muss ich dann heiraten? Bitte, Mama, sag ihm, ich möchte nicht gegen meinen Willen verheiratet werden!«

»Das werde ich ihm so gewiss nicht sagen, mein Kind. Vertrau mir. Ich werde schon einen geeigneten Weg finden.«

Im »Hühnerhaus« stellte die zuständige Mama Uloma, die selbst sechs bereits verheiratete Töchter hatte, uns vier Jungfrauen jene Aufgabe, die alle bewältigen müssen, deren Vermählung unmittelbar bevorsteht: Wir hatten unser Hochzeitskleid zu nähen.

Ich konnte zwar mit Pflanzen umgehen und schnitzen, ums Nähen hatte ich jedoch stets einen Bogen gemacht. Meine Nähte waren schief, ständig stach ich mir in die Finger und

Lust zu dieser Arbeit hatte ich ohnehin nicht. Ich redete mir ein, wenn es mir nicht gelänge, ein Hochzeitskleid zustande zu bekommen, würde ich nicht heiraten müssen ...

Mama Uloma durchschaute mich. »Willst du, dass dich die ganze Gemeinde auslacht, wenn du in einem solchen Kleid in die Kirche trittst?« Seufzend trennte ich die Nähte wieder auf und begann von vorn. Wenigstens die Schande, mich selbst zum Gespött die Leute zu machen, wollte ich mir ersparen.

Wenn ich nicht gerade mit einer Besessenheit nähte, als ginge es darum, meinen angeschlagenen Ruf wieder zu reparieren, so hatten meine drei Leidensgenossinnen und ich Mama Ulomas ganz besonderem Unterricht zu lauschen. Mit ernstem Gesicht erklärte sie uns dann, wie wir unserem zukünftigen Mann zu dienen hatten.

Oberste Regel: Widersprich niemals. Zweitens: Halte dich in den Tagen deiner Empfängnisbereitschaft zur Verfügung deines Mannes. Drittens: Teile alles mit deinen Mitfrauen. Viertens: Wenn du einen Sohn bekommst, lehre ihn, seinen Vater zu ehren, und erziehe ihn so, dass er dich im Alter versorgt. Fünftens: Wird es ein Mädchen, so darfst du es nur ein Jahr stillen und musst dich auf eine weitere Schwangerschaft nach dieser Zeit vorbereiten.

Im Harem mochten all diese Regeln sinnvoll erscheinen; Frausein bedeutete Unterordnung, möglichst viele Kinder und dadurch den Verzicht auf weitergehende eigene Interessen (außer sie dienten dem Wohl aller). Doch ich hatte das Glück gehabt, ein anderes Leben kennen lernen zu dürfen. Ich hatte gesehen, wie meine Mutter ohne männlichen Ratschlag die Farm geführt hatte. Als junges Mädchen war ich auf den Markt gegangen und hatte dort mit den Frauen über den Preis der Ware verhandelt. Ich wusste: Eine Frau kann mehr als gehorchen. Schlimmer noch. Ich hatte Papa Felix getroffen. Er, der eine *Familie* führen, ihr bescheiden und verantwortungsbewusst als Vorbild dienen sollte, nahm nicht die geringste Rücksicht auf seine Frauen und Kinder.

Und ich wusste von Jems Schicksal. Je länger ich Uloma zuhörte, desto mehr kam ich zu der Überzeugung, dass ihr tragisches Los vermeidbar gewesen wäre.

Wenn ich all das in Jeba nicht erlebt hätte, wäre ich vielleicht genauso schweigsam wie die anderen vor Mama Uloma am Boden gesessen und hätte ihren Regeln gelauscht. So aber wuchs in mir von Tag zu Tag das Gefühl, laut aufschreien zu müssen. Ein einziger Gedanke beherrschte mich damals: Ich will nicht! Doch wohin hätte ich gehen sollen? Auf diese Frage wusste ich keine Antwort. So lauschte ich, manchmal innerlich völlig entrückt, Ulomas Einweisungen in Haushaltsführung und sexuelle Pflichten einer guten Ehefrau – und schwieg. Die ganze Zeit spürte ich, dass der Tag näher kam, vor dem ich zunehmend Angst hatte. Ich wusste, dann würde ich all das tun müssen, was ich in der Tiefe meines Herzens einfach nur ablehnte.

Mein Körper reagierte, wie er in solchen Fällen immer reagiert: Ich wurde krank. Das Übliche – hohes Fieber, Albträume, Schüttelfrost. Zunächst versuchte es Mama Uloma mit kalten Wadenwickeln, dann wurde das Gerücht in die Welt gesetzt, ich könnte Meningitis haben, weil ich über Kopfschmerzen klagte. Hirnhautentzündung ist ansteckend, das wusste ich. Die Folge war wie erwartet. Uloma ließ mich in ein Zimmer in einem anderen Gebäude sperren, in dem mich niemand besuchen durfte. Ich hatte meine Ruhe, brauchte kein Kleid mehr zu nähen und mir nicht mehr die Ratschläge für mein künftiges Eheleben anzuhören. In dem kleinen Raum war es nur schrecklich langweilig.

Endlich kam mich Mutter besuchen. Gegen die Ansteckungsgefahr trug sie einen Mundschutz! Sie war wirklich besorgt. Ich sehnte mich danach, ihr alles zu erzählen. Mein Herz war so voll! Also redete und redete ich ohne Pause. Mutter saß nur schweigend da und hörte zu.

Dann nahm sie den Mundschutz ab. Ein leichtes Lächeln huschte über ihr Gesicht. »Meine kleine Choga«, sagte sie und streichelte mir über den Kopf. Wie gut das tat! Ich warf mich in ihre Arme und heulte, als könnten die Tränen all meine Sorgen von mir waschen.

»Du bist nicht krank«, meinte Mutter, »jedenfalls hast du keine Meningitis.«

»Was ist denn dann mit mir los?«, fragte ich.

»Du willst nicht erwachsen werden«, antwortete sie. Dann fasste sie unter mein Kinn und hob mein Gesicht zu sich: »Aber du bist nun mal fast 16 Jahre alt. In diesem Land ist das die Zeit, in der ein junges Mädchen heiratet. Wir beide können davor nicht länger die Augen verschließen.«

»Ich will nicht heiraten, Mama.«

In Mutters Augen schien eine Traurigkeit zu liegen, als ob sie verstehen würde, was in mir vorging. »Ich muss nachdenken, Choga Regina, wie es weitergehen soll. Bis ich es weiß, wirst du tapfer gegen die Hirnhautentzündung ankämpfen. Hast du mich verstanden?« Sie gab mir einen Kuss auf die Stirn. »Ich habe dir nicht sehr oft gesagt, dass ich dich lieb habe, nicht wahr? Aber es ist so. Jetzt beruhige dich. Ich komme bald wieder zu dir.«

Sie legte den Mundschutz wieder an und verließ den Raum. Ich starrte an die Decke und stellte mir die sanften Hügel vor, in denen unsere Farm eingebettet lag. Wenn ich doch nur dorthin zurückgekonnt hätte!

Mutter besorgte mir keinen Arzt, wozu auch? Stattdessen kam ihre alte Freundin Amara vorbei, um mit ihrer Diagnose die *queens* und meine Schwestern zu beruhigen, damit ich wieder in den Alltag aufgenommen werden konnte.

Zuletzt hatte ich die Heilerin als Kind gesehen, als sie mir wegen meines Beinproblems ihren Rat erteilte. Sie war inzwischen noch schwergewichtiger geworden, ihr Leib wollte fast das ganze Zimmer ausfüllen. Sie zog einen Stuhl an mein Bett und sah mir tief in die Augen. Schweigend. Ich war verunsichert, wusste nicht, wie ich reagieren sollte, schlug beschämt die Augen nieder und spürte Amaras Blick auf meiner Haut.

Endlich traute ich mich wieder, die Heilerin anzusehen. Sie hatte ihren Blick noch immer nicht abgewendet.

»Du bist ein gutes Mädchen«, sagte sie endlich und nahm meine eiskalten Hände. Ich wusste nichts zu sagen. »Was möchtest du gern tun?«, fragte Amara.

»Ich möchte nach Hause«, antwortete ich spontan.

»Wo ist dein Zuhause?«

Papa Felix hatte es uns weggenommen. Der Harem war es auch nicht mehr. Hilflos hob ich die Schultern.

»Gott ist dein Zuhause«, sagte Amara, »du wohnst in seinem Haus und er wohnt in dir, mein Kind. Vertrau darauf, dass Gott dich beschützt. Er lässt dich niemals im Stich.« Sie drückte meine Hände. »Manchmal erscheint es uns nur so. Das sind die Prüfungen, die er uns stellt. Auf dich wartet eine große Prüfung, doch du wirst an ihr wachsen. Vor einer Prüfung darf man nicht davonlaufen.« Amara sah mich fest an. »Sonst läuft sie dir nach.« Sie lächelte mir aufmunternd zu, griff in ihren Beutel aus Tierfell und reichte mir ein Säckchen, dessen Inhalt raschelte. »Ich bin nicht nur gekommen, um dir schlaue Sachen zu erzählen, mein Kind. Aus diesen Kräutern bereitest du dir jeden Abend vor dem Schlafengehen einen Tee. In ein paar Wochen werde ich wieder nach dir sehen, ob er geholfen hat.«

Ich befolgte Amaras Rat, wenngleich der Tee aus den graugrünen Blättern etwas bitter schmeckte. Nach vielleicht einer Woche legte sich meine Zukunftsangst, ich kehrte ins »Hühnerhaus« zurück und nähte mein Kleid zu Ende. Ich sah ein, dass niemand vor seinem Schicksal davonlaufen kann; es gab einen viel besseren Weg: Aushalten und Kräfte sammeln, stark werden, bis die Tage der Prüfung wirklich kommen.

Über ein Jahr lang trank ich Amaras Tee, ohne mich zu fragen, was er enthielt. Den anderen sagte ich, es sei wegen meiner überstandenen Meningitis. Sie sollten nicht wissen, was ich für mich selbst erkannt hatte: Der Glaube an Gott gab Kraft, aber Amaras Tee gab mir die Kraft, an Gott auch dann zu glauben, wenn ich nicht mehr wusste, wie es weitergehen sollte.

Vielleicht war das meine erste wirkliche Lektion des Erwachsenenlebens. In einer Welt, in der Männer die Gesetze aufstellen, brauchen Frauen mehr als nur ihren Glauben. Allerdings behielt ich diese Einsicht vorsichtshalber für mich ...

Idus Vision

Mein Vater musste nie eine wirkliche Krone tragen, damit von seinem Kopf dieses unvergleichliche Strahlen ausging. Stets umgab ihn eine Aura aus Stärke und Wissen, die ihn unantastbar erscheinen ließ. Alle blickten zu ihm als unserem machtvollen Beschützer auf.

Umso erschreckender war das Wiedersehen mit ihm nach seiner Genesung. Ich musste zweimal hingucken, um ihn überhaupt als Papa David wieder zu erkennen, den Herrn über eine unüberblickbar große Gemeinde. Er stand nicht wie gewöhnlich in seinen weiten weißen Gewändern vor uns, die an der Brust mit goldener Stickerei leuchtend verziert waren, sondern saß vor seiner versammelten Familie in einem Stuhl mit hoher Lehne. Bereits dadurch wirkte er fremd, eher wie ein Besucher.

Aber dass er so schmal geworden war, plötzlich geradezu zerbrechlich wirkte, erschreckte mich zutiefst. Trotz oder gerade wegen seines geschmückten Umhangs war deutlich, dass er stark abgemagert war. Seine Haut wirkte grau, den Augen fehlte der Glanz. Seine Hände lagen entspannt auf den Armlehnen des Stuhls, doch das schwere Gliederarmband der Uhr schien wie ein Gewicht am Handgelenk zu ziehen. Ich hatte den Eindruck, dass Papa David zu klein geworden wäre für die bedeutsame Rolle, die ihm zufiel. Trotzdem schien er ruhig und gefasst.

Das Gemeinschaftshaus füllte sich. Frauen, Kinder und männliche Besucher nahmen leise Platz, jedes laute Rücken eines Stuhls wirkte in diesem erhabenen Moment des Wiedersehens aufdringlich. Papa David bewegte sich nicht, auch blickte er keines seiner vielen Kinder, keine seiner Frauen an. Auf seinem Platz neben dem Predigtpult nahm er sich aus wie eine aus Holz geschnitzte, mannhohe Figur, in der aber kein Leben zu erkennen war.

Nachdem alle saßen, hob er die geöffneten Hände zum Himmel, das Zeichen, dass wir uns zu erheben hatten, um gemeinsam zu beten. Seine Stimme war kräftig wie eh und je, als er das Vaterunser zu sprechen begann. Er beendete es mit einem lauten Hallelujah, woraufhin Mama Patty ein Lied anstimmte, in das alle einfielen. Wie immer begleitete Mama Patty den Gesang mit rhythmischem Klatschen, der Chor schlug Rasseln und Schellen. Die ernste Atmosphäre verflog rasch, der gemeinsame Gesang aus gewiss 300 Kehlen klang ermutigend und fröhlich.

Ich war gespannt, ob Papa David sich erheben würde, ob er die Kraft hätte, wie üblich eine halbe Stunde lang zu sprechen, ob er uns ermutigte und seine lange Abwesenheit erklärte. Doch Vater blieb die ganze Zeit auf seinem Stuhl sitzen, die Lehnen umklammert. Während er sprach, schien der ganze Stuhl zu erzittern unter der großen Energie seiner Worte. Gleich zu Beginn gab er die Richtung seiner Ansprache vor, die von Tod und Auferstehung handelte. Allerdings sprach er die vergangenen zehn Monate seiner Krankheit nicht direkt an, sondern umschrieb sie mit Bibelworten. Sie gaben mir in erschreckender Deutlichkeit zu verstehen, wie nahe er sich dem Tod gefühlt hatte.

Doch nun feierten wir Vaters Rückkehr in unsere Mitte mit immer neuen Liedern. Die Stimmung wurde geradezu euphorisch, niemanden außer Vater hielt es mehr auf seinem harten Sitzplatz. Alle tanzten, viele hatten die Arme zum Himmel erhoben, jubelten ihre Freude heraus. Die *Familie* war überzeugt, ihren Mittelpunkt wieder gefunden zu haben, ihr kräftig schlagendes Herz.

Gerieten Zusammenkünfte wie diese zu einem kaum noch kontrollierten Freudenfest, was selten vorkam, so geschah es gelegentlich, dass sich eine der Frauen mit schriller Stimme Gehör verschaffte. Wir anderen verstummten bei solch raren Gelegenheiten nach und nach. Schließlich war nur noch die Stimme jener zu hören, der gerade die Gnade einer Vision widerfuhr. Bis zu jenem denkwürdigen Sonntag hatte ich das nur zwei- oder dreimal erlebt. Eine Vision zu haben, war etwas Besonderes; hieß es doch, dass in diesen Momenten die Stimme Gottes aus der Betreffenden sprach. Frauen, die während eines Fests Visionen gehabt hatten, durften sich mit einem lila Band schmücken, welches sie sich anlässlich großer Feiern um die Hüfte schlangen. Ein Leben lang galten sie als dem Herrn besonders nahe stehend.

Ich bekam an jenem Tag erst recht spät mit, was vor sich ging, zu sehr beschäftigte mich Vaters offenkundige Schwäche. Immer wieder wanderte mein Blick zu ihm, der in seinem Stuhl verharrte, wo er doch früher mit lautem, rhythmischen Klatschen und seiner kräftigen Stimme die Euphorie auf den Gipfel getrieben hatte.

In der Mitte des Raums hatten sich die weiß gewandeten Frauen um eine andere geschart, die mit verzerrter Stimme Unverständliches von sich gab. Es schienen immer die gleichen Worte zu sein, die sie ständig wiederholte.

Ich bemerkte offensichtlich als Einzige, dass Vater sich mühsam aus dem Stuhl zu erheben begann. Es fiel ihm offensichtlich schwer. Zunächst zögerte ich einen Moment, dann trafen sich unsere Blicke. Ich eilte zu ihm ihn und kniete mich neben ihn, damit er sich auf mich stützen konnte. Er nahm meine Hilfe tatsächlich an! Schließlich stand er neben mir und wartete, bis ich selbst mich aufgerichtet hatte. Papa David legte seine Hand auf meine Schulter und gewährte mir die Gunst, ihn durch die vielköpfige Menge geleiten zu dürfen, die uns respektvoll Platz machte. Gemeinsam näherten wir uns der Visionärin.

Es war Mama Idu, ihr Körper zuckte schwach, ihre Augen waren geschlossen, die Lippen bebten. Ich verstand nicht, was sie sagte. Sie redete in ihrer Muttersprache aus dem Norden.

Nach unserer Überzeugung tat sich in ihr in diesem Moment Gottes Wille kund.

Eine der Frauen, die aus der gleichen Gegend wie Mama Idu stammte, begann unaufgefordert ins Englische zu übersetzen: Die Zeit sei gekommen, dolmetschte die *queen,* während Vater und ich dicht nebeneinander vor Idu standen, dass Gott ein Zeichen der Demut verlangte, ein Zeichen, mit dem Vater Dankbarkeit für seine Gesundung ausdrückte. Er solle die liebste seiner Töchter, über die er schützend seine Hände halte, weil sie die schwächste von allen sei, dem Mann zur Frau geben, der ihm am nächsten stehe, um das Band der Liebe zwischen ihnen zu festigen.

Ein halbes Dutzend Frauen begleitete Mama Idu aus dem Gemeinschaftshaus. Eine Frau, die in den tranceartigen Zustand einer Vision gefallen war, durfte nicht weiter befragt werden, sondern musste unter heilkundiger Aufsicht tagelang gesund gepflegt werden. Diese Aufgabe fiel übrigens Mama Bisi zu.

Ehrlich gesagt, ich konnte mit Idus Vision nichts anfangen! Ich hatte keine Ahnung, welche Tochter sie wohl gemeint haben könnte. Und erst recht nicht, welchen Mann. So begann die einschneidendste Veränderung meines Lebens direkt vor meinen Augen – und ich merkte es nicht einmal. Bis Mutter mich zwei Abende später aus dem »Hühnerhaus« abholte und in ihre Räume brachte. Sorgsam verschloss sie die Tür. Sie setzte sich neben mich auf das Sofa und nahm meine Hände in ihre.

»Choga Regina«, sagte sie und sah mich aufmerksam an. »Ich muss dir heute etwas Wichtiges mitteilen. Du weißt, dass ich dich lieb habe und für dich alles tun werde, was in meiner Macht steht. Aber auch mein Einfluss hat Grenzen.«

Ich fühlte, dass dies die Stunde war, vor der mir graute, seitdem ich auf der Farm das erste Mal mein Nachtlager beschmutzt hatte. »Wer wird es sein?«, fragte ich kläglich.

»Du hast gehört, was Idu vorgestern im Gemeinschaftshaus

gesagt hat? Dein Vater ist überzeugt, dass die Vision dich und Papa Felix betrifft.«

Ich glaubte, den Boden unter den Füßen zu verlieren, starrte nur wie benebelt Mutter an und hoffte, jeden Moment aus einem bösen Traum zu erwachen. »Aber ich bin doch gar nicht Vaters liebste Tochter«, widersprach ich unter Tränen.

»Doch, Choga Regina, das bist du. O ja, das bist du«, sagte Mutter heftig. »Jeder konnte es sehen: Wie ihr beiden während Idus Vision nebeneinander im Gemeinschaftshaus standet, Papa David die Hand auf deiner Schulter. Selbst mir war klar, wen Idu gemeint hat, als sie von Papa Davids liebster Tochter sprach, über die er schützend seine Hand hält. Er hat dir ein Leben ermöglicht, das dich glücklich sein ließ. Und er ist überzeugt, dass er dir etwas Gutes tut, wenn er dich nach Jeba zurückgehen lässt.«

»Aber Papa Felix ...« Ich konnte kein weiteres Wort hervorbringen! Die Tränen erstickten meine Stimme. Selbst die Aussicht, wieder auf der Farm leben zu können, konnte nicht vergessen machen, dass ich ausgerechnet diesen verschlagenen Mann heiraten sollte, über den sich keiner meiner liebsten Menschen auch nur entfernt positiv äußerte.

»Ein Mann, auf den dein Vater so viel hält, kann kein so schlechter Mensch sein, Choga Regina. Natürlich hat er seine Eigenarten, aber die hat jeder.« Mutter stand auf und begann unruhig im Zimmer umherzulaufen. Sie schien von ihren eigenen Worten nicht überzeugt zu sein. »Und dann bedenke«, fuhr sie fort, »du weißt, wo du leben wirst und mit wem du dein Leben teilst. Die meisten Mädchen haben es nicht so gut.« Mutter versuchte mir Mut zu machen, aber ich fühlte deutlich, dass sie zwischen zwei Stühlen saß. Sie konnte sich unmöglich gegen meinen Vater stellen, wollte mich aber gleichzeitig beschützen.

»Felix ist mir unheimlich, Mama«, gestand ich.

»Du hast bislang nur mit Frauen gelebt. Männer kennst du nicht. Es ist völlig normal, dass du dich vor dem Eheleben fürchtest«, versuchte sie mich erneut zu beruhigen.

»Ich habe gesehen, wie er Mädchen nachstellt, Mama.«

»Dein Vater hat mich ohnehin gebeten, Papa Felix zu besuchen, um mit ihm alles zu besprechen. Ich werde schon morgen fahren.« Tausend Fragen lagen mir noch auf der Zunge, aber Mutter sagte: »Vertrau mir, Choga Regina. Ich werde die Dinge in deinem Sinne regeln.« Also fragte ich nichts, zog nur die Tränen hoch und saß da wie betäubt.

Die Nachricht von meiner bevorstehenden Hochzeit hatte sich im Harem in Windeseile verbreitet und die anderen erfuhren es fast vor mir. Die meisten gratulierten mir, denn es war eine große Ehre, die Ehefrau von Vaters Stellvertreter zu werden. Ich wusste allerdings nicht, wie ich damit umgehen sollte. Sprach mich jemand darauf an, dass ich als jüngste der Ehefrauen gewiss die besondere Aufmerksamkeit von Papa Felix genießen würde, wollte ich vor Scham im Boden versinken. Mama Uloma erteilte mir obendrein Einzelunterricht, der an Deutlichkeit nichts zu wünschen übrig ließ. Papa Felix sei in den letzten Jahren »nur« Vater von Töchtern geworden, deutete Uloma an. Ich würde ihm gewiss viele Söhne gebären ...

Ich hoffte, dass ich endlich wieder krank würde. Doch die rettende Erkrankung blieb diesmal aus, was unzweifelhaft Amaras Tee zuzuschreiben war.

Vor einer Prüfung dürfe man nicht davonlaufen, hatte die weise Frau mich ermahnt, sonst laufe sie einem nach. Also trank ich einen frisch aufgebrühten Tee und blieb erstaunlich ruhig. Hatte ich während der unbeschwerten Tage meiner Kindheit im Harem Erdnüsse und süßes weiches Brot in Mengen verdrückt, so verhielt es sich jetzt umgekehrt: Mir wurde fast übel, wenn ich Süßes nur sah. Ich aß überhaupt kaum noch.

Dann kam meine Mutter vom Besuch bei ihrem künftigen Schwiegersohn zurück. Mit schweren Schritten ging sie die Treppe zu ihren Räumen hoch. Erneut nahmen wir beide auf dem abgeschabten Sofa Platz. Ich fühlte mich wie eine Ziege, die jeden Augenblick geschlachtet wird, weil die *Familie* ein gutes Essen braucht. »Hast du dich denn mit Papa Felix verstanden?«, fragte ich Mutter vorsichtig. Unser Abschied von der Farm war nicht gerade harmonisch verlaufen.

»Ich soll dich von Jo grüßen«, begann Mutter, »er lässt dir ausrichten, dass er sich freut, wenn du zurückkommst.«

»Ist Felix nett zu ihm?«

»Er lässt ihn gewähren. Mehr kann man nicht verlangen«, sagte Mutter. Sie wirkte müde. Obwohl ich vor Neugier platzte, fand sie ihre Worte nur schwer.

»Und Felix?«

»Seine Frauen sind mit eurer Ehe einverstanden. Er natürlich auch. Ich hatte den Eindruck, als ob er sich sogar geehrt fühlt, dass Papa David ihm eine seiner Töchter anvertraut. Meiner Meinung nach musst du dir keine unnötigen Sorgen machen. Dein zukünftiger Mann wird dich anständig behandeln, mein Kind.«

»Er ... er wird Kinder mit mir haben wollen ...«, brachte ich mühsam hervor. Es war mir peinlich, diese heikle Frage anzusprechen.

Mutter drehte sich zu mir, nahm meine Hände in ihre. »Hör zu, mein Kind, ich habe mit Papa Felix gesprochen. Ich meine ... darüber.« Sie sah mich ernst an. »Was ich dir jetzt sage, das bleibt unser Geheimnis. Versprochen? Er wird dir Zeit lassen. Er weiß, dass du noch sehr jung bist.«

»Das wird er nicht, Mutter! Ich habe es doch erlebt. Er wollte doch schon ...«

»Glaube mir, er wird dich nicht anrühren«, unterbrach sie mich. Sie sprach so leise und bestimmt, wie ich es von ihr nicht gewohnt war. Irgendetwas hatte sie auf der Farm mit Felix ausgehandelt. Aber sie wollte es mir nicht verraten.

»Wann werden wir nach Jeba fahren?«, fragte ich besorgt. Ich ging davon aus, dass sie mich begleiten würde. Schließlich war sie immer dabei, wenn wir zur Farm fuhren. Dieser Gedanke hatte mich all die Tage getröstet. Irgendwie hoffte ich, mein altes Leben zurückzubekommen. Zwar wäre Felix immer anwesend, aber irgendwie würde ich das schon aushalten. Solange er mich nicht anrührte, wie Mutter es versprochen hatte.

»Ihr werdet am Morgen nach der Hochzeit nach Jeba aufbrechen«, antwortete Mutter.

Ich sah sie groß an: »Kommst du denn nicht mit?«

»Du wirst die Frau von Felix sein – Choga Regina Egbeme. Dein Mann will nicht mit seiner Schwiegermutter unter einem Dach leben. Dazu konnte ich ihn nicht überreden. Und es würde auch nicht gut gehen.«

»Aber Mama! Ich dachte ...«

»Papa Felix wird sich an sein Versprechen halten.« Mutter nahm mich in den Arm. »Mama Idu hat sich bereit erklärt, dich an meiner Stelle nach Jeba zu begleiten. Da sie die Vision hatte, konnte dein Vater ihr diesen Wunsch nicht abschlagen. Idu hat versprochen, dir zur Seite zu stehen. Sie hat mir erzählt, dass ihr beiden viel Zeit zusammen verbracht habt, während es deinem Vater so schlecht ging. Ich freue mich, dass ihr Freundinnen geworden seid.«

Ich erinnerte mich an das blutige Betttuch, mit dem Idu mich hereingelegt hatte, an ihre viel zu freundlichen Worte, mit denen sie sich für Papa Felix eingesetzt hatte.

Mutter bemerkte meine ablehnende Miene. »Stimmt es denn nicht, dass ihr Freundinnen seid?«, wollte sie wissen.

Jetzt wäre die Gelegenheit gewesen, zu sagen: Nein, Mama, ich traue ihr kein bisschen! Doch durfte ich so etwas auch nur denken? Immerhin hatte Idu eine Vision gehabt! Durch ihren Mund sprach der Wille Gottes. Und ich war gerade erst 16 geworden, erzogen im bedingungslosen Glauben an Gehorsam ihm und meinem Vater gegenüber.

»Ihr werdet auf der Farm ein Telefon haben«, sagte Mutter. »Wenn du Sorgen hast, kannst du mich anrufen, Choga Regina.«

»Danke, Mama«, sagte ich. Ich hätte heulen können.

Der Tag meiner Hochzeit rückte bedrohlich näher; eine große Feier wurde geplant – der gesellschaftliche Höhepunkt des gesamten Jahres. Mit besonderem Eifer schmückten die *queens* die Höfe, einige Häuser bekamen sogar einen neuen Anstrich. Ich arbeitete mit, wo ich konnte. Nur nicht nachdenken! Mama Felicitas und Mama Patty erwarteten zur Hochzeit der Tochter ihrer Freundin viele Gäste. Kinder, Enkel und Verwandte sollten aus ganz Nigeria anreisen. Die Vorbereitungen spannten jeden ein. Unzählige Frauen würden bei uns im Harem übernachten. Für die mitreisenden Männer wurde das Haus meines Vaters hergerichtet, um so viele Gäste wie möglich beherbergen zu können. Die restlichen wurden in der Umgebung bei Gemeindemitgliedern untergebracht.

Es war keineswegs Brauch, dass für eine Tochter solch ein Aufwand getrieben wurde. Normalerweise reisten meine Schwestern nach einer kleinen Hochzeitsfeier mit ihren künftigen Ehemännern zu deren *Familien* und kehrten allenfalls Jahre später mal wieder auf Besuch zurück. Mama Idu, die inzwischen genesen war und nun während der Familienfeste das lila Band einer Visionärin trug, sagte während der Vorbereitung einen Satz, der mir fortan nicht mehr aus dem Kopf ging: »Papa Felix ist der zweitwichtigste Mann der *Familie*.«

Natürlich, dachte ich, das ist der Grund! All dies Theater galt gar nicht mir, sondern Vaters Stellvertreter. Zwischen ihm und Papa David sollte schließlich »das Band der Liebe« gefestigt werden. Dieses »Band« war ich. So fühlte ich mich auch – wie eine Sache, nicht wie eine Braut.

Meine Hochzeit

Zum Schluss legte Mama Uloma persönlich Hand an mein Brautkleid, das zweimal abgenäht werden musste, weil ich von Tag zu Tag schlanker wurde. Die alte Frau perfektionierte meinen wundervollen langen Schleier. Und dann kam sie mit den Schuhen! Sie waren weiß, spitz und hatten sogar einen Absatz. Diese Dinger sollte ich allen Ernstes anziehen! Keine drei Schritte bewältigte ich ohne umzuknicken. Uloma erkannte bald das Problem, die unterschiedliche Länge meiner Beine, und ließ die Schuhe fortbringen. Am Vorabend der Hochzeit stellte sie das Paar wieder vor mich hin: Ein Schuh war um drei Zentimeter erhöht worden. Ich kam mir vor, als müsste ich auf Stelzen laufen.

Kurzerhand verlängerte Uloma den Saum des Kleides. »Man wird nichts sehen, mein Kind«, tröstete sie mich.

»Aber ich kann in diesen Dingern nicht laufen«, versuchte ich einzuwenden.

»Du wirst die schönste Braut sein, die je in diesem Haus geheiratet hat. Deine Ehe wird sehr glücklich werden, denn sie wurde in einer Vision vorausgesagt. So etwas ist sehr selten«, freute sich meine Ehelehrerin. Dann schob sie mich vor dem Spiegel hin und her, zupfte an meinem Schleier und immer wieder am Kleid.

Unter den Stoffbergen hätte jedes andere Mädchen stecken können. Ich glaube, das hätte niemand bemerkt. Vielleicht hätte ich es riskieren und den Platz mit einer anderen tauschen sollen ...

In meinem Land ist Regen eine Kostbarkeit. Gleichzeitig ist

man oft überhaupt nicht darauf vorbereitet, wenn er fällt. In Jeba hatten wir alle möglichen Vorkehrungen getroffen, um jeden Tropfen auszunutzen. Nicht so im Harem von Lagos. Wohl deshalb ist mir der Regen am Tag meiner Hochzeit so gut in Erinnerung. Er begann in der Nacht mit dicken schweren Tropfen und hatte bis zum Morgen den ganzen *compound* in einen matschigen Brei aus rotbrauner Erde verwandelt. So sehr wir uns nach monatelanger Trockenheit über den Beginn der Regenzeit auch freuten, so unpassend war das Zusammentreffen mit meiner Hochzeit.

Mit den stelzenhaften, unbequemen Schuhen konnte ich kaum einen Schritt tun, der viele Stoff behinderte mich obendrein am Gehen. Und dann dieser Matsch! Bis ich vom »Hühnerhaus« zum Gemeinschaftshaus gelangte, wäre das so mühsam gefertigte Hochzeitskleid eine einzige Schmutzfahne gewesen. Die eilig ausgelegten langen Holzbohlen glänzten bald schmierig. Mit diesen Schuhen konnte ich die Rutschbahnen keinesfalls betreten.

Ratlos betrachtete ich mich in dem körperhohen Spiegel Mama Ulomas: Ich sah eine Kleiderpuppe. Obwohl meine Haare unter dem Schleier verborgen lagen, waren sie zuvor stundenlang kunstvoll geölt, gekämmt, geflochten und mit weißen Bändchen verziert worden. Alle freuten sich, dass ich eine so hübsche Braut sei. Ich dachte an den Matsch draußen, sah mich bereits stolpern und der Länge nach in den Dreck fallen. Wenn Papa Felix – ich weigerte mich, an ihn als »meinen Mann« zu denken – den Schleier anhob, so stellte ich mir vor, würde er in das Gesicht einer Schlammfrau blicken. Dieser Gedanke allerdings erfüllte mich mit echter Heiterkeit. Ich kicherte.

In diesem Augenblick tauchte hinter mir im Spiegel Mama Idu auf. Ich hielt sie zunächst für eine Traumgestalt. Papa Felix könne sich glücklich schätzen, eine so hübsche und gut gelaunte Braut zu bekommen, flötete sie. Mit ihren gewiss 35 Jahren galt Idu selbst nicht mehr als jung; viele Frauen haben in meinem Land mit Mitte 30 bereits Enkel. Trotzdem fühlte ich mich neben ihr wie ein plumper Klotz. Idu hatte sich zurechtgemacht, als würde sie selbst an diesem Tag heiraten: Kleid und Schleier waren aus federleichtem, sanft fallendem Stoff genäht, in dessen Weiß sich ein Hauch von Rosa gemischt hatte, das durch die lila Schärpe um ihre Hüfte betont wurde. Den Schleier trug sie so anmutig, dass er ihren schönen Schwanenhals zur Geltung brachte.

»Du bist wunderschön«, stellte ich neidlos fest.

Mama Idu drehte sich vor dem Spiegel, ihr süßliches Parfüm erfüllte den ganzen Raum. Ich stand wacklig auf meinen Stelzenschuhen daneben und dachte: Mit ihr sollte ich die Rollen tauschen, sie sieht viel eher aus wie eine Braut! Aber Idu war nicht die Braut; sie sollte meine Trauzeugin sein!

Nach und nach fanden sich meine Lieblingsmamas im »Hühnerhaus« ein. Mama Ada kam als Erste. Ihre Augen wanderten von Idu zu mir und zurück. »Hoffentlich weiß Papa Felix, wen von euch beiden er heiraten muss«, kommentierte sie die Situation.

Mama Idu warf der hageren Mama Ada einen eisigen Blick zu.

Die aber legte ihre Hand auf meine Schulter und antwortete mit einem Zitat aus der Bergpredigt: »Selig sind, die reinen Herzens sind; denn sie werden Gott schauen.«

Schließlich fanden sich auch meine Mutter und die gemütliche Mama Bisi ein, die die angespannte Stimmung sofort intuitiv erfasste. Auf ein Zeichen hin nahmen mich meine Mamas in ihre Mitte, hoben mich schwungvoll hoch und trugen mich hinaus, hinweg über den vielen Matsch, vorbei an den geschmückten *queens* und Schwestern. Einige lachten bei unserem Anblick, andere begannen zu klatschen.

Als wir das bereits zum Bersten mit Menschen gefüllte Gemeinschaftshaus erreichten, hatte sich eine kleine Gruppe gebildet, die rhythmisch klatschend und singend meinen Geleitzug stellte. Inmitten der vielen weiß gekleideten *queens* durfte ich mich wie eine Königin fühlen, die im Triumphzug durch die Menge geführt wird. Es war ein wundervoller Augenblick, wahrscheinlich der schönste des ganzen Tages, mit Sicherheit aber der beste meiner gesamten Ehe. Eine warme Dankbarkeit zu Mutter, Mama Ada und Mama Bisi erfüllte mich, überschwemmte mich wie der Regen das ausgetrocknete Land. Ich heulte. Nun würde ich also auch eine *queen* werden.

Vater erwartete mich auf seinem Stuhl sitzend. In der ersten Reihe stand der Mann, der mich heiraten sollte. Papa David und Papa Felix trugen weite, weiße Baba-Riga-Gewänder, bodenlang, durchbrochen und goldbestickt, dazu hohe, an einer Seite heruntergeklappte Mützen. Sie sahen aus wie zwei Könige. Mein Vater schritt langsam und würdevoll durch die Gemeinde direkt auf mich zu.

Ich hatte genügend Hochzeitszeremonien gesehen, um zu wissen, dass er mich an seinem Arm zum Alter geleiten würde. Durch die ganzen Menschen, die alle ihn und mich ansahen, auch wenn sie nichts als weißen Stoff erkannten. Aber sie wussten, darunter steckte ich. Da spürte ich diese spitzen, harten »Stelzen« an meinen Füßen und eine entsetzliche Panik durchfuhr mich. Wenn ich zu sehr schwankte, ein Absatz abbrach, ich umfiel und dabei meinen Vater mitriss ... Dass solche Nebensächlichkeiten eine derartige Bedeutung bekommen können!

Dieser Weg war das Allerschwerste! Keine Ahnung, wie ich ihn bewältigte. Irgendwie schaffte ich es, stand schließlich vorn neben Papa Felix, ließ mir den Ring aufstecken und brachte mein »Amen« hervor, mit dem ich den Trauspruch bestätigte.

Mama Idu, die diese Hochzeit durch ihre Vision gestiftet hatte, umarmte mich und trug ihre Segenswünsche mit glühenden Augen vor. Am Ende ihrer kleinen Ansprache gab sie Papa Felix und mir ein Motto für unsere Ehe mit. »Selig sind, die da Leid tragen; denn sie sollen getröstet werden«, sagte Idu und lächelte. Papa Felix hob meinen Schleier und küsste mich.

»Hallelujah«, sang die riesige Gemeinde in meinem Rücken.

Ich war eine 16-jährige Braut, die nicht richtig laufen konnte und sich den Kopf darüber zerbrach, wie sie den langen Weg vernünftig aus der Kirche überstehen sollte. War Mama Idu wirklich meine Freundin, wie Mutter gemeint hatte? Würde eine richtige »Freundin« einer Braut ausgerechnet diese Stelle des Matthäus-Evangeliums mit auf den Eheweg geben? Ich hatte den Eindruck, als ob Idu mir damit eher das Gegenteil von Glück wünschte ...

Als die Trauung vorbei war, wollte ich gewohnheitsmäßig auf meinen Platz inmitten der anderen Mädchen zusteuern, doch Papa Felix lenkte mich zu seinen anderen Frauen. Diejenigen von der Farm kannte ich bereits, seine beiden älteren Frauen waren aus Ibadan angereist. Ich wurde Frau Nummer sechs. Meine Mitfrauen waren fröhliche Menschen, einige doppelt so alt wie ich, die ältesten Mitte bis Anfang 40. Sie kamen aus dem Norden des Landes und unterhielten sich meistens in ihrer Sprache. Wenn ich nicht riskieren wollte, dass sie mich immerzu verspotteten und auslachten, musste ich schnellstens ihre Sprache erlernen.

Während der eigentlichen Hochzeitsfeier im Gemeinschaftshaus sah ich Papa Felix kaum, und wenn, dann nur von fern. Wenigstens der Hochzeitstanz blieb mir erspart; das hatte Mutter arrangiert. Mama Idu war eine gute Tänzerin, die mit Felix eine gute Figur machte und den Part gerne übernahm. Bald befreite ich mich von meinen Schuhen, raffte das lange Kleid und mischte mich unter die unzähligen Gäste. Ich suchte eine Person, deren Gesicht ich kurz in der Menge entdeckt hatte: Efe. Endlich hatte ich sie ausgemacht. Sie hatte ihren anderthalb Jahre alten Sohn dabei, einen süßen kleinen Kerl mit einem Puppengesicht.

»Wie geht es dir?«, fragte ich sie nach einer langen Umarmung.

Sie strahlte mich an: »Ich bin so froh, dass ich damals nicht davongelaufen bin«, sagte sie. »Papa Sunday trägt mich auf

Händen. Ich habe großes Glück gehabt, Choga. Man soll wirklich nicht immer nach dem ersten Eindruck urteilen. Und du, meine Schwester? Du scheinst keine sehr glückliche Braut zu sein? Oder täusche ich mich?«

»Na ja, geträumt habe ich von Papa Felix nicht gerade«, murrte ich.

»Du musst euch beiden Zeit lassen, Choga. Das Eheleben hat durchaus angenehme Seiten.« Sie zwinkerte mir zu. Da machte sich ihr Ehemann, Papa Sunday, bemerkbar und rief sie zu sich. Bevor sie ging, sagte sie: »Komm nachher zur Wohnung meiner Mutter. Dann reden wir weiter!«

Ich nahm von allen Seiten Glückwünsche entgegen und arbeitete mich allmählich aus dem Gemeinschaftshaus hinaus zu dem Haus, in dem Mutter, Mama Bisi und Mama Ada wohnten. Der Regen hatte aufgehört und ich genoss die gereinigte Luft. An Mama Bisis Wohnung waren die Fenster hochgeschoben, daher hörte ich bereits vom Hof die Stimme meiner Lieblingsmama. Ich lief auf Zehenspitzen zum Fenster, um sie und Efe zu erschrecken.

Da vernahm ich die Stimme meiner Mutter. »... meine liebe Bisi, ich weiß ja, dass du Recht hast, aber mir wollte keine andere Lösung einfallen.«

»Hast du denn nicht gesehen, wie unglücklich unsere Kleine ist? Felix ist kein guter Mann.« Mama Bisi klang besorgt.

»Viele Familienvorstände sehen in ihm nun mal den starken Mann. Und David ist zu angeschlagen. Wenn er sich gegen Idus Vision gestellt hätte, dann hätten das alle als ein Zeichen verstanden, dass David seinem eigenen Stellvertreter nicht mehr traut. Der Machtkampf wäre unausweichlich gewesen. Ich habe das mit David lange besprochen. Es gab keinen Ausweg!« Mutter redete zwar gedämpft, aber ihre Erregung war deutlich herauszuhören.

»Unsere Kleine als Spielball, damit die Männer sich gegenseitig in Ruhe lassen. Lisa, das hat sie nicht verdient!«

»Weißt du, was Felix auf der Farm gesagt hat? Wenn Papa

David sich Idus Vision widersetzt hätte, dann hätte er ihn aus der *Familie* ausschließen lassen, weil er sich damit über die Worte Gottes hinweggesetzt hätte. Bisi, dieser Mann hat damit gerechnet, dass er Choga nicht zur Frau bekommt. Ja, insgeheim hat er es sogar gehofft! Wir können Gott dankbar sein, dass Papa David so weise war, seinen Stellvertreter zu durchschauen. Choga glaubt mir nicht, aber Felix weiß es ebenso wie jene, die in der Familie das Sagen haben: David liebt mein Kind sehr. Dass er sie seinem Stellvertreter zur Frau gibt, stärkt das Ansehen von Felix innerhalb unserer Gemeinschaft enorm. Er wird David nicht gefährlich werden, da die Ehe mit Choga seine Position aufwertet.«

»Der Preis, den das Mädchen dafür zu zahlen hat, ist zu hoch, Lisa. Ihr spielt mit dem Schicksal unserer Kleinen.«

»Ich bin vor bald 17 Jahren hierhergekommen und war lange eine Außenseiterin. Nicht zuletzt dir habe ich es zu verdanken, dass ich im Harem Fuß fassen konnte. Aber sollte ich nach so langer Zeit alles wegwerfen, wofür ich gekämpft habe? Riskieren, dass dieses Zuhause, das so viele Menschen beschützt, kaputt geht? Ich musste abwägen. Chogas und mein Leben gegen so viele. Bitte sage mir: Wie sollte ich eine richtige Entscheidung treffen? Darum habe ich diesen Weg gewählt.«

»Nein, nein, Lisa, was geschieht, ist nicht richtig. Man darf Gottes Wille nicht missbrauchen, um damit Politik zu machen.«

»Du kannst es auch noch anders ausdrücken. Und ich weiß, dass du es tätest, wenn du mich nicht so lieben würdest. Dann würdest du mir nämlich sagen, wie es ist: dass ich meine Tochter geopfert habe.«

»Geliebte Lisa, das würde ich nicht einmal denken!«, protestierte Mama Bisi laut.

»Aber du hättest Recht damit. Gott weiß, dass du Recht hättest. Und er wird mich für meine Feigheit strafen.«

Wie erstarrt stand ich neben dem Fenster, den Rücken gegen die Mauer gepresst. Mein Gefühl hatte mich nicht getäuscht.

Das »Band der Liebe« war nichts anderes als eiskaltes Kalkül. Seltsamerweise empfand ich keine Wut über diese Erkenntnis. Ich blieb ganz ruhig. Als ich aus der Fensteröffnung ein unterdrücktes Schluchzen hörte, lugte ich vorsichtig um die Ecke. Mutter kniete am Boden vor Mama Bisi. Sie hatte den Kopf in den Schoß meiner Lieblingsmama gebettet, die Mutters Kopf und Schultern streichelte. Tiefe Vertrautheit lag in dieser wundervoll zarten Geste.

Ohne nachzudenken, ging ich vorsichtig ums Haus herum, öffnete die Tür zu Mama Bisis Räumen und betrat das Zimmer auf Zehenspitzen. Mutter war zu tief in ihrem Schmerz versunken, um mich zu hören. Aber meine Patentante sah mich an. Zuerst lag ein leichtes Erschrecken in ihren Augen, dann nickte sie mir stumm zu. Ich kniete mich neben meine Mutter und begann sie ebenfalls zu streicheln. Eine wohlige Wärme überflutete mich, ein Gefühl der Liebe, des Verstehens und Verzeihens. Verwundert drehte Mutter mir ihr verweintes Gesicht zu.

»Du hast alles gehört?«

»Gott wird dich nicht strafen, Mama. Ich werde alles tun, wie du es willst.«

»Ich habe ihm sehr viel Geld gegeben, mein Kind, damit er sich an unsere Abmachung hält«, presste meine Mutter hervor. »Das sollst du auch wissen. Wenn er dir das jemals an den Kopf werfen sollte, dann sage ihm, dass er nicht besser ist als ich. Er und ich, wir sind quitt. Wir haben beide gegen die Gebote verstoßen.«

Ein mehr organisatorisches Problem dieses Tages half mir allerdings Bisi zu lösen, und zwar mit einer blutigen Monatsbinde, die es Papa Felix' ältester Frau ratsam erscheinen ließ, die Nacht selbst an der Seite des Bräutigams zu verbringen. Somit flog die Absprache zwischen Mutter und Felix nicht schon im *compound* auf.

In meiner letzten Nacht im Harem, meiner »Hochzeitsnacht«, schlief ich noch einmal im »Hühnerhaus«. Zum letzten Mal. Ich unterhielt mich die ganze Zeit mit den anderen Mädchen. Keine schien mich um mein Los zu beneiden. Sie waren jedoch alle der Meinung, dass ich es schlimmer hätte treffen können, als ausgerechnet einen Mann wie Papa Felix heiraten zu müssen.

Am nächsten Morgen brachen wir nach Jeba auf. Der Abschied von meinen Mamas und Mutter tat weh. Künftig sollte ich ohne ihre Liebe, ihre Ratschläge und ihren Schutz zurechtkommen.

»Du bist stärker, als du glaubst«, sagte Mama Bisi, als sie mich ein letztes Mal umarmte. »Vertrau dir selbst, meine Kleine, dann wird Gott bei dir sein.« Sie drückte mich ganz fest an sich und gab mir Segenswünsche für ihren Sohn Jo mit. Mutter versprach, mich bald zu besuchen, irgendwie würde sie es schon einrichten können, sagte sie. Dann drehte sie sich um und ging eilig davon. Sie wollte nicht, dass ich ihre Abschiedstränen sah, sondern sie als starke Frau in Erinnerung behielt.

Während Papa Felix in seinem weißen Mercedes samt unseren Hochzeitsgeschenken vorausfuhr, kletterte ich gemeinsam mit den drei anderen Frauen auf die Ladefläche seines Lastwagens, der von einem Leibwächter gelenkt wurde. In zwei Pappkisten führte ich meine wenigen Habseligkeiten mit. Die Plane des LKWs schützte uns vor dem wieder einsetzenden Regen. Mama Idu kletterte in die Fahrerkabine auf den Beifahrersitz; schließlich war sie ja keine Ehefrau. Sie wurde von den anderen Frauen voller Ehrfurcht behandelt. Eingeklemmt saß ich dort, wo ich hingehörte – bei den *queens* – und versuchte, einen letzten Blick auf die Mauern des Harems zu erhaschen. Dort gab es für mich keine Zukunft. Was würde mir Jeba jetzt bieten?

Das Kichern der anderen riss mich aus meinen trüben Gedanken. Eine von ihnen hatte etwas erzählt, das die anderen sehr amüsierte. Ich sah in drei Paar lachende Augen und kam mir dabei unendlich einsam vor. Da legte meine Nachbarin mir den Arm um die Schultern und sagte: »Deine Trauzeugin Idu wird dir schon beibringen, wie du eine gute Ehefrau wirst.«

Dann lachten die drei *queens* wieder, als ob sie einen wirklich guten Witz gehört hätten.

Eine gute Ehe

Nach der Regenperiode bricht die schönste Jahreszeit von allen an. Die Saat keimt und man kann förmlich zusehen, wie die Natur einen neuen Anfang nimmt. Ich erinnerte mich, dass ich früher immer wieder zur selben Stelle gelaufen war, um einer bestimmten Pflanze beim Wachsen zuzusehen. Auf vielen Feldern, an denen wir auf unserer Fahrt nach Jeba vorbeifuhren, sah ich das erste Grün aus dem Boden sprießen.

Und dennoch machte sich in meinem Magen ein mulmiges Gefühl breit. Ich hatte mich zwar fast zwei Jahre lang nach der Farm gesehnt, doch je näher wir ihr kamen, desto weniger freute ich mich auf meine Rückkehr. Ich wusste ja nicht, ob meine alten Vertrauten noch dort lebten. Falls nicht, wäre ich ausschließlich von vollkommen fremden Menschen umgeben. Und mit dem unangenehmsten von ihnen war ich verheiratet. Würde Mutters »Abkommen« mit Felix auch wirklich halten? Sicher, da waren auch noch Jo und Corn, die mich erwarteten. Aber wie würde mein geliebter Bruder mich als die Ehefrau von Felix behandeln?

Der Lastwagen rumpelte über den ausgewaschenen Weg, der zur Farm führt. Ich blickte unter der Plane hinweg auf die Felder, die zu unserem Land gehörten. Es kam mir vor, als ob die Zeit rückwärts liefe. Doch schon als der LKW vor dem Haus stoppte und ich im Herabklettern von der Ladefläche den weißen Wagen von Felix entdeckte, wusste ich, dass nichts mehr wie früher sein würde. Suchend sah ich mich nach meinem Corn um, doch ich konnte den Hund nirgends entdecken. Ich würde Papa Felix später nach ihm fragen.

Mit dem ersten Schritt, den Mama Idu in das Haus tat, übernahm sie das Kommando. Ehrlich gesagt wunderte mich das auch nicht sonderlich, da sie schon während der Fahrt eine Sonderrolle beansprucht hatte. Ebenso wie die anderen Frauen akzeptierte ich ihre herausgehobene Stellung. Während wir unser Gepäck nebst einigen Mitbringseln ins Haus geschafft hatten, hatte Idu bereits einen Rundgang gemacht und ausgekundschaftet, welches Zimmer das ihre sein sollte. Sie entschied sich für das Erdgeschoss, und zwar jenen Flügel, der Mutters und meinem ehemaligen Zimmer gegenüberlag. Mit größter Selbstverständlichkeit wies sie anschließend mir mein Zimmer zu.

Zu meiner Überraschung war es mein altes. Felix bewohnte natürlich Mutters Raum, die ehemalige Bibliothek. Somit waren wir Zimmernachbarn. Beruhigt stellte ich fest, dass eine von Felix' Frauen den Raum mit mir teilte. Nicht, weil ich die Freundschaft von Mama Rhoda suchte, sondern weil ich mich dann sicherer fühlte. Sicherer vor dem mir angetrauten Mann. Sie hatte in dem Raum die letzten beiden Jahre gelebt und sich eingerichtet. Widerwillig machte sie mir Platz, so dass ich meine wenigen Habseligkeiten in eine Ecke legen konnte. Rhoda – meine Mitfrau, wie ich sie anzusprechen hatte – war rund 20 Jahre älter als ich. Anfangs verständigten wir uns nur mühsam, da sie keine der Sprachen beherrschte, die ich konnte. Im Laufe der Zeit brachte sie mir ihre bei.

Felix begrüßte uns mit einer kleinen Ansprache, bei der er Idu als Haushälterin einführte. Damit es keinen Streit zwischen uns geben könne, sollte sie die Aufgaben verteilen. »Sie wird euch auch sagen, wann ich für eine jede von euch Zeit habe«, beschied Felix seinen nunmehr vier Frauen, die bei ihm lebten. Auf den ersten Blick unterschied sich das Leben nicht sehr von dem, das ich bereits auf der Farm kannte. Ich durfte meine erste Woche mit Rhoda in der Küche verbringen.

Mich zog es allerdings mit aller Macht aus dem Haus. Ich

wollte nachsehen, wie es der Farm ging. Die dem Haus am nächsten gelegenen Felder waren bearbeitet, dort sprossen die ersten Halme. Ein paar Süßkartoffelfelder waren bestellt, außerdem etwas Mais, Yams war hingegen gar nicht mehr angepflanzt. Das Gewächshaus, das wir drei Jahre zuvor voller Stolz für eine Tomatenzucht aufgebaut hatten, war vom Sturm beschädigt worden, der gute Mutterboden darin vom Sand zugedeckt. Fassungslos humpelte ich im Regen von Feld zu Feld und begutachtete das Erbe meiner Mutter.

Immer wieder musste ich an Mama Adas Satz denken: Papa Felix würde bald seine eigene Zukunft aufessen. Sicher, was heranwuchs, das würde reichen, um die Farmbewohner satt zu machen und die Armenspeisung durchzuführen. Aber an einen Verkauf, so wie früher, war nicht mehr zu denken. Obwohl die Farm einst zu diesem erklärten Zweck gegründet worden war.

Nach langem Suchen traf ich Jo in der alten Scheune; er versuchte, den Traktor zu reparieren. Verlegen begrüßte er mich kaum und gestand mir fast ängstlich, dass das teure, aus Europa stammende Gerät seit Wochen kaputt war. Ein Antriebsteil war gebrochen und die Flickschusterei hatte nicht gehalten; für kostspielige Ersatzteile fehlte natürlich das Geld. Was war nur mit ihm geschehen, er war mir plötzlich so fremd.

»Ich hatte so gehofft«, sagte Jo, »ihn wieder flott zu bekommen, bevor du zurück bist.« Er wirkte unendlich traurig. »Ich habe versagt«, meinte er dann unsicher. »Aber es ist nicht meine Schuld. Felix hat mir bei allem, was ich anregte, widersprochen. Was sollte ich da tun?« Er war nicht nur um zwei Jahre älter geworden. Wir sprachen zwar über die Farm, aber nicht über uns, über unser Leben. Felix stand unsichtbar zwischen uns.

»Wieso bist du so komisch, kann es nicht wieder so sein wie früher?«, fragte ich schließlich.

»Ich will keinen Ärger mit Felix. Ich komme jetzt zurecht. Es ist zwar nicht gut, wie es ist. Aber ich verlange nicht viel.« Er sah mich von der Seite an. »Du hattest eine große Hochzeit, nicht wahr?«

»Es hat geregnet und ich hatte Angst, in den Matsch zu fallen«, sagte ich.

Jo nickte verstehend.

»Wo ist denn Corn?«, fragte ich endlich.

»Im Haus«, antwortete er und ich ging. Er rief mich zurück. »Choga, ich wollte dir noch was sagen.«

»Ja?«

Mein Bruder trat dicht an mich heran. »Wenn er ... also, wenn Felix dich schlecht behandelt ... dann sagst du es mir.« Er senkte den Blick. »Bitte.«

Ich reichte ihm die Hand. »Danke.«

»Er hat dich nicht verdient«, murmelte Jo kaum verständlich und kroch unter den Traktor zurück.

Wieder zurück im Haus, fragte ich endlich nach meinem Hund. Ich war überrascht zu hören, dass Felix das Tier tatsächlich im Haus leben ließ. Aber mir kamen fast die Tränen, als ich meinen dreibeinigen Lebensretter dann vor mir sah. Was hatten sie nur mit meinem Corn gemacht! Der Hund war rund wie eine Kugel geworden! Sein unmäßiges Übergewicht erlaubte es ihm kaum noch, sich zu bewegen. Er schaffte es nicht mal mehr, zu meiner Begrüßung aufzustehen. Er bot ein Bild des Jammers und war das genaue Gegenteil dessen, wofür er verhätschelt wurde – ein Glücksbringer.

»Wollt ihr, dass er stirbt?«, fuhr ich meine Mitfrauen wütend an.

»Er ist alt«, sagten sie ungerührt. Was für eine Gleichgültigkeit! Sie verstanden nichts; sie lebten in einem kleinen Paradies und ließen es verkommen.

Die Arbeit im Haus, die Idu mir zugeteilt hatte, langweilte mich schon nach wenigen Tagen entsetzlich. Dabei gab es draußen so viel Nützlicheres für mich zu tun! Ich besprach mich mit Idu. »Kannst du mich nicht zur Feldarbeit einteilen? Das kann ich viel besser.«

»Wenn du möchtest. Ich dachte, ich tue dir einen Gefallen, wenn ich dich schone«, antwortete sie.

»Ich brauche keine Schonung, sondern richtige Arbeit.«

»Einverstanden. Du weißt ja am besten, was du tun kannst. Also leg los, Kleine!«, meinte Idu gönnerhaft.

Die anstehende Arbeit war ein willkommener Anlass, die Nähe von Jo zu suchen. Gemeinsam schmiedeten wir Pläne, wo zu beginnen sei. Schon bald hatten wir eine Liste mit notwendigen Anschaffungen erstellt. Doch Papa Felix weigerte sich, uns Geld zu geben, um Saatgut und Ersatzteile für den Traktor und die ebenfalls schadhaften Pumpen zu besorgen. Felix' weißen Mercedes durfte Jo natürlich nicht fahren, denn der war ja das Zeichen der ihm von Gott geschenkten Gunst. An das Steuer des Lastwagens traute sich Jo nicht. Ich beschloss, Mutter anzurufen, und suchte das von ihr versprochene Telefon – vergeblich.

»Es steht in meinem Zimmer«, eröffnete mir Papa Felix auf meine schüchterne Nachfrage. »Du bist meine Frau, Choga, es ist ohnehin an der Zeit, dass du mich in meinem Zimmer besuchst. Oder hat Mama Uloma dir nicht beigebracht, welche Pflichten eine christliche Ehefrau gegenüber ihrem Mann hat?«

Ich fühlte mein Herz bis zum Hals schlagen, doch vor lauter Wut brachte ich keinen Ton hervor. Ich machte auf dem Absatz kehrt und eilte davon. Offen durfte ich mich auf keinen Fall gegen den mir angetrauten Mann stellen. Aber ich musste erkennen, dass es sehr schwer werden würde, Mutters »Abkommen« ohne sie durchzusetzen. Denn sie war gut 1 000 Kilometer weit entfernt.

Tagelang überlegte ich, wie ich Mutter um Hilfe bitten konnte, ohne Felix in seinem Zimmer aufsuchen zu müssen. Ich dachte auch kurz daran, Rhoda einzuweihen, ihr von meinen Ängsten zu erzählen und sie um Hilfe zu bitten. Doch dann verwarf ich den Gedanken wieder. Zwar war sie die einzige meiner Mitfrauen, mit der ich überhaupt in engerem Kontakt stand – sie hatte mir inzwischen auch ein paar Sätze in ihrer Sprache beigebracht –, doch so richtig traute ich ihr nicht über den Weg.

Überall war etwas zu tun, aber außer Jo arbeitete niemand wirklich. Der alte Lehrer Okereke war kurz nach unserer Abreise zwei Jahre zuvor fortgegangen; er hatte sich nicht mit Felix verstanden. Allein oder in Begleitung meines Bruders arbeitete ich auf den Feldern. Wir schufteten von Sonnenaufgang bis Sonnenuntergang.

Vor allem lag mir das Gewächshaus, mit dessen Erträgen gutes Geld zu verdienen war, am Herzen. Wir benötigten dafür dringend eine stabile Abdeckplane, doch fehlte es am nötigen Geld. Eines Abends, als alle anderen schon schliefen, überzeugte ich mich davon, dass meine Ersparnisse noch den unter den Bougainvilleabüschen ruhten. Die Scheine rochen zwar etwas muffig, doch offensichtlich hatte niemand das Geld entdeckt. Aber dann kamen mir Zweifel. Ich konnte den versteckten Schatz jetzt nicht ausgeben, schließlich hatte ich der weißen Madonna versprochen, ihn für mein Kind aufzuheben.

Selbst die kleine Kirche, die uns Papa David vor Jahren für unsere gute Arbeit spendiert hatte, befand sich in einem beklagenswerten Zustand. Direkt neben der weißen Madonna spritzten die Regentropfen nur so auf den Boden. Ich kniete in der Nässe nieder und fragte die Madonna um Rat, doch ich konnte ihre Antwort nicht hören.

Sollte ich einfach aufgeben? Mich in mein Schicksal fügen und tun, was Papa Felix von mir erwartete? Eine »gute Ehe« führen, seine Kinder zur Welt bringen? Würde ich so wie die anderen Frauen neben Felix dumpf dahinleben und alles verkommen lassen, was mir etwas bedeutete? Oder sollte ich aufbegehren, ungehorsam sein und machen, was ich für richtig hielt? Mit allen Folgen, die unweigerlich eintreten würden?

Draußen goss es in Strömen. Neben der Kirche lag eine Leiter, halb überwuchert von altem, verdorrtem Gras, aus dem einige neue Halme hervorlugten. Ich musste sie nur nehmen, anlegen, hinaufklettern und das Dach wieder richten, wie ich es unzählige Male Mama Ada hatte tun sehen. Aber ich war noch nie auf eine Leiter gestiegen ... Ich wusste, theoretisch war es ganz einfach. Ich brauchte nur ein paar Palmwedel und Bast.

Also besorgte ich mir am nächsten Morgen ein großes Messer, schlug trotz des noch immer niedergehenden Regens die Palmwedel ab, fand den Bast und erklomm barfuß und mit zittrigen Knien die Sprossen der Leiter. Keuchend stand ich drei Stunden später vor »meiner« Madonna. Es regnete nicht mehr rein.

Nach dieser Aktion war ich mir sicher. Wenn ich das zuwege brachte, dann konnte ich mir auch mehr zutrauen. Ich beschloss, in den Ort zu laufen, um all das zu kaufen, was ich brauchte. Und zwar von meinem ersparten Geld. Ich könnte es meinem Kind später wieder in seine »Spardose« zurückgeben, überlegte ich. Wie früher würde ich einen Teil vom Gewinn meiner späteren Einnahmen abzweigen.

Wenn ich schon ging, dann wollte ich auch gleich das Ersatzteil für den Traktor mitbringen. Mit der Maschine kannte ich mich damals allerdings überhaupt nicht aus. Ich beschloss noch am selben Tag, Jo zu überreden, mich zu begleiten, doch das war alles andere als einfach. Er fürchtete sich vor Felix und seinen Wutausbrüchen. Andererseits ließ es seine Gutmütigkeit nicht zu, mich alles allein machen zu lassen. Jo wusste, dass mein Beinproblem diese Tour zu einer echten Qual werden lassen konnte.

Noch vor Sonnenaufgang zog ich mich lautlos an, stets mit einem Seitenblick auf die schlafende Rhoda, die unter keinen Umständen etwas von meinem Vorhaben mitbekommen durfte. Auf Zehenspitzen schlich ich kurz darauf an Corn vorbei, der vor Felix' Tür schlief. Da ging die Tür zu seinem Zimmer auf und im Grau der Morgendämmerung erkannte ich eine große schlanke Frau, die sich im Gehen ihr Wickeltuch um den nackten Körper schlang. Vor Angst wagte ich kaum zu atmen, denn ich wusste sofort, wer sie war: ihr süßes Parfüm verriet Mama Idu. Doch die hatte mich selbstverständlich sofort entdeckt.

»Was schleichst du denn hier herum?«, zischte sie, ging aber weiter, noch bevor ich mir eine Ausrede ausdenken konnte. Wortlos machte ich, dass ich aus dem Haus kam.

Meine Angst wich der Überraschung über das, was ich gerade mit eigenen Augen gesehen hatte. Für einen Moment war ich sprachlos vor Erstaunen, doch dann regte sich in mir ein Gefühl der Erleichterung. Ich war Mama Idu nicht böse. Im Gegenteil! Wenn meine Trauzeugin mir jenen Teil der Ehe abnahm, der mir am unangenehmsten erschien, musste ich ihr eigentlich dankbar sein. Weitere Gedanken machte ich mir über diesen Zwischenfall nicht, denn ich schätzte Felix ohnehin als einen Mann ein, der es mit der ehelichen Treue nicht so genau nahm. Von mir hatte er in diesem Punkt ohnehin nichts zu erwarten ...

Jo stand bereits bei der alten Scheune, als ich dort eintraf. Wir hatten uns einen denkbar schlechten Tag für unseren Ausflug ausgesucht: Es regnete noch immer in Strömen, der Weg war völlig aufgeweicht. Das Laufen im Matsch dauert zwar länger, schmerzt aber nicht so sehr wie der Weg über steinharten, von der Sonne durchglühten Boden.

»Was ist eigentlich mit Papa David?«, fragte Jo nach einer Weile. »Ich habe gehört, dass er sehr krank war. Niemand will darüber reden.«

»Er hat sich sehr verändert«, gab ich zu, »er ist schmal geworden.« Mehr wollte auch ich mir nicht entlocken lassen. Mein Bruder sollte sich nicht allzu viel Sorgen machen um Dinge, die wir ohnehin nicht beeinflussen konnten, vor allem durfte er nichts von jenem Machtspiel wissen, dem ich meine Ehe zu verdanken hatte. Damals war ich noch überzeugt, irgendwie würde sich schon noch alles einrenken. Die Pläne der Männer waren viel zu weit von meiner Welt entfernt, in der sich alles um die Farm drehte, die mir so viel bedeutete.

Plötzlich blieb Jo stehen, der Regen lief ihm in Strömen über das Gesicht. »Choga«, sagte er, »ich habe vor ein paar Wochen einen Brief aus Ibadan bekommen. Sie schreiben darin, dass dort eine seltsame Krankheit herrscht. Zwei Menschen sind schon daran gestorben.«

»Ist es Malaria oder Tuberkulose?«, fragte ich.

Jo hob ratlos die Schultern: »Die Menschen werden immer dünner, aber das ist nicht die Todesursache. Eine Frau starb an einer Lungenentzündung, nachdem sie immer mehr abgemagert war. Ein Kind lag morgens einfach tot in seinem Bett. Niemand weiß, warum. Jetzt haben es alle mit der Angst zu tun bekommen. Du hast gesagt, dass Papa David auch so dünn geworden ist. Das wird doch nicht dieselbe Krankheit sein? Es wäre furchtbar, wenn wir ihn verlieren.«

»Vater ist eigentlich schon wieder ganz in Ordnung«, beruhigte ich ihn leichthin. Wir sind eine sehr große *Familie,* dachte ich. Es kann schon mal passieren, dass einige krank und dadurch dünner werden. Nie wäre ich auf die Idee gekommen, darin einen Zusammenhang zu erkennen.

Nach mehreren Stunden erreichten wir endlich Jeba, wo wir die Ersatzteile und die große Plane erstanden. Ich musste all mein Geschick aufwenden, um dem Händler einen Preis abzuringen, den ich mit meinem Ersparten bezahlen konnte. Nicht ein Kobo blieb übrig. Und dann standen Jo und ich da, mit der großen Plane und den Motorteilen, die kaum zu transportieren waren. Zufällig trafen wir einen alten Mann, der sich an mich erinnerte und daran, dass ich vor Jahren auf dem Markt Mutters Eingemachtes verkauft hatte. Er war so nett und fuhr uns zurück zur Farm. Den ganzen nächsten Tag schufteten Jo und ich, bis wir die Plane über das Gerippe des Gewächshauses gespannt hatten. Mir entging dabei nicht, dass zwei der älteren Frauen von Papa Felix uns argwöhnisch beobachteten und schließlich tuschelnd im Haus verschwanden.

Wir waren fast fertig, als Felix erschien. Meine Mitfrauen hatten wohl nichts Besseres zu tun gehabt, als ihm von meinen Taten zu berichten. »Woher hast du das Geld, um diese Sachen zu kaufen?«, schimpfte er.

»Ich hatte es noch von früher«, sagte ich.

»Du hast dein Geld gefälligst bei deinem Mann abzuliefern!«, wetterte er weiter.

»Du hättest mir ja doch nicht erlaubt, das Gewächshaus zu reparieren.«

»Was auf dieser Farm geschieht, das entscheide ich!«, schrie er aufgebracht.

Nun war es mit meiner Geduld zu Ende. Ohne an die Folgen zu denken, redete ich mich in Rage und die Worte sprudelten nur so aus mir heraus. »Der starke Regen zerstörte doch schon die zarten Pflanzen, außerdem sind ohnehin wenige da. Ich kann doch nicht tatenlos zusehen, wie das alles kaputtgeht. Ich musste einfach etwas tun.«

»Ich habe gewusst, dass du mir nicht gehorchen würdest. Aber ich werde dir beibringen, wie eine gute Ehefrau sich zu benehmen hat!« Jetzt war Papa Felix erst recht wütend auf mich.

»So wie mein guter Ehemann mir das zeigt?«, fragte ich spitz. »Indem er die Ehe mit der Trauzeugin bricht?«, platzte es aus mir hervor.

Der erste Schlag traf mich unerwartet hart auf die Wange, der zweite warf mich um. Mein Gesicht brannte wie Feuer.

Jo stürzte vom anderen Ende des Treibhauses herbei und sah mich zwischen den jungen Tomatenpflanzen liegen. »Wie kannst du es wagen, meine Schwester zu schlagen!«, schrie er und ballte die Fäuste.

»Das geht dich gar nichts an, sie ist meine Frau«, brüllte Felix.

Jo wusste nichts mehr zu sagen. Er, der einen Kopf größer

war als Felix, baute sich schwer atmend vor ihm auf. Ich musste verhindern, was im nächsten Augenblick unweigerlich passieren würde!

»Jo«, rief ich, »geh weg! Ich komme schon zurecht. Bitte.« Mein Bruder löste seinen Blick von Felix. Mit großen, traurigen Augen sah er zu mir herab, dann zog er mich hoch. »Danke. Und jetzt lass uns bitte allein«, sagte ich.

Mein Mann starrte dem davonlaufenden Jo nur wortlos hinterher, doch das Funkeln in seinen Augen war Drohung genug.

»Du lügst!«, herrschte mich Felix an, als Jo fort war. »Wie kannst du behaupten, dass ich die Ehe breche.« Er bebte noch immer vor Zorn.

»Dann bist du also mit Idu verheiratet. Mir ist das vollkommen gleich, aber Papa David wird es nicht egal sein!«, rief ich heftig.

»Dein Vater wird dir nicht glauben. Ich bin schließlich sein Stellvertreter. Du bist nur ein Mädchen, das nicht gelernt hat, seinem Mann zu gehorchen.«

Ich sah, dass Felix mit seinen großen Füßen die kleinen, gerade mal zehn Zentimeter hohen Tomatenpflanzen einfach zertrampelte. Die ganze in den vergangenen Wochen aufgestaute Wut brach aus mir heraus. »Sieh doch nur, was du tust. Alles kaputt machst du. Warum sollte ich dir gehorchen? Dir ist die Farm vollkommen egal!«

»Na gut, dann sorg doch du dafür. Aber ich warne dich: Respektiere mich als deinen Mann«, drohte Felix noch immer mit einem bösen Funkeln in den Augen. Dann stapfte er mit schweren Schritten aus dem Gewächshaus.

Das war alles. Auf dieser Grundlage bestand unsere Ehe die nächsten zwei Jahre. Felix und ich gingen uns aus dem Weg, manchmal sah ich ihn tagelang nicht. Jo hatte er bisher zu meiner Erleichterung in Ruhe gelassen. Allerdings würdigte er meinen Bruder seit dem Vorfall im Treibhaus keines Blickes mehr. Die angespannte Situation erforderte mein Feingefühl. Und ich fand eine Lösung: Über Dinge, die für die Farm zu besorgen waren, sprach ich direkt mit Idu, die meine Wünsche an Felix weiterleitete, und auf dem gleichen Weg bekam ich Antwort. Ich empfand diese Regelung als ganz angenehm, denn sie ersparte mir unnötigen Streit. Lehnte Felix mein Ansinnen ab, so fand ich meist einen Umweg, um meinen Plan doch durchzusetzen. Große Sprünge konnte ich mir so zwar nicht erlauben, aber für einen reibungslosen Alltag reichte es.

Felix und Idu verheimlichten ihre Beziehung so gut es ging vor den Mitfrauen. Ich glaube, es war den anderen ziemlich gleich, ob ihr Mann mit einer Frau mehr oder weniger schlief. Sie brachten dieser Tatsache dieselbe Gleichgültigkeit entgegen wie meiner Person.

Wenn er nicht fortfuhr, in der Nachbarschaft junge Mädchen zu seiner Art von Christentum zu bekehren, so nutzte er seinen Status als Religionslehrer aus. Er hatte Jo neben der Kirche ein kleines Haus bauen lassen, in dem er als der große Papa Felix die Jungen und Mädchen aus der Umgebung unterrichtete. Beschwerden über seine Art von Unterricht sind niemals an mein Ohr gedrungen, aber ich beobachtete, dass einige halbwüchsige Mädchen hin und wieder aufgeregt die »Schule« verließen, in der sie mit Felix allein gewesen waren.

Jos und meine Arbeit auf den Feldern und im Gewächshaus brachte bald reichen Ertrag. Nebenbei entwickelte ich mich zu einer tüchtigen Geschäftsfrau, schaffte die Ware gemeinsam mit Jo auf dem Handkarren zum Markt und verkaufte sie sogar zu einem guten Preis. Den Gewinn investierte ich in eine Vereinfachung der Arbeit, neue Saat und Essen, das allen zugute kam.

Meine Mitfrauen haben während der ganzen Zeit nicht einmal versucht, uns bei der Arbeit zu helfen. Wenn mein Bruder und ich am Abend mit Blasen an den Händen und schmerzendem Rücken auf die Farm zurückkehrten, unterbrachen sie nicht einmal ihr gewohntes Schwätzchen im Schatten der Veranda.

»Sehet die Vögel unter dem Himmel an: Sie sähen nicht, sie

ernten nicht und der himmlische Vater nährt sie doch«, grummelte Jo, als sich Rhoda und eine der ältere Frauen eines Abends nach unserer Rückkehr vom Markt ohne ein Wort des Dankes über die mitgebrachten Speisen hermachten. »Lass sie doch«, beruhigte ich ihn. Im Gegensatz zu ihm störte es mich überhaupt nicht, meine Mitfrauen zu ernähren! Ich arbeitete den ganzen Tag, fühlte mich dabei glücklich, vergaß meine Ehe und bekam einen Lohn, von dem die anderen nichts ahnten: Endlich fühlte ich mich zu etwas nütze. Niemand konnte mir dieses wundervolle Gefühl nehmen, Dinge zuwege zu bringen, die andere nicht erledigten.

Die Bedrohung

»Hast du es schon gesehen?«, fragte Jo, als wir eines Nachmittags gerade unsere erste Ananasernte schnitten. »Das wird Ärger geben.« Meistens sprachen wir bei der Arbeit wenig. Wenn mein Bruder draußen auf den Feldern das Wort ergriff, dann bedrückte ihn etwas, von dem die anderen nichts wissen sollten. »Mama Idu bekommt ein Kind, Choga. Das musst du doch bemerkt haben!«

Hatte ich aber nicht. Jedenfalls nicht bewusst. Sie war dicker geworden, sicher. Doch mich kümmerte das nicht. »Sie ist nicht mehr sehr jung. Es wurde auch Zeit für sie«, sagte ich nach kurzem Nachdenken. »Ihr Sohn ist bereits in meinem Alter. Er wird sie bestimmt bald zur Großmutter machen.«

»Das ist ein Kind der Sünde, Choga!« Jo stand, das Messer in Händen, aufrecht zwischen den pieksenden Stauden. »Idu hat die Ehe gebrochen, ihre eigene mit Papa David und deine. Du musst sie davonjagen. Sonst verstößt du auch gegen das Gebot«, stieß er erregt hervor.

Zugegeben, so weit hatte ich nicht gedacht. Ich konnte meinem Bruder schließlich nicht verraten, dass die ganze Ehe mit Felix gegen das Gebot verstieß! Jo war zwar derjenige, der mir in dieser Zeit am nächsten stand, aber er dachte nicht wie ich. Dass im Leben manches Mal erst krumme Wege zum Ziel führen, dieser Gedanke passte nicht in seine Vorstellung von einem Leben als Christ. Richtig fand ich das auch nicht, aber ich hatte mit meinen 18 Jahren bereits erfahren, dass man nicht jedes Mal die andere Wange hinhalten musste, wenn man auf die erste bereits einen Streich bekommen hatte. Es war auch durchaus angebracht, mal den Kopf einzuziehen.

Schweigend arbeitete ich weiter, doch Jo regte sich über meinen Gleichmut so sehr auf, dass er drohte, beim nächsten Marktbesuch Papa David anzurufen.

Das konnte ich nun wirklich nicht zulassen. Es war mir alles andere als recht, dass er mich zum Handeln zwingen wollte, wo ich doch mit meiner damaligen Situation halbwegs zufrieden war. Immerhin hatte ich mich auf der Farm wieder gut eingelebt. Jems Geschichte hatte mir seinerzeit eindrucksvoll vor Augen geführt, wie Vater reagierte, wenn man seine Autorität untergrub. Würde Jo ihm erzählen, dass sein eigener Stellvertreter mit einer von Vaters Frauen ein Kind gezeugt hatte ... die Folgen mochte ich mir nicht einmal vorstellen. Das Mindeste wäre, dass Papa David die *Familie* wieder einmal zerschlagen würde!

Obendrein erwartete ich nach annähernd zwei Jahren noch immer kein Kind, gleichwohl vorausgesetzt wurde, dass ich Felix den ersten Sohn gebären würde. Käme heraus, dass stattdessen Idu schwanger war, würde möglicherweise der ganze, von meiner Mutter eingefädelte Schwindel auffliegen. Wir alle würden in Ungnade fallen.

Während ich die Früchte auf den Handkarren schichtete, kam mir eine völlig absurde Idee, die vielleicht alles retten könnte – vorausgesetzt, alle auf der Farm würden mitspielen. Sobald Idus Baby geboren sei, würde man Papa David erzählen, es wäre mein Kind. Dann könnten wir alle in Frieden weiterleben. Dann sah ich Jos wütend funkelnde Augen! Er erwartete, dass ich empört war! Mein schöner Gedanke ließ sich unmöglich durchsetzen. Nicht gegen einen aufrechten Mann wie meinen Bruder.

Genau genommen gab es nur eine Möglichkeit: Idu musste von der Farm verschwinden, da hatte Jo durchaus Recht. Sie, die mir vor meiner Hochzeit so ausführlich von ihrem Nomadenleben erzählt hatte, würde wieder durchs Land ziehen.

Aber mit einem Kind? Und diesmal ohne den Beistand der *Familien,* von denen sie unter diesen Umständen keine Aufnahme mehr erwarten konnte? »Ist das denn christlich?«, fragte ich Jo, nachdem ich ihm von meinen Bedenken erzählt hatte.

»Gebote sind dazu da, eingehalten zu werden, Choga.«

»Schon«, sagte ich, »aber nicht auf Kosten einer Frau und ihres Kindes. Das ist nicht gerecht. Felix hat die Ehe ebenso gebrochen. Also muss auch er gehen.« Dieser Gedanke gefiel mir am allerbesten, gebe ich zu.

»Dann wird er seine Frauen mitnehmen. Und du bist seine Frau«, entgegnete Jo bündig.

»Somit sitze ich in der Falle«, sagte ich. Mein Bruder begann, die Ananasfrüchte konzentriert auf den Karren zu schichten. Ich sah, dass er nachdachte. Ich hoffte inständig, er würde von allein einsehen, dass sein Beharren auch mir schaden würde.

»Weißt du schon lange, dass Felix und Idu ...?« Er brach ab. Sexualität ist in meinem Land ein Tabu. Selbst unter Geschwistern. Jo ahnte ja nicht einmal, dass Felix und ich die Ehe niemals »vollzogen« hatten.

»Dass Papa Felix ständig die Ehe bricht, hast du doch auch schon viel früher gewusst. Bevor ich mit Felix verheiratet wurde. Und du hast nie etwas gesagt. Wer weiß, wie viele Kinder er noch hat und mit wem? Und auf einmal ist dir das nicht mehr egal?«

»Du bist meine Schwester.«

»Dann beschütze mich mit deinem Schweigen, Jo. Und dich selbst auch.«

Als wir den Karren vollgeladen hatten, zog er ihn zurück zur Farm. Er sagte kein einziges Wort mehr. Ich machte mir Vorwürfe, dass ich ihn so angefahren hatte. Dennoch hatte ich nicht das Gefühl, mich wirklich an einem anderen Menschen versündigt zu haben.

Am nächsten Morgen schafften wir bereits im Morgengrauen die Ernte zum Markt. Den ganzen Weg über redeten wir nicht ein Wort. Jos Schweigen bedrückte mich. Ich wusste nicht, ob er seine Drohung wahr machen und Papa David tatsächlich in Lagos anrufen würde. Während ich die Früchte verkaufte, saß mein Bruder nur stumm neben mir. Am Abend trotteten wir wie immer einträchtig nebeneinander her zurück.

Auf dem Weg kamen wir am Telegrafenamt vorbei. Ich hielt sein Schweigen nicht länger aus. »Wolltest du nicht in Lagos anrufen?«, fragte ich.

Jo trabte einfach weiter. Plötzlich blieb er stehen. Ich dachte schon, er würde umdrehen und doch noch telefonieren wollen. Stattdessen packte er mich und setzte mich sanft auf die leere Ladefläche des Karrens.

»Du bist eine gute Frau und eine gute Schwester, Choga. Ich werde dich jetzt ziehen.«

Er wusste, dass ich das schon als Kind nicht gemocht hatte, weil ich mich nicht wie eine verwöhnte Prinzessin behandeln lassen wollte. Doch diesmal wehrte ich mich nicht. Jo schritt munter aus, begann unvermittelt sogar ein Lied zu singen. Als wir Rast machten, sagte er: »Wenn Gott es so will, dann darf ich nicht eingreifen.«

Ich atmete tief durch. »Du bist ein kluger Mann, großer Bruder«, sagte ich erleichtert.

Jo schüttelte den Kopf, blieb ganz ernst: »Nein, das bin ich nicht. Du bist eine kluge Frau, Choga. Ich war im Begriff, einen großen Fehler zu machen.«

Ihre Schwangerschaft verwandelte Mama Idu in eine launische Person, die sich in jede Kleinigkeit einzumischen begann und alle unangenehm herumkommandierte. Wahrscheinlich damit niemand sie wegen ihres Ehebruchs angriff, kam sie den anderen zuvor und sorgte dafür, dass sich die Frauen untereinander wegen Nichtigkeiten stritten. Stets war irgendetwas verschwunden und wurde im Zimmer einer anderen Frau gefunden. Ich hatte meist außerhalb des Hauses zu tun und bekam diese lächerlichen Intrigen zum Glück nur am Rande mit.

Aber dann verfiel Idu auf die Idee, auch mich zum Ziel ihrer hinterhältigen Spielchen zu machen. Selbstverständlich nicht direkt. Sie schickte Felix vor. Es ging, natürlich, ums Geld. Das hatte ich während meiner Ehe bisher stillschweigend selbst verwaltet, aber immer einen angemessenen Teil bei Idu abgeliefert, die ihn dann an Papa Felix weiterreichte.

Nun tauchte mein Ehemann also auf, während ich im Gewächshaus meiner liebsten Tätigkeit nachging. Ich säte neue Tomaten, über deren rasches Wachstum ich mich jedes Mal wie ein Kind freuen konnte. Der unaufhörliche Neubeginn, die nie endende Kraft der Natur hatte mir inmitten meines seelischen Chaos stets den Mut gegeben, mich neu aufzuraffen. Felix verlangte, dass ich die gesamte Summe, die ich auf dem Markt eingenommen hatte, bei ihm abzugeben habe.

»Ich habe dieses Geld selbst verdient, jeden einzelnen Kobo«, sagte ich ganz ruhig. »Du hast keinen Grund, dich zu beschweren.«

»Ich bin dein Mann, Choga. Diese *Familie* untersteht mir. Ich lasse nicht zu, dass du hier einfach machst, was du willst.«

»Du machst doch auch, was du willst. Aber im Gegensatz zu dem, was du so tust, kommt meine Arbeit allen zugute.«

Das hätte ich nicht sagen dürfen. Aber da war es auch schon zu spät. In der nächsten Sekunde lag ich am Boden, hatte keine Ahnung, wie ich dahin gekommen war. Mein Kopf schmerzte fürchterlich. Der Angriff war zu überraschend gekommen. Ich hatte mich wohl auch zu sicher gewähnt. Fassungslos lag ich da und rührte mich nicht von der Stelle. In Papa Felix' Gesicht ging eine eigenartige Veränderung vor sich, mit einem Mal sah er ganz seltsam auf mich herab. Der Sturz hatte mein Kleid nach oben geschoben. Hastig versuchte ich, mich hochzurappeln und den Stoff über meine nackten Beine zu ziehen.

Da ging Felix ganz langsam in die Knie. »Der Tag ist gekommen, Choga«, sagte er. »Es wird Zeit, dass du endlich meine Frau wirst.«

Auf dem Gesäß rutschte ich von ihm fort: »Du darfst mich nicht anrühren!«, keuchte ich. »Du hast dein Wort gegeben.«

»Du hast auch dein Wort gegeben, vor Gott und deinem Vater. Welches Wort, glaubst du, wiegt schwerer?«, zischte er gefährlich leise. Er hob seine Baba Riga, unter der er völlig nackt war. Sein Geschlecht reckte sich mir entgegen. Was zählten Mama Ulomas sämtliche weisen Ratschläge aus dem »Hühnerhaus«? Was ich da mit Entsetzen vor mir sah, hatte damit nichts mehr zu tun. Das war eine Bedrohung, die wie ein Messer auf mich zuzukommen schien.

Es war ein Reflex, ich konnte nichts dafür: Ich trat einfach dagegen, rappelte mich auf und rannte hinaus. An der Tür sah ich mich um, ob er mir folgte. Doch Felix lag am Boden, krümmte sich in seinem Schmerz.

Mutter! Das war mein erster Gedanke. Ich musste sie sofort anrufen, ihr sagen, was sich bei uns tatsächlich abspielte. Sie musste mich von diesem Unhold befreien. Ich raste in das Zimmer von Felix und wählte die Nummer des Harems.

Telefonieren ist in meinem Land mit viel Glück verbunden. An unserer Farm führte gerade mal eine Leitung vorbei nach Jeba. Vielleicht telefonierte gerade ein anderer, auf jeden Fall kam ich nicht durch. Geduld zum Warten hatte ich auch nicht, denn Felix konnte jeden Augenblick wieder auftauchen. Meine Mitfrauen waren nirgendwo zu sehen, außerdem hätte ich von ihnen sowieso keine Hilfe erwarten dürfen. Sie hatten noch nie Verständnis für mich und meine Gefühle gehabt und wären am Ende noch schadenfroh gewesen. Also kletterte ich durchs Fenster hinaus, floh in die Kirche. Ich kniete vor der weißen Madonna, dankte ihr, dass sie mich bislang beschützt hatte, und flehte sie an, mir zu sagen, wie ich mich verhalten solle.

Felix hatte mich geheiratet; aber gab ihm das denn das Recht, mich so zu behandeln, dass ich mich nur bedroht statt geliebt fühlen konnte? Niemals hatte er meine Arbeit anerkannt, sondern immer nur genommen. Wir lebten zwar unter einem Dach, aber es verband uns nichts. Außer dem Abkommen, einander in Ruhe zu lassen.

Die Madonna konnte mir nichts sagen, so kniete ich vor dem gekreuzigten, schwarzen Jesus nieder. Wie traurig er aussah. Auf dem Altar lag die abgegriffene Bibel, aus der Papa Felix zu predigen pflegte. Die Stellen, die ich aufschlug, spendeten mir keinen Trost, denn es waren jene, die Felix für gewöhnlich vorlas. Sie handelten von Verzicht und entsagungsvoller Demut. Doch danach lebten weder Felix noch Idu. Ich schlug das Buch zu und machte mich auf die Suche nach Jo, in dessen Nähe ich mich sicher fühlte. Über das Vorgefallene zu reden, war mir leider nicht möglich, da sämtliche sexuellen Themen zwischen Jo und mir tabu waren.

Zu meiner grenzenlosen Erleichterung brachte ich den Abend hinter mich, ohne Felix noch einmal zu begegnen. Er hatte sich nach dem Zwischenfall im Treibhaus wutentbrannt in seinen Wagen gesetzt und war davongebraust. Meine Mitfrauen hatten glücklicherweise von all dem nichts mitbekommen, einzig Idu warf mir beim Abendessen, dem das Familienoberhaupt fernblieb, einige argwöhnische Blicke zu.

Ich richtete es so ein, dass mein Bruder in den folgenden Tagen immer dabei war, wenn ich im Treibhaus arbeitete, um mich keinen Angriffen mehr auszusetzen. Am Markttag überließ ich Jo den Stand und wartete im Telegrafenamt stundenlang auf eine Verbindung zum Harem, aber ich bekam Mutter nicht ans Telefon. Endlich hörte ich Mama Adas Stimme.

»Papa David geht es sehr schlecht«, sagte Ada. »Er müsste dringend ins Krankenhaus, aber er weigert sich.« Sie konnte mir allerdings nicht sagen, was er hatte. Nur, dass er völlig entkräftet und abgemagert sei. Seit Wochen liege er im Bett, berichtete sie. Ständig seien Frauen bei ihm, die sich um ihn kümmerten. Dann fragte Ada, wie es mir gehe, ob ich denn schon ein Baby bekäme.

Niedergeschlagen kehrte ich nach dem Gespräch zu Jo zurück. Um ihn nicht auch noch zu entmutigen, log ich, dass ich niemanden erreicht hätte. Mir war klar, dass ich meine Probleme selbst lösen musste. Wenn es Papa David so schlecht ging, würde jeder Hilferuf nach Lagos das Gegenteil dessen erreichen, was ich wollte. Meine Mutter hätte nicht mehr die Macht, Felix in seine Schranken zu weisen, da sie selbst sich nicht auf die Autorität meines Vaters stützen konnte. Was für eine seltsame Krankheit war das, die meinen Vater derart schwächte?

Durch dieses Telefonat hatte ich auch erfahren, dass Mutter schon einige Male versucht hatte, mich anzurufen, und Felix ihr versprochen hatte, es mir auszurichten. Und mit Sicherheit hatte er durch das Telefon in seinem Zimmer auch erfahren, wie es um Papa David stand.

Felix brauchte nur noch abzuwarten. Wenn es Gottes Wille war, dass die Krankheit meinen Vater dahinraffte – und das musste ich nach Mama Adas Worten wirklich befürchten –, würde Felix bald die gesamte *Familie* beherrschen. Ich sah deutlich vor mir, was geschehen würde: Vaters Stellvertreter würde sich an keine Abmachung mehr halten. Er stand kurz davor, meinem Vater die Macht entreißen zu können. Und ich wusste nicht, wie ich das verhindern konnte. Ich hatte ja nicht mal eine Ahnung, wie ich noch für meine eigene Sicherheit sorgen konnte.

Das gestohlene Leben

Es geschah bereits in der gleichen Nacht, in der ich vom Markt heimkehrte. Diesmal hatte Jo mich nicht beschützen können. Felix hatte mich erwartet. Kaum war ich zur Tür herein, riss er mich in sein Zimmer, entkleidete mich und warf mich auf sein Bett. Nicht ein Wort sagte er, ich hörte ihn nur stöhnen und dann spürte ich den wahnsinnigen Schmerz, als sein Messer rücksichtslos in mich drang. Ich sehnte mich weit fort von mir selbst und sah gleichzeitig das wunderschöne Gesicht der weißen Madonna vor mir, die ich anflehte, jetzt nicht sterben zu müssen. Nicht an diesem Ort, nicht in diesem Bett, in dem einst meine Mutter geschlafen hatte. Dieser Mann tat, was nach seiner Meinung sein Recht war. Aber es war nicht richtig. Es war niedere Gewalt, die er mir zufügte.

Irgendwann konnte ich ihm entkommen, nackt und schmutzig. Meine Beine waren voller Blut, das in der Dunkelheit auf meiner Haut aussah wie Dreckflecken. Wie von Sinnen floh ich hinaus auf die Felder. Es war eine klare Nacht, der abnehmende Mond stand kalt am Himmel. Jo und ich hatten in den vorangegangenen Tagen eine kleine Zisterne angelegt, aus der wir die Ziegen tränkten. Ich stieg hinein, doch es war zu wenig Wasser darin. Also hockte ich mich hinein und reinigte meinen Unterleib so gut es ging mit dem kalten Wasser. Stunden später, oder vielleicht waren es auch nur Minuten, die ich in der muffigen Ziegentränke verbrachte, kroch ich am ganzen Körper zitternd wieder hinaus. Die Nächte können kalt sein auf der Hochebene. Mein geschändeter Leib bot mir keinen Schutz. Irgendwann schlich ich zurück ins Haus, krabbelte erschöpft auf mein

Nachtlager und fand dennoch keinen Schlaf. Immer wieder raste eine Frage durch meinen Kopf: Wie oft würde dieses Tier das noch mit mir machen? So lange, bis ich mich ihm endlich freiwillig ergab? Oder bis ich einen dicken Bauch davon bekam?

In jener Nacht fasste ich einen Entschluss. Ich würde Felix den einen Triumph unter keinen Umständen gönnen, auf den er aus war: mich zu besiegen! Also raffte ich mich am Sonntagmorgen auf und schleppte mich zum wöchentlichen Fest in die Kirche, sang und tanzte mit. Ich sang lauter und tanzte wilder als die anderen, bewegte mich wie eine Rasende, warf die Arme in die Luft, schrie und gebärdete mich wie wild. All meine aufgestaute Wut ließ ich hinaus. Es war mir egal, was die Versammlung über mich dachte. Ich scherte mich auch nicht darum, ob Felix mich begehrte oder verachtete. Es war mein Tanz, meine Verzweiflung. Wenn ich meinem Leben schon nicht entkommen konnte, so wollte ich ihm wenigstens in diesem Augenblick entfliehen. Alles um mich herum drehte sich, dann versagten mir die Beine den Dienst. Ich fiel auf den festgestampften Lehmboden. Als ich hochblickte, sah ich direkt in das Gesicht des schwarzen Jesus, den Jo einst geschnitzt hatte. Er schien Mitleid mit mir zu haben.

Noch am gleichen Tag wurde ich krank und bekam Schüttelfrost. Vielleicht hatte ich mich erkältet, als ich nackt in der Zisterne »badete«. Vielleicht gab mein Körper wieder mal das übliche Signal, wie immer, wenn ich mit meiner Umgebung einfach nicht mehr zurecht kam und Ruhe brauchte. Mit hohem Fieber lag ich im Bett und fantasierte die scheußlichsten Dinge. Ausgerechnet Idu, meine Trauzeugin, der ich all dies Unglück zu verdanken hatte, übernahm meine Pflege: Sie brachte mir dreimal am Tag Tee. Die anderen Mitfrauen ließen sich nicht bei mir blicken und Jo durfte das Haus ohnehin nicht betreten. Ich vermisste ihn schrecklich. Rhoda, meine Zimmergenossin, lebte in dieser Zeit bei Felix. Ich hörte, wie sie nachts quietschende Töne von sich gab, und war froh, dass nicht ich das Ziel seiner »Zuneigung« war.

Kaum war ich gesund, rief mich Felix zu sich. Ich hatte nicht die Kraft, mich zu wehren, was mir wenigstens die mit der Demütigung einhergehende zusätzliche Gewalt ersparte. Mechanisch machte ich, was verlangt war. Irgendwann tat es auch nicht mehr weh, jedenfalls nicht körperlich. Felix bestand darauf, dass ich in diesen Nächten bei ihm blieb. Ich durfte mich nicht in mein eigenes Bett zurückziehen. Konnte mich danach nicht einmal von den Spuren reinigen, die er hinterlassen hatte. Musste neben ihm liegen, seinen Atem hören, sein zufriedenes Schnarchen ertragen, seine Ausdünstungen riechen. Schweißnass fuhr ich hoch, sehnte das Ende der langen Nacht herbei und fürchtete gleichzeitig den Morgen, der nichts als die Angst brachte, meinem Mann erneut zur Verfügung stehen zu müssen.

In diesen nicht enden wollenden Stunden, in denen das Geheul der Hundemeute draußen klang, als würden sie über mein Elend lachen, über meinen Hochmut, der mich hatte annehmen lassen, dass ich diesem Mann tatsächlich gewachsen sein könnte, dachte ich oft an Selbstmord. Fegefeuer, Hölle? Warum sollte ich mich davor fürchten? Felix hatte mir meine Würde, mein Ich, meine Werte gestohlen. Und mit jedem Tag, den ich den Bauch meiner Trauzeugin Idu anschwellen sah, wurde mir vor Augen geführt, dass er mir auch mein Leben stahl. Die permanenten Angriffe, meistens zweimal am Tag, würden früher oder später Folgen haben, die ich unter keinen Umständen wollte. Das Schlimmste an diesen Gedanken war, dass ich sie mir selbst verbieten musste. Sie waren unchristlich, verstießen gegen die wichtigsten Gebote. Nicht einmal Jo konnte ich mich in diesen schweren Zeiten anvertrauen.

In den folgenden Wochen war ich ständig krank, was natürlich auch Felix bald als Flucht vor meinem »Eheleben« durchschaute und keine Rücksicht mehr darauf nahm. Meiner Arbeit auf der Farm ging ich längst nicht mehr nach, was sich zudem nachteilig auf die Einkünfte auswirkte, die wir jedoch dringend zum Leben brauchten. Jo sah ich überhaupt nicht mehr, da ich meine Tage nur noch im Haus verbrachte. Mir war ohnehin alles gleichgültig geworden, sogar Corn. Ich döste genauso stumpf vor mich hin wie meine Mitfrauen, bereitete gemeinsam mit ihnen das Essen zu, aß aber fast nichts. Als dann meine Regel ausblieb, war mir nicht einmal mehr diese Verschnaufpause vergönnt, in der Felix mich nicht anrührte. Schließlich berichtete ich Idu, dass ich wohl schwanger sei, doch sie glaubte mir nicht. Ein paar Tage später erbrach ich zum ersten Mal.

Aus dem Harem wusste ich, dass die Schwangeren nicht mehr das Bett mit Papa David teilten. Schließlich hatte der Beischlaf nicht den Sinnesfreuden, sondern der Fortpflanzung zu dienen. Entsprechend hoffte ich, dass der unermüdliche Zeugungswille von Felix nun endlich erlahmen würde. Da zu diesem Zeitpunkt aber alle anderen Mitfrauen ebenfalls mit dicken Bäuchen durch die Gegend liefen, legte sich Felix in den ersten Monaten mir gegenüber keine wesentliche Mäßigung auf.

Meine ständige Niedergeschlagenheit ließ nicht zu, dass ich meine übliche Arbeit wieder aufnehmen konnte. Manchmal fand ich mich irgendwo im Treibhaus wieder, wusste jedoch nicht, wie ich dorthin gekommen war oder wie lange ich schon vor einer Tomatenstaude gestanden hatte. Wie eine Schlafwandlerin lief ich durch die Gegend. Einmal begann ich am frühen Morgen eine Ziege zu melken, die ich an einen Pflock gebunden hatte. Als ich wieder zu mir kam, war der Eimer immer noch leer, das Euter prall und die Sonne stand hoch am Himmel.

Irgendwann fand Jo mich in diesem Zustand. Ich hatte ihn längere Zeit nicht gesehen, doch war es mir nicht einmal aufgefallen. So sehr war ich mit mir und meinen Problemen beschäftigt. »Was macht dieser Mann mit dir?«, sagte er vorwurfsvoll, führte mich in den Schatten und gab mir zu trinken.

Ich sah meinen Bruder an und sagte: »Ich will nicht mehr leben.«

Jo packte mich an den Schultern, rüttelte mich: »Das darfst du nicht sagen, Choga. Gott hat dir dein Leben geschenkt.«

»Warum, Jo? Damit ich benutzt werde wie ein Tier?«

Mein Bruder wurde wütend: »Felix ist dein Mann! Du bist vor Gott mit ihm verheiratet! So darfst du nicht reden!«

»Ich darf nicht, ich darf nicht! Nichts darf ich. Nur ihm zu Willen sein. Das ist doch nicht richtig! So behandelt Papa David seine Frauen nicht. Sieh dich doch um. Wir sind alle schwanger, niemand arbeitet und Felix hurt herum. Ein Mann kann doch nicht alles dürfen!«

Jo schwieg eine Weile. »Gut«, sagte er dann, »ich werde zum Telegrafenamt fahren und Papa David anrufen. Ich werde ihm alles erzählen.«

Ich erwähnte Vaters Erkrankung nicht. Vielleicht ging es ihm ja inzwischen besser. Es war zwar eine schwache Hoffnung, aber sie gab mir für die nächsten Tage Auftrieb.

Am darauf folgenden Morgen herrschte furchtbare Hektik, die Frauen drängten sich aufgeregt in Idus Zimmer. Daher nahm ich an, dass die Geburt ihres Kindes bevorstand. Doch dann hörte ich lautes Wehklagen und Rhoda trug eine zugedeckte Schale aus Idus Zimmer. Der Gestank, der davon ausging, war bestialisch.

»Es ist besser so«, sagte die ebenfalls schwangere Rhoda, als wüsste ich, was geschehen sei. »Es war ein Kind der Sünde.« Dann stellte sie die Schale vor das Haus. Als sie zurückkam, sah sie mich mit einem leichten Lächeln an. »Nun braucht Papa David es nicht zu erfahren. Du wirst doch auch schweigen, nicht wahr, Choga?«

Zerstreut stimmte ich zu und nahm das alte Tuch von der Schale.

»Lass das!«, schrie meine Zimmergenossin entsetzt und zog mich fort.

Aber ich hatte es bereits gesehen. Idus Baby war nicht mehr als kleiner Mensch zu erkennen. Ich machte mich frei und eilte so schnell ich konnte davon.

Der Anblick ließ mich wochenlang nicht mehr los. Das Baby war schon lange tot gewesen, bevor es auf die Welt geholt worden war.

Idu vergrub sich nach dem Vorfall in ihrem Zimmer, aber keine der anderen Frauen wollte sie versorgen. Dass ein Baby tot geboren wurde oder bei der Geburt starb, kam hin und wieder vor. Das war der Lauf der Natur. Idu hingegen hatte wochenlang ein totes Kind in ihrem Leib gehabt. Das war mehr als ein Schicksalsschlag. Es war ein Zeichen Gottes, der die Ehebrecherin strafte.

Jetzt warteten die Frauen gespannt ab, wie schwer das Urteil des Himmels ausfallen würde, aber insgeheim hatten sie alle ihr eigenes Urteil längst gefällt. Nur wenn Felix es nicht hörte, sprachen die *queens* abfällig über den Vorfall und bestätigten sich gegenseitig in ihrer Meinung.

Schließlich beauftragte Felix eine Heilerin aus Jeba, bei Idu zu bleiben. Immer wieder hörte ich meine Trauzeugin schreien. Sie schien entsetzliche Schmerzen zu haben. Vor allem in den Nächten waren die Schreie kaum zu ertragen, sie hallten durch das ganze Haus. Offenbar fand die Heilerin keine Medizin, um Idu zu helfen. Ich wusste damals noch nichts von der Gefahr, die eine Vergiftung des Blutes der Mutter durch einen abgestorbenen Fötus mit sich bringt, und nahm an, Idu sei über den Verlust ihres Babys so traurig, dass sie sich nicht beruhigen konnte.

Dann wurde ich eines Nachts unsanft aus dem Schlaf gerissen. Die Heilerin stand an meinem Bett. »Komm schnell! Idu will mit dir reden!«

Schlaftrunken stolperte ich in ihr Zimmer, in dem nur zwei Kerzen brannten. Jetzt erkannte ich, dass Idu nicht wie ich an dieser Niedergeschlagenheit litt, die einen schwer träumen lässt. Idu lag im Sterben. Schweißüberströmt hob sie die Hand und sagte etwas, das ich nicht verstehen konnte. Im Zimmer roch es furchtbar. Widerwillig trat ich näher, um ihre Worte besser hören zu können.

»Ich habe gesündigt, Choga. Du musst mir vergeben, bevor ich sterbe«, flüsterte sie.

»Ich? Warum ich?« Wenn, dann wäre Papa David dafür der Richtige gewesen.

»Ich hatte nie eine Vision. Bitte vergib mir.«

»Ich verstehe dich nicht. Wir waren doch alle im Gemeinschaftshaus Zeugen«, brachte ich verwirrt hervor.

»Du musst mir vergeben, Choga. Meine Seele erwartet sonst ewige Verdammnis. Bitte, sag es«, röchelte sie.

Ich begann das Vaterunser zu beten, in dem es heißt, man solle seinen Schuldigern vergeben. Aber Idu unterbrach mich, indem sie ihre eiskalte Hand auf meinen Mund legte.

»Ich wollte, dass du Felix heiratest, damit ich mit euch nach Jeba gehen konnte. Aber niemand hätte auf mich gehört, da kam mir die Idee mit der Vision.« Meine Trauzeugin sprach bereits so kraftlos, dass ich sie kaum verstehen konnte. »Es war nicht richtig, Gott zu freveln, um in Sünde mit Felix leben zu können.« Ein Hustenanfall ließ sie fast ersticken. Schließlich fuhr sie fort: »Wenn ich dir meine Sünde gestehe und du mir vergibst, so wird Gott mich nicht verdammen. Bitte, tu es.« Sie legte ihre Hand auf meine, beugte sich zu mir und warf mir einen flehentlichen Blick zu: »Jesus Christus hat gesagt: Welchen ihr die Sünden erlasset, denen sind sie erlassen. Das ist das Wort des Herrn, Choga!«

»Ich vergebe dir«, presste ich hervor.

Meine Trauzeugin sank kraftlos in sich zusammen. Die Heilerin drückte ihre Augen zu. Idu war tot.

»Möge Gott ihrer Seele gnädig sein«, sagte die Heilerin.

Völlig benommen ging ich hinaus in die klare, kühle Nacht. Langsam begann mein Verstand alles zusammenzusetzen, was ich bisher nur bruchstückhaft vor mir sah. Schon von Anfang an hatte ich das Gefühl gehabt, dass Mama Idu mich hereingelegt hatte. Doch dagegen hatte die Überzeugung gestanden, dass niemand einen solchen Frevel wagen würde. Und doch hatte sie genau das getan. Nicht ich konnte Idu vergeben, kein

Mensch durfte das, Gott selbst musste es tun. Außerdem hatte ich nur drei Worte gesagt, die nicht aus meinem Herzen kamen. Nein, ich hatte ihr nicht wirklich vergeben – sie hatte mich dazu genötigt. Im Sterben war sie vorgegangen wie im Leben, sie hatte versucht, sich freizukaufen von ihrer Schuld. So wie unser Glauben für sie ein Mittel war, um ihre eigenen Ziele zu erreichen.

Meine Schwangerschaft erinnerte mich in jeder Sekunde daran, dass sie mich diesem Mann zugetrieben hatte, um ihre eigene Lust zu befriedigen. Aus Selbstsucht hatte Idu mein Leben in ihre Hände genommen; sie hatte Schicksal gespielt. Kaltherzig hatte sie zugesehen, wie ich litt.

Mich überkam eine derart maßlose Wut, dass ich aufsprang und in die leere Nacht hinausschrie: »Ich vergebe dir nicht! Niemals! Fahr doch zur Hölle!«

In der Ferne antwortete ein Hund mit seinem Bellen auf meinen Hass. Plötzlich wurde mir bewusst, was ich gesagt hatte. Ich hatte eine Tote verwünscht. Aber ich empfand doch so! Diese Heuchlerin hatte mich in der Tat ins Unglück geschickt. Plötzlich tat ich mir nur noch selbst Leid, sank zusammen und begann zu heulen. Als ich wieder etwas wahrnahm, hatte sich der dicke dreibeinige Corn an mich gekuschelt. Er, der mir einst das Leben gerettet hatte, versuchte mich auch jetzt zu trösten. Dabei war er selbst nur noch ein Häufchen Elend.

Ich wusste nicht mehr, wohin ich mich wenden sollte. Unsere kleine Kirche erschien mir, da ich mich gerade so sehr versündigt hatte, nicht der richtige Ort. Also verkroch ich mich im Gewächshaus. Meine Tomaten waren zum größten Teil eingegangen, Jo hatte keine Zeit gehabt, sich auch noch darum zu kümmern. Die kraftlosen Pflanzen erschienen mir wie ein Abbild meiner selbst. Vertrocknete Kümmerlinge, die mich traurig machten. Mechanisch begann ich, sie aus der Erde zu rupfen und sie auf den Boden zu werfen. Das machte alles noch schlimmer, denn nun zog ich eine Spur der Verwüstung hinter mir her.

Corn folgte mir schwerfällig, sah mich vorwurfsvoll an. Ich beschimpfte ihn, schrie ihn an, mich allein zu lassen. Da rollte der kleine dicke Kerl sich winselnd auf den Rücken, seine Demutsgeste, mit der er sich ergab. Das hatte er nicht verdient! Ich beugte mich zu ihm herunter und bat ihn um Verzeihung. Er leckte meine Hände, obwohl er den scharfen Geruch der Tomatenstauden nicht mochte. Wie einfach die Verständigung mit einem Tier war. Und wie schwer mit den Menschen ...

Idu war noch am Morgen ihres Todestages begraben worden. Da ich nicht dabei gewesen war, führte Corn mich ein paar Tage später zu der Stelle – einem kleinen Hügel aus trockener Erde und Steinen. Der Boden war hart. Es war gewiss nicht einfach gewesen, ihn aufzubrechen. Man hatte Idu nicht tief genug in die Erde gebettet. Die Hunderotten hatten sich über das frische Grab hergemacht. Dies war wirklich der unwürdigste Ort, an dem ein Mensch seine letzte Ruhe finden konnte.

Idu war eine Nomadin gewesen, auf der Suche nach dem Glück. Damit sie es – zumindest für eine kurze Zeit – finden konnte, hatte sie schwere Schuld auf sich geladen. Aber das, was ich dort sah, das war zu viel der Strafe. Es war, was ich in der Nacht ihres Todes ausgerufen hatte: ein Fluch über den Tod hinaus.

Ich holte Hacke und Schaufel, warf noch mehr Erde auf das Grab und befestigte es mit großen Steinen. Mein Körper schmerzte und je mehr er unter der großen Anstrengung litt, desto mehr hoffte ich, meine Schuld wieder abtragen zu können. Wer war ich, dass es mir zustand, Idus Handeln zu verurteilen? Erschöpft sank ich auf den befestigten Grabhügel und erwartete den Sonnenuntergang.

Das Fest des Teufels

Als ich einige Tage später mittags auf meinem Bett lag, weil ich während der heißesten Stunden des Tages sonst ständig unter den Wasseransammlungen in meinen Beinen und Händen litt, kam eine meiner Mitfrauen in den Raum. Ich solle zu Felix gehen, sagte sie. Wie eine Ziege, die zum Schlachten geführt wird, trottete ich in sein Zimmer.

Mein Mann erwartete mich neben dem Telefon, den Hörer in der Hand. »Deine Mutter möchte mit dir sprechen«, meinte er. Damit hatte ich am wenigsten gerechnet. Meine Gedanken überschlugen sich. Jo hatte sie inzwischen sicherlich angerufen. Aber wieso trug Felix dann so einen zufriedenen Ausdruck zur Schau? Hatte sie ihm denn nicht gehörig die Meinung gesagt?

»Mutter?«, fragte ich bang.

»Choga Regina, dein Vater ist vor zwei Stunden gestorben. Möge Gott seiner Seele gnädig sein.«

»Amen«, sagte ich.

»Es war der Wille deines Vaters«, fuhr sie fort, »dass Felix sein Nachfolger wird als Oberhaupt der *Familien*. Er wird ab sofort den Harem leiten. Das bedeutet, dass ihr so schnell wie möglich nach Lagos kommen müsst, um hier zu leben.«

Unzählige Fragen gingen mir durch den Kopf, aber Felix stand nur wenige Meter neben mir, hörte genau zu. Mir blieb nur die Möglichkeit, Deutsch zu sprechen, damit er mich nicht verstehen konnte. »Ich bin schwanger, Mutter, er fällt ständig über mich her. Ich halte das nicht länger aus. Hat Jo dich nicht ange...?«

Felix hatte auf die Gabel gedrückt und im nächsten Augenblick bekam ich einen Schlag aufs Auge, der mich auf dem Bett landen ließ. Während mein Mann mich beschimpfte, wie ich es wagen könne, in seiner Gegenwart in einer fremden Sprache zu sprechen, riss er mir das Kleid vom Leib. Dann tat er, womit er sich selbst beweisen konnte, dass ich sein Eigentum war. Fünf Minuten später schickte er mich aus dem Zimmer.

Mein Auge war inzwischen zugeschwollen und in meinem Kopf pochte der Schmerz. Ich spürte gleichzeitig Wut und Ohnmacht stärker denn je. Was für ein Leben würde mich im Harem erwarten? Es konnte nur noch trostloser sein. Dort hatte ich nicht einmal mehr die Natur, meine Pflanzen, denen ich beim Wachsen zusehen konnte. Und sobald ich mein Kind nicht stillte, könnte Felix mich wieder wie seine Ehefrau behandeln. Wer sollte mir beistehen? Mit Vaters Tod verlor auch Mutter ihre einflussreiche Position.

Ich gebe zu, dass meine Reaktion auf Vaters Tod sehr egoistisch war. Aber irgendwie glaubte ich, das Recht dazu zu haben. Meiner Überzeugung nach hatten Kinder für meinen Vater eine Funktion: Sie sollten seinen Einfluss vergrößern, seine Macht erhalten. Er hatte mich als sein Instrument benutzt, um sich Felix vom Leib zu halten. Mit seinem Tod war ich meinem Mann schutzlos ausgeliefert. Es war wie in dem Lied vom König Clown. Der Clown hatte alle Kronen, die der König nach ihm geworfen hatte, nun konnte er regieren ... Ich, eine dieser »Kronen«, fühlte mich wie nutzloser Schrott.

Jo fand mich in meinen tiefen Gedanken verloren vor dem Haus sitzend. Natürlich sah er mein blaues Auge sofort. Er fragte mich, was geschehen sei, und ich erzählte ihm alles, bis hin zum Tod unseres Vaters und der Mitteilung, dass Felix den Harem leiten würde.

»Das ist nicht richtig«, sagte Jo und ballte die Hände zu Fäusten. »Vater durfte ihn nicht zum Oberhaupt der Familie machen. Dieser Mann ist es nicht wert, dass alle auf sein Wort hören.«

In unserer Aufregung hatten wir nicht mitbekommen, dass Felix seit einiger Zeit hinter uns stand. »Das ist also deine Meinung«, zischte er mit dieser gefährlich leisen Stimme, die den nächsten Wutausbruch ankündigte.

Jo stand auf und drehte sich zu ihm um: »Papa David war ein Vorbild. Du aber bist ein Ehebrecher. Du schlägst Frauen. Du bist nicht so, wie das Oberhaupt unserer *Familie* sein sollte.«

»Und du steckst zu viel mit ihr da zusammen«, Felix zeigte auf mich, »sie erzählt dir Lügen über mich und du glaubst sie.«

Mein großer Bruder, der immer so besonnen war, stürzte sich wie von Sinnen auf Felix und packte ihn mit seinen großen Händen hart an seiner Baba Riga. »Und ihr blaues Auge? Ist das auch gelogen?«

Felix stieß ihn weg. »Du hast nicht das Recht, mich das zu fragen. Ich bin ihr Mann, nicht du.« Unvermittelt schlug er einen sanfteren Ton an. »Hör zu, Jo, jetzt ist nicht der Zeitpunkt zum Streiten. Wir müssen für Papa David eine große Totenfeier in Lagos ausrichten. Lass uns zusammen aufbrechen und Wild jagen. Er war dein Vater, du bist es ihm schuldig, seine Gäste vornehm zu bewirten.«

Jo zögerte einen Augenblick. Es kam sehr selten vor, dass Felix zum Jagen ging. Er nahm dann meist wohlhabende Männer aus dem Dorf mit, die ihn bezahlten. Dass mein Bruder, der einfache Arbeiter, ihn diesmal begleiten durfte, kam einer Auszeichnung gleich. Und der konnte er trotz des vorangegangenen Streits nicht widerstehen.

Am frühen Nachmittag bestiegen die beiden unterschiedlichen Männer Felix' Lastwagen. Jo saß auf der Ladefläche, hielt ein Gewehr in Händen und winkte mir verhalten zu. Der Lastwagen rumpelte quer durch das hüfthoch stehende Gras davon.

Im Haus herrschte schon den ganzen Tag Unruhe: Alle Frauen packten weisungsgemäß ihre Sachen zusammen. Sie waren guter Stimmung und freuten sich darauf, in die Stadt zurückzukehren. Ich hatte sie lange nicht so ausgelassen gesehen. Für sie war der Abschied eine Freude. Meine Unruhe trieb mich hingegen über die Felder, der alte Corn an meiner Seite. In aller Ruhe verabschiedete ich mich von meinen Lieblingspflanzen, füllte ein paar Kisten mit grünen Tomaten, Bohnen und was ich sonst zum Haus tragen konnte. Viel war es nicht. Nur der kindische Versuch, den schönsten Teil meines einstigen Paradieses einzupacken und mitzunehmen.

Natürlich wollte ich noch einmal mit Mutter sprechen und fragen, ob Jo sie erreicht hatte, wollte versuchen, mein Schicksal zu beeinflussen. Doch Felix hatte sein Zimmer abgeschlossen, unerreichbar stand das Telefon darin. Ich überlegte nicht zum ersten Mal, ob ich nicht einfach seine Abwesenheit nutzen sollte, um wegzulaufen. Doch wohin? Schwanger, durch mein Bein daran gehindert, weite Strecken ohne Pausen zurücklegen zu können. Auf mich allein gestellt in der bald hereinbrechenden Dämmerung. Ich konnte nirgendwohin. Um mich herum war zwar das weite Land, das ich so mochte, doch diese Freiheit nutzte mir nichts. Weil ich wieder einmal zu schwach war.

Diesmal grub ich wenigstens mein erspartes Geld aus. Es war weniger als noch vor zwei Jahren. Doch wohin damit? Am Körper konnte ich es nicht verbergen; ich musste damit rechnen, dass Felix es finden würde. Ratlos saß ich unter dem Bougainvilleabusch. Mama Bisi hatte damals gesagt, dass ich zurückkehren würde, weil das Geld im Versteck geblieben war. Sie hatte Recht gehabt. Ich vergrub es erneut; vielleicht könnte ich eines Tages wieder auf der Farm leben. Mit meiner Mutter und dem Kind, das ich jetzt noch unter dem Herzen trug. Und dann das Versprechen einlösen, das ich der Madonna gegeben hatte. Egal, wie dieses unschuldige Kind gezeugt worden war, es war meines. Die Sünden seines Vaters wollte ich wenigstens an ihm gutmachen.

An jenem Abend legte ich mich früh hin, körperlich müde von der Schlepperei, seelisch zermürbt, aber immerhin mit der zarten Hoffnung im Herzen, bald Mutter und meine Lieblingsmamas wieder sehen zu können. Felix und Jo waren noch immer auf der Jagd. Während ich einzuschlafen versuchte, dachte ich über meinen Bruder nach, der gewiss allein auf der Farm bleiben würde, bis eine neue *Familie* käme.

Jo war mit Ende 20 längst in dem Alter, selbst Kinder zu haben. Doch die haremsähnliche Situation, in der wir lebten, machte es ihm unmöglich, eine Frau zu finden und zu heiraten. Ich beschloss, ihm zu raten, fortzugehen und endlich sein eigenes Glück zu finden. Er durfte sich nicht ewig an die Farm binden, was er nur Mutter (und vielleicht auch mir) zuliebe tat.

Ich war fast eingeschlafen, als ich den Motor des Lastwagens hörte. Rhoda schnarchte schon längst auf ihrem Lager vor sich hin. Noch einmal rappelte ich mich auf, um nachzusehen, was die Jagd erbracht hatte. Felix sprang aus dem Fahrerhaus. Als er mich sah, rief er: »Hilf mir die Tiere abzuladen, die Hunde reißen sie sonst in der Nacht in Stücke.«

Vorsichtig ging ich näher heran und spähte auf die Ladefläche. Dort lagen drei Antilopen. »Wo ist Jo?«, fragte ich.

»Mach schon, hol den Handkarren!«, befahl Felix, ohne auf meine Frage einzugehen.

»Ist Jo denn schon in seinem Haus?«, hakte ich mit aufkommendem Misstrauen nach. Mein Bruder drückte sich nie vor der Arbeit. Wenn er Felix zum Jagen begleitet hatte, würde er auch die erlegten Tiere sichern helfen. Ich schob den Karren heran, Felix legte die Tierkörper darauf.

»Es gab einen Unfall«, sagte Felix.

»Unfall? Ist Jo im Krankenhaus?«, wollte ich wissen.

»Das war nicht mehr nötig.«

»Was meinst du damit?«

»Dass er tot ist.« Felix zog den Handkarren fort zum Vorratshaus. Ich lief hinterher.

»Aber wieso ist er tot? Das kann doch nicht sein!«, schrie ich.

»Ich kann nichts dafür. Es war zu dunkel.«

»Du hast ihn erschossen?«, brüllte ich wie von Sinnen.

Ruckartig blieb Felix stehen. Ich konnte nur die dunklen Umrisse seines Körpers erkennen. Als er sich langsam auf mich zubewegte, wich ich panisch zurück, rechnete mit seinem Angriff. »Hör zu, du wirst niemals behaupten, dass ich ihn erschossen habe. Niemand war dabei, als es geschah«, zischte er mit dieser leisen Stimme, die ich so verabscheute. »Wenn ich sage, dass es ein Unfall war, dann war es auch so. Gott ist mein Zeuge. Er allein. Also wage nicht einmal zu denken, dass mich Schuld an Jos Tod trifft!«

Ich glaubte ihm kein Wort. Um ihn als Mörder und Lügner zu bezeichnen, fehlte mir die Kraft. Die beiden hatten gestritten, bevor sie losfuhren. Jo wusste über Idu Bescheid, über Felix' Angriffe gegen mich. Nun konnte er nichts mehr verraten. Ich stellte für diesen Mann keine Gefahr dar. Ich wusste ja selbst, dass ich nicht davonlaufen konnte, von diesem Widerling abhängig war, egal, was er tat.

All diese Verbrechen, die der neue Führer der *Family Of The Black Jesus* begangen hatte, trieben mich fast in den Wahnsinn. Völlig aufgewühlt rannte ich zum Haus zurück. Obwohl ich mir am liebsten einfach nur die Decke über den Kopf gezogen hätte, konnte ich nicht ins Bett gehen. Ich saß neben der Tür und bebte am ganzen Körper vor unterdrücktem Zorn. Wenn ich ein starker Mann wie Jo gewesen wäre, ich hätte mir einen Knüppel besorgt und den feigen Mord an meinem Bruder gerächt. Ich schwöre, dass ich mich in dieser Nacht noch an Felix versündigt hätte. Erschlagen hätte ich ihn. Und ich bereue diese Gefühle bis auf den heutigen Tag nicht. Mag es auch heißen, dass Gerechtigkeit im Himmel gesprochen wird, in dieser Stunde hätte ich nicht darauf gewartet.

Stattdessen war ich zu untätiger Trauer verurteilt, zu hilflosen Tränen der Ohnmacht. Eine schwangere Frau, ein Opfer der Willkür eines gewissenlosen Mannes.

Corn hatte sich neben mich gesetzt, das alte Tier spürte meine Erregung. Wenn Felix ins Haus zurück wollte, musste er an uns beiden vorbei. Und er kam.

»Hast du Jo wenigstens begraben?«, fragte ich mit bebender Stimme.

»Wie denn? In der Dunkelheit! Und ohne Werkzeug.«

»Du hast ihn einfach liegen lassen! Die Hunde ...« Ich konnte es nicht aussprechen. Ich raffte mich auf und verstellte ihm den Weg. »Wir werden ihn holen, Felix. Das bist du ihm schuldig. Jo war mein Bruder, mein bester Freund!«

»Du gehst jetzt ins Haus! Verschwinde!« Er schob mich zur Seite.

»Du hast Jo ermordet!«, schrie ich wie von Sinnen. »Er wusste zu viel über dich.«

Corn wollte mich unterstützen, knurrte Felix mit gesenktem Kopf an. Obwohl er den Hausherrn schon so lange kannte und seine Fußtritte fürchtete, hielt der Hund in diesem Augenblick zu mir.

Wortlos schwang Felix das Gewehr.

»Nein!«

Wäre Corn nicht so alt und gehandicapt gewesen, es wäre ihm vielleicht noch Zeit geblieben, sich zu ducken oder auszuweichen. Der Kolben traf den Kopf des Tiers mit einem dumpfen Krachen. Ein kurzes helles Aufjaulen, dann war Stille.

»Wenn du noch ein Wort sagst ...«, stieß Felix hervor, riss die Haustür auf, ging hinein und schlug sie hinter sich zu.

Der Hund rang noch um ein paar Atemzüge, dann erschlafften seine feuchten Flanken. Ich hielt den Kopf meines toten Gefährten, weinte um sein Leben, um das von Jo, um all die Gemeinheit, die vor meinen Augen geschah. Und die ich hilflos, wenn auch voller Wut, mit ansehen musste. Irgendwann, als der Morgen schon graute, suchte ich Hacke und Schaufel und grub Corn ein Grab, das tief genug war, um wenigstens seinen Körper vor dieser Welt beschützen zu können.

Danach irrte ich eine ganze Weile umher, konnte aber keine Spur von Jo mehr entdecken. »Mein Bruder war ein guter

Mensch. Warum musste er so jung und so grausam sterben?«, klagte ich in der Kapelle vor dem schwarzen Jesus.

In 24 Stunden hatte ich meinen Vater, meinen Bruder und meinen kleinen Lebensretter verloren. Der Teufel muss an jenem Tag ein Freudenfest veranstaltet haben; ihm waren Siege in den Schoß gefallen, die er nicht verdiente. Denn derjenige, den der Teufel sich eigentlich hätte holen sollen, war an jenem Tag noch mächtiger geworden.

Flucht aus dem Harem

Wir waren den ganzen Tag gefahren und kamen völlig erschöpft nachts in Lagos an: ein Mörder und seine vier schwangeren Ehefrauen. Mutter, Bisi und Ada nahmen mich in Empfang und brachten mich in Bisis Räume im Erdgeschoss, die anderen schliefen alle schon. Nach der Fahrt auf der Ladefläche des Lastwagens hatte ich kaum noch die Kraft, allein zu gehen. Meine Mamas waren auf meine Ankunft gut vorbereitet. Sie hatten eine große Wanne herbeigeschleppt, in die sie jetzt warmes Wasser füllten. Duftende Öle und Kräuter umschmeichelten meine Sinne. Es tat so gut, zu fühlen, dass die drei mich liebten! Meine verletzte Seele, mein gebrochenes Herz und mein schmerzender, unförmiger Leib hatten diese Aufmerksamkeit so bitter nötig.

Anschließend legten sie mich gemeinsam auf Bisis Bett, streichelten und massierten mich, bis ich eingeschlafen war. Die Torturen der vergangenen Monate ließen mich dennoch nicht zur Ruhe kommen. Immer wieder schrak ich aus meinen wirren Träumen hoch. Die Nachtwache meiner Mütter beschützte mich rund um die Uhr. Einen ganzen Tag lang schlief ich durch und erwachte erst, als es draußen bereits dunkel war. Mein Herz war so voll, dass mein Mund förmlich überlief. Stundenlang erzählte ich. Und von Geschichte zu Geschichte verdüsterten sich die Gesichter der drei Frauen, die mir alles bedeuteten.

»Was Felix mit Jo gemacht hat, das war ein eiskalt geplanter Mord!«, stieß Mutter hervor.

»Dieser Mann gehört vor ein Gericht gestellt«, pflichtete Bisi bei.

»Und was ist dann mit unserer Choga?«, fragte Mama Ada ganz ruhig. »Habt ihr euch das mal überlegt? Sie müsste als Zeugin aussagen. Und bis dahin lebt sie im *compound*. Hier, wo Felix entscheidet, was Recht ist.«

»Und er behandelt sie ohnehin schon so schlecht. Wir können unserer Kleinen nicht noch mehr Qualen zumuten!«, ereiferte sich Mama Bisi sofort. »Was glaubt ihr, wozu dieser Mann noch imstande ist?«

»Die andere Frage ist, ob die Polizei überhaupt ermitteln würde«, stellte Mama Ada sachlich fest. »In Jeba sind andere Gerichte zuständig als hier. Das kann lange dauern.«

»Und Choga Regina würde die ganze Zeit in Angst vor ihrem Mann leben. Ob mit Anzeige oder ohne.« Mutter schüttelte energisch den Kopf. »Nein, diesen Gedanken müssen wir vergessen.«

»Es gibt mehr als nur die irdische Gerichtsbarkeit«, meinte Ada plötzlich nachdenklich. Es hörte sich so an, als ob sie noch heute darum beten würde, dass sich das Schicksal von Felix entsprechend erfüllen möge.

»Wir können aber doch nicht die Hände untätig in den Schoß legen!«, seufzte Mama Bisi.

Mutter sprach es als Erste aus: »Kind, du wirst nicht länger hier bleiben. Ich werde dich fortbringen.«

Mama Bisi nickte: »Und wenn es das Letzte ist, was wir tun werden.«

Mama Ada blickte die beiden an: »Ihr habt Recht. Aber wollt ihr mir mal sagen, wie? Die Tore sind alle verschlossen. Draußen stehen die Leibwachen. Felix will damit allen zeigen, dass er ein wichtiger und großer Mann ist. An denen kommt ihr nie vorbei. Außerdem ist Choga viel zu geschwächt!«

Mutter, Bisi und Ada hatten die Situation richtig eingeschätzt: Im Harem erwartete mich ein Leben in Angst. »Aber wo soll ich denn hin?«, fragte ich kläglich.

Mama Ada überlegte laut: »Es muss ein Ort sein, den Felix

nicht kennt. Am besten so etwas wie unser *compound*. Wo viele Frauen leben. Da fällst du nicht auf.«

»Amara!« Mutter sah ihre Freundinnen an. »Natürlich! Ich bin sicher, dass sie dich mit Freuden aufnimmt, mein Kind!«

Ada und Bisi blickten Mutter ratlos an. Im Gegensatz zu ihr und mir hatten sie die Heilerin noch nie besucht, wussten nicht mal, wo die alte Frau überhaupt wohnte.

»Ich werde versuchen, sie sofort anzurufen«, meinte Mutter, die ohne zu zögern die Initiative ergriff und hinauseilte. Das Telefon befand sich in Papa Davids Haus, wo er in jenem klimatisierten Raum aufgebahrt lag, in dem er auch gestorben war. Mama Bisi erzählte mir, dass Felix erst nach der Beerdigung, die am folgenden Tag stattfinden sollte, in Vaters Haus einziehen würde. Dort ans Telefon zu gelangen, schien somit nicht unmöglich zu sein. Während Mutters Abwesenheit schmiedeten Ada und Bisi bereits Fluchtpläne für mich.

Mama Bisi machte mir Mut: »In ein paar Stunden beginnt die Trauerfeier für Papa David. Es werden Hunderte von Menschen kommen. Felix wird keine Zeit haben, an dich zu denken, meine Kleine.«

»Am besten wäre der Eingang von Papa Davids Haus«, sagte Mama Ada. »Wir bringen dich dort gleich morgen früh hin. Du willst dich doch bestimmt in Ruhe von deinem Vater verabschieden.«

»Das würde ich ohnehin gern«, brachte ich vor. »Ich möchte ihn wirklich noch einmal sehen.«

Mama Ada wiederholte ihre Hauptsorge: »Aber vor dem Eingang werden Wachen stehen!«

»Wir geben ihnen etwas zu trinken. Ein Schlafmittel!«, rief Mama Bisi aufgeregt.

»Vielleicht«, meinte Ada, »die Frage ist nur, ob sie sich etwas zu trinken geben lassen.«

»Ach, Lisa fällt bestimmt etwas ein«, stöhnte Bisi verzweifelt.

Amara sei selbstverständlich zu allem bereit, berichtete Mutter eine halbe Stunde später. Sie und die Heilerin waren auf die gleiche Idee gekommen wie Ada und hatten auch eine Lösung für das Problem mit den Wachen parat. »Das sind kräftige Männer. Die sollen Amaras Gaben ins Haus tragen. Dabei werden wir sie ablenken.«

In der Nacht vor meiner Flucht tat ich trotz der Erschöpfung vor lauter Aufregung kaum ein Auge zu. Mir graute vor allem vor dem weiten Weg zu Vaters Haus. Das Gehen bereitete mir schreckliche Schmerzen. Und dann die schlimmste aller Fragen: Was würde geschehen, wenn jemand meine Flucht entdeckte? Könnte ich dann überhaupt jemals aus dem Harem entkommen? Gewiss würde Felix mich für immer wegsperren ...

Am Morgen war der *compound* voller Menschen, die alle in Weiß gekleidet waren. Alle Frauen trugen Schleier, die nur die Augen frei ließen. Wir vier, die wir uns durch die Menge schoben, glaubten in diesem Gedränge nicht aufzufallen: Mutter, meine beiden Lieblingsmamas und ich. Nicht ein Stück meiner persönlichen Habe konnte ich mitnehmen. Nur mein Sonntagskleid, das ich auf dem Leib trug. Doch das war unwichtig, ich wollte nur noch das ungeborene Leben in meinem Leib und mein eigenes retten.

Jeden Winkel der großen Anlage kannte ich in- und auswendig; dies war lange mein Zuhause gewesen. Aber die Angst, hier unter völlig anderen Bedingungen leben zu müssen, lähmte mich trotz aller Kraft, die meine drei Mamas ausstrahlten. Noch zu frisch war die albtraumhafte Erinnerung an die letzten Monate auf der Farm. Meine Beine fühlten sich an wie Watte, drohten jeden Augenblick einzuknicken.

Aber verraten hat mich nicht meine Angst, sondern mein Gang. Er hob mich aus der Menge der unzähligen weiß gekleideten Menschen heraus.

»Choga!« Der herrische Befehl ließ mich zusammenzucken. Die Stimme meines Mannes hätte ich aus allen anderen herausgehört. Verzweifelt versuchte ich weiterzugehen, aber meine Beine und meine gesamte angeschlagene Verfassung erlaubten keinen weiteren Schritt. Hätte sich doch einfach der Boden aufgetan und mich verschluckt!

Felix befand sich in Begleitung einiger Männer, die ich nicht kannte. »Wo willst du hin?«, fragte er. In seiner Stimme hörte ich diesen angriffslustigen Ton. »Die Trauerfeier findet im Gemeinschaftshaus statt und das liegt in der anderen Richtung.«

»Sie möchte sich von ihrem Vater verabschieden«, entgegnete meine Mutter mit fester Stimme.

»Dazu war gestern Gelegenheit. Ich möchte, dass Choga sich jetzt meinen Frauen anschließt, die das Fest vorbereiten.«

»Sie hat sich gestern den ganzen Tag über ausgeruht. Meiner Tochter geht es nicht gut«, startete Mutter einen neuen Versuch. Aber ich spürte, dass es sie jede Menge Beherrschung kostete, ruhig zu bleiben.

»Die anderen haben die gleiche Fahrt hinter sich wie sie. Ich dulde keine Sonderbehandlung deiner Tochter!«

Mama Ada, die etwa die Größe von Felix hatte, schob ihren muskulösen Körper vor mich. »Dir ist deine Eitelkeit wohl wichtiger als der Schmerz einer Tochter um den Verlust ihres Vaters?« Meine Patentante musterte den neuen Führer der *Familie* von oben bis unten. »Glaubst du, dass die Menschen vor einem Mann Respekt haben, der das Andenken eines Toten so wenig achtet?«

»Du wählst starke Worte, Mama Ada. Wir werden noch miteinander zu reden haben.« Er schickte einen giftigen Blick zu Mutter und Mama Bisi. »Ihr seid keine *queens* mehr. Diese Rolle wird meinen Frauen künftig zufallen.« Dann beugte er sich zu mir hinunter. »Und meine *queens* wissen doch, wie sie sich benehmen müssen, nicht wahr, Choga?« Ich schob mich noch weiter hinter Mama Adas Rücken. Zweimal hatten mich die Schläge dieses Mannes schon unvorbereitet getroffen. »In zehn Minuten sehe ich dich im Gemeinschaftshaus!«, fauchte Felix. Dann legte er eine Hand vertraulich auf die Schulter eines seiner Begleiter. Die Menge wich vor dem neuen Familienoberhaupt ehrfürchtig zur Seite.

Als wir uns in Richtung von Vaters Haus wandten, erhaschte ich die vernichtenden Blicke unter den Schleiern meiner Mitfrauen, die hinter Felix herliefen. Einzig meine Zimmergefährtin Rhoda zupfte mich am Ärmel: »Du musst besser auf dich aufpassen. Unser Mann war sehr verärgert. Er hat dich gestern gesucht«, sagte sie in ihrer Sprache, die ich inzwischen verstand. »Ich halte dir im Gemeinschaftshaus den Platz neben mir frei.«

Es war das erste Mal, dass Rhoda mir gegenüber eine mitfühlende Regung zeigte. Ich umarmte sie. Die Frau wusste nicht, dass ich ihr insgeheim dabei alles Gute für ihr Leben wünschte. Denn diese letzte Begegnung mit Felix hatte in mir jeden Zweifel beseitigt. Meine Flucht war die einzige Möglichkeit. Ich ertrug den Anblick jenes Mannes nicht, den ich niemals so angesprochen hatte, wie er es erwartete: mein Mann.

In dem kühlen Raum, in dem Papa David in den letzten Stunden noch lag, bevor er in seinem Grab hinter dem Haus zur ewigen Ruhe gebettet wurde, waren nur Mama Patty und Mama Felicitas. Die beiden waren allerdings nicht mehr ansprechbar. Mama Felicitas schlug seit zwei Tagen einen monotonen Rhythmus auf der Trommel, Mama Patty sang ununterbrochen Lieder, die zuversichtlich von Auferstehung und ewigem Leben handelten. Die beiden befanden sich in tiefer Trance.

Bei unserem Eintreten stimmten auch wir vier in die uns von zahlreichen Festen her bekannten Gesänge ein. Mit schweren Schritten näherte ich mich meinem Vater. In den prächtigsten Gewändern, die er je getragen hatte, lag er im offenen Sarg. Ich erkannte ihn kaum wieder. Das war nicht mehr der Mann, zu dem wir alle jahrzehntelang aufgeblickt hatten. Er war nur noch ein Schatten seiner selbst.

So viel hätte ich Papa David in diesem Augenblick sagen mögen, doch mein Kopf war leer. All der Groll, den ich zeitweise ihm gegenüber empfunden hatte, war verschwunden. Ich stand vor einem Mann, dem im Tode noch anzusehen war, dass er in den letzten Wochen seines Lebens Schreckliches mitgemacht hatte. Er hatte sein ganzes Wirken auf andere ausgerichtet; es war sein Ziel gewesen, den Menschen Selbstvertrauen und Selbstachtung zu schenken. Da draußen aber lief ein Mann herum, der Vaters Lebenswerk mit Füßen trat, indem er die Menschen verachtete, die ihm ergeben waren. Mich überfiel ein leichter Schüttelfrost, was sicher auch an den eisigen Temperaturen lag, die hier drinnen im Gegensatz zu der schwülen Hitze draußen herrschten.

Erregte Stimmen unterbrachen meine traurigen Gedanken. Energisch forderte eine Frau, dass man ihr gefälligst helfen möge. Dann spürte ich Mutters Hand in meiner.

»Sag ihm jetzt Lebewohl, mein Kind. Es geht los. Da draußen, das ist Amara.«

Ich beugte mich über Vaters Stirn und küsste ihn. »Tut mir Leid, dass ich nicht bei deinem letzten Gang dabei bin, Papa.« Tränenblind ließ ich mich von meiner Mutter zum hinteren Ausgang des Sterbezimmers führen.

»Tu einfach, was Amara sagt, mein Kind. Für einen Abschied bleibt keine Zeit.« Sie drehte meinen Oberkörper zu sich herum und küsste meine Stirn. »Gott segne dich.«

Sekunden später befanden wir uns in einem Knäuel von Menschen. Ich hatte Probleme, überhaupt noch die Orientierung zu behalten, mein Kopf schwirrte vor lauter Stimmen.

»Seht ihr denn nicht, dass ich mir den Arm gebrochen habe, ihr gefühllosen Burschen!«, wetterte die Heilerin.

»Wir müssen aufpassen, dass niemand hereinkommt«, lautete die Antwort.

»Da sind ja ein paar Frauen. Könnt ihr mir wenigstens helfen? Ich habe Geschenke im Auto für Papa David. Euer Mann war mir immer ein verlässlicher Geschäftspartner. Ich schulde ihm diesen letzten Dienst!«, so ähnlich plapperte Amara drauflos, in meinen Ohren hallte alles wider.

Wir schoben uns an den Wachen vorbei zu Amaras Lieferwagen, der halb voll mit Geschenken war. Kisten mit verlockend duftendem Obst und bereits fertig zubereiteten Speisen. Mechanisch half ich, den Wagen zu entladen. Die Wachen bekamen Stilaugen, als all die leckeren Sachen an ihnen vorbeigetragen wurden.

Mama Ada blieb vor einem der Wächter stehen und bot ihm gebratenes Fleisch an. Diesen Augenblick nutzte Amara, um mich in den Wagen hineinzuschieben.

»Hinhocken«, flüsterte sie. Im nächsten Augenblick verschwand ich unter einer schweren Decke. »Nicht bewegen.«

In meinem Kopf hörte ich das Blut rauschen, das Herz schlug mir bis zum Hals. Mit lautem Knallen wurden die Hecktüren geschlossen, wenig später vibrierte der Motor, dann holperte der Wagen über die unasphaltierte Straße. Ich konnte mich nicht mehr halten, ließ mich zur Seite rollen und schlug gegen irgendetwas Hartes. Ein Gegenstand fiel auf meine Beine. Dann kullerten mehrere runde rote Früchte vor mein Gesicht. Ich erkannte den Geruch wieder. Es waren Tomaten. Dieser Duft weckte all die Bilder meiner Erinnerung, schwemmte mich gewissermaßen fort. Ich lag am Boden, heulte und schluchzte hemmungslos.

Ich war gerettet. Ja, das schon. Aber ich hatte jeden Menschen, den ich liebte, verloren. Ich war wie ein neugeborenes Baby, dessen Nabelschnur von einer Sekunde zur anderen durchtrennt wird. Und das mit nichts als seiner nackten Haut in diese Welt hinausgeschickt wird. Um ganz neu anzufangen. Mutter, Mama Bisi und Mama Ada waren zurückgeblieben. Ich wusste nicht, was mit ihnen geschehen würde. Nur eines war mir klar: Sobald Felix von meiner Flucht erfuhr, würde er die drei zur Rechenschaft ziehen.

Denn der Platz neben Rhoda blieb leer. Für immer.

Schreie in der Nacht

Vor dem Haus weist das fantasievoll bunte Schild *herbalist* auf Amaras Hauptberuf hin. Amara bezeichnete sich selbst als Heilkundige, die mit Naturmitteln arbeitet, mit *herbs,* Kräutern. Neben dieser Tätigkeit ging sie damals aber noch jener Arbeit nach, durch die sie Mutter kennen lernte. Sie bildete Mädchen zu Hausangestellten aus. Amara genießt bis heute das Leben, das sie sich leisten kann. In erster Linie sieht man das an ihrem Leibesumfang. Sie isst für ihr Leben gern, kleidet sich auffällig und liebt Schmuck, der allerdings nicht wertvoll ist.

Amaras *compound* hatte sich nicht sehr verändert, seitdem ich als Kind dort gewesen war, aber ich sah ihn jetzt mit den Augen einer jungen Frau. Es war (und ist heute noch) ein schlichter *compound,* der aus drei mittelgroßen Steinhäusern besteht. Zur Straße hin bewohnt Amara drei Räume, von denen zwei ihre Behandlungszimmer sind. Sie selbst schläft in einem schlichten Zimmer ohne jeden Luxus. Hinter ihrem Haus befindet sich die Unterkunft der Mädchen, das größte Haus, mit nebeneinander liegenden kleinen Kammern. Seitlich zwischen beiden Häusern ist das Kochhaus. Bei meiner Ankunft war es ein bescheidener Bau, inzwischen ist es das wichtigste Gebäude geworden – die »Kräuterküche«, sagen Amara und ich heute dazu, aber eigentlich ist es eine Art von Labor, in dem unter professionellen Bedingungen Medizin hergestellt wird.

Am Tag meines Einzugs gab Amara mir einen neuen Namen, damit meine wahre Identität den etwa acht Mädchen, die bei ihr wohnten, verborgen blieb. »Mary hat eine schwere Zeit hinter sich. Sie wurde von ihrem Mann misshandelt«, stellte sie mich den anderen vor. »In wessen Zimmer darf Sister Mary wohnen?«, fragte Amara dann. Die Hände aller Mädchen flogen in die Luft, sie drängten sich um mich, streichelten mich und befühlten die teuren Stoffe, die ich auf dem Leib trug. Das alles drang kaum zu mir durch; ich war innerlich weit entfernt.

Eine junge Frau namens Betty, die schon in meinem Alter war, wurde schließlich auserwählt, mich aufzunehmen. Betty war ich ein schweigsamer Gast. In den ersten Tagen lag ich nur stumm auf meiner Schlafstatt und beantwortete ihre Fragen nach meinem bisherigen Leben kaum. Ich hatte Angst, mich zu verraten, konnte die neue Umgebung kaum einschätzen und war nicht sicher, ob Felix mich nicht doch ausfindig machen konnte. Erst als Amara meinem Drängen nachgab und ihre Häuser mit festen Mauern umgab, beruhigte ich mich allmählich.

Die Wehen setzten bereits mit Beginn des sechsten Monats ein. Amara befürchtete, ich könnte das Kind verlieren, und befahl mir, mich bis zur Geburt zu schonen. In meiner neuen Umgebung hatte jede Frau eine Aufgabe. Ich war lediglich Gast, zur Untätigkeit gezwungen. Dennoch war ich auch jetzt nicht mit meinen Ängsten und Sorgen allein. Meine Retterin saß oft stundenlang – obwohl sie selbst so viel zu tun hatte – an meinem Lager und sprach mit mir. Ich fühlte eine entsetzliche Leere in mir, so, als gäbe es für mich weder Vergangenheit, Gegenwart noch Zukunft.

Ein Kind als Folge einer Vergewaltigung zu bekommen – auch wenn sie unter dem Deckmantel der Ehe geschieht –, ist eine demütigende Verletzung der Würde einer Frau. Und eine Versündigung gegen die Schöpfung, denn ein Kind soll aus Liebe gezeugt werden und nicht, damit ein Mann seine Macht über eine Frau ausdrücken kann. Die Bereitschaft zu entwickeln, ein so entstandenes Kind zu lieben, ist unendlich schwer. Durch Amara lernte ich zu begreifen, dass das kleine Wesen daran unschuldig ist.

Eines Tages erschien die Heilerin bei mir mit einem Stapel weißen Papiers und einem Bleistift. »Schreib alles auf, was dich bedrückt«, sagte sie. »Das ist die beste Medizin. Erzähl dem Papier, was dich ärgert und was dich hoffen lässt.« Anfangs erschien mir diese Idee völlig absurd. Wozu sollte das schon gut sein?, fragte ich mich im Stillen, doch je länger ich darüber nachdachte, desto besser gefiel mir der Gedanke. Damit niemand meine Notizen lesen konnte, begann ich alles auf Deutsch aufzuschreiben, meiner lange vernachlässigten Muttersprache.

Meine Existenz bekam durch das Schreiben einen neuen Sinn; ich ging die Stationen meines Lebens noch einmal durch. All das Schöne, das ich erlebt hatte, all die Liebe meiner vielen Mamas. Ich würde sie zurückgeben können – wenn mein Kind auf die Welt käme. Mit der Zeit empfand ich etwas für dieses entstehende Leben, fühlte in mich hinein, spürte die ersten Bewegungen im Bauch. Ein Teil von mir wuchs heran. Ich begann mich damit zu versöhnen, dass mein Kind auch einen Teil seines Vaters in sich trägt. Vielleicht den besseren, nicht den schlechteren ...

Die ersten Signale, die mein Körper von dem werdenden Kind empfing, ließen die Niedergeschlagenheit weichen, die mich monatelang umfangen hatte. Der Hass auf Felix wurde blasser, bis er irgendwann aus meinem Herzen verschwunden war. Die Babykleidung, die ich halbherzig zu schneidern begonnen hatte, nähte ich plötzlich mit neuem Schwung.

Ich hatte zur Zeit der Empfängnis praktisch ohne Kalender gelebt, wusste folglich nicht, wann der Geburtstermin tatsächlich sein würde. Aber was spielt das für eine Rolle, wenn man eine Frau wie Amara zur Seite hat! Sie schien besser zu wissen, was in meinem Körper geschah, als ich selbst ...

Während ich eines Tages über den verstreut herumliegenden

Notizzetteln brütete, klopfte es an Bettys und meiner Zimmertür. »Komm ruhig rein!«, rief ich unkonzentriert.

Die Person, die eintrat, hielt ich im ersten Moment für eine Traumgestalt. Es war meine Mutter! »Wie kommst du denn hierher?«, platzte ich überrascht heraus.

»Auf dem gleichen Weg wie du und so gelange ich auch wieder zurück«, meinte sie sehr ernst. Für einen kurzen Moment beherrschte mich die Angst, Felix könnte ihr gefolgt sein und mich so in meinem Versteck entdecken. Doch dann überwog die Freude über das unerwartete Wiedersehen. Ich wollte sie ausfragen, wie es mit dem Harem weitergegangen war, aber sie sagte nur: »Wir kommen zurecht, mein Kind. Belaste dich damit nicht. Bisi und Ada sind wohlauf. Wir mussten alle ein bisschen zusammenrücken. Patty, Felicitas und einige andere wohnen nun bei uns. Aber jetzt erzähl mir lieber, wie es dir geht.« Mit großem Stolz zeigte ich ihr meine Notizen, die sie mit Interesse las. Dann sah sie mich nachdenklich an. »Ich sollte noch einmal versuchen, mit deiner Schwester in Deutschland Kontakt aufzunehmen.« Ihr Blick fiel auf meinen inzwischen kugelrunden Bauch. »Wahrscheinlich bin ich schon Großmutter und weiß es gar nicht. Bestimmt hat sie Kinder ... große Kinder. Magdalena ist jetzt 37 Jahre alt.«

»Mach's doch gleich jetzt!«, schlug ich begeistert vor, »schreib ihr.« Ohne zu zögern, nahm sie sich einen der vielen Zettel, beschrieb ihn doppelseitig, nahm dann noch einen und noch einen.

Irgendwann hielt sie inne. »Und wohin soll ich den Brief schicken?« Erst jetzt wurde mir bewusst, dass der Kontakt zwischen Mutter und Tochter seit Jahren völlig abgerissen war.

Als Amara zu uns kam, versprach sie, Magdalenas Anschrift ausfindig zu machen. »Ich kenne doch einige Deutsche. Das werde ich schon hinkriegen, das mit deiner Tochter.« Wir plauderten noch ein bisschen, danach zogen die beiden sich zur Beratung zurück.

Als sie wieder zu mir kamen, teilte Mutter mir ihren Beschluss mit: »Kind, es ist zu gefährlich, wenn du dein Baby hier bekommst. Amara sagt, du solltest besser in ein Krankenhaus gehen.«

»Und wenn mich Felix dort findet?«

Amara stellte die Gegenfrage: »Was soll der in einem Krankenhaus? Nicht weit von hier wohnt eine Ärztin, die ich gut kenne. Meine Mädchen arbeiten für sie. Und diese Ärztin ist an der Universitätsklinik beschäftigt. Sie ist eine richtige Frau Doktor!« Amara ist bis heute eine wirklich angesehene Persönlichkeit und sie war sehr stolz auf ihren schon damals nicht gerade unbedeutenden Kundenstamm ...

Der besondere Kontakt zu der »richtigen Frau Doktor« verringerte wohl auch die anfallenden Behandlungskosten. Mutter besaß praktisch kein eigenes Geld mehr, sie hatte fast ihr gesamtes Vermögen in die Farm investiert. (Den Rest beschlagnahmte Felix bei einer Durchsuchung ihrer Räume.) So kam Amara für alle Kosten auf, welche die Entbindung verursachte. Heute bin ich ihr dafür sehr dankbar. Aber damals interessierte mich das eigentlich überhaupt nicht. Geld war das Letzte, woran ich dachte. In meinem Kopf spukte ein näher liegender Gedanke. Seitdem ich als Kind mit Bisi in die Klinik gehen musste, hasste ich Krankenhäuser und sah der Geburt mit Angst entgegen.

»Du hast doch schon so viele Babys zur Welt gebracht«, flehte ich Amara an. »Warum hilfst du mir denn nicht?«

Die Verformung meines Beckens ließe eine problematische Geburt erwarten, erklärte Amara mir. Chirurgische Eingriffe, wie einen Kaiserschnitt, konnte und durfte sie nicht vornehmen, denn sie behandelte ausschließlich mit Kräutern. Wenn mein Baby wegen des verschobenen Beckens nicht allein den Weg auf die Welt fand, konnte es nicht gerettet werden.

Als für Mutter die Zeit des Abschieds nahte, wollte ich sie nicht gehen lassen. »Musst du wirklich in den Harem zurück? Bleib doch hier bei Amara.«

»Das habe ich ihr auch schon gesagt«, meinte die Heilerin. Resigniert hob sie die Schultern und ließ uns allein.

»Amara sorgt für dich wie eine Mutter, Choga Regina. Mehr kann ich auch nicht tun. Wenn dein Baby da ist, werde ich wieder einen Weg finden, um euch zu besuchen«, sagte Mutter.

»Was hält dich denn im Harem? Jetzt, wo Vater nicht mehr da ist.«

»Das ist schwer zu erklären. Lass es mich so sagen: Dort ist mein Zuhause. Bisi braucht mich. Ada auch. Und all die anderen. Wenn ich nicht zurückkomme, breche ich ihnen das Herz. Sie lieben mich und ich sie. Bisi hat schon kaum verwinden können, dass du weggehen musstest. Aber sie sieht ein, dass das nun mal der Preis ist, den man für sein Alter zu zahlen hat. Ich kann Bisi nicht verlassen. Bitte verzeih mir. Irgendwann werde ich eine Möglichkeit finden, dass wir alle mit dir und deinem Kind wieder zusammenleben können.«

»Was ist eigentlich mit der Farm?«

»Dort will niemand wohnen. Die Leute sagen, sie brächte Unglück. Felix will sie auch nicht. Ihm ist sie zu weit weg.«

»Der hat doch nur Angst davor, an den Ort seines Verbrechens zurückzukehren.«

»Ich werde versuchen, die Farm zurückzubekommen, mein Kind. Würdest du denn dort wieder wohnen wollen – nach allem?«

»Sofort!«, rief ich. »Am liebsten mit euch allen!«

Ich hatte mir immer ein Mädchen gewünscht. Der innere Frieden, den ich in mir zu spüren begann, schien noch nicht stark genug, um einen »kleinen Felix« an meiner Brust zu nähren. Ich wollte ein sanftes Mädchen, von dem ich schon geträumt hatte, seitdem ich Sue im Arm gehalten hatte. Obwohl Amara wieder einmal ganz genau »wusste«, dass ich mich besser auf einen Jungen einstellen müsste. Sollte sie Recht behalten, wollte ich ihn nach meinem eigenen Vater nennen; ein Mädchen würde Lisa heißen.

Es kam wie immer alles anders.

»Frau Egbeme«, eröffnete mir Amaras Frau Doktor, die meine Geschichte kannte und der wir vertrauten, »wir haben einige Untersuchungen gemacht.« Die aus Indien stammende Ärztin sah mich ernsthaft an. »Amara hat mich darüber unterrichtet, dass es in Ihrer Verwandtschaft eine große Anzahl von Kranken gibt. Deshalb hätten wir auch gern das Blut des Kindsvaters untersucht. Leider ist das jedoch nicht möglich«, setzte sie zu einer Erklärung an. Ich konnte ihr kaum zuhören, panisch vor Angst betete ich nur stumm: Auf gar keinen Fall, denn dann hätte Felix meinen Aufenthaltsort erfahren.

Ich hatte keine Ahnung, wohin dieses Gespräch führen sollte, und war auch viel zu verängstigt, um nachzufragen.

Endlich sagte die Ärztin: »Haben Sie schon einmal von Aids gehört?«

In Europa – das weiß ich heute – wusste im August 1995 schon beinahe jeder Jugendliche über diese Krankheit Bescheid. Aber in meinem Land spricht bis zum heutigen Tag niemand offen über Sexualität. Gewiss, im »Hühnerhaus« hatte Mama Uloma mir erklärt, wie ich einem Mann zu gewissen Freuden verhelfen konnte. Doch von Aids hatte die Lehrerin nie gesprochen.

Wie Millionen anderer Frauen meines Landes schüttelte ich als Antwort den Kopf.

Die Frau Doktor erklärte es mir; auch, dass ich selbst HIV-positiv sei. Ich konnte ihren Worten kaum folgen. Nur eines beschäftigte mich. »Was ist mit meinem Kind?«, fragte ich. An die Konsequenzen für mich selbst dachte ich nicht.

Sie antwortete, dass die ohnehin per Kaiserschnitt geplante Geburt für das Baby auf jeden Fall gefahrloser sei: »Es kann sich nicht so leicht anstecken wie bei einer normalen Geburt«, erklärte sie mir. Dann riet sie mir davon ab, das Baby zu stillen, die Viren in meinem Körper könnten sich sonst auf mein Kind übertragen. »Ich weiß, dass Sie sehr gläubig sind«, fuhr sie dann fort. »Das Beste wird sein, Sie bitten Gott, dass er Ihnen und Ihrem Kind hilft. Mehr kann ich im Moment nicht sagen. Ich muss erst die Geburt abwarten.«

Im ersten Moment war ich so schockiert, dass ich keinen klaren Gedanken fassen konnte. Erst allmählich drang die Schreckensbotschaft der Ärztin zu mir durch. Meine kleine Welt aus Angst und Schmerzen, die ich mit Hoffen und Beten am Einstürzen zu hindern versucht hatte, brach in den folgenden Stunden Stück für Stück zusammen. Zunächst kam mir die Erkenntnis, dass ich für mein eigenes Kind eine Gefahr darstellte. Denn die Worte der Ärztin bedeuteten, dass mein Kind nicht zwangsläufig krank zur Welt kommen musste, sondern dass ich diese Krankheit erst auf das Neugeborene übertragen konnte – durch mein Blut und meine Muttermilch.

Im Harem war es selten vorgekommen, dass eine *queen* ihr Kind einer Amme geben musste, die selbst gerade stillte. Eine »gute« Mutter tat das nicht. Doch wenn ich in diesem Leben etwas sein wollte, dann eine gute Mutter! Eben weil das Kind nicht den Vater hatte, den ich ihm wünschte ...

Erst nachdem ich das Wirrwarr in meinem Kopf ein wenig geordnet hatte, versuchte ich eine Antwort auf die andere Frage zu finden: Wie konnte es sein, dass ich HIV-positiv geworden war? An einer Krankheit litt, von der ich nie zuvor etwas gehört hatte!

Die Ärztin hatte mir erklärt, dass der Virus (außer durch Muttermilch) praktisch nur durch Blut und sexuelle Kontakte übertragen werde. Blut? Wessen Blut konnte mit meinem in Verbindung geraten sein? Sex? Der einzige Mann, der mir jemals näher gekommen war, hieß Felix. Darum die Frage der Ärztin nach seinem Blut! Daraus konnte nur folgen, dass Felix mir diese Krankheit angehängt hatte!

Doch Felix schlief mit unzähligen Frauen. Mir wurde fast schwindelig beim Gedanken an die Folgen. Der ganze Harem befand sich in Gefahr, all die Frauen, all die Kinder! Immer wieder sah ich das Bild von Idus in ihrem eigenen Leib verfaultem Baby vor mir. Doch das war ja noch nicht alles. »Eine große Anzahl von Kranken in ihrer Verwandtschaft«, hatte die Ärztin gesagt. Ein entsetzlicher Gedanke schoss mir durch den Kopf. Die unerklärliche Krankheit meines Vaters, die sein Leben mit 59 Jahren beendet hatte – war es etwa dieselbe, an der ich litt, die nur Felix auf mich übertragen haben konnte?

Die Ärztin hatte mich bei diesem Gespräch nicht aufgeklärt, wie lange ich mit dieser Krankheit leben konnte. Wenn es dieselbe war ... dann stand es schlecht um mich. Von Vaters erstem Zusammenbruch bis zu seinem Tod waren nicht ganz vier Jahre vergangen. Vier Jahre! Ich würde nicht einmal erleben, wenn mein Kind in die Schule käme!

Ich begann mitten in der Nacht zu schreien, rief verzweifelt um Hilfe. Doch die Krankenschwester wollte meinen Redeschwall nicht anhören; sie gab mir eine Beruhigungsspritze.

Mein Sohn

Am nächsten Tag entband ich unter Narkose. Als ich erwachte, suchte ich als Erstes mein Kind. Es war nicht bei mir. Eine Krankenschwester sagte mir, dass ich einen Sohn geboren hatte. Sie beruhigte mich, dass er ein hübsches Kind sei. Und gesund! Ich flehte, ihn sehen zu dürfen, aber es hieß, es müssten erst noch einige Untersuchungen durchgeführt werden. Sobald ich mich von dem Kaiserschnitt erholt hätte, dürfe ich zu ihm.

Am nächsten Morgen erschien Amara mit Mutter an meinem Bett. Ich freute mich unbändig, die beiden zu sehen. In meiner Aufregung über die Erlebnisse und Eröffnungen der vergangenen Tage vergaß ich jedoch völlig, Mutter zu fragen, ob sie wieder auf dem gleichen Weg wie beim letzten Mal aus dem Harem entkommen war. Sofort erzählte ich ihr alles, was ich über meine eigene HIV-Infektion wusste und was ich mir selbst über die Krankheit Papa Davids zurechtgelegt hatte. Angst, dass Felix mich entdecken könnte, hatte ich in dem Moment keine. Ich fühlte mich für kurze Zeit sicher in meiner kleinen Welt.

»Dein Vater ist an Lungenentzündung gestorben«, beruhigte sie mich mit fester Stimme, außerdem sei keine von Vaters Frauen bislang krank.

»Was ist mit den Frauen von Felix?«, fragte ich.

Mutter erzählte, dass eine von jenen drei *queens,* mit denen ich auf der Farm gelebt hatte, einige Wochen vor mir entbunden hatte. Ebenfalls einen Sohn. Das Kind war bereits im Alter von sechs Wochen gestorben. Niemand hatte nach den Gründen geforscht. Es konnte also durchaus an der Krankheit liegen – oder auch nicht.

»Mein Kind«, sagte Mutter, »unser aller Leben liegt in Gottes Hand. Er wird entscheiden, was geschieht. Lass uns jetzt für deinen Sohn beten.« Ich schloss die Augen, versuchte mich auf meinen kleinen Jungen, den ich immer noch nicht gesehen hatte, mit dem ich mich aber bereits innig verbunden fühlte, zu konzentrieren. Wir beteten. Wie so oft, wenn wir nicht mehr wussten, wie es weitergehen sollte.

Mutter schlug vor, dass mein Kind Joshua heißen solle. Denn es bliebe in aller Verzweiflung immer nur eines: die Hoffnung auf die Hilfe des Herrn. Und das bedeutet der Name meines Sohnes auch – Gott hilft.

Ich bat meine Mutter, mir den Kleinen zu bringen. Das war zwar unüblich, denn die Babys hatten eigentlich auf der Säuglingsstation zu bleiben. Mutter und Amara versuchten trotzdem, meinen Wunsch zu erfüllen. Wenig später kamen sie zurück.

Mutter legte mir ein kleines schlafendes Baby in den Arm. »Das ist er, dein Joshua.« Amara strahlte mich an. »Er ist ein hübsches Kind!«, rief sie. »Jetzt vergesst doch mal all eure Sorgen. Seht nur, wie ebenmäßig sein Gesicht ist. Ich glaube, ich habe noch nie ein so süßes Kind gesehen.«

»Joshua«, sagte ich zu meinem kleinen Jungen, »deine Oma hat dir einen schönen Namen ausgesucht.« Ich rufe Joshuas Namen noch immer gerne. Er klingt so lebensbejahend, so positiv und zärtlich zugleich.

Dies war also mein Sohn. Gott hatte gewollt, dass ich ihn bekomme. Seine Haut war noch hell, seine Haare dicht und schwarz, er war zart, aber nicht zu dünn. Es war nichts an ihm, das nicht so war, wie es sein sollte. Die Ärztin hatte mir inzwischen gesagt, dass er den Virus in sich trägt. Doch Joshua sah genauso aus, wie ich ihn mir gewünscht hatte: gesund! Um mehr hatte ich die Madonna nicht gebeten. Ich merkte nicht, dass mir die Tränen übers Gesicht liefen.

»Mach dich nicht verrückt, mein Kind«, versuchte Mutter mich zu trösten, »dass er HIV-positiv ist, heißt noch nichts. Das kann sich ändern, hat mir deine nette Ärztin erklärt. Und glaube mir, es wird sich ändern.«

Nachdem ich aufstehen konnte, besuchte ich Joshua jeden Tag im Säuglingszimmer. Es war ein riesiger Raum, dicht vollgestellt mit Gitterbettchen. Ich erkannte meinen Sohn aus der Vielzahl der anderen Kinder auf den ersten Blick heraus. Er trug mein selbst gehäkeltes, aus rosa und hellblauem Baumwollgarn gearbeitetes Jäckchen. Ich war richtig froh über meine Unentschiedenheit bei der Auswahl des richtigen Farbtons.

An seinem Bett hing in einer Plastiktasche seine Akte. Darauf befand sich ein ziemlich großes rotes Kreuz, das ich zunächst für das *Rote Kreuz* hielt. Dann stellte ich fest, dass dieses Zeichen auf den meisten Taschen fehlte.

»Die mit dem Kreuz sind die Positiven«, erklärte mir die Säuglingsschwester. Sie durften nicht zum Stillen zu ihren Müttern gebracht werden. In jener Woche, in der Joshua dort geboren wurde, kamen auf dieser Station zwölf andere Kinder zur Welt, die das rote Kreuz des HIV-Virus mit durch ihr Leben trugen.

Millionen von Kindern werden jedes Jahr in Nigeria geboren und die Säuglingssterblichkeit ist extrem hoch. Unter normalen Umständen – zum Beispiel, wenn Joshua auf der Farm zur Welt gekommen wäre – hätte ich niemals erfahren, dass wir beide diese schreckliche Krankheit in uns tragen. So lebe ich zwar mit der Angst, dass uns eines Tages eine »harmlose« Krankheit das Leben kosten kann, aber dieses Bewusstsein lässt mich jeden Tag, den Joshua und ich gesund erleben, wie ein Geschenk genießen.

Ich durfte das Krankenhaus eine Woche nach der Entbindung mit meinem Sohn verlassen. Wieder zu Hause, wurden wir von Amaras Mädchen aufs herzlichste begrüßt. Alle hatten ihre Arbeit unterbrochen und sich vor dem Eingang versammelt, um unsere Ankunft nicht zu verpassen. Nun überschlugen sie sich fast vor Begeisterung.

»Was für ein schönes Kind!«, rief die eine aus und strich dem kleinen Joshua über den Schopf.

»Genau, und er sieht Sister Mary unglaublich ähnlich«, bestätigte eine andere.

Ich freute mich natürlich sehr über die Komplimente, war jedoch dem Ansturm gar nicht richtig gewachsen. Da schritt Amara ein und sorgte mit einem »jetzt lasst die beiden doch erst einmal in Ruhe auspacken« für ein wenig Ordnung.

Amara hatte für uns ein neues, größeres Zimmer bereit gestellt, in dem wir beide uns wohl fühlen konnten. Joshua bekam sein Fläschchen, wie er es in der Klinik gewohnt war, denn die Heilerin hatte Trockenmilchpulver besorgt. Ich hätte ihn gerne gestillt, aber ich tröstete ihn und mich damit, dass es so besser für ihn war. Ich musste versuchen, nicht selbst für meinen geliebten Sohn eine Gefahr darzustellen. Zumindest, soweit es in meiner Macht stand.

In den ersten vier Monaten seines Lebens entwickelte sich Josh völlig normal. Er schlief viel, schrie selten, nahm aber in einem Maße zu, das Amara besser als ich beurteilen konnte.

»Joshua ist nicht zu dick und nicht zu dünn, nicht zu groß und nicht zu klein«, freute sie sich und zwickte den Kleinen. Wenn er lachte, bildeten sich auf seinen Wangen kleine Grübchen, die ihn wie einen kleinen Engel aussehen ließen. Meine ängstliche Sorge, dass dieser unheimliche Virus, den ich nicht sehen und nicht einschätzen konnte, ihm doch noch schaden könnte, löste sich allmählich auf. Unser Leben fand in normale Bahnen. Mit der Zeit begann ich mich wirklich zu entspannen: Ich war durch dunkle Nacht gelaufen, nun schien die Sonne des Glücks auf Joshua und mich.

Ich fühlte mich in der Gemeinschaft mit meinen neuen Freundinnen sehr wohl und sie alle mochten meinen Kleinen sehr und kümmerten sich rührend um ihn.

Die düsteren Wolken zogen unmerklich auf. Vier Monate nach seiner Geburt bekam Joshua Durchfall. Amara untersuchte ihn gründlich und stellte dabei fest, dass seine Mundschleimhaut von einem Pilz angegriffen war. Sie gab ihm eine pflanzliche Medizin, die bei diesen eigentlich harmlosen Erkrankungen half. Ihre Kräuter wirkten zwar, aber die Kinderkrankheiten kehrten zurück.

Bis die Ärzte uns beiden die schreckliche Diagnose »HIV-positiv« gestellt hatten, hatte sich Amara mit der Krankheit nicht beschäftigt gehabt. Nun aber erkannte sie besser als ich, dass eingetreten war, was wir die ganze Zeit über verdrängt hatten: Bei Joshua war die schreckliche Krankheit ausgebrochen. Ein Monat verstrich, in dem mein Kleiner immer schwächer wurde. Er hatte hohes Fieber und Husten. Amara tippte auf eine Lungenentzündung, die sofort behandelt werden sollte.

In der Klinik bekam Josh alle Medikamente, die in den Industrieländern erfunden worden waren, um den Körper bei seinem Kampf gegen die Viren zu unterstützen. Doch lange konnte mein Junge nicht im Krankenhaus bleiben, denn wir hatten nicht jene Tausende von Dollars, die das Krankenhaus gewöhnlich für die Behandlung in Rechnung stellte. Amara sorgte sich sehr um Joshua, wandte ihre gesamte Zeit auf, sprach mit verschiedenen Heilern, um mit immer neuer Pflanzenmedizin zu experimentieren. Doch es war eine lange, nervenaufreibende Suche, bis sie auf dem richtigen Weg war.

Joshuas Schwäche, die immer wiederkehrenden Fieberschübe, erforderten ständige Aufmerksamkeit. Durch sein Untergewicht bekam jeder Durchfall, jedes Erbrechen eine enorme Bedeutung, wuchs gar zu einer Bedrohung seines jungen Lebens. Wie dumm ich gewesen war, als ich in meinen schwärzesten Stunden geglaubt hatte, Felix habe mich um ein Leben mit Würde, Selbstbestimmung, Liebe und Gewaltlosigkeit gebracht! Es war viel schlimmer: Er hatte das Leben seines Sohnes zerstört. Und zwar bereits vor Joshuas Geburt. Mein Zorn auf Felix, der sich gelegt hatte, brach mit Joshuas Erkrankung wieder auf. Es gab (und gibt) nur einen Gedanken, der diesen Mann halbwegs entlasten könnte: Wahrscheinlich hat er nicht gewusst, dass er HIV-positiv war. Es entschuldigt allerdings nicht sein promiskuitives Verhalten, das dieser Krankheit erst den Nährboden gibt.

Wir mussten herausfinden, welche Nahrung Joshua vertrug, und ihn gleichzeitig mit hinreichend Kalorien versorgte. Meine Freundinnen waren mir in jener Zeit wirklich eine große Hilfe. Doch immer wieder stellte sich ein Rückschlag ein. Als Joshua sein erstes Lebensjahr vollendet hatte, waren wir zu Expertinnen für die Versorgung eines aidskranken Babys geworden. Wir gaben ein großes Fest, eine richtige Freudenfeier, zu der sich Mutter wieder aus dem Harem geschlichen hatte. Dass Joshua die ersten zwölf Monate, die für viele andere aidskranke Kleinkinder so kritisch sind, überstanden hatte, gab uns Mut. Wir hatten bewiesen, dass man sich dieser Krankheit nicht kampflos ergeben musste.

In meinem Land ist es nicht normal, sich mit aller Macht gegen Aids zu wehren. Während ich die ganze Zeit bei meinem Sohn blieb, fuhr Amara herum und sprach mit anderen Frauen, die ebenfalls kranke Kinder hatten. Die Heilerin berichtete mir, dass die meisten Babys früh starben. Oft, weil einfach das Geld fehlte, um die teure Medizin zu kaufen.

Doch das ist nicht der einzige Grund. Viele Eltern haben eine andere Einstellung als ich. Für mich war und ist der Gedanke, Josh zu verlieren, unvorstellbar. Sein Schicksal und meines – das war und ist eins. Andere Frauen, die viele Kinder bekommen wollen, beugen sich dem harten Los, ein Kind früh zu verlieren.

Nach meiner Meinung ist es Joshuas Schicksal, sich gegen die Krankheit zu wehren, nicht sich ihr zu ergeben. Gerade wenn es Josh wieder einmal schlechter geht, muss ich an meine Halbschwester Sue denken, die mit zweieinhalb Jahren sterben musste. Damals war ich hilflos. Und so hilflos will ich nie wieder sein. Natürlich glaube ich daran, dass Gott uns beschützt. Aber er kann es nicht allein schaffen. Ich selbst muss ihm dabei helfen. So, wie ich es der weißen Madonna versprochen habe.

Ein neuer Weg

War es Glück, dass ich bei Amara Zuflucht finden durfte? Oder Vorsehung, genau jenen Menschen an meiner Seite zu haben, der mir beistehen konnte, mehr zu wissen, zu lernen, wie man richtig hilft?

Ich ergriff die Gelegenheit mit beiden Händen, als Amara nach Joshuas erstem Geburtstag sagte: »Wir beide haben in den letzten zwölf Monaten eine Menge gelernt über diese fremde Krankheit. Dir tut diese neue Aufgabe gut und deinem Sohn hilfst du dadurch auch. Ich habe lange nachgedacht und mache dir heute ein Angebot: Willst du meine Schülerin werden? Alles lernen, was ich weiß? Über die Heilkräuter, wo du sie findest, wann sie zu ernten sind, welche Teile ich verwende, wie ich sie zubereite, wie ich sie anwende?«

Dass Amaras Arbeit Joshua half, davon konnte ich mich mit eigenen Augen überzeugen. Indem ich von ihr alles lernte, würde ich meinem Jungen zur Seite stehen können. Das war mein erster Gedanke, als ich sie voller Freude umarmte. Aber da war auch das Gefühl der Bewunderung, die ich für Amara empfand. Früher hatte ich Bisi um ihre – verglichen mit Amara wesentlich bescheideneren – Fähigkeiten beneidet. Durch das Angebot der Heilerin schloss sich nun der Kreis, der in meiner Kindheit begonnen hatte.

Mit meiner Antwort begann mein neuer Weg. Ich entschloss mich, das zu werden, was Amara als ihren Beruf angibt – ein *herbalist*. Auf der Farm hatte ich mich zum ersten Mal und voller Begeisterung mit Pflanzen beschäftigt. In Lagos jedoch war es ein echtes Problem, stets an frische Kräuter zu kommen.

Wir mussten mit Amaras Lieferwagen weite Strecken fahren, um jene Stellen zu finden, wo die Heilkräuter gediehen, aus denen die Medizin frisch hergestellt wurde.

Deshalb schlug ich eines Tages vor, die Sache gründlich anzugehen. Hinter dem Mädchenhaus, in dem Joshua und ich wohnten, hielt Amara Hühner, ein paar Ziegen und zwei Schweine.

»Warum legen wir dort nicht einen Kräutergarten an? Das erspart uns lange Wege«, fragte ich sie, als wir eines Abends wieder erschöpft von einer unserer Touren zurückkamen.

»Bis die Pflanzen groß genug sind, kann es lange dauern«, entgegnete Amara. Aber sie sah ein, dass wir die Medizin wohl noch lange gebrauchen würden. Sehr lange. Also überlegten wir nicht großartig, sondern brachten die Tiere bei unseren Nachbarn unter und rissen die einfachen Ställe nieder.

Bei Joshs erstem Geburtstag hatte meine Mutter Amara und mir erzählt, dass sie, Ada und Bisi im Harem für die Betreuung der Babys zuständig seien. Seit einiger Zeit traten dort die gleichen Probleme auf, mit denen Joshua zu kämpfen hatte. Die ihr anvertrauten Kinder starben meiner Mutter unter den Fingern weg. Die meisten erlebten nicht einmal ihren ersten Geburtstag. Nur wenige hatten von der Natur so viel Energie mit auf den Lebensweg bekommen, dass sie durchkamen.

Mutter wusste dank meines und Joshs Schicksal die Zeichen richtig zu deuten: »Ist es nicht furchtbar?«, fragte sie, als wir im Anschluss an die Geburtstagsfeier noch zusammensaßen. »Wir haben hohe Mauern, Wächter vor den Türen und Gitter an den Fenstern. Und all das nützt nichts! Unseren Kindern wird das Leben gestohlen. Wenn das dein Vater noch erlebt hätte ...«

»Glaubst du wirklich, dass Vater an einer Lungenentzündung gestorben ist, Mutter? Kann es nicht das sein, was ich schon früher vermutete?«

»Nein, mein Kind, diese Seuche hat ein anderer in den Harem gebracht.«

Ich schwieg. Was sollte ich Mutter noch mehr beunruhigen? Ich hatte ja keine Erklärung anzubieten, wie Vater sich infiziert haben könnte. Das Sexualleben des charismatischen Papa David traute ich mich nicht zu analysieren. Außerdem lag mein Augenmerk auf den Sorgen, die mich umgaben und mit denen Mutter, Ada und Bisi Tag für Tag zu kämpfen hatten: dem Tod der Babys. Und ständig kamen neue infizierte Kinder zur Welt.

»Wir müssen den Kindern im Harem ebenso helfen wie Joshua!«, sagte ich am nächsten Morgen zu Mutter und Amara, während mein kleiner Sohn zu unseren Füßen spielte.

»Kind, das ist viel zu gefährlich!«, widersprach Mutter. »Felix hat zwar aufgegeben, nach dir zu suchen. Aber sobald er merkt, dass wir in engem Kontakt stehen, wird sein Misstrauen wieder geweckt.«

»Was deine Mutter sagt, ist richtig«, stimmte Amara ihr zu. »Du musst jetzt an dich und deinen kleinen Jungen denken.«

»Ich sage ja nicht, dass ich Felix höchstpersönlich die Medizin für die kranken Kinder in die Hand drücken will!«, ereiferte ich mich. »Aber wir haben die Mittel, um anderen zu helfen. Also müssen wir es auch tun. Die Babys sind schließlich unschuldig an ihrem Schicksal.«

»Das ist meine Tochter«, lächelte Mutter. »So kenne ich dich. Du denkst immer an andere.«

»Du musst reden, Mutter! Wer hat denn immer das eigene Wohl hinter das der anderen gestellt?«

»So hoch sind die Haremsmauern nicht, Lisa, dass meine Mädchen nicht jeden Morgen ein Päckchen mit frischer Medizin darüberwerfen könnten«, meinte Amara.

»Und wer soll eure Arbeit bezahlen?«, fragte Mutter sehr realistisch.

»Felix!« Die Heilerin grinste verschmitzt. »Das ist immer das Geheimnis meiner Geschäfte gewesen, Lisa. Erst einmal muss man investieren, dann kommt alles wieder zurück. So gerne ich auch Gutes tue, ich achte stets darauf, dass es sich auch rechnet. Die Zeit wird kommen, dass Felix jede Hilfe annimmt, egal, woher sie kommt. Und dann wird er bereit sein, jeden Preis dafür zu bezahlen.«

In den nächsten Monaten verwandelte sich Amaras Küche in ein richtiges Kräuterlabor, in dem ausschließlich frische Medizin hergestellt wurde. Alle Bewohnerinnen des *compound* wurden für diese Aufgabe eingespannt und meine Mitschwestern waren mit Eifer bei der Sache. Der kleine Joshua war ihnen Ansporn genug. Wir richteten unseren ganzen Tagesablauf auf unsere Produktion aus: Noch bevor die Sonne aufging, wurden die Kräuter gepflückt und unverzüglich zu Medizin verarbeitet. Eines der Mädchen, die bei Amara eigentlich als Hausangestellte ausgebildet werden sollten, brachte die Medizin kurz nach Tagesanbruch zum Harem und warf sie gegenüber von Mutters Haus über die Mauer. Von der Treppe aus, unserem Kinderzeiten-»Ausguck«, wurde die Aktion überwacht. Auf die gleiche Weise erreichten uns Nachrichten aus dem Harem. Ein um einen Stein gewickelter Zettel enthielt die aktuellen Therapiewünsche. Dennoch waren wir stets auf der Hut und gingen mit äußerster Vorsicht ans Werk. Im Harem gab es zu viele neugierige Augen und Ohren, die unserer Aktion ein allzu schnelles Ende hätten bereiten können.

In Amaras direkter Nachbarschaft sprach sich die neue Kunst der Heilerin schnell herum. Ständig gewannen wir neue Patienten, auch Erwachsene. Ich war so eingespannt, dass ich meine eigene Erkrankung völlig vergaß. Es war wieder so wie in den besten Jahren auf der Farm: Ich hatte eine Aufgabe – anderen zu helfen.

Allerdings lebte ich diesmal mit einer unangenehmen Einschränkung. Aus Angst vor Felix verließ ich Amaras Grundstück nie tagsüber. Ich konzentrierte mich auf die Zubereitung der Medizin in der Küche. Joshua konnte ich dabei stets im Auge behalten. Unsere Mädchen hatten den Jungen so sehr ins Herz geschlossen, dass sie auf ihn aufpassten, wenn ich komplizierte Arbeiten zu erledigen hatte. Sie verwöhnten Josh nach Strich und Faden, so dass mich seine Situation manchmal an meine Kleinkinderzeit im Harem erinnerte. Sie verhätschelten ihn einfach sehr. Ich gebe zu, dass ich sie gewähren ließ. Was die nötige Strenge angeht, bin ich meinem Jungen keine gute Mutter. Mich quält die Angst, dass wir nicht genug Zeit auf Erden miteinander haben.

Amaras Vermutung war richtig gewesen. Die Seuche breitete sich im Harem so schnell aus, dass Felix nicht länger die Augen davor verschließen konnte. Er erkannte, dass er Hilfe brauchte. Westliche Medizin war für so viele Menschen allerdings nicht finanzierbar. Eines Tages verriet ihm eine seiner *queens* das Geheimnis, mit dem die Babys gerettet wurden: die Kräutermedizin, von der niemand hinter den Haremsmauern wusste, woher sie stammte. Amara war zu klug, um ihren Triumph auszukosten, und zu vorsichtig, um mich in Gefahr zu bringen. So konnte sie den Harem schließlich gegen Bezahlung beliefern, ohne dass Felix die Verbindung zwischen ihr und mir herausfand.

Die Arbeit fraß uns regelrecht auf. »Du stehst nur noch in der Küche und schuftest«, sagte Amara einige Wochen später zu mir. »Und ich komme überhaupt nicht mehr dazu, mich um deine Ausbildung zu kümmern.«

»Aber ich lerne doch so viel!«, protestierte ich.

»Es gibt so viel mehr zu lernen«, meinte sie. »Ich habe nachgedacht. Je mehr wir mit dem Harem zu tun haben, desto riskanter wird es für dich. Daher möchte ich dir einen Vorschlag machen.« Dann erzählte sie mir von weisen Frauen, die sich aus der Stadt zurückgezogen hatten und Nachwuchs suchten, den sie in ihre Geheimnisse einweihen konnten. Und von jungen Frauen, die bereit waren, das alte Wissen der Ahninnen zu erlernen, die Zusammenhänge von Seelen und Geistern, Toten, Ungeborenen und Lebenden zu erfahren. »Die Ausbildung dauert drei Jahre. Allerdings kannst du in dieser Zeit mit niemandem Kontakt haben außer mit deinen Lehrerinnen.«

»Und was ist mit Joshua? Ohne ihn will nicht sein!«

»Ich habe mit meinen Freundinnen auch darüber gesprochen. Ich habe ihnen gesagt, wie es um Joshua steht und dass ihr beiden nicht getrennt werden dürft. Sie haben betont, dass kein männliches Wesen ihren Hain betreten darf.« In Amaras ernstes Gesicht trat ein plötzliches Lachen. »Es sind weise Frauen. Sie wissen, dass ein knapp zweijähriges Kind keine Geheimnisse verraten wird. Selbst, wenn es ein Junge ist ...«

»Ich werde darüber nachdenken«, sagte ich nur verwirrt. Ich konnte mich unmöglich auf der Stelle entscheiden, zu plötzlich kam Amaras Vorschlag damals für mich. Einerseits bot sich mir eine einmalige Chance, die ich eigentlich nicht ausschlagen durfte – zumal die weisen Frauen mir erlaubt hatten, meinen über alles geliebten Joshua mitzunehmen. Zum anderen würde ich mich schon wieder für eine lange Zeit von mir lieb gewordenen Menschen trennen müssen. Ich hatte bei Amara ein neues Zuhause gefunden und fühlte mich dort geborgen. Das alles musste ich nun hinter mir lassen. Und Mutter – was, wenn ihr etwas zustieß?

Die Entscheidung fiel mir nicht leicht, doch schließlich machte ich mir bewusst, dass ich eine Aufgabe hatte. Ich wollte so vielen Menschen und vor allem Kindern dabei helfen, die schreckliche Krankheit zu besiegen. Und wenn ich bei den weisen Frauen mehr über Heilkräuter und deren Nutzen lernen konnte, so war damit allen gedient.

Die Heilerin brachte uns beide bald darauf an einen Ort weit entfernt von Lagos, zu meinen Lehrerinnen. Gemeinsam mit meinem Sohn blieb ich dort drei Jahre, in denen ich Dinge erfuhr, über die ich nicht ungeschützt sprechen darf. Dies Schweigegelübde kann ich nur einer Person gegenüber brechen, die selbst durch die Initiation genannte Schule meiner Lehrerinnen gegangen ist oder die sich von mir ausbilden lassen will.

Der Todeskuss

Für mich hatte sich ein neuer Weg erschlossen. Doch diejenigen, die im Harem lebten, mussten ihren noch zu Ende gehen. Bei meiner Abreise zu den weisen Frauen waren es nur die Kleinsten gewesen, die unter der Seuche litten. Aber nach und nach erkrankten immer mehr *queens*. Felix sonderte sie ab, sobald sie die ersten Symptome, wie Hauterkrankungen, langanhaltendes Fieber oder Durchfall, aufwiesen. Trotzdem sprach sich außerhalb des Harems das Unglück der *Familie* herum. Die Angst vor Ansteckung machte den Harem zu einer Insel, auf der mein Mann, die Kinder und die Frauen wie Aussätzige lebten.

»Es war schrecklich! Wo ich hinkam, blickte ich in erloschene Augen und abgemagerte Gesichter, aus denen die Hoffnung gewichen war«, erzählte mir Amara bei meiner Rückkehr von dieser schweren Zeit, die ich gemeinsam mit Josh bei den weisen Frauen weit entfernt von all diesem Elend im Busch verbrachte. »Dein Vater hatte den Menschen Kraft gegeben und nun glich dieser Ort dem Vorhof zur Hölle.«

Erstaunt und bestürzt zugleich lauschte ich ihrem Bericht: Die älteren Frauen, wie Mama Patty, Felicitas, Bisi, Mutter oder auch die trotz aller Schicksalsschläge starke Ada, trotzten der sich ausbreitenden Hoffnungslosigkeit mit schwerer Arbeit. Aidskranke zu versorgen, ist eine sehr aufreibende Tätigkeit, denn ab einem gewissen Stadium sind die Patienten rund um die Uhr auf Pflege angewiesen.

Einzig der Gedanke, eine wirkliche *Familie* zu sein, die sich gegenseitig hilft und unterstützt, rettete diese geschwächte Gemeinschaft vor dem Zerfall. Vorerst. Doch dann mussten selbst die letzten Frauen einsehen, dass die Zeit gegen den Harem arbeitete. Felix wurde immer schwächer, konnte schließlich das von Papa David übernommene, klimatisierte Zimmer nicht mehr verlassen.

Als die weise Frau mir von diesem letzten Treffen mit Felix berichtete, bei dem er ihre Medizin als nutzlose Spinnerei abgekanzelt hatte, ereiferte sie sich, als hätte es gerade erst stattgefunden. »›Bin ich denn ein Wunderdoktor?‹, schleuderte ich ihm die Worte entgegen«, berichtete Amara mir. »Dann habe ich ihm gesagt, was ich von ihm halte. ›Du hast das prächtige Haus eines guten Mannes in einen Friedhof verwandelt. So wie du das Leben aller Menschen verdorben hast, die je das Unglück hatten, dir zu begegnen!‹«

»Amara, hast du ihm von mir erzählt? Dass er einen Jungen hat? Was Josh für ein wunderbares Kind ist?«, fragte ich.

Sie schüttelte den Kopf. »Nein, mein Kind. Warum sollte ich diesem Mann sagen, dass sogar er etwas Gutes hinterlassen hat? Felix hat sich nie für andere interessiert. Nein, dieses Geschenk wollte ich ihm nicht noch machen!«

Ich umarmte meine Lehrerin. »Das war richtig. Wahrscheinlich hätte ich ihm von Joshua erzählt. Weil ich so glücklich bin, dass aus so viel Not doch noch ein geliebter Mensch hervorgegangen ist. Aber diesen Trost hat Felix nicht verdient. Darum ist es auch gut, dass ich ihn nicht mehr getroffen habe.«

Amara gab Felix keine Medizin. Sie sagte, es sei ohnehin sinnlos gewesen. Wenige Tage später war er tot. Es fand keine große Trauerfeier statt, denn die werden abgehalten, um sich auf die Rückkehr eines geliebten Menschen zu freuen. Mag sein, dass ein paar Frauen und Kinder Felix vermissten, aber die meisten waren sicher erlöst.

Was auch immer meine Mitfrauen über diesen Mann gedacht haben mochten, mit dem Tod des Familienvorstands verlor der Harem seinen Mittelpunkt, seinen Führer. Schon während der letzten Monate von Felix' Siechtum hatten die Frauen und *queens* sich auf ein Leben ohne Mann einstellen müssen. Dem Tribunal, das schon immer für die Rechtsprechung zuständig gewesen war, fiel nach den geltenden Regeln die Aufgabe zu, den *compound* zu leiten. Das waren Mama Patty, Mama Felicitas und meine Mutter. Drei Frauen von Mitte bis Ende 60. Zwar waren alle lebensklug und über die Jahre selbstständig handelnd, doch die resoluteste von allen war Mutter, die in den Jahren auf der Farm erfahren hatte, dass es ohne Mann mindestens genauso gut lief.

Das größte Problem der Gemeinschaft war deren Finanzierung. Wer noch dazu in der Lage war, beschäftigte sich mit handwerklichen Arbeiten wie dem Herstellen von Schmuck, dem Nähen von Kleidern oder dem Anfertigen von Flecht- und Tonwaren, die auf den Märkten verkauft wurden. Geld ließ sich auf diese Weise durchaus verdienen, allerdings nicht genug, um eine solch große Zahl von Menschen satt zu bekommen und die Kranken zu versorgen. Mutter schuftete ebenso wie die anderen Tag und Nacht, sah schlecht aus und war ständig erschöpft. Nicht einmal Amara erkannte, was wirklich mit Mutter passiert war: Die Seuche hatte auch sie erfasst.

Sie war, wie Amara mir erzählte, überzeugt, dass sie sich nicht durch die Pflege der Kranken infiziert hatte. Am Ende ihres Lebens war sie sich sicher, dass nicht nur Felix das Virus in sich trug, sondern auch mein eigener Vater. Schließlich gab es zwischen beiden Männern eine Verbindung – Idu. Bewiesen werden konnte das nie. Doch der zeitliche Zusammenhang zwischen Idus Rückkehr in den Harem und Vaters Erkrankung ist offensichtlich. Außerdem berichtete mir Jo damals auf der Farm von dem Brief aus Ibadan, den ersten Toten, deren Symptome auf Aids schließen lassen. Von dort kamen Idu und Felix. Idu hat mit Sicherheit Papa David infiziert, ob sie den Todeskuss an Felix weiterreichte oder ob es umgekehrt war, weiß niemand.

Amara wollte Mutter sofort zu sich holen, um sie besser pflegen zu können, doch die Kranke weigerte sich, den *compound* zu verlassen. Bisi und Ada kümmerten sich mit aller Liebe und Amaras Medizin um sie. Doch die heilt am besten, wenn die Patienten sie bereits in einem frühen Stadium des Krankheitsausbruchs bekommen. Sie konnte nicht mehr bewirken, als Mutters Leiden zu verringern und die Schmerzen erträglich zu machen.

Dies war die Lage, als ich von meinem dreijährigen Aufenthalt bei meinen Lehrerinnen zurückkehrte.

Amara gab sich viel Mühe, mir die schreckliche Wahrheit schonend beizubringen. Trotzdem war es ein Schock und meine erste Sorge galt Joshua. Wie konnte ich ihm vermitteln, dass seine Oma an jener Krankheit sterben würde, die auch in seinem Körper schlief?

»Sag es ihm lieber gleich. Er ist ein aufgeweckter Junge, der es nicht verstehen wird, wenn du ihm das verschweigst«, riet Amara wenige Tage nach meiner Ankunft, als wir wieder einmal über Mutter gesprochen hatten.

Mein Sohn untersuchte gerade die inzwischen großen Pflanzen in Amaras Garten. Das Leben im Busch hatte aus meinem Jungen einen kleinen Pflanzenkundler gemacht. Mit seinen damals fünf Jahren wusste er schon, welche Blätter gegen Bauchweh helfen, welche gegen Husten und welche gegen den immer wiederkehrenden Pilzbefall im Rachen, der so schrecklich brennt. Er war gerade dabei, sich einige zarte Blätter abzurupfen, als ich zu ihm kam.

»Dein Hals tut wieder weh?«, fragte ich.

»Amara hat dieselben Sachen wie die Omas!« So nennt er die Lehrerinnen, die mich ausgebildet haben. Dann stopfte er sich die Blättchen in den Mund und kaute sie genüsslich. »Wird bald wieder alles gut sein«, sagte er.

»Deine Oma Lisa hat die gleiche Krankheit wie wir beide«, sagte ich zu Josh.

»Dann bringe ich Oma Lisa von den Blättern hier mit!«, erwiderte er kurz entschlossen und damit war das Thema vorerst erledigt.

Amara fuhr Josh und mich am Nachmittag zum einstigen Harem. Als ständige Besucherin verfügte sie bereits über einen Schlüssel zu einer der vielen Türen, die nach wie vor abgeschlossen wurden.

Auf dem Weg dorthin war mir ganz schön mulmig zumute. Dabei hatte ich seit dem Tod von Papa Felix nichts mehr zu befürchten – immerhin stand meine Mutter dem Harem vor.

Seitdem Mutter zu geschwächt war, um die Treppen in den ersten Stock zu ihrer Wohnung hochsteigen zu können, lebte sie in Bisis Räumen. In ihrem schönsten weißen Kleid saß sie aufrecht im Bett, als wir eintraten. Sie hatte sich von ihrer besten Freundin hübsch machen lassen, um ihren Enkel zu begrüßen. Sie war so tapfer! Die ganze Zeit lachte sie und erzählte lustige Geschichten, kitzelte Josh und liebkoste ihn. Während ich Bisi umarmte und stumm mit ihr unser Wiedersehen feierte, wandte der kleine Josh sich an meine todkranke Mutter.

»Oma, ich habe dir Blätter für deinen Hals mitgebracht!«, sagte er. »Tut es dir auch beim Schlucken so weh?«

Die beiden begannen eine kleine Fachsimpelei über die Bekämpfung milder Aidssymptome. Als unterhielten sie sich über ein Kinderspiel ... Ich stand dabei und war glücklich, dass die beiden sich endlich richtig kennen lernen konnten.

Am Mittag legte ich Josh oben in Mutters Bett zum Schlafen hin. Erstaunt stellte ich fest, dass die Räume meiner Kindheit unverändert aussahen. Auf der Kommode lag ein Brief. Der Umschlag war zwar geöffnet, aber der Brief wieder sorgfältig hineingelegt worden. So, als ob der Inhalt nicht mehr von Bedeutung wäre. Als ich den Absender las, setzte mein Herz für einen Augenblick aus. Der Brief stammte von Magdalena. Dann nahm ich all meinen Mut zusammen und las die Zeilen.

Liebe Mutter,

ich wollte dir schon vor so langer Zeit schreiben. Aber mir fehlte immer der Mut dazu. Denn zwischen dir und mir stand so viel Fremdheit. Ich brauchte Zeit, um sie zu überwinden. Ich danke dir für die vielen Briefe, die du mir in den letzten Jahrzehnten geschrieben hast. Jene, die du an meine Internatsadresse gerichtet hast, und die an Onkel Xaver habe ich nie erhalten.

Dein Bruder ist seit zwei Jahren tot, Tante Johanna folgte ihm vor ein paar Wochen. In ihrem Nachlass habe ich deine Briefe gefunden. Es war nicht richtig, dass die beiden all die lange Zeit den Kontakt zwischen uns unterbunden haben. Aus deinen Briefen habe ich herausgehört, dass du mich nie vergessen und immer geliebt hast. Wie kann man dies Unrecht, das uns so entfremdet hat, nur wieder gutmachen?

Ich habe lange nachgedacht und mich entschlossen, so bald als möglich nach Nigeria zu reisen. Wenn du willst, kann ich zu Ostern bei dir sein.

In Liebe, deine Tochter Magdalena.

P.S. Ich habe ein neues Foto von mir und meiner Tochter Katharina beigelegt.

Ich hastete die Treppe so schnell hinunter, wie ich konnte. Bisi hatte sich neben Mutter zum Schlafen gelegt, vertraut hielten die beiden sich an den Händen. Wie ein Paar, das einen langen gemeinsamen Weg zurückgelegt hat. Leise zog ich mich wieder zurück.

Da hörte ich Mutters brüchige Stimme: »Bleib nur, mein Kind. Du hast den Brief gefunden?«

Ich eilte zu meiner Mutter, kniete mich neben sie. »Das ist ja wundervoll, Mama! Ostern ist doch schon ganz bald. Hast du ihr geantwortet?«

»Sie wollte nicht. Sie hat nur gesagt: ›Soll Magdalena mich etwa so sehen?‹«, grummelte Bisi. »Aber ich habe keine Ruhe gegeben, bis deine Mutter ihr geschrieben hat.«

»Ich bin froh, dass ich es getan habe. Nicht meinetwegen, Choga Regina. Sondern wegen Joshua, dir und Magdalena.« Sie sah zu Bisi. »Wo hast du denn die Papiere, meine Liebe?« Die alte Frau griff unter ihr Bett und reichte Mutter einen Umschlag, den diese öffnete und mir die Blätter darin überreichte. »Die Farm. Das hier ist die Besitzurkunde. Sie gehört jetzt dir. Ich wünsche euch, dass ihr dort glücklich werdet.«

Zunächst war ich vor Überraschung wie erstarrt. Doch dann umarmte ich Mutter voll Dankbarkeit und Schmerz. »Wir werden bestimmt dort glücklich. Und du wirst dich erholen. Dann fahren wir gemeinsam nach Jeba. Wir alle: du, Mama Bisi, Josh und ich. Wir zeigen Magdalena unser Paradies.«

»Es wird kein Paradies mehr sein, mein Kind. Fünf Jahre sind eine lange Zeit. Ihr werdet dort ganz von vorn anfangen müssen.«

»Aber wir haben unser Zuhause wieder!«, rief ich voller Begeisterung.

»Ich weiß nicht, ob ich das noch schaffe. Meine Kraft lässt nach.« Ihre Stimme klang matt und ohne jede Hoffnung.

»Unsinn, du schaffst es.« Ich erzählte Mutter von meiner Zeit im Busch, von all dem, was ich gelernt hatte.

Sie hörte mir zu und sagte: »Du hast etwas aus dir gemacht, Choga Regina. Darauf kannst du stolz sein.«

»Ach, Lisa, wie hört sich denn das an?« Mama Bisi war plötzlich voller Leben! »Siehst du denn nicht, dass unsere Kleine eine glänzende Zukunft vor sich hat? In Jeba gibt es nur diese windige Heilerin, die nichts von ihrer Arbeit versteht. Choga wird sich vor Patienten nicht retten können! Sobald Magdalena angekommen ist, werden wir mit ihr hinfahren. Du wirst sehen, wie du aufblühst. Nur wer aufgibt, dessen Leben ist auch zu Ende.«

»Du bist ein Schatz, meine liebe Bisi. Gut, dann werde ich eben wieder gesund. Aber jetzt muss ich schlafen.«

Es waren die letzten Worte, die ich meine Mutter sagen hörte. Am Abend bekam sie hohes Fieber. Sie wurde auf der Stelle ins

Krankenhaus gebracht, doch es konnte ihr niemand mehr helfen. Ihre Organe versagten. Todgeweiht und bereits nicht mehr ansprechbar wurde sie in den *compound* zurückgebracht. Zwei Tage später starb sie. Es war der Gründonnerstag.

»24 Stunden später bist du auf dem Flughafen von Lagos angekommen«, wandte ich mich wieder Magdalena zu, die meinem Bericht wie gebannt gelauscht hatte. Es war inzwischen draußen schon wieder hell geworden. Mit neuer Kraft schob sich die Sonne langsam am Himmel empor.

»Wann wollen wir nach Jeba fahren?«, fragte meine Schwester schlicht, als ich geendet hatte. »Heute noch?«

»Es wird Zeit, dass meine Mutter heimkehrt in ihr Paradies.«

»Unsere Mutter, Choga, unsere Mutter«, wiederholte Magdalena nachdrücklich.

Ich hörte ein zartes Klopfen an der Tür und Joshua schob seinen dunklen Lockenkopf herein. »Seid ihr schon wach, Mama? Oma Bisi hat gesagt, ich soll euch nicht stören, ihr würdet noch schlafen. Aber Oma Bisi räumt da unten schon ihre Sachen zusammen. Da dachte ich, ich sollte euch besser wecken.« Neugierig betrachtete er meine deutsche Schwester. »Ich bin Josh. Bist du Tante Magdalena aus Deutschland?«

»Hallo Josh. Freust du dich darauf, auf einem Bauernhof zu leben?«

»Ja, ganz doll. Und hat Mama dir gesagt, dass wir einen Hund haben werden? Einen ganz eigenen Hund. Ich weiß auch schon, wie er heißen soll. Willst du mal raten?«

»Lass mich mal genau nachdenken, vielleicht komme ich drauf ... Corn?«

»Genau! Woher weißt du denn das?«

Nachwort

Wenn ich heute über unsere wieder auferstandene Farm gehe, dann sehe ich Mutter überall. In jedem Brunnen, der uns Wasser spendet, in jedem Feld, das uns ernährt. Ohne sie gäbe es all das nicht. Ihr Vorbild zeigt mir, dass man sein Leben nicht nur für sich führen darf, sondern es auf andere ausrichten muss. Egal, wie schlecht es einem geht. Ich wünsche mir, dass auch Joshua eines Tages in diesem Sinn denken und handeln wird. Und ich bete dafür, dass er lange genug leben wird.

Mit Mama Bisi, die nun Oma Bisi heißt, Josh und mir sind einige Frauen aus dem früheren Harem von Lagos auf die Farm gezogen. Ihre Kinder leiden an der gleichen Krankheit wie mein Josh. Zwei Mädchen aus der Nachbarschaft leben auch bei uns. Sie haben ihre Eltern durch die Seuche verloren. Wir geben ihnen ein neues Zuhause.

Was wir nicht haben, ist eine Lehrerin. Aber wir erwarten Magdalena. Sie hat sich von ihrem Gymnasium in Deutschland beurlauben lassen. Mal sehen, vielleicht bleibt sie ja etwas länger. Oder ... für immer? Wer weiß schon, was die Zukunft bringt. Hauptsache, wir leben.

Hinter dem Schleier der Tränen

Für Josh. Möge dich ewige Liebe beschützen.

Inhalt

Vorwort

Mein Name bedeutet: *Gott hat mich gemacht.* Ich habe mich manchmal gefragt, warum Gott mich so und nicht anders gemacht hat. Denn er gab mir Krankheiten, die mich oft verzweifeln ließen. Aber er schenkte mir auch einen Sohn. Ich nannte ihn Joshua. Das heißt: *Gott hilft.*

Begrüßte Josh mich morgens mit einem Lächeln, kam dies einem neuen Anfang gleich. Ging er abends schlafen, war es für mich ein kleiner Abschied. Uns verband nicht nur die Liebe, sondern auch die gleiche Krankheit. Deshalb waren wir uns oft so nah, als könnten wir einander in die Herzen sehen.

Gott schenkte uns acht gemeinsame Jahre. Dafür bin ich ihm dankbar. Das Licht, das er mir gebracht und mit dem er meine Tage erleuchtet hat, bewahre ich in meinem Herzen.

Zu unserem vorletzten Weihnachtsfest hatte Josh einen getrockneten Flaschenkürbis mit winzig kleinen Perlen bespannt. Er hatte sich mit seinem Geschenk sehr viel Mühe gegeben.

Wenn die Perlen dicht an meinem Ohr rasseln, scheint Josh mir ein Geheimnis zuzuflüstern. Ich bin jetzt 27. Um mich herum ist Dunkelheit. Doch ich höre Joshs Stimme.

Dies Buch ist gleichzeitig ein Dank an alle, die Josh und mir beigestanden haben.

Gott schütze und segne Sie.

Choga Regina Egbeme

Die Blüten der Wunderblume

Die Geschichte meines Lebens ist ein bisschen so wie die Wunderblume. Die heißt eigentlich Bougainvillea, aber Mama Bisi sagte einmal: »Ihre Kraft versiegt nie. Ist das etwa kein Wunder?«

Meine Lieblingspflanze ist ein Busch, der das ganze Jahr über in verschwenderischer Pracht blüht. Während gleichzeitig Knospen entstehen, fallen verwelkte Blüten zu Boden. In meiner Kindheit hatte Bisi mir erklärt, dass die zarten Kelche aus spitz zulaufenden Blättern gar nicht die Blüte sind, sondern rote Blätter. Die tatsächliche Blüte sitzt in ihrer Mitte und ist unscheinbar weiß und klein. Sie hätte nie so viele Bienen und Schmetterlinge angelockt. Dafür braucht sie die Hochblätter, die sie umgeben und gleichzeitig schützen. Die Wunderblume hakt sich mit kleinen Dornen an umstehenden Büschen fest. So rankt sie sich dem Sonnenlicht entgegen und wird mehrere Meter hoch.

Die Wunderblume birgt also ein doppeltes Geheimnis: Ohne die Hilfe anderer würde sie nicht so groß werden. Hätte sie nicht die roten Blätter, fände kein Insekt ihren Nektar. Frost verträgt sie nicht; dann fallen alle Blüten zu Boden.

Meine Mutter Lisa stammte von einem Bauernhof in Deutschland. Im Alter von 41 Jahren wanderte sie nach Westafrika aus. Sie heiratete meinen Vater David und lebte mit ihm in einem ungewöhnlichen Harem in Lagos, Nigeria. Mama Lisa, wie sie genannt wurde, war die einzige Weiße unter seinen vielen Frauen, und deshalb fiel ihr eine Sonderrolle zu. Sie reiste oft und überließ mich meinen »Lieblingsmamas«: Bisi war Vaters vierte Frau und Ada seine 28. Ich wuchs hinter hohen Mauern auf; die Glasscherben auf ihren Kronen glitzerten im Sonnenlicht wie Edelsteine. Ich glaubte, dies sei mein Zuhause.

Als ich sieben war, lernte ich meine neue Heimat kennen. Mutter hatte eine Farm gekauft. Sie lag mitten im Herzen von Nigeria auf einer weiten, sanft hügeligen Hochebene. Der Boden war so fruchtbar, dass pro Jahr zwei Ernten möglich waren. Mutter hatte sich damit keinen Traum erfüllt. Papa David blieb mit den meisten seiner Frauen und ihrer kaum zu überblickenden Kinderschar weiterhin im Harem. Um sie zu ernähren, bewirtschaftete Mama Lisa mit ihren Mitfrauen Ada und Bisi sowie einigen Helferinnen die abgeschieden gelegene Farm in der Nähe von Jeba. Es war ein arbeitsames Leben, aber das Pflichtbewusstsein meiner deutschen Mutter, Bisis liebevolle Fürsorglichkeit und Adas Arbeitseifer schweißten die drei Frauen zusammen. Ihre enge Gemeinschaft wurde mir zum Vorbild.

Doch unser Glück währte nur sieben Jahre. Bis zu jenem Tag, an dem Felix Egbeme auf der Farm auftauchte. Er sollte sie übernehmen, denn mein Vater wollte meine Mutter wieder bei sich im Harem haben. Papa David war krank geworden und meine deutsche Mutter sollte ihm in der schwersten Phase seines Lebens beistehen. Als 14-Jährige war mir der 32 Jahre ältere Felix nur unsympathisch. Ich hasste ihn auch noch nicht, als meine Eltern mich mit 16 gegen meinen Willen mit ihm verheirateten. Ich hoffte nur, irgendwie davonzukommen, aber ich wurde vor schwere Prüfungen gestellt.

Mutter, Bisi und Ada halfen mir, hochschwanger aus dieser Ehe zu entfliehen. Amara, eine Freundin meiner Mutter, nahm mich in Lagos in ihrer Frauengemeinschaft auf. Mit 19 gebar ich meinen Sohn Josh und erfuhr, dass er durch mich HIV-positiv zur Welt gekommen war. Felix hatte seine Krankheit an mich weitergegeben. Die Naturheilerin Amara gab mir neuen Lebensmut, indem sie mich anlernte. Als Josh ein Jahr alt war, schickte mich meine Mentorin zu ihrer Freundin Ezira in den Regenwald. In einer dreijährigen Ausbildung lehrte die weise Frau mich, wie ich meinem bereits an Aids erkrankten Kind mit den Mitteln der Natur helfen konnte. Mein Leben hatte einen neuen Sinn bekommen.

Anschließend kehrte ich zurück nach Lagos. Meine Mutter war bereits todkrank. Ich erzählte ihr, dass ich Heilerin geworden war. Sie überreichte mir die Besitzurkunde für ihre Farm, und ich spürte, die Neuigkeiten aus meinem Leben erreichten sie zu spät, als dass sie sich noch darüber hätte freuen können.

Mit schwacher Stimme sagte sie: »Du hast etwas aus dir gemacht, Choga Regina. Darauf kannst du stolz sein.«

»Ach Lisa, wie hört sich denn das an? Siehst du denn nicht, dass unsere Kleine eine glänzende Zukunft vor sich hat?« Mit dem Elan, der in Bisis Erwiderung lag, wollten wir diese Zukunft gestalten: Bisi, Ada und ich sammelten sechs HIV-positive Witwen des inzwischen verstorbenen Felix, und vier ihrer Kinder um uns. Mit ihnen und Josh kehrten wir zurück auf die Farm und verwandelten sie in eine Oase der Geborgenheit.

»Auf Chogas *compound* liegt kein Segen«, sagten manche Leute in Jeba. Einige meinten sogar, es sei ein Fluch. Sie wollten nicht einsehen, dass gerade wir einen Platz zum Leben brauchten. Einen Ort, der uns Sicherheit gab.

Wer die Farm Ende Oktober 2001 sah, mochte ihnen dennoch Recht geben: Sämtliche Nebengebäude und die Kapelle waren abgebrannt. Nur das alte Farmhaus war wie durch ein Wunder verschont geblieben. Sein spitzes, hohes Blechdach, dessen mattes Rot von Sonne und Regen verwittert war, bot den Stürmen der Zeit die Stirn. Was ich für dummes Gerede gehalten hatte, das hatte sich als düstere Prophezeiung erfüllt.

An diesem Oktobermorgen wollte ich den Sonnenaufgang wie früher bei den Büschen der Wunderblume genießen, meinem Lieblingsplatz auf der Farm. Ich schleppte mich die wenigen Schritte von meinem Zimmer bis zur Veranda und merkte, dass meine Kräfte nicht ausreichten. Erschöpft ließ ich mich in den Korbsessel fallen. Obwohl ich fror, rann mir der Schweiß übers Gesicht, meine Hüfte und mein Rücken schmerzten. Ich hatte das Gefühl, einen Tag harter Arbeit hinter mich gebracht zu haben.

Im weiten Hof vor dem Haus, in dem ich versucht hatte zu schlafen, lagen die Trümmer der Verwüstung. Verkohlte Balken ragten in den noch trüben Himmel, hinter dessen Morgennebel das müde Glühen der Sonne langsam erwachte. Meine Träume, meine Hoffnungen waren ein Haufen Schutt. Und mir fehlte die Kraft, aufzustehen und all das, was mein Zuhause war, wieder aufzubauen. Die Ruinen, deren Anblick ich kaum ertrug, machten mir unmissverständlich klar, wie es in mir selbst aussah. Ich war 25 Jahre alt.

Die Frauen, auf deren Urteil ich mich verließ, hatten beschlossen, dass ich mich bei Ezira erholen sollte. Mein Leben lang hatte ich auf den Rat von Mama Bisi und Mama Ada gehört. Umso tiefer berührte mich ihr Urteil, obwohl ich gleichzeitig wusste, dass sie es mit mir nur gut meinten. Sie sahen in mir die Tochter, die Hilfe brauchte. Ich aber empfand mich als Heilerin, die ihren Gefährtinnen zur Seite stehen musste. Wie konnte ich das, wenn ich schon ganz bald eine Tagesreise von hier entfernt wäre? Weit im Süden, im Regenwald ...

Mit aller Kraft umklammerte ich meinen Stock, ohne den ich wegen meines angeborenen Hüftleidens nur schwer laufen konnte, und machte mich auf den Rückweg in mein Zimmer. In der doppelflügeligen Glastür, die Veranda und Eingangshalle verband, begegnete mir Amara. Über ihr Gesicht, in dem stets ein Lachen schlief, das nur erweckt werden wollte, legte sich tiefe Besorgnis.

»Bist du schon wieder als Erste wach?« Sie nahm mich in die Arme und blickte mir tief in die Augen. Dann schnalzte sie mit der Zunge, wie sie es immer tat, wenn ihr etwas nicht behagte. »Du hast hohes Fieber, Choga. Leg dich wieder hin. Ich bin doch jetzt da, um dir alles abzunehmen.« Erst wenige Tage zuvor war sie aus Lagos angereist, um meine Aufgaben als Heilerin zu übernehmen.

Meine mütterliche Freundin hakte mich unter, damit ich nicht taumelte, und brachte mich ins Bett. Sie deckte mich zu wie ein kleines Kind. »Ich bin nebenan, mache den Heiltee und für dich eine stärkende Medizin.«

»Soll ich dir nicht lieber helfen?« Meine Frage klang eher wie die Bitte, mich nützlich machen zu dürfen. Der Heiltee war unser Wundermittel, das alle mit dem Virus Infizierten erhielten. Er stärkte die körpereigenen Abwehrkräfte. Seitdem wir uns auf unsere Oase zurückgezogen hatten, hatte ich ihn dreimal am Tag aus frischen Kräutern, Beeren, Blättern, Wurzeln und Rinde bereitet. Eine Arbeit, die mich von morgens bis abends beschäftigt hatte.

Amara schenkte mir ein warmherziges Lächeln. Vielleicht erkannte nur ich das Mitleid darin, das sie gewiss nicht zeigen wollte. Eine Heilerin darf nur heilen und Medizin zubereiten, wenn sie selbst gesund ist. Sonst ist ihre Arznei wirkungslos. »Ruh dich aus, Choga, sammle Kraft, damit du in ein paar Tagen zu Ezira aufbrechen kannst.«

Sie wollte gehen, doch ich hielt meine mehr als 40 Jahre ältere Freundin schnell genug am Zipfel ihres dunkelgrünen Wickelkleides fest. »Ich habe so ein schlechtes Gewissen, dass ich dich mit meinen Aufgaben belaste. Du hast dein eigenes Leben, aus dem du herausgerissen bist.«

»Ich wäre doch nicht aus Lagos zu euch gekommen, wenn meine eigene Nachfolgerin mich nicht vertreten würde! Ich habe Zeit genug.« In ihrem *compound*, einer aus vielen Häusern bestehenden Anlage, behandelte sie Patienten und bildete gleichzeitig junge Frauen zu Heilerinnen aus. Inzwischen gab es einige Frauen, die in ihre Fußstapfen getreten waren. Doch die vielen Aufgaben zehrten an der über 60-Jährigen. So gesehen war das Leben bei uns wesentlich ruhiger, und ich hatte den Eindruck, ein wenig Erholung täte meiner mütterlichen Freundin ganz gut.

Amara seufzte und setzte sich auf die Bettkante. Ich erinnerte mich an meine eigenen Gefühle in solchen Momenten: Als Heilerin hat man für so viele Menschen zu sorgen, darf keinen aus den Augen verlieren und muss dennoch ein Ohr für jeden Kummer haben.

»Deine Tagesarbeit wartet auf dich, geh nur, ich bin eine geduldige Kranke«, sagte ich und versuchte ein Lächeln. Es misslang mir prompt. Amara wusste so gut wie ich, dass Geduld noch nie meine Stärke gewesen war. Stets war mein Kopf voller Pläne und Ideen gewesen. Meine Gesundheit hatte damit nicht Schritt halten können …

Amara rutschte ein Stück zu mir und hielt meine

Hand. »Du hast immer mit dieser Bedrohung gelebt, Choga. Du wusstest, dass das Virus nur in deinem Körper schlief. Jetzt ist es erwacht. Wir dürfen uns beide nichts vormachen: Du hast Aids. Wenn du nicht sofort dein Leben daran ausrichtest, kann ich dir nicht helfen.« Sie schüttelte traurig den Kopf. »Und du dir auch nicht.« Fürsorglich zog sie die Decke bis an mein Kinn. »Schon dich. Mehr kannst du im Moment nicht für dich tun.« Sie seufzte. »Und für alle anderen in diesem Haus. Vor allem für Josh. Der Junge braucht seine Mutter.« Nun stand sie langsam auf und blickte zu mir herunter. »Ich bringe dir gleich deine Medizin«, sagte sie noch, bevor sie hinausging.

Im Stockwerk über mir machten sich meine Gefährtinnen und die Kinder bereit für einen neuen Tag. Ich hörte ihre Schritte. Josh, der sich ein Zimmer mit den Schwestern Zuna und Baina teilte, erkannte ich immer sofort. Er sauste die Treppe hinunter. Sein erster Ruf an diesem Morgen galt mir: »Mama? Bist du in der Küche?«

Dort hätte ich sein sollen ... Amara antwortete ihm und ich verstand durch die dünnen Wände jedes Wort. »Leise, Josh, sie hat sich wieder hingelegt.«

»Ist Mama noch nicht gesund?« In der Stimme des Sechsjährigen schwang deutliche Enttäuschung.

»Sie muss ein wenig auf sich aufpassen«, antwortete Amara und fügte gleich mahnend hinzu: »Aber du auch, Josh. Du hast gerade eine Lungenentzündung überstanden. Tobe nicht so wild herum.«

Die Holzbohlen direkt vor meiner Zimmertür knarrten. Sekunden später streckte mein Kind seinen Kopf mit den wilden kleinen Locken durch den Spalt und flüsterte: »Mami? Schläfst du?«

»Ist schon okay. Komm rein, Schatz.«

Erleichtert stürmte er mir entgegen und stürzte sich

auf mein Bett, um sich an mich zu kuscheln. Ich zuckte ein wenig zusammen, denn selbst die Berührung mit dem leichten Körper meines Kindes tat weh.

Josh fragte verwundert: »Machst du heute nicht Mama Chogas Tee?« So nannten er und die anderen Kinder die vor Jahren von Amara und mir entwickelte Medizin, die unsere Gesundheit möglichst lange erhalten sollte.

»Amara löst mich eine Weile ab«, sagte ich ausweichend.

Seitdem ich Josh hatte, wollte ich immer nur eines: ihn beschützen. Seine Gesundheit zu stärken, war das eine. Mindestens ebenso wichtig war, ihm die Unbeschwertheit zu bewahren, mit der jedes Kind aufwachsen sollte.

Mein Sohn hatte die erste Lungenentzündung bereits mit einem Jahr bekommen. Schonungslos hatte sie mir die Unausweichlichkeit seines Schicksals deutlich gemacht. Ich musste erst jetzt einsehen, dass wir beide gleichermaßen betroffen waren. Doch das sollte er nicht wissen. Ich hatte ihm nicht gesagt, dass er Aids hat. So wollte ich es auch in meinem Fall halten: Die mögliche Nähe des Todes sollte er auf keinen Fall spüren. Bislang war es mir und meinen Lieblingsmamas, die sich ebenso wie alle Gefährtinnen an unser Schweigegebot hielten, gelungen, ihm eine unbekümmerte Kindheit zu schenken. Ebenso wie den anderen vier Kindern in diesem Haus, die Joshs Schicksal teilten. Zwar war bei ihnen Aids noch nicht ausgebrochen. Doch wir lebten alle nur von geborgter Zeit.

Eine der Möglichkeiten, um Josh und die Mädchen fröhlich zu machen, war unsere Hündin Hope. Ein erst wenige Monate alter Welpe mit dunklem Fell und hellbraunen Flecken über den Augen. Sie sprang nun in mein Zimmer und forderte Josh zum Spielen auf.

»Magdalena gibt euch gleich Unterricht«, sagte ich. »Willst du heute mitmachen?«

»Darf ich wieder?« Er umarmte mich noch einmal ungestüm und rannte mit Hope hinaus. Ich war nicht kräftig genug, um ihn so wie Amara zur Besonnenheit zu ermahnen.

In unserem weiten Treppenhaus, das unteres und oberes Stockwerk miteinander verband, rief meine deutsche Halbschwester ihre wenigen Schüler zusammen. In Gedanken sah ich, wie die fünf Kinder sich versammelten, und lauschte Magdalenas deutschem Akzent. Die Gymnasiallehrerin für Mathematik und Physik brachte ihren Schülern geduldig Lesen bei. Dafür hatte sie sich von ihrer Schule in Deutschland beurlauben lassen.

Ich hatte ihr mal gesagt, dass ich diese Selbstlosigkeit an ihr bewunderte. Sie hatte darauf geantwortet: »Ich habe dich erst getroffen, als ich 41 war.« In ihren Augen lag oft eine gewisse Traurigkeit, wenn sie mich ansah. »Du wurdest mir vorenthalten, Schwesterchen.«

Erst zu Ostern 2000 hatten wir uns kennen gelernt; Magdalena hatte unsere Mutter in Lagos besuchen wollen. Doch Mama Lisa war am Tag zuvor gestorben und wir begruben sie gemeinsam auf ihrer Farm. Ein Jahr später kehrte meine Schwester zurück, entschlossen, bei uns zu leben. Mit großer Freude begann sie zu unterrichten. Nun, wenige Wochen später, war die neue Schule bereits wieder zerstört. Pragmatisch, wie sie war, wollte Magdalena sich davon nicht unterkriegen lassen. »Egal was passiert ist, die Kinder brauchen ein gewisses Maß an Normalität und einen geregelten Tagesablauf«, hatte sie gemeint und den Unterricht in die Eingangshalle verlegt.

Eine Weile lauschte ich Magdalenas Stimme. Gerade war Joshs kleine Freundin Baina mit Rechnen dran. Sie war erst fünf und ich hörte meinen Sohn ihr vorsagen.

»Lass sie mal machen, Josh. Baina kann das«, mahnte meine Schwester sanft.

»Du kannst stolz sein auf deine Schwester«, hatte meine Mutter immer zu mir gesagt. Damals war es ein Versprechen gewesen, das sich auf eine mir noch Unbekannte bezog. Mama Lisa hatte nicht mehr erleben dürfen, wie es sich erfüllte.

Ich wälzte mich unruhig im Bett und starrte an die hellgrau gestrichenen Holzpaneelen an den Wänden. Das hohe Fieber gaukelte mir vor, dass sie atmeten. Die Astlöcher in der verblassten Farbe wurden zu Gesichtern, die mich anstarrten. Nebenan übten die Kinder nun Lesen. Ihre Stimmen verzerrten sich zu jenen der Fratzen. Sie erzählten meine Geschichte.

Wir haben zugesehen, was dir hier angetan wurde, schienen sie zu sagen. Meine vom Fieber aufgewühlte Phantasie zeigte mir dazu die Bilder der Vergangenheit. Einen Mann, der mich gedemütigt und in diesem Bett vergewaltigt hatte, in dem ich jetzt lag. Und dem ich dennoch trotzig die Stirn geboten hatte, nicht ahnend, zu welcher Wut ihn mein Stolz trieb. Weder mein Vater noch meine Mutter erfuhren zu dieser Zeit von den Qualen, die ich litt. Sie waren weit entfernt, im Harem in Lagos. Erst zu Papa Davids Beerdigung kehrte ich zurück und nutzte das Durcheinander zur Flucht …

Amaras Hände beruhigten mich. »Du hast geträumt«, sagte meine Mentorin und reichte mir einen Becher Tee. Ihre Medizin schmeckte ungewohnt bitter. »Ich habe ein sanftes Beruhigungsmittel hinzugefügt«, erklärte die Heilerin. »Du bist ganz nass geschwitzt.«

»Ich habe von Felix geträumt«, sagte ich, überwältigt von meiner mit aller Wucht zurückgekehrten Erinnerung. »Wenn du mich damals nicht gerettet hättest, ich glaube, ich wäre gestorben!«

Amara lächelte mich aufmunternd an. »Ich bin doch

nicht deine Retterin! Ich war zur rechten Zeit am rechten Ort. Die wahren Heldinnen waren Lisa, Bisi und Ada. Sie haben deine Flucht erst ermöglicht.« Sie tupfte mir die Stirn trocken. »Die Vergangenheit wird dich in Ruhe lassen, sobald deine Temperatur sinkt.«

Als ich wieder erwachte, war es immer noch hell draußen. Der Unterricht war vorüber. Doch das alte Haus, das sich ein englischer Farmer zu Beginn des letzten Jahrhunderts im Kolonialstil hatte bauen lassen, war unruhig. Seine Balken vibrierten sanft knarrend. So viele junge Menschen wohnten hier zusammen. Die Mädchen waren in Joshs Alter, zwischen fünf und sechs, ihre Mütter Anfang bis Mitte 20. Die großen Zeiten des Harems hatten sie nie erlebt. Nur die schlechten. Jene, in denen nicht mehr mein Vater das Sagen hatte, sondern sein Nachfolger Felix. Als er diejenigen geheiratet hatte, die mein Leben nun mit mir teilten, war ich schon lange fort gewesen.

Die dünnen Wände gaben die Worte meiner Gefährtinnen wieder. Meine *Schwestern*, wie wir uns vertraut nannten, sprachen über mich. Aufmerksam geworden, richtete ich mich auf.

»Hast du's schon gehört, Lape? Schwester Choga wird uns verlassen!«

»Woher weißt du das, Charity?«

Ein unterdrücktes Kichern folgte, dann antwortete Charity: »Man muss seine Ohren überall haben. Sonst erfährt man nie was.«

»Ich glaube dir kein Wort. Choga würde uns Bescheid sagen!«

»Die ist doch so mit sich selbst beschäftigt. Die kann ohnehin keiner von uns helfen. Nicht mal sich selbst. Sieh sie dir doch nur an! Efes Tod hätte sie verhindern müssen! Sie hat nicht mal gemerkt, dass Efe eine Lungenentzündung hatte.«

»Amara war noch nicht da, Charity. Und Josh so krank. Und obendrein das Heilhaus zerstört.«

»Efe helfen deine Sprüche auch nicht mehr, Lape! Vor zwei Tagen haben wir sie begraben. Wollen wir warten, wer die Nächste ist?«

»Charity, halt dein Schandmaul! Ohne Choga wäre keine von uns überhaupt hier.«

»Und wenn sie nicht mehr ist? Was ist dann?«

»So darfst du nicht einmal denken! Choga ist stark. Sie wird sich erholen!«

»Und wenn nicht, Lape? Wir wissen nicht einmal, wie lange Amara bleiben wird. Dann stehen wir ganz schön dumm da. Mitten im Nichts. Mit Nachbarn, die uns hassen.«

»Die Muslime hätten uns in Ruhe gelassen, wenn Choga nicht Tanisha bei uns versteckt hätte. Dadurch hat sie uns alle in Gefahr gebracht.«

»Das war unsere gemeinsame Entscheidung, Charity!«, erklang nun Bisis Stimme.

»Deine vielleicht, Mama Bisi. Und die von Ada und Choga. Uns habt ihr nicht wirklich gefragt!«

Energische Schritte kamen eilig näher. »Sprecht nicht so laut. Choga braucht Ruhe. Wer jetzt durchdreht, verrät unsere Gemeinschaft. Wir sind hier, weil wir uns Zusammenhalt und gegenseitige Unterstützung geschworen haben. Choga hat für euch alles getan, jetzt seid gefälligst ihr mal dran. Und nun ist Schluss. Draußen wartet genug Arbeit!«

Die Versammlung löste sich murrend auf.

»Danke für dein Machtwort, Ada. Ich kann die jungen Frauen nicht im Zaum halten.«

»Weil du selbst so viel Angst hast, Bisi.«

»Du etwa nicht?«

Adas Antwort war für sie bezeichnend: »Ich muss mich um die Frauen kümmern und dafür sorgen, dass die Arbeit sie ablenkt.« Ihre festen Schritte entfernten sich.

In meiner Kindheit hatte ich einmal erlebt, wie nachts überraschend der Frost gekommen war. Am nächsten Morgen hatten die Blüten der Wunderblume am Boden gelegen. Ich hatte um die verlorene Pracht geweint.

Das belauschte Gespräch klang fast so, als ob ich für meine Gemeinschaft dieselbe Gefahr darstellte wie die Kälte für eine empfindliche Pflanze ...

Tanisha

Mama Bisi kam auf Zehenspitzen ins Zimmer. Als sie mich im Bett sitzen sah, rang sie die Hände vor der Brust. »Ach, ich hab's doch geahnt! Diese Hühner haben dich aufgeweckt. Du hast das alles mitgehört, nicht wahr?« Sie nötigte mich mit sanftem Druck dazu, mich hinzulegen. »Nimm das nicht ernst. Sie reden Unsinn.«

»Ich habe alles falsch gemacht«, klagte ich mich selbst an. »Dabei habe ich es doch mit Tanisha nur gut gemeint.«

Meine Lieblingsmama legte die Stirn besorgt in Falten. »Warum willst du denn alles auf deine Schultern laden, Kind? Du konntest doch nicht ahnen, wie alles kommen würde. Was wussten wir denn schon von den Gesetzen des Islam? Wir sind Christen und handeln nach dem Gebot der Nächstenliebe. Nichts anderes hast du getan.« Energisch schüttelte sie den Kopf. »Was rede ich denn da? Ich meine nicht nur dich! Wir alle haben Tanisha beschützt. Und das war richtig! Welcher Mensch mit einem Herzen im Leib würde eine junge Frau nicht verstecken, die mit 180 Stockhieben bestraft werden soll?«

Doch genau das verlangte die strenge Auslegung der Gesetze des Islam!

Denn Tanisha hatte ein uneheliches Kind unter dem Herzen getragen. Ihr Bruder, der in Jeba lebte, hatte sie zu mir gebracht, damit ich sie entbinden konnte. Niemand aus unserer Gemeinschaft hatte von der Bedrohung gewusst, vor der die 20-Jährige aus ihrem Elternhaus entflohen war. Doch als wir es erfahren hatten, weigerten wir uns, die junge Mutter und ihr Kind auszuliefern. Unsere selbstlose Hilfe war schwer bestraft worden: Der radikale Führer der Muslime hatte eine unserer Ältesten erschlagen. Mama Ngozi hatte sich ihm in den Weg gestellt. Dann hatten die Männer mein Heilhaus angezündet, das ebenso wie die Heilstation erst wenige Monate zuvor aufgebaut worden war. Das Feuer hatte auf unsere Kapelle sowie die kleine Schule übergegriffen.

Tanisha hatten wir dennoch nicht verraten. Sie war bei uns geblieben und dankte unsere Hilfe, indem sie uns nun unterstützte. Charitys Verärgerung bewies, dass meine einstige Patientin nicht auf Dauer bleiben konnte.

»Haben wir dich mit Amaras Vorschlag, dass du Tanisha zu Ezira in den Regenwald mitnimmst, nicht etwas überfahren?«, fragte Mama Bisi. Ihr Blick war voller Verständnis und gleichzeitiger Sorge um meine Gesundheit.

»Nein«, sagte ich schnell, »ich habe doch schon begonnen, sie anzulernen. Vielleicht kann sie wirklich meine Nachfolgerin werden.«

Amara hatte mich bereits vor einiger Zeit darauf aufmerksam gemacht, dass ich mein Wissen um die Heilkunde mit einer möglichen Nachfolgerin teilen müsse. Nur Bisis Tochter Efe hatte sich angeboten; sie wollte sich nützlich machen. Die Erinnerung daran war noch so frisch, dass ich glaubte, Efe könne jeden Augenblick zur Tür hereinkommen.

Ich traute mich kaum, Bisi ins Gesicht zu sehen. »Ich mache mir wegen Efe solche Vorwürfe! Ich habe ihren Husten doch gehört, aber nicht als Warnzeichen verstanden. Bis es zu spät gewesen war.«

»Du musst dich nicht rechtfertigen. Eine Heilerin ist auch nur ein Mensch aus Fleisch und Blut. Du kannst nicht auslöschen, was schon lange im großen Buch Gottes festgeschrieben stand.« Ihre warmen Augen blickten mich voll Mitgefühl an. »Ich weiß doch selbst, wie sehr du deine Schwester geliebt hast. Ihr habt eine so wunderbare gemeinsame Kindheit gehabt. An die schönen Zeiten musst du denken. Nicht an all das Schreckliche.«

Ich war zu aufgewühlt, um stillzuliegen. Ich wollte mich aufsetzen, um sie in die Arme zu schließen. Mama Bisi beugte sich zu mir herunter. »Ich habe dir nichts zu verzeihen«, flüsterte sie dicht an meinem Ohr. »Du bist mein letztes Kind. Um dich geht es. Denke endlich mal an dich! Dein Leben geht weiter.«

Meine kleine, rundliche Lieblingsmama war Mitte 60 und hatte schon viel mitgemacht. Ihr fiel es leichter als mir, die Wirrnisse des Augenblicks als etwas Vorübergehendes zu begreifen. »Du bist wie deine Mutter«, sagte sie und tippte auf ihr Herz. »Hier drin war bei ihr immer eine große Trauer. Die wollte sie sich nicht eingestehen. Deshalb kam sie nie zur Ruhe. In dir sieht es viel schlimmer aus. Dein Herz droht zu zerbrechen. Es hat schon zu viele Schmerzen aushalten müssen.« In ihrem müden Lächeln lag die Sorge, sich nicht an das Versprechen halten zu können, das sie meiner Mutter einst gegeben hatte: sich um mich zu kümmern.

So wie Bisi mein Halt war, erhofften sich meine Gefährtinnen von mir Beistand. Das war meine große Sorge. »Charity hat den Mund eben ganz schön voll genommen. Aber was ist, wenn sie nun Recht hat?«

Bisi schüttelte energisch den Kopf. »Recht? Womit? Charity sollte sich besser zurückhalten.« Sie konnte ihre Gefühle nur mühsam beherrschen. »Charity wollte immer nur versorgt werden. Das war schon im Harem so. In schwierigen Zeiten werden Menschen wie sie hysterisch! Ada war dagegen gewesen, Charity hierher mitzunehmen. Ich hätte auf sie hören sollen. Ada ist nicht so sentimental wie ich, meine Kleine.«

Nachdem Mutter mir die Farm vererbt hatte, hatte ich völlig dem Urteil meiner Mamas vertraut: Sie hatten meine Schwestern ausgesucht, da ich mit keiner von ihnen zusammengelebt hatte. Als Witwen von Felix waren sie wie ich Frauen, die er ins Unglück gestürzt hatte. Das und der Kampf um eine neue Zukunft einte uns. Das hatte ich zumindest angenommen.

»Belaste dich nicht mit Charity. Mit der werden wir schon fertig werden«, sagte Bisi und blickte mich liebevoll an. »Freust du dich auf Ezira und den Regenwald?«

Unter anderen Umständen hätte ich das gewiss getan. Doch mich plagten die augenblicklichen Sorgen zu sehr, als dass ich an mein Wohlergehen denken konnte. Ich versuchte dennoch, optimistisch in die Zukunft zu sehen. Wegen meines Sohnes, dem es damals so gut in den Tropen gefallen hatte. »Für Josh wird es ein Abenteuer«, meinte ich.

»Und für euch beide eine Erholung«, sagte Bisi. Sie zwinkerte mir zu.

Dank Amaras Pflege kam ich wieder auf die Beine. Und sie drängte, dass ich die Abreise nicht länger vor mir herschieben durfte. Schon einen Tag später fühlte ich mich kräftig genug, um die Aussprache mit Tanisha anzugehen. In ihren schwarzen Gewändern wirkte die junge Muslimin wie ein dunkler Schatten, der zwischen meinen in weiße und bunte Tücher und T-Shirts gekleideten Gefährtinnen hin und her schwebte. Sie trug ihre Tochter Faraa auf dem Rücken und teilte unseren Tee aus. Der Hof war voller Stimmen. Ich wollte Tanisha ein Zeichen geben, um sie zu mir zu rufen. Doch sie sah mich nicht. Voller Scheu lief sie mit gesenktem Kopf herum.

Gerade so, als spürte sie die Abneigung, die ihr von einigen entgegenschlug. Meine Gefährtinnen hatten die unerfreuliche Aufgabe, den Schutt fortzuschaffen. Tanishas muslimische Kleidung ließ sie keinen Augenblick vergessen, was zu diesem Unglück geführt hatte.

Josh tollte übermütig mit unserer verspielten Hündin herum. Er entdeckte mich und schlang seine Arme um mich. »Geht es dir wieder besser, Mama?«

»Wenn ich mich jetzt schone, komme ich bald wieder klar.« Ich fuhr durch seine weichen Locken, die er von mir geerbt hat. Bevor wir in den Regenwald aufbrachen, musste Bisi sie ihm schneiden. Dort gab es Ungeziefer, das wir auf der Hochebene nicht kannten.

»Sei nicht so wild mit Hope, Josh«, ermahnte ich ihn.

»Ja, ja, ich weiß!«, rief er mir zu. Ein Junge von sechs Jahren, der wochenlang krank gewesen war, hatte einiges nachzuholen ...

Endlich wurde Tanisha auf mich aufmerksam. Wir verabredeten uns bei den Bougainvilleabüschen. Auf meinen Stock gestützt, machte ich mich im Schneckentempo auf den Weg. Mein Hüftleiden machte mir das Gehen schon immer schwer, meine schlechte Verfassung verstärkte das Problem zusätzlich.

»Choga, wohin willst du?« Magdalena holte mich ein. Sie hakte mich unter und ich erzählte ihr von meinem bevorstehenden Gespräch mit Tanisha.

»Ich bin ziemlich nervös«, gab ich zu. Tanisha beherrschte kein Englisch, sondern nur die Sprache des muslimischen Nordens. »Ich weiß nicht, ob mein Haussa ausreicht, um mit ihr über Schicksalsfragen zu reden.«

Das Laufen und gleichzeitige Sprechen strengte mich an. Ich brauchte eine Pause. Meine deutsche Schwester nutzte die Gelegenheit, um noch einmal Tanishas Zukunft anzusprechen. »Wäre es nicht besser, du würdest dich nicht zusätzlich mit der Verantwortung für eine junge Mutter und ihr Baby belasten?«, gab Magdalena zu bedenken und machte einen konkreten Vorschlag: »Amaras Freundin Mary muss doch ohnehin nach Lagos zurück, nachdem sie dich und Josh bei Ezira abgesetzt hat. Sie könnte Tanisha zu Amaras *compound* bringen. Dort wäre sie in Sicherheit.«

Platz gab es dort gewiss genug. Zwar leitete während Amaras Abwesenheit ihre künftige Nachfolgerin den *compound*. Doch nachdem Josh und ich wieder auf der Farm wären, würde meine Mentorin wieder in Lagos leben und sich um Tanisha kümmern.

»Das ist eine praktische Lösung«, räumte ich ein. »Doch versetz dich mal in die Lage dieser jungen Mutter, die dort niemanden kennt.« Mir gefiel Amaras Vorschlag, dass Tanisha mich und Josh begleiten sollte, wesentlich besser.

Magdalena verschränkte die Arme vor ihrer weißen Bluse, auf der wie stets das Christuskreuz hing, und blickte mich an wie eine richtige Lehrerin. »Sie ist im Gegensatz zu dir gesund, Choga Regina. Sie wird das schon verkraften. Immerhin wäre sie auch dort in Sicherheit und könnte sich ein neues Leben aufbauen. Du hingegen brauchst Hilfe. Wie willst du in deiner Lage für zwei andere Menschen sorgen? Und dann auch noch für Josh!«

Ich dachte wohl mehr mit dem Herzen: Tanisha war mir fast eine Freundin geworden. Ebenso wie Magdalena wollte ich sie nicht verlieren.

»Du hast mir noch nicht gesagt, was in dir vorgeht, wenn Josh und ich jetzt abreisen. Du bist doch unseretwegen nach Afrika gekommen«, meinte ich.

Meine Schwester fuhr sich nachdenklich durch ihr dunkles Haar, das von vielen grauen Strähnen durchzogen war. »Eigentlich bin ich ja damals wegen Mutter gekommen. Von dir wusste ich praktisch nichts. Aber auch wenn du jetzt fortfährst, so ist das hier dennoch zum Teil das Werk unserer Mutter. Vielleicht ist es ein wenig so wie euer früherer Harem. Ich wollte immer wissen, warum Mutter mich für dieses Leben zurückließ. Nun kann ich das auf andere Art erfahren.« Sie lächelte. »Du siehst, ein wenig Egoismus steckt doch dahinter. Darum sei beruhigt, ich werde hier auf deine Rückkehr warten und helfen, dass alles so schön wird wie zuvor.«

Wie zur Bestätigung fiel direkt neben uns eine verkohlte Wand in sich zusammen. Magdalena hakte mich wieder unter, um mich vor dem Staub in Sicherheit zu bringen. Sie führte mich zur Bougainvillea.

»Ich lasse dich jetzt allein«, sagte sie und ermahnte mich erneut, auf ihren Vorschlag zu hören.

Die Sonne stand schon hoch und wärmte mich. Die ausladend rankenden Bougainvilleabüsche waren bereits als Kind mein Zufluchtsort gewesen. Inzwischen befanden sich dort vier Gräber, neben die ich mich setzte. In den knapp anderthalb Jahren, die unsere kleine Oase erst bestand, hatte es zu viele Tote gegeben.

Efe hatte nur neun Monate lang bei uns gelebt. Ihr Sohn Jo war wenige Tage nach seiner Ankunft gestorben. Es lag nicht an der mangelnden Wirksamkeit unseres Tees, dass ich den beiden nicht helfen konnte. Ob Mutter tatsächlich an Aids gestorben war, wurde nie festgestellt. Nach ihren Symptomen zu urteilen, konnte jedoch davon ausgegangen werden. Alle drei waren viel zu jung gestorben. Meine Mutter mit 67, Efe mit 27 und Jo mit fünf.

Ich goss ausgerechnet die Blumen an Mama Ngozis Grab, als sich Tanisha scheu näherte. Ich hoffte, sie würde darin kein Zeichen sehen, dass ich sie für den Tod der alten Mama verantwortlich machte. Zu meiner Erleichterung setzte sie sich unkompliziert neben mich. Ich half ihr, Faraa aus dem Tuch auf ihrem Rücken zu heben, und wiegte das Baby sanft.

Das wenige Wochen alte Mädchen guckte mich aus runden Augen an. Die Kleine hatte inzwischen schon etwas an Gewicht zugenommen und sah sehr gesund aus. »Sie ist ein hübsches Kind«, sagte ich. »Ich kann nicht verstehen, dass man dich bestrafen will, weil du sie bekommen hast. Haben diese Männer denn kein Herz?«

Tanisha schlug die Augen nieder. Sie war eine große, sehr schlanke Frau, und mir fiel erst jetzt, wo sie sich einigermaßen erholt hatte, auf, wie hübsch sie eigentlich war. »Eine Frau muss tugendhaft sein und gehorchen. So hat es mir mein Vater beigebracht«, sagte sie. Die Muslimin legte sich das schwarze Tuch, mit dem sie sich ihrer Tradition entsprechend verhüllte, enger um den Kopf. »Ich kann nicht ewig bei euch bleiben, das weiß ich.«

»Vor allem kannst du dich nicht auf Dauer verstecken.«

Tanisha fasste nach Faraas Händchen, das ihren Finger umschloss. In dieser zarten Geste der Vertrautheit zwischen Mutter und Kind lag gleichzeitig eine anrührende Hilflosigkeit. »Ich verstehe meistens nicht, was die anderen sagen. Aber ich glaube, dass einige der Frauen mich nicht wirklich mögen.« Die junge Muslimin hatte Recht; meine *Schwestern* hatten sie aus christlicher Nächstenliebe aufgenommen. Die Verwicklungen, die danach entstanden waren, strapazierten diese Selbstlosigkeit in einem für sie kaum erträglichen Maß. »Wohin sollen wir gehen?«, fragte Tanisha ratlos.

Ich glaubte, die Ausweglosigkeit ihrer Situation wie einen körperlichen Schmerz zu empfinden. »Du bist nur fern der Heimat sicher. Dort, wo dich das Gesetz des Islam nicht erreicht«, antwortete ich. »Ich kenne einen

Ort«, begann ich vorsichtig, »an dem dir nichts geschieht. Dort wurde ich von meiner Lehrerin Ezira zur Heilerin ausgebildet. Ich möchte mit Josh eine Zeit lang dorthin zurückkehren und habe mir gedacht, du könntest uns begleiten.«

Tanisha musterte mich verwundert. »Warum willst du denn fort?«

»Ich bin überarbeitet, Tanisha. Ich brauche mal eine Pause.« Meine Antwort klang in meinen eigenen Ohren unerwartet plausibel ... Ich gestand mir ein, dass ich mich danach sehnte, eine Weile nichts tun und keinem Druck standhalten zu müssen.

»Ja, das verstehe ich.« Sie blickte mich verunsichert an. »Was soll ich dort machen?«

Meine Finger glitten durch die verwelkten Blüten der Wunderblume, als ich so beiläufig wie möglich antwortete: »Ich habe dich ein wenig angelernt. Du stellst dich sehr geschickt an, und ich hatte den Eindruck, dass es dir Spaß macht. Vielleicht könntest du auch Heilerin werden?«

»Ich? Eine Heilerin? Glaubst du denn, dass ich das kann? Ich bin doch nur deine Patientin!«

»Ich war einmal in einer ähnlichen Situation wie du, als dein Bruder dich zu unserer Farm gebracht hat«, erzählte ich. »Wie du war ich schwanger. Amara nahm mich damals auf und brachte mich auf die Idee, zu lernen, was sie kann. Meine Geschichte kann dir Mut machen, es auch zu versuchen.«

»Und wenn ich es nicht schaffe?«

»Dann bist du zumindest in Sicherheit.«

»Ich weiß nicht«, sagte Tanisha. »Wohin müssten wir denn fahren?«

Sie stammte aus einer muslimischen Großstadt und war einen gewissen Komfort gewöhnt. Wenn ich ihr direkt ins Gesicht sagte, dass die Urwaldhütten nicht mal über Elektrizität verfügten, hätte sie das schockiert. So machte ich ihr das Abenteuer mit den blumigsten Worten, die mein Haussa hergab, schmackhaft.

»Im Regenwald?«, wiederholte Tanisha erstaunt. »Da ist es doch gefährlich! Sind da nicht Schlangen und wilde Tiere?«

»Um Schlangen musst du dir keine Sorgen machen. In den drei Jahren meiner Ausbildung habe ich zwei gesehen. Die saßen oben in den Bäumen. Du findest schnell heraus, vor welchen Schlangen du dich hüten musst. Die Tiere des Urwalds tun den Menschen nichts, wenn wir ihnen nichts tun.«

»Drei Jahre dauert die Ausbildung? Kann ich dann wieder hierher zurück?«

Ich sah das weite, sanft hügelige Land, das sich vor uns erstreckte und das ich so mochte. Wie oft hatte ich hier gesessen und den Sonnenuntergang genossen! Dies war meine Heimat und ich würde sie vermissen. Ich könnte nach wenigen Wochen heimkehren. Wann oder ob überhaupt das schreckliche Urteil gegen Tanisha aufgehoben werden würde, vermochte keine von uns vorauszusagen.

»Faraa braucht dich. Sie dürfen dich nicht holen. Es stimmt, du wärst lange weg.« Ginge sie nach Lagos zu Amaras Nachfolgerin, würde sich daran nichts ändern. Dennoch schlug ich Tanisha diese Alternative vor.

Tanisha dachte angestrengt nach. Nach einer Weile schüttelte sie den Kopf. »Dann will ich lieber mit dir und Josh fahren.« Sie blickte mich aufmerksam an. »Bei Ezira leben keine Muslime?«

Ich verstand ihre Frage falsch, nahm an, sie sorgte sich um ihre Sicherheit. Doch obwohl ihr Glaube sie in so große Bedrängnis gebracht hatte, wollte sie ihn praktizieren können. Ich bemühte mich, ihre Bedenken zu zerstreuen. Als ich zu Ezira gekommen war, war ich Christin gewesen. Meine Lehrerin hingegen verehrte die oberste irdische Göttin, Mutter Erde. Ich erfuhr rasch, dass ihre Überzeugungen meinen ebenso wenig im Weg standen wie umgekehrt. Drei Jahre sind eine lange Zeit, während der ich Eziras Glauben angenommen hatte. Tanishas Religion, das hatten mir die Auseinandersetzungen schmerzhaft gezeigt, lehrte jedoch, dass Muslime den Umgang mit Andersgläubigen meiden mussten.

Das erklärte ich Tanisha, und sie fragte: »Kann eine Heilerin denn Muslimin sein?«

»Es gibt viele muslimische Heilerinnen«, sagte ich und lachte. »Krankheiten nehmen auf den Glauben keine Rücksicht! Durchfälle, Fieber, Frauenleiden – all das, wofür meine Gefährtinnen und Patientinnen Hilfe brauchen …«

»Du hast Recht«, antwortete Tanisha. Die Anspannung wich aus ihrem Gesicht. »Es wäre schön, wenn wir hier später gemeinsam als Heilerinnen arbeiten könnten.« Tanisha malte eine Zukunft in den strahlend blauen Himmel. Ich konnte nur hoffen, dass es mehr als ein Traum war.

Hope hatte uns an unserem idyllischen Plätzchen ausfindig gemacht. Wenig später tauchte auch Josh auf. Bislang wusste er nur, dass wir irgendwann zu Ezira fahren würden. Jetzt war es an der Zeit, meinem Kind von der für den Folgetag geplanten Abreise zu erzählen.

»Bei Ezira war es schön!«, jubelte Josh. »Mama, dort bin ich doch immer im Fluss geschwommen!«

Während Josh von den ihn prägenden Jahren seiner Kindheit schwärmte, hörte Tanisha zu. Wir sprachen miteinander Englisch. Sie verstand zwar nicht viel. Aber sie sah die Begeisterung meines Kindes.

»Josh, geh schon mal zu Oma Bisi und lass dir die Haare schneiden. Ich bleibe noch einen Moment hier sitzen«, bat ich.

Mein Sohn zog Tanisha hoch und erzählte ihr nun in Haussa, was sie erwartete. Durch den Umgang mit den Nachbarskindern, die eine Zeit lang mit ihm in Magdalenas Schule gegangen waren, beherrschte er die Sprache recht gut. Die junge Mutter band sich Faraa auf den Rücken. Hand in Hand gingen sie und mein Sohn davon.

Das Gespräch hatte mich viel Kraft gekostet. Ich ließ mich zurücksinken und genoss den Anblick der blühenden Wunderblumen. Vielleicht würde Tanisha selbst eines Tages solch eine Wunderblume sein.

Eigentlich hatte ich zu ihr sagen wollen: Du kannst meine Nachfolgerin werden. Im letzten Moment hatte ich es nicht getan. Denn plötzlich war mir ein Gedanke gekommen. Wie würde Tanisha, die gerade mal fünf Jahre jünger war als ich, darauf reagieren, dass ich überhaupt eine Nachfolgerin suchte? Musste sie das nicht erschrecken? In unserem Alter dachte kein gesunder Mensch über eine solche Frage nach! Ich jedoch hatte Aids und die Zeit arbeitete gegen mich. Tanisha wusste das nicht. Und ich dachte, es würde reichen, wenn ich es ihr im Regenwald erzählte. Wenn es mir besser ginge und wir die Ruhe fänden, um alles zu besprechen.

Ich wusste nicht, dass ich damit einen schweren Fehler beging.

Im Regenwald

Kurz vor Sonnenaufgang des folgenden Tages hatte Amaras Freundin Mary den alten Mercedes zur Abreise fertig gepackt. Josh ließ sich von seinen Omas herzen und verkroch sich auf die Rückbank. Ich umarmte meine Gefährtinnen, meine *Mamas* küssten mich unter Tränen auf Stirn und Wangen. Unsere verspielte Hope spürte den Abschied und rannte bellend umher.

Magdalena legte mir eine rote Decke um die Schultern, die unsere Mutter fast 30 Jahre zuvor aus ihrer deutschen Heimat nach Afrika mitgebracht hatte. Sie wärmte, gab Geborgenheit und war ein Stück Zuhause, das mich begleiten sollte. »Darin wickelst du dich während der Fahrt gut ein«, meinte sie.

Amara brachte unseren Tee. »Vergesst nicht, den während der Fahrt zu trinken«, schärfte sie mir ein.

»Hast du auch viel Zucker reingetan?«, fragte Josh aus dem Auto.

Als ich bereit zum Einsteigen war, eilte meine *Schwester* Lape herbei. »Wenn du zurückkommst, wird alles so schön sein wie zuvor«, sagte sie und wischte sich eine Träne aus dem Auge.

Tanisha huschte scheu aus dem Haus, blickte sich mehrmals um. Doch es war niemand da außer uns, der ihre Flucht beobachten konnte. »Wenn mein Bruder nach mir fragt, sagt ihm, ich wäre weit fortgegangen«, bat sie die Umstehenden. Charity lachte bitter auf und erntete von Magdalena und Ada einen strafenden Blick.

Zum Schluss drückte Mama Bisi mich an sich: »Erhol dich, meine Kleine.« Sie nahm mein Gesicht in ihre Hände: »Und bitte, denk ein wenig an dich. Auch wenn es dir schwer fällt.«

Ich nickte gehorsam …

Die Zurückbleibenden standen am Tor und winkten uns nach. Das Auto entfernte sich und sie wurden immer kleiner, bis ich sie nicht mehr sehen konnte. Auch das rote Dach der Farm entschwand langsam meinem Blick. Ich wäre lieber geblieben, aber ich sah ein, dass meine *Mamas* es gut mit mir meinten. Tanisha versteckte sich, das Baby fest an die Brust gepresst, auf dem Sitz neben uns. Trotz all unserer guten Absichten – sie erwartete eine ungewisse Zukunft, vor die sie verständlicherweise mehr Angst hatte als Zuversicht.

Josh schmiegte sich an mich. »Ich werde Hope vermissen. Aber wenigstens habe ich endlich dich für mich, Mama!«

»Endlich?« Ich lachte. »Schatz, wir sind doch immer zusammen. Jeden Tag!«

Auf der Stirn meines Sohnes zeigte sich eine steile Unmutsfalte. »Das stimmt nicht. Du hast immer zu tun. Für mich hast du nie Zeit!« Sein übergroßes Bedürfnis nach Nähe bedrängte mich, denn die Schmerzen in meinem ganzen Körper machten mir nach wie vor zu schaffen. Ich legte den Arm dennoch liebevoll um meinen kleinen Jungen.

In Kleinbusse gezwängte Menschen guckten uns aus übermüdeten Augen an, wenn wir an den Sammelstellen der Taxis vorbeifuhren. Transporter, die sich schwer beladen bedrohlich zur Seite neigten, überholten uns mit im Fahrtwind flatternden Abdeckplanen. Am Straßenrand liefen Menschen, viele mit großen Lasten auf dem Kopf beladen, manche hatten sich selbst vor einen voll gepackten Karren gespannt. Nach den Glaubenskriegen zwischen Christen und Muslimen waren sie auf der Flucht.

Ich glaubte fühlen zu können, was sie empfanden: Man lud sich manchmal zu viel auf …

»Ist so gemütlich bei dir, Mama«, sagte Josh schläfrig. Es war mir gelungen, die gemischten Gefühle, die mich auf dieser Reise begleiteten, vor ihm zu verbergen. Und vor Tanisha. Sie lächelte mir zu. So als ob sie überzeugt wäre, dass nun alles gut werden würde. Dabei hatte ich selbst so viele Hoffnungen, die ich in sie setzte. Doch damit wollte ich sie nicht belasten; der richtige Zeitpunkt dafür würde schon kommen.

Je weiter wir in den Süden fuhren, desto üppiger wurde die Vegetation. Die Straßen wurden schmaler, die Dörfer kleiner. Tanisha hatte die verschwenderische Pracht, mit der die Erde hier gesegnet war, nie zuvor gesehen. Josh jedoch faszinierte der üppige Regenwald nicht, der zu beiden Seiten die Straße einrahmte. Die Abenteuer, von denen er träumte, wollte er mit den Händen greifen, nicht mit den Augen.

»Sind wir jetzt da?«, fragte Josh bei jeder Siedlung.

Ich konnte mich an den ausladenden Palmen, umwuchert von Schlingpflanzen, hinter denen sich die Kronen der Urwaldriesen zum Himmel emporreckten, nicht satt sehen. Hätte mich nicht der ständige Husten gequält, der zunehmend schlimmer wurde, so hätte ich Josh ein Märchen erzählen wollen. Denn meine Phantasie schlug Purzelbäume: Die zarten Farne, wilden Gräser und alten Baumstämme schienen nur darauf zu warten, sie mit Märchengestalten zu bevölkern. Hätte ich es nicht besser gewusst, ich hätte angenommen, dass in diesem grünen Paradies kein Platz für Menschen war. Doch die Frauen, Kinder und Männer, die am Straßenrand entlangliefen, bewiesen, dass uns keine Fabelfiguren begegnen würden.

Es wurde Abend, bis Mary uns ans Ziel gebracht hatte: Eine kleine Ortschaft, durch die sich eine schmale, ungeteerte Straße schnurgerade hindurchzog. Zu beiden Seiten standen flache Häuser aus Lehm oder Stein mit großen Gärten. Schmale Wege führten dazwischen in das dichte Grün des Urwalds. In der feuchten Luft hingen die blassblauen Schwaden der Abendfeuer. Ihr würziger Geruch vermischte sich mit der milden Süße wilder Blüten und der modrigen Ausdünstung der feuchten Wälder. Mutters Decke lag längst auf der Ablage hinter den Sitzen. Es war sehr warm, das Atmen fiel mir schwer, der Schweiß brach mir aus.

Wahrscheinlich hatten meine *Mamas* das Klima ebenso unterschätzt wie ich. Als Josh und ich zuletzt hier gewesen waren, knapp drei Jahre zuvor, war ich in wesentlich besserer Verfassung gewesen. Seitdem war viel passiert. In *meinem* Leben; in Eziras Reich dagegen schien die Zeit stillzustehen.

Ein selbst gemaltes Schild mit der Aufschrift *herbalist*, das an einem langen, flachen Gebäude hing, untertrieb: Dies war mehr als die Praxis eines Kräuterdoktors. In dem langen, schmucklosen Lehmbau befand sich ein kleines Krankenhaus. Davor saßen und standen viele Frauen, Männer und Kinder.

Die Praxis war schon immer ein Treffpunkt. Hier gab es Neuigkeiten, gute oder schlechte, Hoffnungen wurden geboren und begraben. Für viele Menschen war das Haus wochen- oder gar monatelang der Mittelpunkt ihres Lebens. Damit war es wie die Kirche oder der Markt eines der Herzen des Dorfes. Wer hier arbeiten durfte, wurde mehr als nur geachtet. Seitdem ich in diesem unscheinbaren Gebäude bei der Geburt eines Kindes assistiert hatte, war es mein Wunsch gewesen, selbst einen solchen Hort der Hoffnung zu betreuen. Es als Krankenhaus zu bezeichnen, hatte ich mich immer gesträubt.

Denn für mich stand die Hoffnung im Vordergrund, die den Menschen dort gegeben wurde. Darum war ich glücklich, nachdem Bisi den Begriff Heilstation geprägt hatte. Schließlich wollten wir unsere Patienten heilen und nicht krank entlassen ...

Sobald unser altes, für die örtlichen Verhältnisse jedoch sehr teures Auto stoppte, wurden wir neugierig betrachtet. Mary grüßte viele Leute mit Namen. Sie kam fast jeden Monat, um für Amaras Praxis unerlässliche Heilpflanzen zu holen.

»Muss ich aussteigen?«, fragte Tanisha scheu. Ihre dunklen Tücher und der Schleier über ihrem Haar verrieten die Muslimin aus dem Norden. Die Frauen in dieser Gegend bevorzugten bunte Wickelröcke, T-Shirts oder Blusen.

»Du brauchst keine Angst zu haben«, beruhigte ich Tanisha. »Hier leben keine Muslime. Niemand wird dir Probleme machen.«

Dies war eine andere Welt. Dass Frauen in jener, aus der wir kamen, wegen moralischer Verfehlungen zu Tode geprügelt werden konnten, war hier unvorstellbar. Doch wie sollte ich das meiner Freundin erklären? Ich baute darauf, dass sie die Friedfertigkeit der Menschen des Regenwalds rasch zu schätzen lernen würde. Mühsam stieg ich aus dem Auto, steif von der langen Fahrt, nach Luft ringend.

Josh war schon längst draußen und blickte sich interessiert um. »Mama, das kenne ich!«, rief er mir zu. »Hier ist immer Buchi!«

»Josh! Was bist du groß geworden!« Da eilte die stämmige Heilerin auch schon auf ihn zu und schloss das Kind in die Arme.

Ezira und ihre tatkräftige Gefährtin hatten eine klare Aufgabenverteilung: Buchi hielt sich zumeist in der Siedlung auf, wo sie die Praxis führte. Ezira dagegen mied den Ort und zog die Abgeschiedenheit des tiefen Urwaldes vor. Dort entstanden jene natürlichen Heilmittel, die Buchi verwendete. Beide Frauen verband eine enge, über Jahrzehnte gewachsene Freundschaft. Buchi war das Herz des Krankenhauses. Der geselligen 60-Jährigen, die stets bunte Wickelkleider trug, war nicht anzusehen, dass sie eine hervorragende Heilerin war. Sie lachte viel, suchte die Nähe der Patienten und gab sich so wie sie.

Nachdem Buchi mich ausgiebig mit Küssen bedacht hatte, fasste sie mich bei den Schultern und blickte mir tief in die Augen. Sie zog die Silben ineinander, was ihrer Sprache eine leicht singende Melodie verlieh, als sie sagte: »O weh, du bist aber schmal geworden! Gut, dass ihr endlich da seid, damit wir euch wieder aufpäppeln können!« Sie sah zum Auto, neben dem Tanisha stand, das Baby schützend an die Brust gepresst. »Wen hast du mitgebracht?«

Tanishas Englisch war noch zu lückenhaft, als dass sie für sich selbst sprechen konnte. Ich erzählte, dass Tanisha Heilerin werden sollte.

Buchi blickte mich skeptisch an: »Wie lange kann deine Freundin denn bleiben?«

»Lange genug. Ich war damals drei Jahre bei euch«, erwiderte ich.

»Aber du warst zuvor bei Amara! Sie hatte dich eine Menge gelehrt. Und du bist in eine Schule gegangen. Nicht alle Muslime gewähren ihren Töchtern diesen Luxus. Oder irre ich mich?«

»Nein«, gab ich kleinlaut zu. »Tanisha kann kaum lesen und schreiben.«

»Dafür in einer Sprache, die hier niemand versteht!« Buchi lachte herzhaft. »Dann wollen wir deine Freundin lieber nicht entmutigen! Sie ist jung und wird schnell lernen. Aber sie scheint recht verängstigt. Was hast du ihr über uns erzählt?« Buchis gute Laune war ansteckend. Nachdem ich ihr kurz von Tanishas schrecklichem Schicksal berichtet hatte, wich ihre Fröhlichkeit tiefer Betroffenheit. »Du armes Mädchen brauchst eine neue Familie.« Gerührt umarmte sie Tanisha, die sie nicht verstanden hatte.

Als Josh zurückkam, strahlte er mich an: »Mama, hier sind ganz viele Frauen, die mich kennen.« Dann zog er mich zu sich herunter und flüsterte: »Aber hier gibt es noch mehr Kranke als früher in deiner Heilstation.«

Buchis kleines Krankenhaus hatte durchaus Ähnlichkeit damit. Allerdings behandelten sie hier wesentlich mehr Patienten, die aus der ganzen Gegend kamen. Mit Naturmedizin bekämpften sie die üblichen Leiden wie Malaria, Durchfall, Entzündungen oder auch Tuberkulose. Vor allem konnte Buchi sich auf viele Pflegerinnen verlassen, damit die Patienten versorgt wurden. Sie übernahmen jedoch nur die medizinische Betreuung. Die Urwaldklinik bot ihren Patienten keinen Komfort, nur Heilung. Essen und Getränke brachten die Verwandten zu ihren Kranken. Deshalb waren die drei Räume voller Menschen. Buchi und ich tauschten kurz unsere Erfahrungen aus, doch Josh drängte zum Aufbruch.

»Josh hat völlig Recht«, beschied uns Buchi. »Ihr seid nicht den ganzen Tag gefahren, um euch kranke Menschen anzusehen. Ich werde euch jetzt zu Ezira bringen.«

Ein rund einstündiger Fußmarsch stand an. Und es ging mir gar nicht gut. Vom Husten schmerzte mein Oberkörper. Buchi gab mir Medizin, die mich leichter atmen ließ. Wir mussten dringend aufbrechen; es war bereits dunkel.

Das Krankenhaus und den *compound* verband ein ausgetretener Pfad. Gewissermaßen die Verbindung zu Eziras Reich, in dem künftige Heilerinnen mindestens ein Jahr lang nur in Pflanzenkunde unterrichtet wurden. Wegen meiner Vorkenntnisse hatte ich diese Zeit damals abkürzen können, war aber ständig zwischen Ezira und Buchi gependelt, wo ich praktische Erfahrung gesammelt hatte. Den Weg kannte ich im Schlaf; oft genug war ich übermüdet mit fast geschlossenen Augen in den *compound* heimgekehrt, wo Josh mich erwartet hatte.

Wir verabschiedeten uns von Mary. Sie hatte sich in der Siedlung ein Quartier gesucht, um am nächsten Morgen nach Lagos zurückzufahren. Zwei junge Mädchen begleiteten uns in den Urwald und halfen uns, unsere Taschen zu tragen. Die Dorfbewohner verehrten die beiden weisen Frauen und waren stolz, wenn ihre Töchter sich bei ihnen Grundwissen in Pflanzenkunde aneignen durften. Im Gegenzug unterstützten die Teenager *compound* und Krankenhaus tatkräftig. Gelegentlich kam es sogar vor, dass sich eine von ihnen entschied, so wie ich in jungen Jahren Heilerin zu werden.

Durch den Husten geschwächt, bereitete mir die Wanderung Probleme. Meine Hüfte schmerzte wieder. Wegen meines Beinproblems ging ich freiwillig als Letzte und verlor beinah den Anschluss. Auf meinen Stock gestützt, schleppte ich mich mühsam vorwärts.

»Entschuldige, Choga!« Tanisha war umgekehrt und kam mir entgegen. »Lass dich unterhaken.«

Es war mir nicht recht, mich von ihr stützen zu lassen. »Wir müssen zusammenhalten«, sagte sie und wich nicht von meiner Seite. »Deine Lehrerin ist eine gute Frau.« Ich hätte Tanisha gern genauer erklärt, was sie erwartete. Doch ich war froh, wenn meine Atemluft zum Gehen reichte.

Endlich erkannte ich den Schein eines Feuers. Sein Licht leuchtete durch die Finsternis wie der wahre Ursprung niemals erlöschender Wärme. Wäre die selbstlose Liebe zwischen den Menschen ein Baum gewesen, so hätte er hier seine Wurzeln gehabt. Ich war glücklich, sie wieder entdeckt zu haben.

Zu dieser späten Stunde glichen die Urwaldbäume Riesen, die sich dunkle Tücher über die Köpfe gezogen hatten. Die kleinen rechteckigen Lehmhäuser waren kaum zu erkennen. Wäre ich hier so wie Tanisha zum ersten Mal bei Dunkelheit hergekommen, hätte ich mich vielleicht sogar gefürchtet. Die wahre Schönheit des *compounds* wurde schon von der Nacht verschluckt. Tanisha hakte sich bei mir fester ein.

»Warte auf den Morgen und du wirst sehen, wie wundervoll friedlich es hier ist«, beruhigte ich sie.

Eziras winziges Dorf gruppierte sich um eine große Feuerstelle. Der Platz darum war sehr weit, so dass dort getanzt und mit vielen Menschen, die gelegentlich aus der Siedlung kamen, gefeiert werden konnte. Die etwa ein Dutzend Hütten, in denen die Bewohnerinnen und gelegentlichen Gäste schliefen, hielten dazu respektvollen Abstand. Das Kochhaus und die Kräuterküche, zwei offene Hütten, waren der Feuerstelle am nächsten und in der Dunkelheit die einzigen Umrisse, die sich als Schatten vor dem flackernden Feuer abzeichneten.

Eine Gruppe von Frauen und Mädchen hatte sich davor versammelt und erhob sich zu unserer Begrüßung. Mein Herz schlug vor Aufregung und Anstrengung bis zum Hals. Ezira, klein und zart, war wie früher in braune Tücher gehüllt. Sie wirkte noch zerbrechlicher, als ich sie in Erinnerung hatte. Dennoch strahlte sie eine Kraft aus, die nicht von ihrem Körper ausging.

»Choga, meine Tochter«, sagte sie schlicht. »Ich heiße dich willkommen.« Sie wandte sich Josh zu, der instinktiv einen Schritt zurückwich. »Joshua hat mich doch nicht etwa vergessen?«, meinte sie mit einem Augenzwinkern. »Erinnerst du dich noch an unseren Fluss?

Gleich dort drüben, wo jetzt noch Dunkelheit ist, da ist das Wasser, das du so gern hast.«

Josh blickte die Frau, die gerade mal anderthalb Köpfe größer war als er, schüchtern an. »Du weißt noch, dass ich gern schwimme?«

Mein kleiner Sohn begegnete der alten Frau mit großer Scheu. Sie verbarg ihr Gesicht wie gewöhnlich zur Hälfte hinter einem mehrfach gefalteten Tuch aus brauner Baumwolle, das sie sich um Kopf und Hals schlang. Tiefe, schlecht verheilte Narben waren damit vor neugierigen Blicken verborgen. Meine Lehrerin sprach selten über ihre entstellenden Verletzungen, die sie sich als Kind zugezogen hatte, als sie ins offene Feuer gefallen war.

Ezira stellte uns zunächst zwei älteren Frauen vor. Nach ihrer und Buchis Überzeugung durfte eine Heilerin weder stillen noch an ihren »unreinen« Tagen arbeiten. Jüngere Frauen wie ich entschlossen sich deshalb nur dann für diesen Beruf, wenn sie keine Kinder mehr bekommen wollten. Was bedeutete, sich gegen eine Ehe entscheiden zu müssen. Tanishas Zukunftspläne kannte ich nicht, aber ich war überzeugt, das Schicksal wüsste eine Antwort, wenn es so weit wäre.

Anschließend machte Ezira uns mit sieben Mädchen bekannt, die sie anleitete, Pflanzen zu sammeln und Felder zu bestellen. Jede könnte später einer ausgebildeten Heilerin als Helferin zur Seite stehen. Das Wissen, das Ezira ihnen schenkte, würde einmal dazu beitragen, ihre Familien zu ernähren.

Wir aßen, erzählten und wir lachten. Nach langer Zeit war ich wieder unbeschwert. Auch Josh, der den Tag über still gesessen hatte, tollte herum. Eziras jüngste Schülerinnen, kaum dem Kindesalter entwachsen, spielten mit Josh ein wenig Fangen. Allmählich zogen sich die anderen zurück. Sie gingen früh schlafen, da sie mit dem ersten Tageslicht ihre Arbeit begannen. Ezira ließ es sich nicht nehmen, Tanisha höchstpersönlich eine eigene Hütte zuzuweisen. Buchi führte Josh und mich zu einem Lehmbau mit einem Dach aus Palmwedeln und Matten am Boden. Mehr Ausstattung gab es nicht. Die einzige Fensteröffnung verfügte nicht über Scheiben, sondern wurde mit hölzernen Läden geschlossen.

Josh nahm all das gar nicht mehr wahr, sondern schlief sofort erschöpft ein. Ich verspürte keine Neigung, mich schlafen zu legen, wo mir die Sorgen und der Husten ohnehin keine Ruhe gegönnt hätten. Die kühlere Nachtluft tat meiner Lunge gut, und ich kehrte zum Feuer zurück, um mich auf einen der Hocker zu setzen.

In dieser Nacht war es so still, dass ich das gleichmäßige Atemgeräusch aus den gewiss 50 Meter entfernten Lehmhütten zu hören glaubte. Ich genoss den Anblick der Funken, die in die Schwärze der Nacht aufstiegen, und legte mir Mutters rote Decke um die Schultern. Ich dachte über die schwierige Situation auf der Farm nach und gestand mir ein, dass ich Angst hatte. Zum ersten Mal fragte ich mich: Hatte ich mir zu viel zugemutet?

Ezira machte sich mit einem leisen Räuspern bemerkbar. »Bei manchen Reisen geht nur der Körper fort und der Geist bleibt zurück in der Heimat.« Mir war wohl unschwer anzumerken, was mich beschäftigte. In ihrer Stimme lag eine eigentümliche Mischung aus Besorgtheit und leichtem Vorwurf. »Wenn ich dich anblicke, sehe ich keine 25-Jährige, sondern eine Frau, die viel Kummer hat. Schmerz, der sie vergessen lässt, wie schön das Leben ist. Dass es aus Lachen und Scherzen besteht.«

Ich konnte nichts dagegen unternehmen, dass ich weinen musste. Die Tränen kamen ohne Umweg direkt aus meinem tiefsten Inneren. Ezira legte ihre Hände auf meinen Rücken. Ihre Kraft ließ mein Schluchzen verebben, der Husten hörte auf.

»Ich möchte dir so viel erzählen und weiß gar nicht, wo ich beginnen soll«, sagte ich. Doch meine Lehrerin meinte, das könne warten. Sie wisse schon einiges von Amara.

Nach dem Angriff auf unsere Farm hatten Magdalena und ich Amara in Lagos angerufen und sie um Hilfe gebeten. Ich erfuhr erst später, dass meine Mentorin nicht sogleich nach Jeba gefahren war, sondern den Umweg über Ezira gemacht hätte. Die beiden waren gemeinsam mit Buchi zu dem Schluss gekommen, dass ich in den Urwald kommen sollte, um mich auszukurieren. Obwohl Ezira so abgeschieden lebte, war sie dennoch eingebunden. So wusste sie auch von dem Überfall auf unsere Farm.

»Das Mädchen, das du mitgebracht hast, gefällt mir. Sie ist ein guter Mensch. Ihr Glaube bedeutet ihr wohl sehr viel und du bist keine Muslimin. Dennoch hat das Schicksal euch zusammengeführt. Aber ihr werdet es nicht leicht miteinander haben.«

»Ich muss dir etwas gestehen, Ezira«, sagte ich. »Tanisha soll nicht nur Heilerin werden. Ich möchte, dass sie meine Nachfolgerin wird.«

»Deine Nachfolgerin?« Die alte Lehrerin war verwundert.

»Ich merke, dass ich nicht mehr die Kraft habe, meinen Gefährtinnen eine Hilfe zu sein.«

Ezira schüttelte traurig den Kopf. »Kein Wunder, dass du so bedrückt bist. In deinem Alter sollte man sich nicht mit der Frage auseinander setzen, wann man sterben muss.« Sie rieb meinen Rücken, wie sie es früher getan hatte, wenn ich mutlos war.

»Eigentlich lebe ich mit diesem Gedanken seit Joshs Geburt!« Ich zog die Tränen durch die Nase hoch wie ein Kind. Niemandem sonst, erst recht nicht Bisi, die solche Angst um mich hatte, hatte ich das gestehen können. »Das ist die Wahrheit, die ich all die Jahre verdrängt habe«, sagte ich. »Tanisha ist meine ganze Hoffnung. Jemand muss sich doch um meine Gefährtinnen kümmern, wenn ich es nicht mehr kann.«

Ezira legte den Arm vertraulich um mich. »Deine Absichten sind gut.« Sie seufzte. »Aber das Richtige kann sich schnell in sein Gegenteil verkehren. Mit Tanisha hast du dir eine große Aufgabe aufgeladen. Ist der jungen Frau wirklich klar, was sie erwartet?«

»Nein, wohl nicht«, gab ich zu.

»Und dir selbst? Ahnst du, wie schwer es für sie sein wird, sich einzufügen?« Wieder verneinte ich. »Das Schicksal wird euch leiten«, sagte sie und ermahnte mich: »Versuch deine Sorgen loszulassen. Denn sie belasten dich zu sehr.« Ezira begleitete mich zu meiner Hütte. »Ich bin immer für dich da. Jederzeit.« Sie küsste mich auf die Stirn.

Als ich mich tief bückte, um in den niedrigen Eingang zu schlüpfen, stieß ich mir trotz aller Vorsicht den Kopf an.

Unter Frauen

Es hatte in der Nacht geregnet, doch an diesem unserem ersten Morgen glitzerten die Sonnenstrahlen auf den nassen Blättern. Es war bereits warm und die Feuchtigkeit entwich dampfend dem Boden. Erst jetzt bot sich mir der *compound* in seiner ganzen Schönheit dar. Die Hütten mit ihren weit heruntergezogenen Dächern wirkten gemütlich, Hühner pickten im Sand und bunte Vögel kamen aus dem nur wenige Schritte entfernten Wald, um neugierig nachzusehen, ob ein paar Körner für sie abfielen. Josh war vor mir am Kochhaus angekommen. Davor hockten die Schülerinnen am Boden im Kreis. Er saß zwischen ihnen und aß wie sie eine Schale Maniokbrei. In ihrer Vertrautheit erinnerte die Situation ein wenig an unser Zuhause.

Ezira hatte sich auf einem von mehreren etwas entfernt stehenden Hockern niedergelassen und nahm ihr Frühstück schweigend ein. Ich gesellte mich mit meiner Kalebasse, einer schlichten Holzschale, zu ihr. Buchi war bereits früh zum Krankenhaus aufgebrochen, wo ihre Patienten sie erwarteten. Wir aßen schweigend, denn Ezira war der Ansicht, dass Gespräche während des Essens von der Arbeit der Köchin ablenkten. Selbst solche nebensächlichen Formen von Respekt waren ihr sehr wichtig.

Ich beobachtete Josh inmitten der Mädchenschar. Da er vor dem Essen bereits im nahen Fluss geschwommen war, hatte er sich in weite Tücher gehüllt. Leicht vorgebeugt hockte er am Boden, die Beine gekreuzt. Der Brei schien ihm zu schmecken. Als er fertig war, stellte er die Schale sanft auf den Boden vor sich. Er neigte den Kopf mal zur einen Seite, mal zur anderen, je nachdem, wem er gerade zuhörte. Wenn er etwas sagte, äußerte er sich leise, sein Lachen war hell, aber nicht aufdringlich.

Zwei etwa 15-jährige Mädchen tuschelten miteinander und blickten missmutig zu ihm hinüber. Offensichtlich störten sie sich an seiner Anwesenheit. Das Mädchen neben ihm, schätzungsweise 14 oder 15, eine sehr zarte Person, trug die Haare zu Zöpfen geflochten. Josh umwickelte zwei der Zöpfchen, deren Garn sich gelöst hatte, erneut mit dem Faden und band sie ihr anschließend noch auf dem Kopf zusammen. Das hatte er mit den wesentlich jüngeren Mädchen zu Hause auch immer getan.

Wer diesen Augenblick nur flüchtig wahrnahm, hätte angenommen, einer Gruppe von Freundinnen zuzusehen. Als mir das bewusst wurde, versetzte es mir einen kleinen Stich. Wo immer er bislang gelebt hatte, war er der einzige Junge. Ausgerechnet der Sohn eines Mannes, der Frauen nur zur Befriedigung seines Geschlechtstriebs benutzte, benahm sich so rücksichtsvoll! Ich rief mich zur Ordnung. Mein Sohn war ein Mensch geworden, der nichts mit seinem Vater gemein hatte: Die viele Liebe, die ihn umgab, hatte den Hass nicht keimen lassen, mit dem er gezeugt worden war.

Nachdem Ezira ihre Schale mit Maniokbrei geleert hatte, sagte sie: »Du wolltest mich etwas fragen?«

»Jungen und Männer dürfen doch eigentlich nicht hier sein.«

»Wer hat das gesagt?« Ezira lachte schelmisch.

»Du?«, fragte ich.

Ezira zuckte mit den Schultern. »Habe ich das wirklich? Nein, ich glaube nicht. Niemand würde auf die Idee kommen, einen Jungen hierher zu schicken. Wer soll sich also beschweren, wenn es gegen keine Regel verstößt?«

Mittlerweile hatte Josh die Haarpflege an seiner Nachbarin beendet und widmete sich nun der Nächsten.

»Josh kennt seine Rolle als künftiger Mann nicht.« Ezira beobachtete ihn ebenso wie ich. »Diejenigen, die in ihm den späteren Mann sehen, erkennen etwas, was nur in ihrer eigenen Vorstellung existiert.« Sie legte die Hand auf meine Schulter. »Was siehst du denn in ihm?«

»Braucht er nicht ein männliches Vorbild?«, fragte ich zaghaft. Immerhin wurde er in wenigen Monaten sieben Jahre alt.

»Das ist keine Antwort auf meine Frage!« Ezira lachte kurz auf. Es klang, als freute sie mein Gedanke keineswegs. »Männer wollen herrschen«, sagte sie kühl. »Dein Sohn muss kein Herrscher werden. Es gibt zu viele davon. Was glaubst du, warum ich so selten ins Dorf gehe? Ich habe zu viel von der Hässlichkeit dieser Welt gesehen, einen Krieg mit unzähligen Toten erlebt. Ich habe die Verstümmelten versorgt und sie dennoch sterben sehen.« Die Erinnerung an den nigerianischen Bürgerkrieg in den 1960er Jahren, in dem sie als Krankenschwester gearbeitet hatte, ließ sie verbittert den Kopf schütteln. »Der Machtwille der Männer bringt so viel Leid und Unrecht hervor. Die Welt wäre wesentlich friedlicher, wenn es mehr Menschen wie Josh gäbe, die ganz unbewusst ihre weibliche Seite ausleben.«

»Du meinst also, er soll gar nicht wissen, dass er nicht wie ein Junge aufwächst?«

»Seine männliche Seite ist noch nicht erwacht. Sie wird es, wenn der Zeitpunkt dafür gekommen ist. Doch dann wird er die Frauen nicht benutzen, sondern achten.« Die Bitterkeit, die in diesen Worten mitschwang, verriet die

Erfahrungen einer Frau, die den Umgang mit Männern mied.

Aus einer der Hütten trat Tanisha mit Faraa. Sie war genau eines jener Opfer männlicher Arroganz. Ihr Bruder hatte nicht den Mut gehabt, dafür zu sorgen, dass ihr der Respekt entgegengebracht wurde, der jeder Frau zusteht.

Tanisha fühlte sich, wie Ezira es geahnt hatte, sichtlich unwohl. Ich winkte sie heran. Erleichtert fing sie meine Geste auf und setzte sich auf den letzten freien Hocker.

Das Mädchen, das Josh zuletzt frisiert hatte, war mit seinen Frisierkünsten nicht zufrieden. Kreischend löste sie die bereits hochgebundenen Zöpfchen. Josh begann unverdrossen von vorn.

Ezira lächelte schief: »Eines wird er auf diese Weise auf jeden Fall lernen – Geduld zu üben.«

Die beiden Mädchen, die das Geschehen mit zunehmendem Verdruss beobachtet hatten, standen auf. Die eine zögerte noch, ihre Freundin zog sie jedoch zu der Gruppe, in deren Mitte mein Sohn Friseur spielte. Die Forschere der beiden baute sich vor Josh auf; ihr Name war Nkem.

Ich wollte bereits aufstehen, doch Ezira legte ihre Hand beruhigend auf mein Bein. »Josh muss sich selbst helfen. Er ist es doch gewohnt, unter Frauen zu leben.«

»Zu Hause ist das anders«, entgegnete ich schwach. »Niemand würde sich daran stören, dass mein Sohn bei mir ist.«

»Dann ist es doch gut, dass es hier mal anders ist«, entgegnete Ezira ernst.

Die Wortführerin Nkem blickte feindselig auf Josh herab, der verblüfft aufschaute. »Ein Junge hat hier nichts zu suchen«, sagte das Mädchen ziemlich laut.

Jene, die Josh gerade frisiert hatte, wandte den Kopf

ab und rückte ein Stück von ihm fort. Er raffte sein Tuch enger um den schmalen Leib und wusste nicht recht, wie er sich verhalten sollte.

»Stört es dich, wenn ich ihr die Haare mache?«, fragte er und schlug dann in jener ruhigen Art vor, die ich so an ihm liebte: »Ich flechte dir auch die Haare, wenn du möchtest.«

»Das kann meine Freundin besser«, gab Nkem schnippisch zur Antwort. »Wenn du schon hier sein musst, dann setz dich nicht einfach so zwischen uns Mädchen. Da drüben ist auch noch Platz.« Sie meinte nicht etwa Ezira, Tanisha und mich, sondern deutete auf den mehr als hundert Meter entfernten Ausgang des weitläufigen *compounds*. In ihrem Dorf hockten Frauen und Männer gewiss nur bei Festen zusammen. Doch ihre Geste bedeutete mehr als das: Sie wünschte meinen Jungen offensichtlich fort.

»Da will ich nicht hin«, sagte Josh entschieden. »Setz du dich doch dorthin, wenn du nicht bei uns sein willst.«

»Wir sind Mädchen«, schnappte Nkem, »*du* musst gehen!«

»Ich darf bei Mädchen sitzen. Bei uns zu Hause ist das auch so.« Damit war die Sache für Josh geklärt. Er schlang die Arme um seine Beine und blickte zu Boden. Mit dieser Verweigerung hatte seine Gegnerin offensichtlich nicht gerechnet. Beistand suchend blickte sie in die Runde, aus der sie keine erkennbare Unterstützung erhielt, und stapfte, ihre Freundin an der Hand, zornig davon. Josh hatte gesiegt und durfte an diesem Morgen dem dritten Mädchen die Haare flechten. Er machte sich an die Arbeit. Allerdings zeigte eine steile Falte auf seiner Nasenwurzel seinen Unmut. Zumindest hatte er seine »Aufnahmeprüfung« im Kreis der Mädchen bestanden.

»Er wird aufpassen müssen, dass sie ihn nicht dauernd zum Frisieren bitten!« Ezira kicherte. »Muss gar nicht so einfach sein, sich hier als einziger Junge zu behaupten.«

Da Tanisha nicht verstand, was Ezira so offenkundig amüsierte, übersetzte ich es ihr in Haussa und sie schüttelte den Kopf: »Ich finde es nicht gut, dass er nur mit Mädchen zusammen ist.«

Ihre Meinung überraschte mich. Gerade sie, die in einer von Männern dominierten Gesellschaft aufgewachsen und vor ihr geflohen war, hätte doch Eziras und meine Einstellung teilen müssen!

»Wenn dein Sohn groß ist, wird er es schwer haben, mit seinesgleichen zurechtzukommen, wenn er jetzt nur mit Mädchen und Frauen aufwächst.« Tanisha sprach leise, aber sehr bestimmt. »Hast du keine männlichen Verwandten, bei denen er leben kann?«

Tanisha kannte meine Geschichte bislang nur aus Andeutungen, und dies war nicht der richtige Zeitpunkt, um die dunklen Seiten meiner Vergangenheit offen zu legen. Bislang hatte auch mein Sohn nicht nach seinem »Erzeuger« gefragt. Ich hoffte inständig, dass dieser Tag in weiter Ferne liegen möge. Denn die Wahrheit würde ihn verletzen: In meinem Land wird Kindern früh Respekt vor den Vätern beigebracht. Joshs Vater Felix verdiente meiner Ansicht nach diesen Respekt nicht. Folglich hatte ich seinem Sohn gegenüber lieber so getan, als gäbe es ihn nicht.

Die Lehrmeisterin rief zum Aufbruch. Josh lief zu unserer Hütte und kam Sekunden später in Shorts zurück. Die Mädchen verließen mit Ezira und den beiden älteren Frauen bereits den *compound*. Während Josh sich das T-Shirt überstreifte, rannte er ihnen nach. Offensichtlich hatte er den Tagesablauf nicht vergessen: Die eine Gruppe mit den beiden älteren Frauen ging zu den etwas weiter entfernten Feldern, um dort zu arbeiten.

Eziras junge Helferinnen sammelten Heilpflanzen, deren Bedeutung ihnen dabei von der Lehrerin erklärt wurde. Ihnen hatte Josh sich angeschlossen. Nicht alles, was Eziras Schülerinnen zusammentrugen, blieb im *compound*. Einen Teil davon verkaufte Buchi im Rohzustand oder als zubereitete Medizin im Dorf, beispielsweise an *herbalists* wie Amara. Doch diese Kräuter mussten gebündelt und getrocknet werden. Trotz meiner Schwäche war dies eine leichte Aufgabe, in die ich Tanisha nun einwies.

Wir beide waren allein zurückgeblieben, saßen auf den einfachen Hockern vor dem Kräuterhaus und unterhielten uns vor allem über meinen Sohn. »Josh macht es schon Spaß, mit in den Wald zu ziehen? Ist er nicht sehr jung dafür?«, wunderte sich Tanisha.

Ich erzählte ihr, dass wir nach unserem letzten Aufenthalt meine Mutter in Lagos besucht hatten. »Sie war krank, und der Kleine gab ihr Ratschläge, welche Kräuter ihr helfen könnten!«

»Möchtest du, dass er später Arzt wird?«, fragte meine Freundin.

»Ich weiß es nicht«, gab ich zu. »Ich habe für ihn eigentlich keine Pläne. Im Moment will ich nur, dass er glücklich ist. Was danach sein wird …« Ich führte den Satz nicht zu Ende.

Die Wahrheit

Wir waren schon einige Tage bei Ezira, als sie auf die Idee kam, meinen Sohn Tanisha zur Seite zu stellen: »Sie kennt die Pflanzen bislang nur, wenn sie schon im Kräuterhaus eingetroffen sind. Ich denke, ich nehme sie mit meiner Gruppe mit in den Wald. Josh kann übersetzen, was ich sage.« Die grenzenlose Wissbegierigkeit meines Sohnes beeindruckte nicht nur sie. An Pflanzen, die er nur einmal gesehen hatte, erinnerte er sich sofort. Wie seine Tante Magdalena dozierte er dann mit erhobenem rechten Zeigefinger. Ich selbst war noch zu angeschlagen, um mich den anderen anzuschließen. Bei der kleinsten Anstrengung brach mir der Schweiß aus und ich bekam Probleme mit dem Kreislauf.

Nach der Rückkehr vom ersten Ausflug als Tanishas Übersetzer berichtete mein Sohn mir voller Stolz, dass nun er der Lehrer der erwachsenen Frau sei. Die junge Mutter jedoch wollte sich nichts von einem Kind sagen lassen. Am nächsten Tag schützte sie Unwohlsein vor und blieb bei mir im *compound*. Ich war darüber keinesfalls unglücklich, sondern genoss ihre Gesellschaft, damit wir uns noch besser kennen lernen konnten. Wir verbrachten den Tag gemeinsam, lachten viel und benahmen uns wie junge Frauen, die ihren Urlaub im grünen Paradies mit ein wenig Lernen verbanden.

Wir setzten uns unter die Bäume in den Schatten. Ich schrieb einfache Wörter in meine Kladde, um ihr Englisch beizubringen. Mir fiel nichts Besseres ein als die englischen Worte für Mann und Frau.

Wir übten, doch dann schweiften Tanishas Gedanken ab. »Warst du eigentlich gern verheiratet?« Ich wusste viel über ihr Leben, sie jedoch wenig über meines, bevor ich auf der Farm gelebt hatte.

Ich ließ das Büchlein sinken. »Joshs Vater Felix hatte mehrere Frauen, ich war die sechste. Nach mir hat er noch viele Male geheiratet. Ich kann dir nicht mal sagen, wie oft! Eine normale Ehe war das nicht gerade.« Tanisha kannte nur jene sechs anderen, die auf unserer Farm lebten. Sie wusste allerdings nicht, in welcher Verbindung wir zueinander standen. Ich erklärte es ihr nun und ihre Verwunderung war nur zu verständlich!

Mir stand nicht der Sinn danach, das meiner Meinung nach verantwortungslose Leben von Felix zu erklären, und ich lenkte ab: »Mein Vater hatte sogar 48 Ehefrauen!« Mit dem Abstand der Jahre kam mir diese Zahl geradezu gespenstisch vor.

Tanisha sah mich ungläubig an: »Waren seine Frauen denn glücklich?«

Ich konnte es nicht sagen. Immerhin hatte meine Mutter ein solches Leben gesucht; sie wusste, was sie erwartete. Also erzählte ich von den angenehmen Seiten. Der Zusammenhalt der anderen Frauen faszinierte Mutter, als sie meinen Vater kennen lernte. Ich fand allerdings nur dürftige Worte für eine schillernde Vergangenheit, die mit meinem neuen Leben nichts mehr zu tun hatte. Ich hatte erlebt, wie sehr sich Mama Lisa im Kreise so vieler Frauen wohl gefühlt hatte. Aber ich hatte schon als Kind mitbekommen, dass sie sich dem Willen meines Vaters nicht immer freiwillig gebeugt hatte.

»Wenn sich so viele Frauen einen Mann teilen, gibt es da nicht große Eifersucht?«, fragte Tanisha.

»In Wahrheit führten Vaters beide ersten Frauen, die Schwestern Patty und Felicitas, den Harem. Sie achteten darauf, dass es keinen Streit gab. Eine Zeit lang gehörte sogar meine Mutter ihrem so genannten Tribunal an. Papa David, also mein Vater, schritt nur ein, wenn die beiden ältesten *Mamas* ihn darum baten, aber das kam selten vor.«

»Mochtest du sie?«

Darüber hatte ich bislang nie nachgedacht. »Ich hatte mit ihnen nicht so viel zu tun«, sagte ich ausweichend. »Der Harem war sehr groß. Ich hatte meine eigenen *Mamas*, die sich um mich kümmerten. Die Frauen teilten sich die Betreuung der Kinder. So hatte jedes seine eigenen festen Bezugspersonen. Für mich waren das Bisi und Ada, Mutters engste Freundinnen.«

Unser improvisierter Unterricht war über dieses Gespräch längst vergessen! »Was ist eigentlich aus deinem damaligen Zuhause geworden?«, erkundigte sich Tanisha weiter.

»Kurz vor seinem Tod setzte mein Vater Felix als Nachfolger ein. Doch der war kein charismatischer Führer wie Papa David, sondern nur hinter den vielen Frauen her. Als er starb, wurde das Grundstück größtenteils verkauft. Denn Felix hatte das Erbe durchgebracht.« Ich gestand mir ein, dass mein Bericht recht dürftig war. Hätte ich die ganze Wahrheit gesagt, so hätte ich von Aids erzählen müssen. Von den vielen Toten, die es gegeben hatte. Doch das war eine andere Geschichte, die Tanisha nur schockiert hätte.

»Du sprichst nicht gern über deine Vergangenheit«, stellte Tanisha fest. Ein wenig Enttäuschung schwang darin mit.

»Als Kind fühlte ich mich im Harem wohl. Ich war beschützt. Für eine Erwachsene reicht das nicht. Hinter hohen Mauern bleibt das wirkliche Leben ausgesperrt.«

Ich hätte ihr nun erzählen können, dass das Gleiche auch für das Leben galt, das meine Mutter mit mir, Bisi und Ada nach unserer Zeit im Harem auf der Farm geführt hatte. Auch dort hatte Papa David aus der Ferne auf unsere Isolation geachtet; meine Mutter war dabei sein verlängerter Arm gewesen. Erst als Felix kam, hatte ich erfahren müssen, dass die Autorität eines polygamen Familienvorstands nur unter einer Bedingung erträglich ist: Der Mann muss sich seiner Verantwortung bewusst sein. Mein Vater wusste das, Felix nicht. Seine Skrupellosigkeit hatte den Harem allmählich ausgelöscht.

»Lass uns noch ein bisschen lernen!«, rief ich und schlug ein leeres Blatt auf. Diesmal überlegte ich genauer, mit welchem Wort wir weitermachen konnten …

Bei Ezira gab es weder Kalender noch Uhren. Wenn ich für die Heimkehrerinnen das Abendessen vorbereiten wollte, orientierte ich mich am Stand der Sonne. Wir kochten nach den Prinzipien des Heilens: Geist und Seele essen mit, wenn der Bauch gesättigt wird. Mir machte es Spaß, meine Freundin an meinem wieder erwachten Wissen teilhaben zu lassen.

Tanisha, die kleine Faraa auf dem Rücken, und ich bereiteten an diesem Tag Fische zu, die morgens im Fluss gefangen worden waren. Wir nahmen sie auf den Steinen vor dem Kochhaus aus und schnitten sie für eine Suppe in kleine Stücke. Dabei war ich unachtsam, das Messer glitt in meine Fingerspitze. Kein großer Schnitt, aber es blutete stark. Wäre ich zu Hause gewesen, hätte ich mir ein großes Pflaster darüber geklebt und anschließend sicherheitshalber die von Magdalena aus Deutschland mitgebrachten Gummihandschuhe übergestreift. Im Urwald gab es weder das eine noch das andere. Nur eine aus einem Rindenextrakt und Blütenblättern gekochte Salbe, eine dunkle Masse, die ich unverzüglich zur Blutstillung auftrug.

Viel Fisch war nicht mehr zu schneiden, und vorsichtshalber überließ ich es Tanisha, dies zu tun. Ich entzündete in der Zwischenzeit das offene Feuer unter dem großen Kochtopf. Faraa wurde quengelig; sie hatte Hunger.

Als die ersten Fischstücke in der Suppe schwammen, der noch alle scharfen Zutaten fehlten, hatte Tanisha eine Idee. »Ob der Fisch weich genug ist, dass wir Faraa winzige Stückchen davon geben können?«, fragte sie und bat: »Kostest du mal?«

»Du kennst deine Tochter besser. Mach du das lieber«, sagte ich ausweichend. Denn als Aidskranke wollte ich aus Vorsicht den Bissen nicht erst in den Mund nehmen, um dann das Kind damit zu füttern.

Faraa schmeckte der Fisch sehr gut, immer wieder öffnete sie den Mund. Während Tanisha ihr Töchterchen fütterte, stellte ich die Gewürze zusammen, die nur für kurze Zeit mitkochen durften, damit sie ihre Wirkung nicht verloren.

Ich war jedoch nicht bei der Sache und blickte immer wieder zu der jungen Mutter mit ihrem Kind. Ihre Bitte, zu kosten, hatte mir schlagartig bewusst gemacht, wie sehr ich jeden Fehler im Umgang mit anderen Menschen vermeiden musste. Unkonzentriert zerteilte ich Pfefferschoten. Wieder rutschte ich ab und schnitt mich erneut. Zwar blutete es kaum, brannte aber wie Feuer.

»Lass uns tauschen. Du fütterst Faraa und ich schneide«, schlug Tanisha vor.

Während ich die Kleine auf dem Schoß hielt, verschluckte sie sich und hustete. Ich legte sie auf den Bauch und klopfte ihr auf den Rücken, erkannte aber sofort, dass Faraa etwas im Hals steckte. Da geriet ich in Panik und drehte plötzlich völlig durch. Der Brocken musste aus dem Mündchen geholt werden. Was ich mit meiner Verletzung nicht riskieren durfte. Ich hätte meine Infektion wahrscheinlich übertragen!

»Ich darf's nicht!«, rief ich. »Komm her und hilf!« Ein winziger, unbedachter Augenblick sollte das Leben des hilflosen Babys nicht in Gefahr bringen.

Tanisha blickte mich nur verwundert an, da sie meine panische Reaktion nicht nachvollziehen konnte, fasste dann aber beherzt zu und rettete ihre Tochter vor dem Ersticken. Ich stand daneben wie erstarrt. Was mochte meine Schülerin jetzt von mir denken? Durchschaute sie bereits, dass ich ihr meine Krankheit verschwiegen hatte? In diesen wenigen Sekunden lief vor meinen Augen alles ab, was ich über das Heilen gelernt hatte. Und es zeigte mir, dass ich eine Heilerin war, der durch Aids die Hände gebunden waren. Ich, die immer helfen wollte, konnte es nicht. Ausgerechnet am Missgeschick eines Babys wurde mir das nun vor Augen geführt. In all den Jahren zuvor hatte es solch eine Situation nie gegeben, weil immer jemand da gewesen war, der mir beigestanden hatte.

Tanisha stillte ihre Tochter, die nach wenigen Minuten selig schmatzend einschlummerte. Eine Weile betrachtete ich dies friedliche Bild. Als HIV-positive Mutter hatte ich Josh nie stillen dürfen.

Ich ertrug den friedlichen Anblick nur schwer, der mir auf so schmerzhafte Weise bewusst machte, dass mein Zustand eine Gefahr für andere darstellte. Solange das Virus sich nicht bemerkbar gemacht hatte, hatte ich mir vorgaukeln können, dass alles ganz normal sei – wenn ich vorsichtig war. Doch jetzt hatte sich die Infektion in eine Bedrohung meines Lebens verwandelt und stellte meine bisherige Haltung grundsätzlich infrage: Durfte ich überhaupt noch Heilerin sein? Der Boden, auf dem ich stand, schien zu schwanken ...

Ausgerechnet zu Tanisha, die meine Nachfolgerin werden sollte, war ich nicht ehrlich gewesen. Sie wusste nicht, dass ich Aids hatte. Ich schämte mich meiner Feigheit. Ich trug erneut, und diesmal noch viel dicker, Heilpaste auf die Schnitte in meinen Fingern auf. Unkonzentriert vollendete ich die köchelnde Suppe, warf die Zutaten allerdings mehr hinein, als dass ich sie so liebevoll hinzufügte, wie aufmerksam zubereitetes Essen angerichtet werden sollte.

Nachdem Tanisha ihre satte Tochter schlafen gelegt hatte, kam sie zur Kochstelle zurück und sah mich besorgt an. »Was ist los mit dir? Geht es dir nicht gut?«

»Ich muss dir etwas gestehen, Tanisha«, sagte ich und mied ihren Blick. »Ich habe Aids. Ich hätte es dir viel eher sagen müssen.«

Tanisha blickte mich verständnislos an. »Was heißt das, du hast Aids?«

Ich erschrak entsetzlich. Das Geständnis, zu dem ich mich durchgerungen hatte, war im Grunde überflüssig. Ich offenbarte etwas, was sie niemals erfahren hätte! Wie gerade zuvor hätte sie sich allenfalls gewundert. Wie so viele Menschen in meinem Land wusste auch Tanisha nicht, was Aids ist. Es war ein sehr oft totgeschwiegenes Geheimnis. Infizierte starben; aber sie waren in der Wahrnehmung der Hinterbliebenen keine Aidsopfer, sondern Malaria oder Lungenentzündung hatten sie dahingerafft.

Ich erklärte ihr, was ich habe, und sie fragte: »Seit wann bist du krank?«

»Als ich bei Joshs Geburt erfuhr, dass ich infiziert bin, hörte ich so wie jetzt du zum ersten Mal, dass es so was überhaupt gibt.«

»Aber da warst du noch keine Heilerin?«, fragte Tanisha.

»Nein. Ich habe damit erst begonnen, nachdem es Josh schlecht ging. Da war er ein Jahr alt. Mit Amaras Naturmedizin schafften wir es, Josh wieder gesund zu machen.«

»Dann hat er es auch?«

Mit einem Kopfnicken gab ich das Schicksal meines Sohnes preis.

Tanishas Stimme glich einem Flüstern: »Kann man an Aids sterben?«

Meine inneren Stimmen schrien, dass ich jetzt lügen sollte. Doch ich hatte den ersten Schritt getan, und nun musste ich auch den zweiten machen. Ich gestand die ganze Wahrheit: »Das kommt darauf an, wie stark oder schwach der Körper ist.«

»Und dir geht es gar nicht gut«, erwiderte Tanisha kaum hörbar. »Warum muss das so sein?« Natürlich erwartete sie darauf keine Antwort. Wer hätte sie geben sollen? Oder dürfen? »Du weißt, dass du …«, begann sie und wagte es nicht, zu Ende zu sprechen.

»Ich werde früh sterben, ja.« Ich wollte ihr keine Stärke vorspielen. Weil ich es nicht mehr konnte. Vielleicht wäre es mir auf der Farm noch einige Monate lang gelungen, um meine *Schwestern* nicht zu entmutigen. Möglicherweise hätte ich auch Tanisha noch länger im Unklaren lassen können. Doch in diesem Moment fühlte ich mich dazu nicht mehr in der Lage.

»Du hast bestimmt große Angst vor dem Tod«, sagte sie.

»Ich versuche, keine zu haben. Denn ich bin überzeugt, dass ich wiedergeboren werde. Aber dieser Gedanke tröstet nur ein bisschen«, räumte ich ein. Denn ich hing an meinem Leben und war noch lange nicht bereit, es loszulassen. »Ich liebe meinen Sohn über alles«, brach es aus mir hervor. »Ich möchte erleben, wie er groß wird. Aber ich weiß nicht, was schlimmer wäre: wenn er ohne mich zurückbliebe oder ich ohne ihn.« Vor allem nach seiner Geburt, als die schreckliche Nachricht noch frisch war, hatte ich darüber oft nachgedacht. Doch die Bedrohung war immer weiter in den Hintergrund gerückt, je mehr uns der Alltag beschäftigt hatte. Das Verdrängen begann und hatte mit dieser unscheinbaren Begebenheit seinen Wendepunkt erreicht.

Kurz nach Faraas Geburt wäre Tanisha fast an Kindbettfieber gestorben. Doch es war mir gelungen, ihr Leben zu retten. Nun stellte sie mir eine Frage, die mir das Blut in den Adern gefrieren ließ: »Du hast mich entbunden. Konntest du mich denn nicht anstecken?«

»Ich habe Handschuhe getragen, Tanisha!«, rief ich entsetzt und erklärte ihr, wie vorsichtig ich vorgegangen war und welche Selbstbeschränkungen ich mir auferlegt hatte. Sie hatte es ja kurz zuvor erlebt.

Doch Tanisha brachte einen kaum zu entkräftenden Einwand vor: »Was wäre gewesen, wenn du mit Faraa allein gewesen wärst? Hättest du sie dann ersticken lassen? Oder riskiert, sie mit deinem Blut zu infizieren?«

Ich hätte antworten können, dass alles gut gegangen wäre, wenn ich nicht in Panik geraten wäre. Doch das sagte ich nicht. Denn es ging meiner Freundin um genau das, was mir zu schaffen machte: meine eigenen Grenzen. Die kleine Episode hatte mir gezeigt, wie schnell ich vor der Wahl zwischen zwei Übeln stehen konnte. Eine ausweglose Situation.

»Weiß Josh eigentlich, wie es um ihn steht?«, fragte Tanisha in das mich belastende Schweigen hinein.

»Nein«, meinte ich entschieden. »Das darf er nicht wissen.«

Ein Kind, das Aids hat, wandelt wie ein Seiltänzer über einem Abgrund. Es wurde hinausgestoßen und wird nur dann das Gleichgewicht halten, wenn ihm niemand sagt, wie tief es fallen kann. Mein Leben lang sah ich es als meine Aufgabe an, Josh vor dem Absturz zu bewahren. Für immer vermochte ich ihn nicht zu beschützen. Ich war jedoch fest entschlossen, es so lange zu tun, wie es möglich war. Denn danach wäre seine unbekümmerte Kindheit für immer zu Ende gewesen.

»Ich musste ihm erklären, warum wir unseren Tee brauchen«, sagte ich zu Tanisha. »Damit er das verstand, habe ich ihm früher einmal gesagt, dass alle auf der Farm eine Krankheit haben, die uns anfällig macht für andere Krankheiten. Darum der Tee, der uns schützt.«

Tanisha blickte mich verstört an. »Dann haben alle Frauen auf der Farm Aids? Und der Tee hilft nicht wirklich? Warum nehmt ihr ihn dann?«

Ich versuchte ihr den Unterschied zwischen der Infektion, die den Körper für jede Krankheit anfällig macht und wovor der Tee schützt, und Aids an sich zu erklären: »Dann ist der Körper schon zu schwach. Darum, Tanisha, bin ich hier. Um mich zu schonen und wieder kräftiger zu werden.«

Die Suppe hatte ich fast vergessen. Sie musste vom Feuer. Doch allein schaffte ich es nicht, den schweren Topf von den Steinen zu heben. Tanisha fasste mit an, und wir trugen ihn hinüber zum Essplatz, wo wir ihn in der Mitte der im Kreis aufgestellten dreibeinigen Hocker absetzten.

Tanisha bewegte sich wie in Trance. »Du hast mir das Leben gerettet. Ich wäre nie auf die Idee gekommen, dass dein eigenes bedroht war.« Sie blickte mich fassungslos an. »Woher nimmst du die Kraft, nicht aufzugeben?«

In meiner Antwort schwang meine Hilflosigkeit deutlich mit: »Ich habe keine andere Wahl. Gott hat mir mein Schicksal auferlegt, als er mich auf die Welt schickte.«

»Auferlegt? Was meinst du damit?«

»Joshs Geburt und seine Infektion haben mir meine Aufgabe gezeigt, anderen zu helfen.« Diese Überzeugung hat mir all die Jahre den Mut gegeben, weiterzumachen.

»Dafür bist du auf die Welt gekommen?« Meine Einstellung war ihr unbegreiflich. »Und mich hat er zu dir geschickt, damit ich von dir lerne?«

»Vielleicht wusste Gott, dass wir dir helfen würden. Aber hierher mitgenommen habe ich dich aus einem anderen Grund: Ich weiß, wie wenig Zeit mir bleibt, und darum wollte ich, dass du meine Nachfolgerin wirst. Das habe ich mich nicht getraut, dir zu sagen. Du hättest sicher Angst bekommen und wärst nicht mitgefahren.« Nun wusste sie alles, und ich sah in ihrem erstarrten Gesicht, dass es sie überforderte.

»Die Wahrheit zu verschweigen, heißt lügen«, erwiderte sie so leise, dass ich es kaum verstand. Als ich die Tragweite dieses Satzes halbwegs begriff, rannten schon die Mädchen in den *compound*, um sich hungrig auf die Fischsuppe zu stürzen.

Wir begannen, das Essen zu verteilen, als Faraa sich mit kräftiger Stimme zu Wort meldete. Da Josh gerade direkt neben dem Baby stand, hob er es hoch, sprach beruhigend auf die Kleine ein und wiegte sie. Er hatte Faraa schon etliche Male auf dem Arm gehabt. Offensichtlich stellte er sich sehr geschickt an, denn das Kind beruhigte sich rasch. Es hatte wohl nur aufstoßen müssen.

Plötzlich ließ Tanisha alles stehen und liegen. Mit schnellen Schritten eilte sie zu Josh und riss ihm Faraa ohne ein Wort der Erklärung weg. Dann rannte sie zu ihrer Hütte und verschwand darin mit der laut schreienden Faraa. Joshs verunsicherter Blick traf meinen.

Nach dem Essen setzte mein Sohn sich zu mir und lehnte den Kopf an meine Schulter. »Warum mag Tanisha mich plötzlich nicht mehr?«, fragte er in seiner sanften Art. »Sie hat mir einfach Faraa weggenommen. Durfte ich sie denn nicht auf den Arm nehmen?«

»Du hast das ganz richtig gemacht«, erwiderte ich schnell. »Das nächste Mal wäre es vielleicht ganz gut, wenn du sie vorher fragst. Sie hat Faraa eben sehr lieb.«

»Ich auch!« Josh war empört. »Außerdem würde Tanisha ja doch nur Nein sagen. Weil sie mich nicht leiden kann. Sie wollte auch nicht, dass ich ihr die Pflanzen erkläre!«

»Tanisha hat eine schwere Zeit durchgemacht. Sie hat einfach Angst, dass ihr jemand Faraa wegnimmt.« Er wollte protestieren, aber ich fuhr unbeirrt fort: »Wenn Menschen Angst haben, tun sie Dinge, die ein anderer nicht versteht.«

»Hat Tanisha vor mir Angst?«

»Gib ihr etwas Zeit, und ich bin sicher, dass sie dir Faraa wieder anvertrauen wird.« Doch das war natürlich nur die halbe Wahrheit. Um die andere Hälfte musste ich mich kümmern; sie betraf mein Verhältnis zu Tanisha.

Meine *Schwestern* brauchten eine Heilerin, an deren Kraft sie glauben konnten. Jemand, der die gleichen Ängste und Zweifel wie sie hatte, dem hätten sie natürlich nicht vertraut. Das, was sie als meine »Stärke« empfanden, nahm uns gleichzeitig die Möglichkeit, Freundinnen zu werden. Bei Tanisha sollte das anders sein: Sie war meine heimliche Hoffnung, dass ich als unheilbar Kranke etwas Gesundes hinterlassen könnte. Eine Nachfolgerin, die mein Wissen hütete und Liebe und Zuversicht weitergab. Ihr wollte ich keine »Stärke« vorspielen.

Sollte meine Ehrlichkeit kein Fehler gewesen sein, dann musste ich um Tanishas Freundschaft und ihr damit verbundenes Vertrauen kämpfen.

Wie ein rohes Ei

In den folgenden Tagen ging Tanisha mir aus dem Weg. Tagsüber schloss sie sich der Gruppe der Feldarbeiterinnen an. Nach dem Abendessen verschwand sie stets mit Faraa in ihrer Hütte. Ich sah sie selten, und wenn, dann versetzte es mir jedes Mal einen Stich. Nicht nur, dass unsere Freundschaft unmöglich geworden zu sein schien. Es gab auch keine Möglichkeit, dass ich Tanishas Ausbildung weiterhin betreute. Stattdessen machte ich mich im Kräuterhaus nützlich, wo ich die gesammelten Pflanzen sortierte und trocknete.

Meine Sorgen ließen mich die folgenden Nächte schlecht schlafen, obwohl ich mich körperlich erholt hatte. Kaum dass ich eines Nachts eingenickt war, hörte ich ein Geräusch, das unangenehm und gleichzeitig auf seltsame Weise vertraut war. Josh lag ruhig auf seiner Matte und atmete entspannt. Gebannt lauschte ich nach draußen. Es klang, als ob sich irgendwo in der Nähe Hunde aufhielten. Wir befanden uns jedoch mitten im Urwald, wo nicht mit Hunden zu rechnen war. Ich musste mich getäuscht haben und versuchte, wieder Schlaf zu finden. Kurz darauf war es deutlich zu vernehmen: ein lang gezogenes Jaulen, dann mehrstimmiges Gebell.

Eine wildernde Hundemeute wäre gefährlich für den *compound*: Hier gab es Fressen für hungrige Mäuler. Hatten sie uns entdeckt, so wäre es schwierig, sie loszuwerden. Ich wartete lange, aber die Hunde kamen in dieser Nacht nicht näher; ich ging davon aus, dass sie die Richtung gewechselt hatten. Doch das war ein Irrtum, nur der Wind hatte gedreht.

Nach dem Frühstück am nächsten Morgen teilte Ezira wieder die beiden Gruppen ein. Josh gehörte keiner an. »Zuerst wirst du den *compound* fegen und Hühnereier einsammeln«, erklärte die Lehrmeisterin.

Fegen war ein normaler Bestandteil des Tagesablaufs. Jede kam einmal damit dran; mein Sohn allerdings hatte noch nie gefegt. Das Eiersammeln war gewissermaßen das Zuckerstückchen, das ihm die Hausarbeit versüßen sollte. Wer die Eier sammelte, durfte sich eines nehmen. Josh liebte rohe Eier, die er in kleinen Schlucken austrank.

»Wenn du damit fertig bist, wirst du eine Rassel verzieren«, fuhr die Lehrerin fort.

Rasseln sind keine Kinderspielzeuge, sondern wie Trommeln erfüllen sie den Zweck, mit den Naturgeistern in Verbindung zu treten. Eine erfahrene Heilerin kann so ihre Patienten und sich selbst in Trance versetzen, um die Ursachen von Krankheiten zu erforschen. Man hält sie möglichst leicht in der Hand und bewegt sie schnell. Es gibt unzählige Formen von Rasseln; Ezira hatte Josh einen kleinen getrockneten Flaschenkürbis ausgesucht. In einer Korbschale hatte sie feste Schnüre aus hartem, getrocknetem Gras und Perlen vorbereitet, die er auffädeln sollte. Später würde ich ihm zeigen, wie das ging.

Tanisha hatte ich an diesem Morgen noch nicht gesehen, und ich fragte Ezira, was mit ihr sei. »Sie hat Magenschmerzen«, erwiderte unsere Lehrerin. »Sieh doch bitte mal nach ihr. Ich bin sicher, dass ihr der Kummer über euren Streit zusetzt. Sie wartet nur darauf, dass du zu ihr gehst, Choga.«

Nachdem die anderen den *compound* verlassen hatten, suchte ich Tanisha. Die junge Mutter hockte betrübt am Boden vor ihrer Hütte. Faraa lag neben ihr im Schatten und spielte mit ihren Füßchen.

»Darf ich mich zu euch setzen?«, fragte ich und rechnete damit, dass sie allein sein wollte. Tanisha willigte mit einem stummen Nicken ein und ich nahm Platz. »Wie geht es dir? Möchtest du einen Tee gegen deine Magenschmerzen?«

Sie schüttelte wortlos den Kopf.

»Wir müssen endlich miteinander ins Reine kommen«, sagte ich. »Ich hätte dir von Anfang an die Wahrheit sagen sollen. Bitte glaube mir, ich wollte dich nicht anlügen.«

»Du hast es aber getan. Warum? Wie kann ich deine Nachfolgerin werden, wenn du mir nicht vertraust? Glaubst du denn, dass ich nicht verstehen kann, was du hast?« Ihre ausdrucksstarken Augen verrieten mir, dass ich weit davon entfernt war, sie überzeugen zu können.

»Es war einfach zu wenig Zeit gewesen, um mit dir offen zu sprechen. Wir reisten ab, ich war zu geschwächt und mein Haussa zu schlecht, um dich über alles in Ruhe informieren zu können. Ich wollte es hier nachholen. Das habe ich auch versucht, es jedoch völlig falsch angefangen.« Ich hatte mich von einer Situation überfallen lassen. Zuvor war mir so etwas nie passiert. Ich fand nur eine Erklärung dafür, dass ich Tanisha nicht behutsam an die Wahrheit herangeführt hatte: Ich war nicht mehr Herrin meiner eigenen Entscheidungen gewesen.

Mit Schaudern dachte ich an jene ereignisreichen Wochen unmittelbar nach Tanishas Eintreffen auf der Farm zurück: Damals hatte ich außer ihr einige andere Patientinnen zu versorgen. Gleichzeitig mussten wir Flüchtlinge aufnehmen, die ihr Obdach verloren hatten.

Kurz darauf wurde das Heilhaus zerstört. Ich konnte keine Naturmedizin bereiten und in der Folge bekam Josh eine Lungenentzündung. Dann starb Efe an der gleichen Krankheit. Und schließlich brach ich völlig zusammen.

Wäre ich nicht so überfordert gewesen von diesen vielen Ereignissen, so hätte ich Amaras Vorschlag, Tanisha zu meiner Nachfolgerin zu machen, reiflicher überdacht. Jetzt, mit dem Abstand mehrerer Wochen, war mir klar, wen wir eigentlich für diese Aufgabe vorsahen: Tanisha war hochschwanger zu mir gekommen. Auf der Flucht vor ihrer Familie war ihre Fruchtblase geplatzt. Mit verschmutzten Tüchern hatte sie die Feuchtigkeit aufgefangen. Als ich das entdeckt hatte, war ich entsetzt gewesen. Ihr hilfloses Vorgehen hätte das Baby in Lebensgefahr bringen können. Doch woher hätte sie von einer möglichen Infektion wissen sollen? Tanisha war ganz auf sich gestellt gewesen. Ich konnte ihr deshalb keinen Vorwurf machen. Schließlich war sie ein medizinischer Laie.

»Du sollst Heilerin werden, hattest bislang jedoch nur ein wenig geholfen. Ich hatte mir nicht richtig überlegt, was ich von dir wirklich verlange. Und du wusstest nicht, auf was du dich mit mir einlässt. Tanisha«, bat ich, »lass uns noch einmal von vorn beginnen.«

Nun sah sie mich kurz an und schlug sofort die Augen nieder: »Du hast gesagt, dass Gott mich zu dir geschickt hat, damit ich lerne. Darüber muss ich immer nachdenken. Was ist, wenn ich nicht Heilerin werden will? Wird Gott dann auf mich zornig sein?«

Du meine Güte! Was hatte ich da angerichtet! Ich hatte gegenüber der verunsicherten, liebevollen Tanisha, die lediglich ihren Platz im Leben suchte, von der Schicksalhaftigkeit unserer Begegnung gesprochen. Wie hatte ich nur so etwas Dummes tun können! Wieso hatte ich ihr keine Zeit gelassen, wie meine Lehrerinnen damals mir?

»Niemand wird zornig, wenn du nicht Heilerin werden möchtest. Sieh dir alles in Ruhe an, und wenn dir gefällt, was Ezira und die anderen tun, kannst du dich immer noch entscheiden. Das ist doch im Moment noch nicht so wichtig. Du bist hier in Sicherheit.«

Tränen liefen über Tanishas Gesicht. »Bin ich das wirklich? Ist Aids denn nicht ansteckend für mich und Faraa?« Sie blickte mich schluchzend an. »Choga, hat Ezira auch Aids? Und all die anderen hier? Ist es so wie auf der Farm?«

Offenbar fühlte sie sich wie jemand, den der Teufel aus der Hölle befreit hatte. Faraa spürte die Verzweiflung ihrer Mutter und begann zu schreien.

»Ich würde es dir sagen, wenn es so wäre. Aber Ezira und die anderen sind alle gesund. Und mit Josh habe ich gesprochen. Er wird Faraa nur noch nehmen, wenn du es ihm erlaubst.«

Tanisha konnte sich nicht beruhigen. Sie war zu aufgewühlt und Faraa wollte nicht aufhören zu schreien. Ihrer Mutter fehlte die Kraft, sich gerade jetzt um das Baby zu kümmern. Ich hätte die Kleine gern auf den Arm genommen, um sie sacht zu wiegen. Doch das traute ich mich nicht. Ich wollte kein zweites Mal eine unsichtbare Grenze überschreiten. Obwohl ich die Kleine auf die Welt geholt hatte.

»Ich muss dir doch eigentlich so dankbar sein für alles«, klagte sie. »Ich habe nur an mich gedacht und nicht geahnt, wie es um dich steht. Du bist jetzt bestimmt enttäuscht von mir.«

»Nein, bitte sag so etwas nicht! Der Fehler liegt einzig und allein bei mir.« Wie viele Gefühle in ihr miteinander stritten! Sie tat mir so Leid.

Die kleine Faraa schrie unaufhörlich weiter. Ich kitzelte ihre Füßchen und tippelte mit den Fingerspitzen über ihr Bäuchlein. Sofort beruhigte sie sich und lachte. Auch Tanisha hörte zu weinen auf. Sie blickte über die Schulter zu uns und beobachtete, was ich tat.

Josh hatte inzwischen rund ein Dutzend Eier gefunden, die er nun in einer geflochtenen Korbschale brachte. Ich lobte ihn für seinen Fleiß.

Ihm blieb nicht verborgen, wie unglücklich Tanisha war. »Ich werde jetzt fegen«, sagte er, rührte sich aber keinen Schritt. Dann balancierte er den Korb zwischen linker Hand und Brust, griff langsam hinein und streckte das Ei, das für ihn bestimmt gewesen wäre, Tanisha entgegen.

Niemand bewegte sich. Es war, als könnte das Ei in Joshs rechter Hand sonst zerplatzen.

Tanisha blickte auf die Gabe, dann in Joshs versteinertes Kindergesicht, in das die Angst vor erneuter Ablehnung geschrieben stand. Sie wischte sich zögernd die Tränen mit der flachen Hand weg und ging die wenigen Schritte zu Josh. Dann nahm sie ihm das Geschenk ab.

»Danke.«

Ihr flüchtiges Lächeln erlöste Josh aus seiner Erstarrung. Er drehte sich um und ging zum Kochhaus, die Korbschale mit den Eiern vor sich hertragend wie eine Reliquie.

Die vielen fleißigen Hände hatten am Vortag im Urwald wieder zahlreiche Zutaten für Medizin besorgt, die ich noch ordnen musste. Sie lagen auf einem einfachen Holztisch in der Kräuterküche. Das mit einem weit herunterhängenden Palmwedeldach eingedeckte Häuschen war nach allen Seiten hin offen. Denn in der Mitte befand sich eine Feuerstelle und von der Decke hingen bereits fertig gebündelte Kräuter, die im sanften Luftzug trockneten. Nun sollte ich die bereitliegenden in der gleichen Weise zum Verkauf im Ort vorbereiten. Solche Arbeiten verrichtete ich gerne, sie machten den Kopf frei, um nachzudenken, und strengten nicht an. Gleichzeitig köchelte anderes in Tiegeln, manchmal stundenlang, bis die richtige Konsistenz erreicht war, um zum Beispiel eine Salbe herzustellen. Um mich herum sah es dabei zwangsläufig chaotisch aus.

Während ich auf einem Hocker am Tisch saß, konnte ich von meiner zentralen Position aus sowohl nach Tanisha als auch nach Josh Ausschau halten. Von der Kräuterküche waren es rund zehn Meter bis zum großen Feuerplatz in der Mitte des *compounds*. Tanisha musste sich nach unserer Aussprache erst mal sammeln, doch ich hoffte, sie würde sich mir irgendwann anschließen. Nur wir vier waren im *compound*. Wie immer liefen die Hühner frei herum. Mein Sohn fegte mit einem kleinen Besen. Gelegentlich vergaß er die Ernsthaftigkeit seiner Arbeit, warf kleine Steine in die Luft und versuchte sie mit dem Kehrgerät fortzuschlagen. Insgesamt amüsierte er sich prächtig.

Inzwischen war es Mittag geworden, und mein Sohn kam zu mir, um mir mitzuteilen, dass er mit dem Fegen fertig war. »Soll ich jetzt mit der Rassel anfangen?«

Josh setzte sich neben mich auf den Boden. Ich zeigte ihm, wie die Schnur durch die Perlen gezogen und verknotet werden musste. Im nächsten Schritt sollten die geschmückten, sich kreuzenden Schnüre an zwei Stoffringen befestigt werden. So entstand nach und nach eine feinmaschige Bespannung. Es war eine Arbeit, die neben Konzentration auch Ausdauer erforderte, und ich sah Josh an, dass er sie nur anfänglich mit Begeisterung ausführte. Viel lustiger fand er es, einige bereits aufgefädelte Perlen gegen den hohlen Resonanzkörper der Kalebasse klicken zu lassen.

Tanisha kam mit Faraa langsam näher. Sie merkte sofort, dass sowohl Josh als auch ich durchaus ihre helfende Hand gebrauchen konnten. Zunächst stand sie unschlüssig zwischen uns beiden, dann setzte sie sich neben meinen Sohn und begann, die Perlen aufzufädeln. Das wiederum gefiel ihrer Kleinen ganz und gar nicht. Tanisha löste das Tuch, in dem Faraa auf ihrem Rücken hing, und legte das Mädchen sanft neben sich.

Ich wollte nicht den Eindruck erwecken, beide zu beobachten, und tat so, als wäre ich sehr beschäftigt. Plötzlich glaubte ich, auf der anderen Seite des Platzes, zwischen den hinteren Hütten, eine Bewegung ausgemacht zu haben. Ein dunkler Schatten huschte vorbei und verschwand. Ich war jedoch viel zu gebannt von der vorsichtigen Annäherung zwischen Josh und Tanisha, als dass ich wirklich aufmerksam geworden wäre. Kurz darauf wiederholte sich das Ganze. Beide Schatten waren in Richtung des Kochhauses unterwegs, das zwischen der Kräuterküche und meiner Schlafhütte lag.

Blitzartig zuckte mir ein Gedanke durch den Kopf. »Tanisha, komm schnell, da sind Hunde im *compound*!«, rief ich hektisch.

Leider bin ich keine gute Läuferin. Ich humpelte, so rasch es ging, zum Kochhaus, blickte mich dabei nicht mehr nach den anderen um. Meine ganze Sorge galt den Vorräten. Wenn ich mit meiner Vermutung richtig lag, dann hatte sich die Meute, die ich in der Nacht gehört hatte, heimlich angeschlichen. Wir stellten ein ideales Ziel dar. Es gab Essen und kaum jemanden, der es verteidigte.

Die Hunde waren nicht zu sehen. Ich vermutete sie im Kochhaus, das wegen seiner Wände nicht einsehbar war. Auf der in der Nacht erloschenen Feuerstelle lagen leicht angekohlte Äste. Ich rief Josh und Tanisha zu: »Nehmt euch Feuerknüppel! Aber seid vorsichtig! Ich glaube, es sind nur zwei. Wenn wir sie überraschen, können wir sie vertreiben.«

An die kleine Faraa dachte ich in diesem Moment nicht. Ich ging wohl davon aus, dass Tanisha sie mitgenommen hatte.

Die hungrige Meute

Die beiden Tiere, denen Tanisha, Josh und ich gegenüberstanden, hatten nichts mit dem treuen Freund eines Menschen gemein. Sie waren völlig verwahrlost, die Rippen zeichneten sich unter ihrem struppigen Fell ab, die Augen rot entzündet. Der rasende Hunger, unter dem sie offenkundig litten, hatte sie in verzweifelte Bestien verwandelt.

»Bleib ganz still stehen, Josh«, flüsterte ich ihm zu. »Die sind gefährlich.«

Die von meinem Sohn gesammelten Eier lagen am Boden. Während die Hunde gierig schlabberten, blickten sie zu uns hoch. Im Grunde meines Herzens hatte ich mit ihnen Mitleid. In meinem Land sind Hunde keine Schmusegefährten, sondern Nutztiere. Diese waren gewiss von ihren Besitzern nicht mehr gefüttert worden und mussten für sich selbst sorgen.

Plötzlich schrie Tanisha: »Weg da!« Drohend riss sie ihren angesengten Ast hoch. Die beiden Hunde reagierten mit wütendem Knurren, bereit, ihr Fressen zu verteidigen. Ich hatte wahrscheinlich zu lange gezögert, weil mein Mitgefühl mit den Tieren überwog. Nun ergriff Tanisha die Initiative und ging auf die Hunde zu. Sofort stand ich ihr bei, riss meinen Stock hoch und begann laut zu schreien. Josh tat dasselbe. Die beiden Hunde rannten mit eingekniffenen Schwänzen in die Büsche. Mein Sohn setzte ihnen nach.

»Bleib hier!«, rief ich ihm entsetzt zu. Ein kleiner Junge konnte mit einem Ast nichts gegen hungrige Mäuler ausrichten.

»So ein Mist!«, schimpfte er, als er zurückkehrte. »Die schönen Eier.« Er bückte sich und nahm das einzig intakt gebliebene Hühnerei aus der Korbschale. »Das ist noch heil.«

Ich hatte ein seltsames Gefühl. Hinter uns ging etwas vor sich. Ruckartig drehte ich mich um, und tatsächlich: Vier weitere Hunde waren wie aus dem Nichts aufgetaucht. Ein schwarzer Rüde, größer und kräftiger als die anderen, führte sie quer über den großen Feuerplatz. Und jene, von denen ich gehofft hatte, wir hätten sie vertrieben, kehrten obendrein aus dem nahen Wald zurück. Jetzt bekam ich es doch mit der Angst. Gegen solch eine Überzahl hatten wir keine Chance. Unsere Schlafhütten waren nur wenige Schritte entfernt. Am besten wäre es gewesen, sich darin in Sicherheit zu bringen, bis die Gefahr vorüber war. Die Zähne gefletscht, die Köpfe gesenkt, kamen die Tiere immer näher und waren nun schon bei der offenen Kräuterküche.

»Dort liegt Faraa!«, rief Josh gellend, gab mir das Ei und stürmte los, wie ich ihn noch nie hatte laufen sehen.

»Weg, geht weg da!«, brüllte er aus Leibeskräften. Er fuchtelte drohend mit dem Ast, den er mitgenommen hatte, und hielt direkt auf die Hunde zu. Tanisha folgte ihm sofort, war aber nicht so schnell wie mein kleiner Junge.

»Meine Faraa!«, schrie sie unter Tränen. Während ich nun auf meinen Stock gestützt loshumpelte, bewunderte ich Joshs grenzenlosen Mut, mit dem er Faraas Leben retten wollte. Gleichzeitig fürchtete ich um seines.

Joshs Attacke zeigte Wirkung: Die Hunde flohen vor meinem heranstürmenden Sohn und ich wollte schon erleichtert aufatmen. Doch der größte von allen, der sie geführt hatte, ließ sich nicht vertreiben. Die Nackenhaare aufgerichtet, die Zähne gefletscht, stand er vor der kleinen Faraa. Von der Lebensgefahr nichts ahnend, in der sie schwebte, strampelte sie fröhlich mit Händen und Füßen. Wenn Josh jetzt noch einen Schritt getan hätte, hätte der Hund sich entweder das Baby geschnappt oder er hätte mein Kind angefallen.

Es blieb keine Sekunde zum Überlegen. »Josh, bleib stehen! Warte, bis wir bei dir sind!« Mein Sohn gehorchte.

Mit dem Mut der Verzweiflung stürzte Tanisha blindlings auf das große, schwarze knurrende Tier zu. Ich war noch immer zu weit entfernt; meine Schwäche hielt mich auf. Aber ich sah, dass sämtliche Hunde zurückkehrten. Unter dem Fell zeichneten sich ihre spitzen Schulterknochen ab, während sie sich langsam zum Angriff anpirschten. Bereit, sich ihre Beute, die kleine Faraa, nicht entgehen zu lassen.

Tanisha war jetzt nah genug an dem großen Rudelführer. Sie schlug zu, aber der in der Glut ausgetrocknete Holzknüppel brach. Die Sekunde des Angriffs hatte Josh gereicht. Mein hellwacher Sohn erkannte die einmalige Gelegenheit, ließ seinen Ast fallen und sprintete zu Faraa. Er drückte sie sich an die Brust und rannte los. Das Baby schrie wie am Spieß, die Hunde bellten wütend.

»Lauf zu unserer Hütte!«, brüllte ich Josh nach.

Tanisha griff einen von zwei Hockern, die beim Kräuterhaus standen, und schleuderte ihn gegen die Hunde. Sie traf eines der Tiere, das erschrocken davonrannte. Ich warf das letzte Ei und die Meute stürzte sich sofort auf die glibberige Masse. Da packte Tanisha den zweiten Hocker und schmetterte ihn mit aller Kraft auf den Rücken des Rudelführers. Das Tier jaulte furchtbar auf und hastete in Richtung Wald, gefolgt von den anderen. Wir beiden Frauen blickten der in eine Staubwolke gehüllten Meute schwer atmend nach. Tanisha fasste meine Hand und zog mich mit sich zu unserer Hütte. So schnell es mir mein Humpeln erlaubte, eilten wir davon.

Die weinende Faraa an sich gepresst, erwartete uns Josh im Eingang unseres Häuschens. Wir stürzten hinein und schlossen sofort die Tür. Ich blickte aus der Fensteröffnung, ob ich einen der Hunde entdecken konnte. Obwohl ich keinen sah, schloss ich die Läden. Durch die Ritzen fiel nur wenig Licht in den kleinen Raum. Völlig außer Atem, ließen wir uns auf den Schlafmatten nieder. Tanisha beruhigte Faraa, indem sie ihr die Brust gab. Josh und ich kuschelten uns aneinander. Mein Herz raste ebenso wie Joshs. Die schrecklichen Bilder des soeben Erlebten spukten mir durch den Kopf. Immer wieder sah ich mein Kind auf die wütenden Hunde zurennen.

Ich wollte ihn stets vor allem Unangenehmen beschützen. Doch in diesem Augenblick erkannte ich mit Entsetzen, wie kurz der Arm einer Mutter sein kann. Ich war völlig machtlos gewesen. Es hätte nicht viel gefehlt und die Hunde hätten Josh schlimm zugerichtet. Während ihm selbst die Bedrohung, in der er sich befunden hatte, nicht bewusst gewesen war.

»Du warst so mutig, Josh«, sagte Tanisha. Sie streichelte ganz zart seine Hand.

»Der Hund sollte ihr doch nichts tun«, erwiderte mein tapferes Kind.

»Du hast Faraas Leben gerettet.« Tanisha schluchzte. »Ich war gemein zu dir. Aber du bist so ein lieber Junge. Es tut mir Leid, Josh.«

»Das war nicht so schlimm«, meinte mein Sohn versöhnlich.

Tanisha legte ihre Tochter zwischen sich und Josh. In dem warmen Dämmerlicht, das auf den Lehmboden schien, sah ich, wie Josh nach Faraas kleiner Hand griff.

»Du hast Faraa wirklich gern und sie mag dich«, sagte ihre Mutter aufgewühlt.

Der Alpdruck, der eine Woche auf mir gelastet hatte, löste sich in diesem Augenblick, als ich Tanishas warmherziges Lächeln erkannte. Die Hunde, von denen so viel Feindseligkeit ausgegangen war, hatten uns gezeigt, dass wir einander beistehen mussten. Wir gehörten zusammen wie Freundinnen.

»Hast du noch Magenschmerzen?«, fragte ich sie.

»Nein«, antwortete Tanisha. »Die habe ich wohl vergessen.«

Unsere Anspannung legte sich und wich großer Erschöpfung. Ich ruhte mich auf meiner Matte aus und schloss die Augen. Josh schmiegte sich in meinen Arm und wenig später lauschte ich dem Atem der drei schlafenden Menschen in unserer Hütte. Von draußen war nur das beruhigende Gackern der Hühner zu hören. Sie kehrten aus dem nahen Urwald zurück, wohin sie geflohen waren. Ich wertete es als Zeichen, dass wir die Hunde wirklich in die Flucht geschlagen hatten.

Am späten Nachmittag weckte die aus dem Wald heimgekehrte Ezira uns. Sie hatte das große Chaos im *compound* entdeckt und ließ sich alles erzählen. »Wie furchtbar!«, sagte sie. »Ich bin so froh, dass niemand verletzt wurde.«

Meine Lehrerin berichtete, dass sie und die Mädchen nicht weit vom *compound* die Leiche eines großen schwarzen Hundes gefunden hätten. Das Tier, das von Tanishas Schlag auf die Wirbelsäule schwer verletzt worden war, hatte sich nicht mehr weit geschleppt und war verendet. Ihrer Beschreibung nach konnte es sich nur um den Rudelführer handeln. »Dann glaube ich kaum, dass die Hunde noch mal wiederkommen werden«, meinte Ezira.

Sie sollte mit ihrer Vermutung Recht behalten: Ohne den Leithund wagten die übrigen tatsächlich keinen neuen Angriff.

Beim Abendessen wollten die Mädchen alles genau erzählt bekommen. Josh saß in ihrer Mitte im Rund vor dem Kochhaus und stellte vor allem Tanishas Mut heraus. Ohne sie, so sagte er, wären die Hunde niemals davongelaufen. Die Nacht war nah und Tanisha hätte sich mit Faraa in ihre Hütte zurückziehen müssen. Doch sie sagte: »Es wäre viel schöner, wenn ich mit der Kleinen in eurer Hütte wohnen könnte. Dort ist doch genug Platz.«

Meine Gefühle überwältigten mich; wir fielen uns in die Arme. Diese schrecklichen Hunde hatten doch tatsächlich etwas Gutes bewirkt!

»Ich habe mich sehr dumm benommen«, meinte Tanisha. »Ich schäme mich dafür.«

»Das sollst du nicht«, widersprach ich. »Du hast mir nicht mehr vertraut. Das ist nicht dein Fehler gewesen, sondern meiner. Ich werde dich auch nicht drängen, dass du meine Nachfolgerin werden sollst. Ich möchte viel lieber, dass wir beide Freundinnen sind.« Denn mir war klar geworden, dass sie dann von ganz allein den Wunsch haben könnte, zu tun, was ich getan hatte.

»Ich will aber Heilerin werden!« Tanisha klang sehr entschlossen. Ich war so erleichtert! Es bedeutete, dass meine kluge Mentorin Amara mir das Richtige geraten hatte. Von nun an konnten wir Freundinnen werden. Das war ein wunderbares Gefühl, das ich so sehr vermisst hatte. Endlich musste ich nicht mehr »stark« sein, sondern durfte mich so geben, wie ich war. Ich fühlte mich befreit.

»Dieser Hund«, meinte meine Freundin, »der war wie ein dunkler Schatten, der zwischen uns stand.«

»Du hast ihn erschlagen«, sagte ich.

»Noch nie habe ich so etwas getan«, gestand sie. »Aber ich würde es sofort wieder tun, wenn es sein müsste.«

»So etwas geschieht nicht oft.«

»Ich will damit sagen, dass uns nichts mehr auseinander bringen soll, Choga.«

Das war ein Versprechen, und ich nahm mir vor, alles in meiner Macht Stehende zu tun, damit es wahr wurde.

Das Fest der Fröhlichkeit

So wie auf der Farm bereitete ich jeden Morgen für Josh und mich »Mama Chogas Tee«. Mein Sohn hatte ihn stets klaglos getrunken; das gehörte zum Tagesablauf. Einige Wochen nach dem Angriff der Hunde machte Josh jedoch ein langes Gesicht, als ich ihn wie gewöhnlich mit dem Tee weckte.

»Mama, den brauch ich nicht mehr.«

»Unsinn, Schatz! Klar brauchst du den.«

»Nee, Mama, der schmeckt scheußlich.« Er tat so, als ob ich Luft wäre, und wollte zum Frühstück gehen. Ich nahm ihn bei der Hand und zog ihn zur Kräuterküche.

»Ich verändere noch einmal den Geschmack und dann wirst du ihn trinken!«

Im Urwald boten sich viele Möglichkeiten, das Aroma zu verändern. Josh beobachtete mich missmutig. »Mama, warum muss ich das überhaupt trinken?« Das war weniger eine Frage als ein Vorwurf.

Stärkung der körpereigenen Abwehrkräfte – was kann ein Kind mit so einem Begriff anfangen? »Der Tee macht, dass du gesund bleibst«, sagte ich.

»Warum muss das nur *ich* trinken?«, lautete diesmal sein Argument.

»Ich trinke den Tee auch!«

»Aber die anderen nicht. Gib denen das doch mal!«, schlug er vor.

Ich war fest überzeugt, dass Josh meine Autorität auf der Farm niemals angezweifelt hätte. Hier regierten jedoch Ezira und Buchi. Ihnen ordnete ich mich bereitwillig unter, gab meine viel gerühmte »Stärke« auf. Mein sensibler Sohn musste das gespürt haben.

Es ging schnell, den neuen Geschmack in den bereits fertigen Tee hineinzumischen. Ich trat vor Josh und hielt ihm den Becher hin. »Ich weiß, was für dich gut ist. Trink bitte!«

Jetzt lenkte er ein: »Na gut, Mama.«

Die Machtprobe war gewonnen. Für den Moment. Er griff nach dem Becher. Ich reichte ihn Josh und ließ los. Das Ding fiel ins Leere. Joshs Augen sagten, dass ich verloren hatte.

»Warum tust du das?«, fragte ich verärgert. »Diesen Becher hat Amara uns extra für die Reise mitgegeben. Es war der einzige. Und jetzt ist er kaputt.«

»Dann muss ich keinen Tee mehr trinken«, trotzte er.

»Nun wirst du künftig wie alle anderen aus getrockneten Kürbisschalen trinken.«

»Ich will keinen Tee.«

»Du musst aber, sonst …« Ich brachte die Worte nicht über die Lippen.

»Werde ich dann krank?« Seine dunklen Augen funkelten provozierend. Er wollte es wissen.

»Ja. Dann wirst du krank, Josh. Nicht heute, nicht morgen, aber vielleicht bald. Willst du etwa wieder eine Lungenentzündung bekommen?«

»Diesmal bekomme ich keine!«

»Und wenn doch?« In diesem Augenblick wusste ich, wie ich ihn fangen konnte! Wir waren schon so lange bei Ezira, dass die Weihnachtszeit längst vorbei sein musste. Doch wir konnten immer noch feiern – Weihnachten war Joshs Lieblingsfest. Ich sah ihn fest an. »Bald wird Weihnachten gefeiert. Willst du dann ganz krank werden?«

»Nein.« Seine Stimme schwankte.

»Gut, also wirst du ihn trinken. Immer. Ohne zu maulen.« Er trank den Tee zügig aus und sah mich mit seinen blitzenden Augen an. »Wann ist denn eigentlich Weihnachten?«

Wenn ich das gewusst hätte! Ohne Kalender reihten sich die Tage aneinander wie Perlen auf einer Kette. Spielte es eine Rolle, wann Jesu Geburt tatsächlich stattgefunden hatte? Wenn es Josh sehr schlecht gegangen wäre, ich hätte ihm wohl einfach gesagt, dass morgen Weihnachten ist ... Oder übermorgen. Je nachdem, was angebracht gewesen wäre. An diesem Tag war ich der Meinung, dass er ein wenig warten konnte. Schließlich sollte er nicht den Eindruck bekommen, Weihnachten sei zu seiner Belohnung erfunden worden. Außerdem musste ich erst mal Ezira erklären, dass ich gern in ihrem Mutter Erde geweihten *compound* ein christliches Fest abhalten wollte.

»Komm, wir gehen frühstücken«, sagte ich. Ausgerechnet jene beiden älteren Mädchen, die Josh am ersten Tag aus ihrer Mitte verbannen wollten, erwarteten uns als Einzige im Kreis vor dem Kochhaus.

»Die müssen keinen Tee trinken, weil sie nicht krank werden können? Das ist gemein!«

»Na ja«, sagte ich so lässig wie möglich, »sie könnten den Tee auch trinken. Aber ich finde, den sollte nur jemand mit uns teilen, den wir wirklich gern haben.«

Jetzt war er obenauf. »Tanisha und Faraa haben wir lieb!«

»Faraa trinkt nur ihre Muttermilch. Da ist alles drin, was sie stark macht. Aber Tanisha kannst du ja mal fragen«, schlug ich vor. Das tat er übrigens wenig später tatsächlich. Da Tanisha fand, dass es auch ihr nicht schadete, wenn sie ihre Abwehrkräfte stärkte, trank sie ihn. Außerdem entdeckte sie eine unbekannte Nebenwirkung: Er steigerte den Milchfluss der stillenden Mutter.

Noch am selben Abend, nachdem Tanisha, Ezira und ich eine Arznei aus seltenen Wurzeln und Rinden zubereitet hatten, saßen wir zu dritt ausgelassen vor dem Kräuterhaus. »Wir sollten mal ein richtiges Fest veranstalten«, schlug ich vor.

Ezira blickte mich überrascht an; ich war nicht gerade für solche Ideen berühmt.

»Auf der Farm feiern wir Weihnachten«, erklärte ich. »Da gibt es für die Kinder kleine Geschenke und es wird gutes Essen gekocht. Es ist zwar laut Kalender gewiss schon vorbei, aber Josh würde sich so freuen.«

»Weihnachten.« Ezira wiederholte das Wort in einem Tonfall kompletter Ratlosigkeit.

Tanishas Englischkenntnisse hatten dank Joshs Hilfe große Fortschritte gemacht; nur schwierige Wörter mussten übersetzt werden. So konnte sie unserem Gespräch folgen und fragte: »Ist das ein bisschen so wie Bairam im Islam?« Voller Ratlosigkeit registrierte ich, dass ich mitten im Urwald versuchte, einer Muslimin und einer Animistin das schönste Fest der Christenheit schmackhaft zu machen ...

»Tochter, ich weiß, was Weihnachten ist! Meine Eltern waren sehr gläubige Christen.« Eziras Gesicht drückte nicht gerade Entzücken aus. »Mir hat dieser Glaube nichts Gutes gebracht. Sie liefen immer in die Kirche und beteten zu Gott, dass etwas geschieht. Anstatt ihr Leben selbst in die Hände zu nehmen.«

Ihre Einstellung erinnerte mich ein wenig an jene meines Vaters, der als Jugendlicher die ketzerische Frage gestellt hatte, wieso Christus eigentlich weiß sein sollte. Er flog deshalb von der Missionarsschule, gründete seine eigene Kirche und predigte, dass man arbeiten müsse.

Ich erinnerte Ezira sanft an die Begegnung mit den Hunden: »Josh war doch so tapfer.«

»Ein Fest ist eine nette Idee«, verkündete Ezira überraschend. »Und kleine Geschenke sind auch gut.« Ihre Miene erhellte sich. »Das Fest der Fröhlichkeit! So nennen wir das. Was haltet ihr davon? Das kann jede feiern und darin sehen, was sie will.«

Schon bei der abendlichen Besprechung am Feuer zeigte sich, wie sehr die Idee die Mädchen begeisterte. Ein Fest ohne – scheinbar – wirklichen Anlass! Und Geschenke! So etwas war noch nie da gewesen. Sie konnten sich kaum mehr beruhigen und sprachen alle durcheinander. Mein Sohn saß mittendrin und freute sich.

Josh sprang übermütig neben mir her, als wir an diesem Abend zu unserer Hütte zurückgingen. »Freust du dich auf Weihnachten, Mama?«, fragte Josh.

»Ja«, sagte ich. Das tat ich wirklich. Nicht nur seinetwegen. Ich habe Weihnachten immer gemocht, denn ich kannte es als Fest der Liebe und des Zusammenhalts. Auf der Farm hatten sie dieses Jahr ohne uns gefeiert und ich wurde ein wenig wehmütig. Denn natürlich sehnte ich mich nach Bisi, Ada und Magdalena. Aber ich dachte gleichzeitig besorgt daran, mich wieder meiner Verantwortung zu stellen. Ich spürte deutlich, dass es mir besser ging, weil ich mich darauf beschränkte, Tanisha nur theoretische Heilkunde zu lehren, mit ihr Lesen und Schreiben übte und die einfachen Hilfstätigkeiten im Kräuterhaus verrichtete.

Ezira hatte keinen genauen Termin festgelegt, wann wir unser Fest der Fröhlichkeit feiern wollten. Solche Fragen entschied sie auf ihre Art, mit dem Orakel. Es bestimmte, wann ein Tag dafür geeignet war. Irgendwann würde sie dann beim Frühstück mitteilen, dass es am folgenden oder übernächsten Tag so weit sei. Bis dahin wurde gebastelt und geschnitzt, genäht, geflochten und getöpfert. Und es gab große Geheimnisse, die kichernd und ausgelassen besprochen wurden. Selten hatte ich die Mädchen so fröhlich erlebt.

Mal half Tanisha Josh bei einer Bastelarbeit, mal ich. Doch einmal sah ich ihn mit Ezira zusammen. Ich durfte allerdings nicht näher kommen. Es entstand wohl etwas, was für mich gedacht war. Die Vorfreude auf diese Überraschung war umso größer, da er meine alte Lehrerin dazu ins Vertrauen gezogen hatte.

Auch mit Tanisha war seit dem Angriff eine erstaunliche Veränderung geschehen. Sie hielt sich nicht mehr abseits, sondern gliederte sich in die Gruppe der Schülerinnen ein. Nur ihre schwarzen Tücher hoben sie noch hervor. Wir fieberten der Feier entgegen, als Ezira morgens zu uns in die Hütte kam, um uns eine erstaunliche Mitteilung zu machen.

»Ich werde gleich zu Buchi ins Dorf gehen. Tanisha könnte mich begleiten«, sagte sie.

Mit einer Begeisterung, die mich zu dieser frühen Stunde überraschte, sprang Tanisha auf. »Ja! Das tue ich gerne.«

Selbst Ezira war erst mal sprachlos. Dann meinte sie: »Ich werde gleich bekannt geben, was das Orakel zu unserem Fest sagt.«

Jetzt wurde Josh richtig wach: »Ist es heute?«

Sie blickte den ungestümen Jungen nachsichtig an. »Ja, wenn die Sonne untergegangen ist. Aber vorher musst du noch fleißig sein.«

Erschrocken legte Josh den Zeigefinger auf den Mund: »Psst, Mama darf nichts wissen!« Als Ezira ging, huschte Josh mit ihr zur Tür hinaus. Ich kleidete mich an, doch Tanisha zögerte. Sie betrachtete ihre schwarzen Tücher nachdenklich, nahm dann eines von meinen. Ich mochte es sehr. Seine Farben waren nicht besonders grell, eine

Mischung aus dem Braun der Erde und dem Rot des Sonnenuntergangs, das Muster bestand aus ineinander greifenden Kreisen.

»Kannst du mir das leihen?«, fragte sie. »Wenn ich ins Dorf gehe, möchte ich so aussehen wie die anderen.«

Ich wollte sie nicht in Verlegenheit bringen, indem ich meine Freude über ihren Sinneswandel allzu deutlich zeigte. Denn ihre Kleidung war keine Geschmacksfrage, sondern von ihrem Glauben diktiert. So sagte ich nur: »Es freut mich sehr, wenn dir meine Tücher gefallen. Ich gebe sie dir gerne.«

»Meinst du, ich kann mir im Dorf ein T-Shirt und ein Tuch kaufen?«, erkundigte sie sich.

»Erlaubt das denn dein Glaube an Allah?«, fragte ich.

»Das weiß ich nicht«, antwortete sie ehrlich. »Darüber wurde ja nie gesprochen. Es war normal, dass ich mich so kleidete. Denn ich lebte wie eine Muslimin. Hier aber bin ich Eziras Schülerin.«

Die Mädchen bejubelten Tanishas unglaubliche Verwandlung mit Klatschen und Gesang. Sie stand in ihrer Mitte und blickte scheu von einer zur anderen, bevor auch sie zaghaft in die Hände klatschte und schließlich in den Gesang einstimmte.

Ezira trat neben mich und hakte sich bei mir ein. »Ist das nicht auch wie ein Weihnachtsgeschenk?«, fragte sie. »Eine junge Frau zeigt uns zum ersten Mal, dass sie glücklich ist.« Ich wusste nicht, wie lange wir tatsächlich schon im Regenwald waren, aber dies war der erste Augenblick, in dem ich meine Freundin Tanisha befreit lachen sah. Ja, das war wirklich ein Geschenk!

»Sie wünscht sich ein T-Shirt und ein Tuch. Kannst du ihr das kaufen?«, bat ich Ezira.

»Ganz gewiss!«, erwiderte sie.

»Und ein Schreibheft«, fügte ich hinzu. Denn meine Kladde, mit der wir täglich übten, war inzwischen ziemlich voll geschrieben.

Nachdem Ezira das Fest der Fröhlichkeit für den Abend angekündigt hatte, gab es für die Mädchen kein Halten mehr. Sie eilten durcheinander und begannen mit den Vorbereitungen. Denn es musste viel gekocht werden und nicht alle waren mit ihren Geschenken fertig geworden.

Am frühen Nachmittag kehrte Ezira gemeinsam mit Buchi und einigen Frauen aus dem Dorf zurück, die im Krankenhaus mithalfen. Manche kamen selten oder gar nie in den *compound*. Für sie war diese Zusammenkunft ein doppeltes Fest. Sie brachten viele Speisen mit, die es sonst nicht gab. Fleisch war allerdings auch an diesem Tag in Eziras Reich verpönt. Dafür gab es viele verschiedene Sorten Fisch, der gebraten oder gekocht wurde. Über dem Regenwald lag ein Duft, der mir das Wasser im Mund zusammenlaufen ließ.

Tanisha war voller neuer Eindrücke heimgekommen: »Die Menschen waren so freundlich zu mir. Wenn ich etwas nicht verstanden habe, wiederholten sie es. Ich möchte bald mal wieder zum Krankenhaus. Vielleicht für länger.« Sie hatte ihre kleine Tochter mit ins Dorf genommen, wo sie von einer der vielen Frauen betreut wurde, während sie selbst das kleine Krankenhaus kennen gelernt hatte. Sie trug noch immer meine Kleidung. Ich war gespannt, wie Ezira sie am Abend beschenken würde. Meine Lehrerin gab mir zwei Schreibhefte und zwei Stifte, die ich Tanisha überreichen wollte.

Das Fest der Fröhlichkeit hatte durchaus etwas Ähnlichkeit mit Weihnachten. Zunächst aßen wir gemeinsam rund um das große, hell flackernde Feuer. Mir schmeckten von all den Leckereien die in der Glut gebackenen Fische und Kochbananen-Mais-Bällchen am besten. Ausnahmsweise herrschte diesmal kein Schweigegebot. Stattdessen machten Neuigkeiten aus dem Dorf die Runde. Es wurde gekichert und gelacht. Josh drängelte bereits: »Wann gibt es denn die Geschenke?« Doch bevor es so weit war, bauten die beiden älteren Frauen zwei Trommeln auf, ein paar der Mädchen und einige Gäste hatten Rasseln, sie machten Musik und tanzten.

Erst danach klatschte Ezira in die Hände. »Wollt ihr jetzt eure Geschenke verteilen?«

Die Mädchen hatten einander vor allem bunten Schmuck gebastelt, den sie sich gegenseitig unter viel Gelächter um den Hals und an die Arme legten. Ich hatte für Josh etwas geschnitzt, was ihn lange an unsere Zeit im Urwald erinnern sollte – einen kleinen Jungen mit einer Rassel. Ich hatte einst durch Bisis Sohn Jo schnitzen gelernt. Damals waren es Madonnen gewesen, die wir in großer Zahl erstellt hatten. Eine große Meisterin war ich auf diesem Gebiet nie geworden, und inzwischen hatte ich schon lange kein Schnitzmesser mehr geführt. Doch Josh war begeistert.

»Mama, der ist aber hübsch!« Er küsste mich auf die Wangen.

Als ich sein Geschenk gebastelt hatte, kannte ich noch nicht seines: Josh überreichte mir feierlich eine ganz ungewöhnliche Rassel. Er hatte sie wohl selbst entworfen, womit er eine mir bis dahin unbekannte Seite an sich offenbarte. Das handliche Instrument war nicht mit den üblichen großen Perlen besetzt, sondern mit unzähligen winzig kleinen, kunterbunten. Solchen, wie die Mädchen sie für ihren Hals- oder Armschmuck verwendeten. Ihr Klang war entsprechend leise. Ich führte sie nah an mein Ohr, um sie flüstern zu hören. Josh hätte die Nähe, die unsere Verbindung prägte, nicht schöner ausdrücken können.

Ezira erfüllte Tanishas Wunsch nach einem bunten Tuch und einem T-Shirt wenig später. Die zarte alte Frau trat vor ihre neue Schülerin und hielt ihr das T-Shirt etwas ungelenk hin. Sie, die sonst so gewandt war, wirkte von der Situation ein wenig überfordert: Sie machte ja nie Geschenke! Meine Freundin war ebenso gehemmt. Auch ihr war unser Brauch fremd. Doch sie kleidete sich gleich noch einmal um und führte uns allen ihre erste eigene, farbenfrohe Kleidung vor. Nun konnte ich ihr meine Geschenke überreichen. Sie umarmte mich und sagte gerührt: »Ich bin so glücklich, dass ich die Möglichkeit bekommen habe, etwas aus mir zu machen, Choga. Zu Hause hätte ich das nicht gedurft. Bald werde ich meine eigenen Rezepte aufschreiben können. Ich danke dir dafür.« Ich gab ihren Dank in Gedanken an meine *Mamas* auf der Farm und an Amara weiter, deren resolute Entscheidung Tanishas Entwicklung erst ermöglicht hatte.

Beim anschließenden Tanz war Tanisha bereits eine von vielen jungen Frauen, die einfach nur ausgelassen waren. Josh sprang wie ein kleiner Kobold herum; es war sein Fest. »Mama, du auch!«, rief er mir übermütig zu. Er fasste mich an den Händen und versuchte mich aus meiner Ruhelage herauszuziehen.

Josh hatte ja Recht! Ich war die Einzige, die bislang vom fröhlichen Klang der Trommeln und Rasseln nicht anzustecken gewesen war. Eingehüllt in Mutters rote Decke, hatte es mir genügt, zuzusehen und Joshs Rassel sanft im Takt zu bewegen. Um ihn nicht zu enttäuschen, gab ich mir einen Ruck und fand mich im Kreis der anderen wieder. Ich schlang die Decke um uns beide. Unser Weihnachtstanz am Feuer im Urwald war nicht sehr schnell. Aber wunderschön. Es war nicht ganz klar, wer von uns beiden wen führte.

Ich drückte Josh fest an mich und spürte Tränen aufsteigen. Ob aus Freude oder Traurigkeit, wusste ich nicht. Und auch nicht, ob es noch einmal einen Weihnachtstanz mit ihm geben würde.

Die Haremskönigin

Die ruhigen, seit dem Angriff der Hunde vergangenen Wochen hatten mir gut getan. Ich fühlte mich wieder kräftig genug, um wie in meiner Ausbildungszeit lange Wanderungen durch den tropischen Wald zu unternehmen. Auf meinen Stock gestützt, ging ich wie immer langsam und machte viele Pausen; die Schmerzen waren Bestandteil meines Lebens. Ich akzeptierte sie, um mich von meiner Neugier treiben zu lassen. Unbekannten Düften nachzuspüren und dabei glutvoll leuchtende Pflanzen in verborgenen Winkeln zu entdecken, war eine beinahe vergessene Leidenschaft. Der Regenwald erschien mir wieder wie eine Schatzkammer, die nur mit Muße durchstöbert werden konnte.

Gegen Mittag hörte ich Stimmen. Zu sehen war niemand; der Wald war blickdicht zugewachsen, die Pfade kaum zu erahnen. Ezira war mit ihren Schülerinnen an diesem Tag im *compound* geblieben, um ihnen die Herstellung eines Hausmittels gegen Durchfall zu erklären. Ich machte durch lautes Rufen auf mich aufmerksam.

»Wer ist da?«, kam die Gegenfrage. Die Stimme klang wie die einer älteren Frau. Ich vermutete eine der Heilerinnen aus dem Krankenhaus. Vielleicht hatte sie sich verlaufen. Ich nannte meinen Namen.

»Tochter Choga! Ich bin hier!«

Allenfalls Ezira und Buchi nannten mich hier *Tochter*! Die Stimme, die mich erneut rief, war mir jedoch unbekannt. Sie klang wie die einer sehr alten Frau, zwar geschwächt, aber auch energisch, fast fordernd. Unwillkürlich gefror mir das Blut in den Adern. Denn ich spürte, dass da jemand kam, den ich lieber nicht treffen wollte. Andererseits schien die Verirrte Hilfe zu brauchen. Ich riss mich zusammen und suchte den Weg, der irgendwo in der Nähe zwischen Dorf und *compound* verlief. Mit meinem Stock schob ich das Unterholz zur Seite und erschrak bis ins Mark!

Im ersten Moment glaubte ich an einen Tagtraum: Mitten im dichten Grün des tropischen Waldes stand eine in kostbare weiße Gewänder gehüllte alte Frau, die sogar einen Schleier trug! Obwohl ihre edlen Stoffe ziemlich verschmutzt und stellenweise eingerissen waren, strahlte die Wanderin jene Würde und Autorität aus, an die ich mich aus den Zeiten meiner Kindheit erinnerte.

»Mama Patty?«, fragte ich zutiefst verblüfft. »Bist du das? Was tust du denn hier?« Zuletzt hatte ich sie vor fast drei Jahren gesehen, als ich zu Mutters Tod kurz im Harem gewesen war. Sie war zwei Jahre älter als meine Mutter, somit inzwischen Anfang 70. Zwar wirkte sie erschöpft, doch sie schien kerngesund zu sein und hielt sich kerzengerade.

»Ich bin gekommen, um dich zu besuchen, Tochter!«

»Mich?« Grenzenlos verwundert, sah ich keinen vernünftigen Grund, was die alte Dame zu mir führen mochte. Anders als zu Ada und Bisi hatte ich zu Patty nie ein enges Verhältnis gehabt. Mein Vater hatte seinen Frauen einen bezeichnenden Namen gegeben: Er nannte sie *queens*. Patty war ihr Leben lang die oberste Königin des Harems gewesen.

Ich wollte sie zur Begrüßung umarmen. Das hielt ich für normal unter diesen Umständen. Schließlich hatte sie gesagt, dass sie meinetwegen gekommen sei. Und die

Reise musste beschwerlich gewesen sein! Sie wich einen halben Schritt zurück, die Augenbrauen hochgezogen, der Blick gebieterisch.

»Verzeihung«, stammelte ich wie ein kleines Kind und kniete vor der alten Frau nieder. Ich hatte die Vorschriften des Respekts, die der Harem gebot, vollkommen vergessen! Zuletzt hatte ich dort vor meiner Zwangsheirat mit Felix mehrere Monate lang gelebt, um auf die Ehe vorbereitet zu werden. Für mich waren zehn lange Jahre vergangen. Nicht so für die *queen*, vor der ich das Haupt zu neigen hatte. Selbst im Urwald.

»Gesegnet seist du im Namen von Jesus Christus, Tochter«, sagte die Haremskönigin. Nachdem ich mich mühsam erhoben hatte, teilte sie mir mit: »Wir haben uns verlaufen.« Sie warf einen abschätzigen Blick auf ihre Begleiterin, ein höchstens zehnjähriges Mädchen, das Pattys Gepäck auf dem Kopf trug.

Ihr Taxi hatte die alte Dame irrtümlich nicht bis zu jener Siedlung gefahren, in der sich das Krankenhaus befand, sondern sie im Dorf davor abgesetzt. Die beiden hatten somit eine ziemlich lange Odyssee hinter sich. Es glich einem Wunder, dass sie im Labyrinth des Dschungels nicht völlig verloren gegangen waren. Patty gab dem Kind eine Münze und schickte es zurück.

Die Königin des Harems lief vor mir her zum *compound*. Ich folgte, ihr schweres Gepäckbündel auf dem Kopf, meinen eigenen Beutel mit den gesammelten Kräutern auf dem Rücken. Ich atmete Pattys süßes, schweres Parfüm ein, das ich aus dem Harem so gut kannte. Trotz ihres Alters ging Mama Patty recht schnell.

»Wie hast du mich hier gefunden?«, keuchte ich weniger aus wahrem Interesse. Vielmehr wollte ich die stolz einherschreitende Königin darauf aufmerksam machen, wie mühsam ich vorwärts kam.

»Es war wirklich nicht leicht, dich ausfindig zu machen«, sagte die alte Frau. »Aber schließlich gab mir jemand die Telefonnummer deiner Farm und ich sprach mit Amara. Sie teilte mir mit, wo ich dich finden konnte.«

Jeder Schritt schmerzte mich, der Schweiß rann mir übers Gesicht. Und Patty strebte forsch voran. Was wollte sie hier? Warum brach sie in mein Leben ein? Sie benahm sich wie eine Königin, der Urwald war gewiss nicht der angemessene Platz für sie. »Warum wolltest du ausgerechnet zu mir?«, rief ich ihr nach. Schließlich ging ich davon aus, sie stände mir ebenso wenig nahe wie umgekehrt.

Endlich blieb Patty stehen und bemerkte, dass ich hinter ihr ziemlich zurückgefallen war. Als ich sie erreicht hatte, richtete sie sich auf und blickte mich, ihre Lastenträgerin, bedeutungsvoll an.

»Du warst immer die ganz besondere Tochter deines Vaters«, sagte Mama Patty dramatisch. »Wärst du ein Junge geworden, dann würde die *Familie* auch heute noch bestehen.« Patty meinte die *Familie des Schwarzen Jesus*, jene Kirche, die mein Vater gegründet hatte.

»Wieso?«, fragte ich verblüfft.

»Als Junge wärst selbstverständlich du Papa Davids Nachfolger geworden«, erklärte Patty.

Diese Einschätzung musste ich erst mal verdauen: Mein Vater hatte über 100 Kinder! Wie viele Söhne darunter waren, habe ich nie erfahren. Aber es wäre doch gewiss einer dabei gewesen, den er für würdig genug erachtet hätte! Wieso war gerade ich so besonders?

Meine Gedanken überschlugen sich. Als Mann wäre ich demnach Herrscher eines Harems geworden? Anstelle von Felix?

Benommen humpelte ich hinter Patty her und glaubte jeden Augenblick zusammenzubrechen. Nicht unter der Last ihres Gepäcks, sondern unter der Wucht ihrer

Worte. Denn sie machten klar: Ich kannte meinen Vater nicht wirklich.

Ich konnte nicht sagen, wie lange wir gebraucht hatten, um endlich im *compound* einzutreffen. Für mich schienen Stunden vergangen zu sein! Ich konnte mich kaum noch auf den Beinen halten. Sobald ich die erste Hütte erreicht hatte, lehnte ich mich schwer atmend dagegen. Glücklicherweise hatte Tanisha unser Eintreffen bemerkt und eilte herbei, um mir meine Last vom Kopf zu nehmen.

»Choga, du sollst doch nicht so schwer tragen!«, rief sie voller Mitgefühl. »Wen hast du mitgebracht?«

»Das ist Mama Patty«, stieß ich hervor. »Die älteste Frau meines Vaters.«

»Aus dem Harem?«, flüsterte Tanisha ergriffen. Meine Antwort war nur noch ein stummes Kopfnicken.

»Dann hole ich am besten schnell Ezira!«, sagte meine Freundin und eilte los.

Mama Patty blickte sich mit hochgezogenen Augenbrauen um. Tanisha hatte sie kaum wahrgenommen. »Hier lebst du also«, stellte die Königin fest. Sie strebte zum Kochhaus und setzte sich auf einen der Hocker. Schwerfällig humpelnd folgte ich ihr. Tanishas Rufe hatten alle Mädchen alarmiert, neugierig strömten sie zusammen. Ezira war in ihrem Häuschen gewesen, das am anderen Ende des großen Feuerplatzes lag. Klein und zierlich kam sie festen Schritts herüber zum Kochhaus. Die Schülerinnen folgten ihr, was ihrem Auftritt eine große Würde verlieh. Ich ging ihr entgegen. Noch bevor wir uns erreicht hatten, trafen sich unsere Blicke. Ezira kannte mich sehr gut, und wenn es mir schlecht ging, sah sie es mir sofort an. Sie breitete die Arme aus und drückte mich an sich.

»Ich habe Patty mitten im Wald getroffen. Ist das nicht

unglaublich? Sie war die Königin unseres Harems!«, stieß ich immer noch außer Atem und völlig überwältigt hervor.

»Königin.« Mehr als dieses eine Wort sagte Ezira nicht. Und ich konnte keine Wertung darin hören.

Umringt von den Mädchen, gingen wir zu Mama Patty, die sich erhob. Sie und Ezira waren sich nie zuvor begegnet. Beide Frauen waren von Stellung und Alter her gleichrangig und gewohnt, dass man ihnen mit Ehrfurcht begegnete und auf ihr Wort hörte. Patty jedoch kam als Gast. Ich konnte mich nicht erinnern, dass sie jemals vor jemandem den Kopf gebeugt hätte.

Die Gebieterin des Harems strich ihre weißen Tücher glatt und richtete sich auf. Sie war eine schwere Frau, fast zwei Köpfe größer als Ezira. Meine alte Lehrerin blieb wenige Schritte vor Patty stehen und tat gar nichts. Nicht ein Muskel ihres narbigen Gesichts zuckte. Ganz langsam sank die Haremskönigin auf die Knie und neigte den Kopf zur Erde.

Meine Lehrerin lehrte uns zwar Demut und Respekt, aber eine Unterwerfungsgeste, wie Patty sie formvollendet bot und auch selbst gewohnt war, lehnte sie ab. Sie widersprach ihrer Überzeugung vom gleichwertigen Miteinander aller Menschen. In Pattys Fall akzeptierte sie es überraschenderweise.

Erst danach sagte Ezira: »Mama Patty, du bist uns allen herzlich willkommen.«

Patty erhob sich. »Vielen Dank für deine Gastfreundschaft«, sagte sie.

Ich rief Josh heran, um ihn dieser einst so einflussreichen Frau vorzustellen. Er war verlegen und kam scheu näher. Eigentlich hätte er sich niederwerfen müssen, doch das hatten wir nie geübt. Meine Mutter hatte auf der Farm auf europäische Höflichkeit Wert gelegt und so hatte ich auch meinen Sohn erzogen. Folglich streckte er der einstigen Königin die Hand entgegen und neigte brav den Kopf. Mama Patty stutzte.

»Josh respektiert dich. Ich bitte dich um Nachsicht, dass er dich nicht gebührend begrüßt«, erklärte ich.

Die Besucherin ignorierte die ihr immer noch dargebotene Rechte. Ihre Hand glitt stattdessen unter das Kinn meines Sohnes, der es verdutzt geschehen ließ.

»Du hast große Ähnlichkeit mit deinem Großvater.« Sie drehte seinen Kopf nicht gerade sanft hin und her. »Hat deine Mutter dir gesagt, dass Papa David für uns alle ein großes Vorbild ist?«

Josh schickte einen um Hilfe flehenden Blick in meine Richtung. Er verstand diese Anspielung nicht: Es musste Jahre zurückliegen, dass ich mit ihm über meinen Vater gesprochen hatte. In unserem Farmleben hatte die Vergangenheit keine Rolle gespielt, hatte uns doch die Gegenwart genug beschäftigt. Ezira rettete die Situation und verwickelte Mama Patty in ein Gespräch über deren lange Reise.

»Mama, wer ist das?«, fragte Josh mich leise.

Als Josh drei Jahre zuvor ein einziges Mal seine Oma Lisa im Harem besucht hatte, war er viel zu klein gewesen, um verstehen zu können, wo er sich aufgehalten hatte. Ich beschränkte mich auf das, was er wissen wollte: »Patty war ebenso wie deine Oma Lisa, Bisi und Ada mit deinem Großvater verheiratet. Denn Papa David war ein bedeutender Mann. Du hast ihn nie getroffen. Er ist vor deiner Geburt gestorben.«

»Sehe ich aus wie Papa David?«

Ich betrachtete mein Kind mit den Augen der alten *queen* und musste ihr zustimmen. »Ja, ich glaube schon, Josh, dass du mit deinem Großvater Ähnlichkeit hast. Aber es ist furchtbar lange her, dass ich ihn gesehen habe.«

Mein Vater hatte damals aufgebahrt auf dem Sterbebett geruht. An seiner Beerdigung hatte ich nicht mehr teilgenommen. Meinem Sohn konnte ich all dies nicht erklären, denn ich hätte ihm die Gründe für meine Flucht nennen und damit von seinem eigenen Vater sprechen müssen. Aber an diesem Punkt begann jener Teil meiner Erinnerung, vor der ich Josh bislang beschützt hatte. Ich bekam Angst, dass mir das wegen Pattys Anwesenheit nicht weiterhin gelingen könnte. Ich würde mit ihr viel Zeit verbringen müssen. Mein Sohn würde zuhören und Fragen stellen. Die schützende Mauer des Schweigens würde zusammenbrechen …

Tanisha kam zu uns. »Josh«, sagte sie, »du hast mich doch gefragt, ob ich dir mal wieder Faraa gebe. Magst du sie jetzt nehmen?«

»Darf ich wirklich?« Er warf sich dankbar in Tanishas Arme. Sie lächelte mich so warmherzig an, dass ich hätte weinen können. Sie war eine echte Freundin! Nicht nur, dass sie mich für den Moment aus einer verzwickten Situation befreit hatte. Sie machte Josh obendrein eine unvorstellbare Freude. Ich half ihr, Faraa vom Rücken zu binden, und sie zeigte Josh, wie er das knapp sechs Monate alte Mädchen richtig tragen konnte. Er warf mir einen vor Glück strahlenden Blick zu und lief zu den Mädchen, die sich in der Nähe der beiden alten Frauen aufhielten.

Nun ging ich die wenigen Schritte hinüber zu Ezira und Patty. Ich brannte darauf, endlich zu erfahren, was der wahre Grund ihres Besuchs war. Die beiden würdevollen Frauen hatten noch kein richtiges Gespräch begonnen, und ich hatte den Eindruck, dass Ezira warten wollte, bis ich mich zu ihnen gesellt hatte. Eines der Mädchen brachte frischen Tee, und Ezira bat sie und die anderen, wieder ihre Arbeit aufzunehmen, Pflanzen zu sortieren.

»Setz dich zu uns, Tochter Choga«, lud mich Ezira ein.

»Mama Patty, wie geht es dem Harem? Sind deine Mitfrauen gesund?«, fragte ich. Patty und ihre zwei Jahre jüngere Schwester Felicitas waren mit neun Frauen und vier fast heiratsfähigen Töchtern meines Vaters im Harem zurückgeblieben. Meines Wissens nach war keine von ihnen HIV-positiv.

Kaum dass ich meine höflich gemeinte Frage gestellt hatte, stimmte Mama Patty großes Wehklagen an: »Es ist so schlimm. Alles ist abgebrannt. Viele Menschen sind tot. So viele. Ich habe noch nie so etwas Grauenvolles gesehen.« Entmutigt schüttelte sie den Kopf. Tränen erstickten ihre Worte.

Ich hatte keine Ahnung, wovon sie sprach!

Die einstige Königin des Harems berichtete stockend: Es war an einem Sonntagabend Ende Januar gewesen. Ein Munitionsdepot, mitten im Wohngebiet gelegen und dennoch eines der größten des ganzen Landes, war explodiert. Die Druckwelle zerstörte unzählige Häuser. In der Folge kam es zu einer Reihe weiterer kleinerer Explosionen, überall brachen Brände aus. Patty berichtete unter Tränen von Leichen, die sich stapelten und in einem angrenzenden Kanal schwammen. Sie sagte, es seien tausend Menschen umgekommen. Verwundete Menschen irrten umher, stolperten über Tote.

Vaters *compound* war nicht weit vom Waffenlager entfernt gewesen. Die große Anlage, die Welt meiner Kindheit, war völlig verwüstet, die dünnen Wände der einfachen Steinhäuser von der gewaltigen Explosion hinweggefegt worden. Die alten Lehmhütten zerfielen wie nichts.

»Ich fand meine Schwester Felicitas in der Nähe ihres Hauses. Sie starb in meinen Armen«, berichtete Mama Patty stockend und unter Tränen. Felicitas war Vaters zweite Frau gewesen, die er etwa 1950 geheiratet hatte. Im Harem hatte Felicitas die Aufgaben einer

Hebamme gehabt; sie hatte auch mich auf diese Welt geholt.

»Der *compound* ist für alle Zeiten ausgelöscht. Ein Raub der Flammen und von allem Bösen dieser Welt«, klagte Patty, die durch Zufall entkommen war. Dass sie an diesem unbewohnbaren Ort nicht bleiben wollte, leuchtete durchaus ein. Allerdings verstand ich ihren Entschluss, ausgerechnet mich aufzusuchen, überhaupt nicht.

Ich starrte in das faltige Gesicht, sah die scharf geschnittenen Lippen, über die nun Worte kamen, die immer weniger Sinn machten: »Ich habe Mama Lisa stets sehr geachtet. Deine Mutter hatte mir deine Entscheidung, Felix zu verlassen, erklärt. Ich war nicht ihrer Meinung. Eine christliche Frau darf nicht aus der Ehe davonlaufen.«

Ich blickte zu Ezira und erhoffte mir ihren Beistand. Doch deren Gesicht verriet kein Gefühl, sie hörte nur zu. Während ich am liebsten aus der Haut gefahren wäre! Warum war Patty gekommen, wenn sie so über mich dachte?

»Aber ich habe meine Meinung über dich geändert«, fuhr Patty unbeirrt fort. »Nachdem dein Mann gestorben war, hast du zu deiner Verantwortung gestanden und viele deiner Mitfrauen mitgenommen, um für sie zu sorgen. Ich sagte damals zu Mama Felicitas: Schade, dass Mama Lisa das nicht mehr erlebt hat. Tochter Choga ist wirklich Papa Davids besondere Tochter. Die wahre Erbin seines Gedankens.«

Es hatte wohl jenseits von Pattys Vorstellungskraft gelegen, was sie bei uns erwartete: die Entsagungen eines Lebens in der Natur statt die Bequemlichkeit der Großstadt; Naturreligion statt Christentum.

Ezira brach ihr langes Schweigen: »Du bist uns willkommen, Mama Patty. Ich danke dir für das Vertrauen, das du uns entgegenbringst.« Obwohl ich Patty nie als meine Ziehmutter angesehen hatte, war sie es dennoch nach den Regeln meines Landes. Es wäre niemandem in den Sinn gekommen, sie zu fragen, wie lange sie bleiben wollte.

Mein Herz setzte für eine Sekunde aus, als Ezira meinte: »Ich nehme an, dass du dir mit Tochter Choga eine Hütte teilen möchtest.«

»Selbstverständlich«, bestätigte die *queen*. Dazu musste Tanisha ihre frühere Hütte wieder beziehen. Mein Sohn durfte sie und Faraa begleiten, worüber sich alle angesichts der neuen Entwicklung sogar freuten.

Innerlich schrie ich auf. Wenn ich mit der obersten »Königin« meines Vaters zusammenlebte, durfte ich davon ausgehen, mich voll und ganz unterordnen zu müssen. Ich sollte werden, was ich vor langer Zeit gewesen war – eine Haremstochter. Pattys Wort war im Harem Gesetz gewesen. Sie befand sich zwar nun in Eziras Reich. Doch meine Lehrerin hatte mich der »Königin« unterstellt, indem sie ihr meine Hütte anwies. Dadurch galten für mich automatisch die Regeln meiner Kindheit. Was auch immer Patty verlangte, ich hatte es von jetzt an ohne Widerspruch zu tun.

Ich wagte nicht, laut zu protestieren; denn die Regeln verlangten meinen bedingungslosen Gehorsam. Auch Ezira musste sich so verhalten, da die Gesetze des Respekts gegenüber Älteren es forderten. Sie wogen wesentlich schwerer als das Befinden einer jungen Frau wie mir. Ich hatte mich unterzuordnen. Oder ich musste gehen. Und zwar sofort! Ich war fest entschlossen, auszuhalten. Denn da war ja auch noch Ezira, die meine Vergangenheit kannte und auf deren Unterstützung ich vertraute.

Für mich war Vaters einstige *queen* die Frau, die sich im Harem durch ihre schöne Singstimme hervortat und uns gelegentlich als Musiklehrerin unterrichtete. Sie schien über uns zu schweben wie eine wahre Königin. Ihr unvermittelt so nahe zu sein wie nicht einmal in meiner Kindheit, verwirrte mich. Denn mich quälten plötzlich Fragen, auf die ich keine Antworten kannte. Meine Vergangenheit, der ich glaubte mit dem Leben auf der Farm entkommen zu sein, hatte mich eingeholt.

Ich verbrachte eine schlaflose Nacht, in der mir Pattys Worte nicht aus dem Kopf gingen: Wäre ich ein Junge geworden, so würde der Harem auch heute noch bestehen und ich wäre der Nachfolger meines Vaters. Denn als besondere Tochter war ich die Erbin seiner Gedanken.

Was meinte sie damit? Hatte ich das falsche Geschlecht? Warf sie mir damit etwas vor, woran ich nichts ändern konnte? Worunter ich durch Felix' Misshandlungen sogar gelitten hatte?

Nein, ich würde vor Patty nicht weglaufen! Ganz gewiss nicht! Sie musste mir Rede und Antwort stehen! Aber sie lag nur laut schnarchend dort, wo Josh sonst schlief …

Das Los der Töchter

Im ersten Morgengrauen floh ich regelrecht in die Kräuterküche. Es war mir ein echtes Bedürfnis, mich als Heilerin zu betätigen. Ich wollte mich nicht als Haremstochter fühlen. Mit wahrer Leidenschaft zerstampfte ich Beeren im Mörser und zerrieb Blätter. Ich war längst nicht fertig, als Tanisha in die Kräuterküche trat.

Damit sie sich schulen konnte, bereitete Tanisha sonst frühmorgens den Tee. »Willst du das heute lieber machen?«, fragte sie. Ich hörte ihre leichte Enttäuschung.

»Ja«, gab ich einsilbig zurück. Wegen des entgangenen Schlafs hatte ich rasende Kopfschmerzen.

»Du hast schlechte Laune«, stellte Tanisha fest. »Liegt es an der Frau aus Lagos?« Ich knurrte eine unverständliche Antwort. »Freust du dich denn nicht, jemanden aus dem Harem wieder zu sehen? Sie gehört doch zu deiner Familie, oder nicht?«

»Das ist nicht so einfach zu sagen«, gab ich zu. »Für dich besteht eine Familie aus Vater, Mutter, Kindern, Großeltern, Onkeln und Tanten. Eben Menschen, die direkt miteinander verwandt sind. Aber Patty ist in diesem Sinn keine Verwandte. Auch wenn alle sie immer Mama gerufen haben, so betonte das nur ihre Bedeutung. Nicht aber die Liebe, die einer Mutter entgegengebracht wird.« Ich rieb meine schmerzenden Schläfen. »Genau genommen waren wir keine Familie«, sagte ich, »sondern eine Lebensgemeinschaft.« Ich trat einen Schritt zur Seite, damit wir gemeinsam arbeiten konnten.

»Und dein Vater? Wie hast du für ihn empfunden?«, fragte Tanisha. Sie begann damit, Baumrinde zu raspeln.

»Ich war stolz auf ihn. Wie wir alle. Aber du willst wissen, ob ich ihn liebte?« Sie nickte, und ich dachte nach, was ich für Papa David wirklich empfunden hatte. Was ich tatsächlich hinter diesem beeindruckenden Mann gesehen hatte. Ich musste mir eingestehen, dass er niemals wirklich in meinem Herzen gewohnt hat. »Mein Vater schwebte über uns. Wie so eine Art Engel, der einen beschützt. Aber einen Engel kann man nicht anfassen oder sich an ihn lehnen.« Ich blickte sie an. »Verstehst du, was ich meine?«

»Ja, sehr gut sogar. Mein Vater hat zwar nur ein Baugeschäft. Und er ist gewiss kein überirdisches Geschöpf, sondern ganz normal. Aber für mich war er trotzdem nicht greifbar. Ich respektierte ihn.« Sie lächelte versonnen. »Aber ist das Liebe, wenn man jemanden respektiert?«

Unser eigentliches Anliegen, den Tee zu bereiten, hatten wir über unser Gespräch vergessen … »Doch«, meinte ich, »man kann auch jemanden respektieren, den man liebt.«

Tanisha lachte über ihre plötzliche Erkenntnis: »Stimmt, aber man muss jemanden nicht lieben, um ihn zu respektieren.«

»So geht es mir mit Mama Patty«, erklärte ich. »Wahrscheinlich auch mit meinem Vater. Aber das weiß ich nicht genau. Ich muss es herausfinden. Denn ich glaube, ich kannte ihn nicht als Mensch. Patty hat gestern seltsame Andeutungen gemacht. Deswegen konnte ich nicht schlafen.«

»Was hat sie denn gesagt?«

»Als Mann würde ich heute Vaters Harem leiten.«

Zunächst starrte Tanisha mich mit offenem Mund an.

Dann lachte sie laut los und konnte sich kaum wieder beruhigen. »Das ist eine tolle Idee«, meinte sie atemlos. »Hättest du dann 48 Männer geheiratet?« Sie kicherte vergnügt.

»Um Himmels willen! Ich wäre schon mit einem zufrieden gewesen, den ich hätte lieben können.« Ich grinste. »Und respektieren.« Ich hob die Schultern. »Aber ich wäre ja ein Mann gewesen, Tanisha. Also hätte ich 48 Frauen heiraten müssen. Nämlich alle Witwen meines Vaters.«

»Etwa auch Mama Patty?« Tanisha nahm mich Tränen lachend in die Arme. »Was hast du für ein Glück, dass du eine Frau geworden bist ...«

Ich lachte mit ihr. Aber ich fragte mich auch, wie ich wohl gedacht hätte, wenn ich ein Mann geworden wäre ...

Tanisha zwickte mich in den Arm. »Deine Königin kommt direkt auf uns zu, Choga!«

Ich seufzte und überließ es Tanisha, den Tee fertig zu stellen. »Du darfst den Tee auch heute Morgen bereiten. Und ich werde mich jetzt in Pattys gehorsame Haremstochter verwandeln.«

In ihrem Blick lag Mitleid. »Wir sind eben nur Töchter. Ich kümmere mich um Josh.« Sie zwinkerte mir zu. »Und er sich um Faraa.«

»Ich habe dich lachen hören, Tochter«, meinte Patty aufgeräumt. Der Morgen war leicht dunstig, die Luft von schwerer Süße. In den Bäumen zwitscherten bunte Vögel. Der Tag versprach schön zu werden. »Ich freue mich, dich so glücklich zu sehen.« Sie blickte auf Tanisha. »Willst du mir deine Freundin nicht vorstellen?«

»Das ist Tanisha. Ich habe sie von unserer Farm mitgebracht«, sagte ich. Jetzt wäre ein Kniefall fällig gewesen. Der natürlich ausblieb.

Mama Patty übersah diesen Umgangsfehler geflissentlich. Josh rannte herbei, das Baby im Arm: »Wer hilft mir, Faraa auf den Rücken zu binden?«

Die Verwunderung der Haremskönigin wuchs. Sie erkundigte sich, wem von uns die Kleine gehörte, und ich gab Auskunft.

»Tanisha und Faraa – sind das muslimische Namen?«

Ich nickte.

»Habt ihr schon zu Jesus Christus gebetet?«, fragte sie nachdrücklich. »Wo ist denn eure Kirche? Wo betet ihr zu Gott?«

Bevor jemand antworten konnte, sagte ich geistesgegenwärtig: »Wo immer wir seine Werke finden.« Meine bibelfeste Formulierung sollte die Christin nicht zu sehr schockieren. Sie war Vaters älteste Frau und ich von Kindsbeinen an zu Gehorsam erzogen. Sie erwartete deshalb, dass ich den Glauben meines Vaters ausübte, die Verehrung des Schwarzen Jesus. Das Leben, das ich führte, stand dazu in offenem Widerspruch. Ich teilte ihren und Vaters Glauben nicht mehr. Doch die pflichtgemäße Achtung von Papa Davids Andenken nötigte mich, meine tatsächlichen Ansichten vor ihr zu verbergen.

»Es gibt hier gar keine Kirche?« Mama Patty packte mich am Arm und zog mich mit sich fort. »Tochter, ich glaube, du bist vom rechten Weg abgekommen!« Der Tadel in ihrer Stimme hätte kaum deutlicher sein können. Für sie gab es nur den christlichen Gott. So als müsste ich mich für meine Überzeugung entschuldigen, sprach ich diffus von einem Genesungsurlaub, den ich bei Ezira verbrächte. Ich versuchte sie zu versöhnen, indem ich von der Kapelle erzählte, die wir auf der Farm hatten. Dass sie abgebrannt war, erwähnte ich lieber nicht.

»Dann wirst du also demnächst wieder auf die Farm zurückkehren!« Patty war erleichtert. »Wir sollten vielleicht bald aufbrechen. Dort scheint ja wohl ein christlicherer Ort zu sein als hier.«

Das hatte mir gerade noch gefehlt: eine *queen*, die unser Leben aufmischte! Es musste mir irgendwie gelingen, Patty loszuwerden, bevor ich mit Josh heimkehrte. Das war mir jetzt klar. Aber ich hatte keine Ahnung, wie ich das anstellen konnte, ohne gleichzeitig sämtliche Regeln des Gehorsams zu missachten. Es gab nur eine Lösung: Patty musste selbst erkennen, dass sie nicht mehr in mein Leben gehörte. Aber ich hatte keine Ahnung, was dann mit ihr werden sollte …

»Sind deine Mitfrauen, mit denen du damals fortgingst, noch gesund?«, fragte sie.

»Ja, wir haben uns eingerichtet. Es ist nicht leicht, mitten auf dem Land zu leben. Wir arbeiten hart, um zurechtzukommen.«

Sie hatte mir kaum zugehört, wie ihre Antwort zeigte: »Du musst meine Kleider waschen.« Wir kehrten zu meiner Hütte zurück, um die kostbaren Stoffe unverzüglich zu holen. Sie sah sich in dem fast leeren Raum um und deutete auf die der Fensteröffnung gegenüberliegende Seite: »Dort wirst du einen Altar bauen und ein Kreuz mit einem Schwarzen Jesus errichten.«

Mit Josh Weihnachten feiern – das war eine Sache. Den Glauben meines Vaters in dieser Form aufleben zu lassen, eine andere. Gott als oberstem Schöpfer hatte ich keineswegs abgeschworen; er stellte für mich die große Energie dar, aus der sich alles ableitete. Seit meinem ersten Besuch bei Ezira hatte ich jedoch Mutter Erde als Sinnbild der weiblichen Kraft erkannt, die Menschen, Tiere und Pflanzen nährte. Ich verehrte sie gewissermaßen als Mittlerin zwischen Gott und den Menschen. Patty hätte das nicht verstehen wollen; in ihrem Alter ändert kaum jemand seine Ansichten so radikal. So lud ich mir schweigend das Bündel auf den schmerzenden

Kopf, um zum Fluss zu gehen, wo ich meinen Tochterpflichten nachkommen konnte.

Wir wollten gerade aufbrechen, als Tanisha mir unseren Tee in einer Kalebasse brachte. Sie sah, was ich vorhatte. »Choga, lass mich das machen!«, rief sie.

Ich hätte das Angebot meiner Freundin ohnehin nicht angenommen; sie sollte nicht Pattys Dienerin sein. Aber die *queen* sagte bereits schroff: »Du siehst doch, dass Tochter Choga sich um meine Angelegenheiten kümmert.« Tanisha wich eingeschüchtert zurück.

»Danke, Tanisha, ich muss es wirklich machen«, sagte ich.

»Schaffst du es denn?«, fragte sie mitfühlend.

»Sie ist eine große, kräftige Frau! Hast du keine Arbeit, Mädchen?« Das war der Ton, den ich von Patty kannte ...

Wir liefen quer durch den *compound*, um den Weg zum Fluss zu erreichen. Patty ging voraus, ich hinterher. Die jungen Mädchen blickten mir verwundert nach. So etwas gab es bei Ezira sonst nicht. Selbst die alte Lehrerin wusch ihre Tücher selbst.

Dann rannte mein Sohn auf mich zu, Faraa auf dem Rücken. »Mama, du sollst dich doch schonen!«

»Ist schon okay, Schatz. Ich werde ja nicht jeden Tag waschen«, meinte ich. Tanisha nahm ihn bei der Hand und führte ihn fort.

»Warum tut Mama das?«, hörte ich ihn fragen, und Tanisha antwortete: »Weil es ihre Pflicht ist.«

Ein Haufen Scherben

Als wir am Fluss angekommen waren, bat ich Mama Patty, mir das Bündel vom Kopf zu nehmen. Ich war außer Atem und brauchte eine Pause, bevor ich die Tücher waschen konnte. Erschöpft ließ ich mich nieder.

»Was ist mit dir, Tochter Choga?«

»Ich habe Aids«, erwiderte ich.

»Du auch? Das ist ja furchtbar.« Sie schüttelte den Kopf und blickte mich prüfend an: »Du bist doch deinem Mann immer treu gewesen, Tochter?«

Mein Mann! Ich hatte ihn niemals so genannt. Doch solche Kleinigkeiten erschienen mir allmählich nebensächlich. »Ja«, sagte ich, »immer.«

»Felix hat nur Unglück gebracht«, stöhnte sie. Ebenso wie ich hatte sie das Elend der Frauen, die er infiziert hatte, miterlebt. Allerdings waren es meine Mutter, Bisi und Ada gewesen, die sich während Felix' Herrschaft im Harem und nach seinem Tod um die Kranken gekümmert hatten. Deshalb war Mama Lisa bis zu ihrem Tod im Harem geblieben.

Ich hatte neue Kräfte gesammelt und stieg bedächtig in den Fluss, um mit dem ersten von Pattys Tüchern zu beginnen. Wäsche waschen zählte ohnehin nicht zu meinen Leidenschaften. Es aus Gehorsam zu tun, kostete mich eine Menge Überwindung. Doch ich ließ mir nichts anmerken.

Die Besucherin trug das Herz offenbar auf der Zunge. »Jede Frau, die du mitgenommen hast, sehe ich vor mir:

Lape, Abidem, Jumoke, Yetunde, Chinne und Charity. Vor allem sie ist mir gut in Erinnerung geblieben.«

»Wieso Charity?«, erkundigte ich mich schwitzend und schrubbend.

»Weil sie die letzte Frau deines Vaters war, die 48.«, antwortete Mama Patty. Ich erkundigte mich, wann er sie geheiratet hatte. Sie dachte kurz nach und erwiderte: »Drei Jahre vor seinem Tod.«

Damals war er 58 und sie 17. Zu dem Zeitpunkt hatte ich andere Sorgen: Ich war 15 und fürchtete, bald selbst verheiratet zu werden, weshalb ich mir größte Mühe gab, meine Regelblutung zu verstecken. Doch erinnerte ich mich sehr gut daran, dass mein Vater schon sehr geschwächt war. Dass er Aids hatte, erfuhr ich erst Jahre später. Ob er es zu dem Zeitpunkt wusste, als er Charity heiratete, konnte niemand sagen. Dennoch drängte sich mir eine Frage auf, die ich nun an Mama Patty richtete: Warum heiratete ein so kranker Mann?

»Die *Familie* musste erkennen, dass Papa David noch ein starker Mann war«, erwiderte Patty entschieden.

Ich hockte im Fluss, meine Kleider wurden nass, mein Kopf und meine Hüfte schmerzten und meine Stimmung war miserabel. »Hat mein Vater deshalb so oft geheiratet?«, fragte ich.

»Er musste das tun!«, erwiderte Patty. »Das hat den Einfluss der *Familie des Schwarzen Jesus* im ganzen Land vergrößert. Die Frauen, die er aussuchte, waren die Töchter ebenfalls mächtiger Männer. So wurde seine Kirche immer größer.«

»Und Liebe? Hat er sie denn alle geliebt?«

Meine wahrscheinlich sehr naive Frage verblüffte Patty. Sie dachte nach, was sie einer jungen Frau darauf antworten sollte. Schließlich sagte sie ganz schlicht, aber sehr entschieden: »Du weißt, dass Ehen geschlossen werden, um Kinder zu bekommen.«

Das hieß nichts anderes als das, was ich vermutet hatte: Um Liebe war es bei so vielen Frauen tatsächlich nicht gegangen. Doch galt das auch im Fall meiner Mutter? Ich hatte sie zu Lebzeiten mehrfach versucht, darauf anzusprechen. Aber so ähnlich, wie ich Josh seine Vergangenheit verschwieg, hatte es meine Mutter mit mir gehalten. Sie sprach von meinem Vater zwar als einem bedeutenden und großen Mann. Aber warum sie seine Frau geworden war, hatte ich nie verstanden. Denn das Argument, dass sie den Zusammenhalt der anderen Frauen so genoss, reichte mir dafür nicht mehr. Genau genommen klang es nach einer Ausrede. Mama Lisa konnte ich nicht mehr fragen. Bei Bisi und Ada hätte es wenig Sinn gehabt: Sie hätten mich vor jeder unangenehmen Wahrheit beschützt. So wie ich Josh. Aber er war sechs und ich 25. Ich brauchte jetzt keine Schonung mehr. Ich wollte Pattys Version hören. Vorausgesetzt, sie wollte sie mir mitteilen!

»Meine Mutter hatte keinen einflussreichen Vater. Hat Papa David sie aus Liebe geheiratet?«

Plötzlich blickte mich Patty aufmerksam an, um wenige Sekunden später in das tropische Grün hinter mir zu starren.

»Mama Lisa war eine besondere Frau.« In ihrer Stimme lag echtes Pathos. »Ich habe sie entdeckt. Auf einer Party. Damals gingen Papa David und ich noch zusammen aus. Ich sah die Frau dieses deutschen Ingenieurs. Sie war unglücklich. Sprich sie an, sagte ich zu Papa David. Lade sie ein. Er tat es. Und ich unternahm alles, damit sie wiederkam, damit sie blieb. Sie war genau das, was ich für Papa David wollte.«

Ich vergaß das Waschen der Wäsche und starrte Patty an. »Du wolltest es? Warum?«, fragte ich verblüfft.

»Weil sie eine große, deutsche weiße Frau war.« Ihr Blick aus den harten alten Augen traf mich wie ein

Schwert. »Ich wollte, dass Mama Lisa ihm einen weißen Sohn schenkt. Du wärst der Beweis gewesen: Der Führer der *Familie des Schwarzen Jesus* steht unter dem Schutz Gottes. So hättest du später auch die Weißen vom Glauben an den Schwarzen Jesus überzeugen können. Nur ein Weißer hätte das vermocht.«

Vor meinen Augen drehte sich alles. In den ersten Jahren war meine Haut sehr hell gewesen. Das hatten sowohl Mutter als auch Mama Bisi mir oft erzählt. Aber ich war ein Mädchen. Ich traute mich kaum, weiterzufragen. Aus Angst vor der Antwort. Ich tat es dennoch. Meine Stimme glich einem Krächzen. »War Papa David enttäuscht, als er mich sah?«

Die *queen* schüttelte den Kopf. Ihre Antwort bewies, dass ich für meinen Vater dennoch etwas »Besonderes« gewesen war. Vielleicht sogar, dass er mich liebte. »Er küsste dich auf die Stirn und sagte: ›Gott hat sie so gemacht, wie er es für richtig hielt.‹ Und dann gab er dir deinen Namen.«

Er bedeutet: *Gott hat mich gemacht.* Obwohl ich viele schwere Stunden durchgestanden und oft mit meinem Schicksal gehadert hatte, so wusste ich dennoch, dass Gott es mit mir auch gut gemeint hatte. Die Liebe meines Sohnes bewies es mir jeden Tag. Ebenso wie die Unterstützung, die ich von meinen *Mamas* bekam, und die Hilfe, die ich an andere, wie Tanisha, weitergeben konnte. Für diese Geschenke war ich dankbar.

Das Schlechte, das mir widerfahren war, verband ich dagegen mit nur einem Namen. »Wann hat Papa David beschlossen, dass ich Felix heiraten soll?«, fragte ich.

Patty sprach mit fester Stimme. »Es war zu der Zeit, als er Charity heiratete. ›Lisas Tochter soll die *Familie* später einmal so wie du als älteste Frau leiten‹, sagte er zu mir. ›Ich werde für sie einen Mann suchen, sie mit ihm verheiraten. Sie werden einen Sohn zeugen, der unsere Tradition fortsetzt.‹«

Meine Nerven hatten schon kaum verkraftet, zu hören, dass ich mein Leben nicht der Liebe verdankte. Aber dass mein Vater und Patty mich in kalter Berechnung dem unbeugbaren Willen nach Geltung, Ansehen und Macht geopfert hatten, brachte mich fast um den Verstand. Voll bekleidet, wie ich war, sank ich in das Wasser. Tränen liefen mir übers Gesicht.

Über Jahrzehnte hinweg, sogar Generationen über seinen Tod hinaus, hatte mein Vater den Fortbestand unserer *Familie* geplant. Doch wenige Jahre nach seinem Tod war nichts erhalten geblieben. Nur noch ein Haufen Scherben. Mein Sohn und ich waren zwei dieser Bruchstücke.

Mama Pattys Tücher schwammen im Fluss langsam davon. Es war mir egal. Sie stand auf, watete hinein und zog sie zu sich heran. Die tropfenden Textilien in der Hand, blickte sie auf mich hinab. »Du siehst, Tochter, dein Vater hatte mit dir Großes vor. Er war nicht enttäuscht, wie du glaubst, dass du ein Mädchen warst. Er wollte, dass du die große Mama einer neuen Generation wirst. Leider hat er sich in Felix getäuscht. Diesen Mann auszuwählen, war sein einziger Fehler.« Nur diese Entscheidung stellte sie infrage. Nichts anderes. Wie konnte sie auch? In ihrer Jugend hatte sie geholfen, einen Baum zu pflanzen, unsere *Familie*. Dafür hatte sie gelebt. – Sie wrang die Tücher aus und setzte sich ans Ufer.

»Vater hatte so viele Töchter. Warum wollte er ausgerechnet mich mit seinem Nachfolger verheiraten?«, fragte ich verzweifelt.

Die Haremskönigin blickte auf mich herab: »Du warst auserwählt.«

»Auserwählt – wozu? Um früh zu sterben?« Ich hätte ihr meine Verzweiflung am liebsten entgegengeschrien.

Aber alles, was ich zustande brachte, war ein heiseres Krächzen. Patty war über meine Anklage keineswegs verwundert. Sie hatte sie wohl gar nicht gehört und machte auch keinerlei Anstalten, mir aus dem Wasser zu helfen. Ich erwartete es allerdings auch nicht von einer Königin, die selbst Schicksal gespielt hatte.

»Ja, du warst auserwählt, Choga Regina«, hörte ich sie sagen, während ich im Fluss nach einem Halt suchte, um aufstehen zu können. »Und du hast bewiesen, wie Recht Papa David hatte. Du bist bereit, Verantwortung zu tragen. Das hat uns allen dein Verhalten gezeigt.«

War das ihre Art, mich zu trösten? Sie half mir damit nicht, sondern verwirrte mich zusätzlich!

»Mama Bisi bat mich um Erlaubnis, dass du deine *Schwestern* mitnehmen durftest. Ich willigte ein. Nicht nur, weil wir zu viele im *compound* waren, um satt zu werden.« Pattys Stimme nahm einen überraschend weichen Ton an. »Ich sagte damals zu Felicitas: Choga Regina ist Papa Davids wahre Erbin. Auf dieser Farm wird sie das machen, was wir hier hatten. Sie wird eine neue *Familie* aufbauen, nur ohne Männer. Ein Ort, an dem der Schwarze Jesus verehrt wird, dessen Witwen wir sind. Keine seiner Töchter hatte die Kraft, die Verantwortung zu übernehmen, die dein Vater auf seinen Schultern getragen hat.«

Oh, wie sie sich in meinen Absichten irrte! Nur in einem hatte sie Recht: Ich hatte Verantwortung übernommen. Aus einigen Scherben des zerbrochenen Harems hatten Bisi, Ada und ich etwas Neues erbaut. Wir wollten Kranken Mut machen, dass das Leben trotz Infektion weiterging.

Patty, die meine kleine Welt gerade heftig durchgeschüttelt hatte, sagte ganz ruhig: »Mir ist nicht entgangen, Tochter Choga, wie verwundert dein Sohn war, als ich ihn auf seinen Großvater ansprach. Er weiß wohl gar nicht, wessen Blut in seinen Adern fließt.«

Ich krabbelte gerade auf allen vieren aus dem Fluss und wollte mich pitschnass ans Ufer fallen lassen. Jetzt aber wich meine Niedergeschlagenheit in Sekundenschnelle einem hellwachen Alarmzustand. »Er hat es wahrscheinlich vergessen«, sagte ich schnell. »Wir leben schon immer sehr weit vom Harem entfernt.« Meine gestotterten Ausflüchte waren viel zu durchschaubar. »Er könnte ohnehin nicht mehr den Harem übernehmen, nicht wahr? Warum lassen wir ihm nicht seine sorglose Kindheit?« Schwer schnaufend stützte ich meine Hände auf die Knie und stand vorgebeugt vor ihr. Nicht bereit für die Auseinandersetzung, die sich abzeichnete.

Patty richtete sich auf, ihr Blick durchbohrte mich. »Dein Sohn ist sieben, wenn ich richtig gerechnet habe. In seinem Alter mussten die Jungen ihre Mütter und damit unseren *compound* verlassen, um ein Mann zu werden. Er aber lebt wie ein Mädchen, trägt ein Kind auf dem Rücken herum.« Sie machte eine Pause und setzte dann nachdrücklich hinzu: »Ein muslimisches. Nein, Tochter, der Enkel von Papa David muss seine wahre Bestimmung kennen lernen. Ich war die erste Frau deines Vaters, und ich werde dafür sorgen, dass er sie erfährt.«

So wie sie die Welt sah, war ich dazu auch gar nicht berufen. Ich war nur eine Tochter. Josh hingegen ein künftiger Mann, ein Herrscher ... Es schien fast so, als hätte Patty nur deshalb den weiten Weg zu uns unternommen, um Dinge ins Lot zu bringen, die ihrer Meinung nach nicht stimmten. Sie spielte wieder einmal mit dem Schicksal anderer Menschen. Doch diesmal ging es um Josh!

Der geschenkte Vater

Schon während ich tropfend nass hinter Patty her zurück zum *compound* lief, überlegte ich fieberhaft, was ich tun sollte. Überließ ich es der kaltherzigen Haremskönigin, meinem Sohn die Vergangenheit zu erklären, so würde er irgendwann wenig später vor mir stehen und mich fragen: Mama, warum hast du mir meinen Großvater verschwiegen? Und ich müsste mich verteidigen. Obwohl ich ihn doch eigentlich beschützen wollte. Je mehr ich darüber nachdachte, desto stärker fragte ich mich, wie ich wohl reagiert hätte, wenn Mama Bisi mir erzählt hätte, was ich gerade zuvor von Patty erfahren hatte. Wäre ich ein Kind wie Josh gewesen, ich hätte meinen Vater wohl gehasst. Weil ich die komplizierten Erwachsenen nicht verstanden hätte. Als Kind hätte ich aus all dem nur einen Schluss ziehen können: Der Harem musste ein Ort gewesen sein, in dem es keine Liebe, sondern nur rücksichtslose und berechnende Menschen gab. Aber das stimmte nicht! Dort hatten Frauen wie Ada und Bisi gelebt, die mich vorbehaltlos liebten. Auch meine Mutter gehörte dazu. Sie hatte jedoch eine andere Art, es zu zeigen.

Jetzt war ich selbst Mutter, hatte meine eigenen Erfahrungen und Einsichten. Und ich bemühte mich darum, »Kopf« und »Herz« miteinander in Einklang zu bringen. Nicht nur Patty zu hören und zu verurteilen. Sondern trotz allem die Sonnenstrahlen in mein Herz fallen zu lassen, damit das Vertrauen, das ich meinem Vater gegenüber gehabt hatte, nicht einging wie eine Blume ohne Licht. Ich versuchte, Patty und damit auch meinen Vater zu verstehen: Er hatte sich selbst eine Lebensaufgabe gestellt. Ob ich sie gut fand, spielte keine Rolle. Um ihn ging es: Er wollte mit seiner Überzeugung dem Leben anderer Menschen einen Sinn geben. So gesehen hatte Mama Patty Recht: Nichts anderes hatten Bisi, Ada und ich getan, indem wir unsere kleine Gruppe nach Jeba geführt hatten. Wenn sie meinte, in mir deshalb die »besondere Tochter« erkennen zu können – meinetwegen. Ich kannte schließlich die Geheimnisse der Wunderblume …

Wir kamen dem *compound* nur sehr langsam näher, denn die nassen Tücher auf meinem Kopf hatten ein nicht gerade geringes Gewicht. Ich bemühte mich, es zu ignorieren, und bereitete mich auf mein Gespräch mit Josh vor. Es musste sehr bald stattfinden. Bevor Patty sich meinen Sohn schnappte. Aber wie konnte ich es anfangen, in seiner Vorstellung eine Welt auferstehen zu lassen, die so brutal zerstört worden war? Deren einst gut gemeinte Gedanken sich derart ins Gegenteil verkehrt hatten?

Ich blieb wie angewurzelt stehen. Natürlich! Das war es! Ich konnte ihm durchaus die Wahrheit erzählen, jene nämlich, die ich erlebt hatte! Dazu musste ich nur wieder ein Kind werden. Dann würde ihn die Wahrheit schützen, anstatt ihn zu verletzen.

Plötzlich war meine Stimmung wie ausgewechselt. Ich raffte mich auf und schaukelte mit neuem Mut hinter der einstigen Königin her. Und mir kam ein befreiender Gedanke: Mit ihrer Offenheit hatte Patty sich selbst entthront. Ich sah jetzt in ihr nicht mehr die unumschränkte Herrscherin über die Frauen. Sondern eine vom Leben enttäuschte alte Frau ohne Heimat, die nur noch einen Halt fand – die Vergangenheit. In ihren Augen war Josh der Hoffnungsträger. Für sie waren mein Sohn und ich wie die Ableger einer einst prächtig gedeihenden Pflanze.

Die Sonne stand hoch am wolkenlosen Himmel. Tanisha nahm mir mein schweres Bündel ab und half mir, Pattys Tücher auf Büschen zum Trocknen aufzuhängen. Sie hatte Faraa nicht bei sich und Josh war auch nirgends zu sehen. Patty beobachtete uns. Sie stand nicht weit von uns entfernt und hätte jedes Wort verstanden.

Tanisha und ich hatten uns darauf geeinigt, nur noch Englisch zu sprechen, damit sie diese Sprache, die im Süden unverzichtbar war, schneller lernte. Ich entschloss mich jedoch, jetzt mit ihr Haussa zu reden. Obwohl ich damit streng genommen gegen die Regeln des Respekts vor der einst so wichtigen Frau verstieß.

»Wo sind die Kinder?«, fragte ich.

»Faraa war müde, wollte aber nicht einschlafen. Da ist Josh bei ihr geblieben, damit sie schneller einschläft.« Sie lächelte glücklich. »Dein Junge passt gut auf Faraa auf. Ich glaube, er sieht in ihr schon eine Schwester.«

Einen kleinen Stich ins Herz spürte ich schon. Denn irgendwann würden wir die beiden verlassen müssen. Wahrscheinlich schon sehr bald. Mein Zuhause wartete auf mich.

»War es schwer für dich mit der Königin?«, erkundigte sich Tanisha besorgt.

»Sie hat mir Dinge aus der Vergangenheit erzählt, die mir wehtun«, sagte ich.

»Du wirkst aber nicht so niedergeschlagen wie zuvor. Dann verkraftest du es ganz gut?«

»Ich will nach vorne schauen und nicht zurück«, sagte ich. Ohne Vorwarnung schossen mir die Tränen in die Augen. Ich versteckte mich hinter der nassen Wäsche, damit Patty mich nicht sehen konnte.

Tanisha nahm mich in die Arme. »Du willst wieder stark sein.«

»Ich habe doch nur so wenig Zukunft. Und die soll schön sein und nicht dauernd von all dem Hässlichen überschattet werden!« Ich wischte mir die Tränen weg. »Stell dir vor, sie will Josh alles erzählen über den Harem. Es gibt nur einen Ausweg: Ich muss ihr zuvorkommen. Denn sie wird garantiert schlecht über Joshs Vater sprechen. Dabei weiß er doch gar nichts von Felix!«

»Du meine Güte! Arme Choga, wie kann ich dir nur helfen?«

»Geh zu Ezira und bitte sie, Josh und mir Patty für eine Weile vom Hals zu halten. Wir müssen in Ruhe miteinander sprechen. Wenn sie immer daneben steht, geht das nicht.«

»Klar, das mache ich. Mir fällt schon was ein.« Sie sank in sich zusammen. »Ich kann nicht lügen, Choga!«

Ich musste lachen; sie war so liebevoll ehrlich. »Nein, das sollst du auch nicht.« Ihre Kleidung war inzwischen fast so nass wie meine. »Wir müssen uns erst mal umziehen.«

Gemeinsam tauchten wir wieder hinter den mit nassen Tüchern behängten Büschen auf. Patty wirkte ziemlich aufgebracht. Man ließ die Haremsherrscherin nicht einfach herumstehen. Gerade so, als wollte sie mich in Anwesenheit meiner muslimischen Freundin an meine Wurzeln erinnern, sagte sie: »Du musst uns jetzt einen Altar mit einem Schwarzen Jesus bauen.«

»Ich möchte zuvor rasch meine Kleidung wechseln«, erwiderte ich.

»Gewiss, Tochter. Ich werde in meiner Hütte sein und deinen Sohn erwarten.«

So alt Patty auch war, steckte sie dennoch voller Energie. Entsprechend ließ sie nun keine Zeit mehr vergehen, um ihr neues Ziel zu erreichen: meinen Sohn über seine wahren Aufgaben zu informieren! Doch diesmal musste ich mich ihr entgegenstellen. Zumindest ein ganz kleines bisschen.

»Mama Patty, ich brauche für den Altar Holz und für einen schwarzen Jesus eine ganz besondere Sorte. Damit meinem Sohn die Bedeutung der Figur, die ich schnitzen werde, auch wirklich bewusst wird, sollte er mich begleiten bei der schweren Suche nach dem richtigen Material.«

»Ja, Tochter, ich stimme dir zu. Es ist besser, wenn ich mich ausruhe. Ich werde mit deinem Sohn sprechen, sobald ihr zurückkehrt.«

Ich atmete erleichtert auf; ich hatte nicht vergessen, wie ich eine Haremschefin überzeugen konnte. Ich erklärte Tanisha in Haussa, unserer neuen Geheimsprache, was ich vorhatte, und wir trennten uns.

»Es ist nicht richtig, wenn du in meiner Gegenwart in einer anderen Sprache sprichst. Das hatte ich damals auch schon deiner Mutter gesagt, wenn sie sich mit dir auf Deutsch unterhielt«, tadelte Patty mich. Deshalb hatten wir nur in Mutters Räumen ihre Sprache benutzt.

Nachdem ich mich rasch umgezogen hatte, legte ich meine nassen Tücher zum Trocknen aus und suchte meinen Sohn in Tanishas Hütte auf. Er schlief, neben sich die kleine Faraa. Bei seinem Anblick übermannte mich meine eigene Müdigkeit. »Leg dich auf meine Matte«, bot mir Tanisha an. Ich leistete nur zu gerne Folge. Nachdem ich nicht mehr in die Zwänge meines Respekts vor Patty eingeschnürt war, spürte ich die Schmerzen in meinem überanstrengten Körper mit aller Macht.

»Was für ein Holz brauchst du?«, fragte Tanisha.

Ich war zu erschöpft, um darüber nachzudenken, warum sie das wissen wollte, und sagte nur matt: »Es muss sehr dunkel sein, möglichst schwarz.«

»Wie groß?«

»Vielleicht einen Meter lang. Wir werden eine Ewigkeit suchen müssen. Man muss zu beiden Seiten Arme daran setzen können …« Dann fielen mir die Augen zu. Ich schlief wie ein Stein. Als ich aufwachte, war die Sonne ein ganzes Stück weitergewandert.

Wahrscheinlich hatte ich zwei Stunden geschlafen. Weder Josh noch Faraa lagen neben mir. Stattdessen entdeckte ich eines von den Heften, die ich Tanisha zum Fest der Fröhlichkeit geschenkt hatte. In Tanishas noch ungelenker Schrift stand auf einer sonst völlig leeren Seite: Wir sind am Fluss. Sie hatte mir zum ersten Mal eine Botschaft geschrieben! Ihre Fortschritte machten mich glücklich. Doch in dieser Nachricht versteckte sich eine zweite: Meine Freundin hatte Josh aus dem *compound* geführt, damit er nicht Patty über den Weg laufen konnte. Joshs und Faraas helle Stimmen bestätigten meine Vermutung, sobald ich mich dem Platz am Wasser näherte.

Mein Sohn spielte mit einer Rassel, die er um Faraa herumtanzen ließ. Die Kleine quietschte vergnügt. Ich setzte mich zu den Kindern.

»Wo ist denn Tanisha?«, fragte ich.

»Sie kommt gleich wieder.« Josh fürchtete sich nicht ohne erwachsene Begleitung im Regenwald: Fast die Hälfte seines bisherigen Lebens hatte er dort verbracht. Er lachte mich an. »Mama, du hast vielleicht fest geschlafen! Hast du dich erholt?«

»Mir geht es gut, Schatz. Ich bin es nur nicht gewöhnt, so viele Sachen zu tragen. Aber jetzt habe ich alles gewaschen.«

»Kann denn Oma Patty das nicht selbst?« Voller Arglosigkeit hatte er die Haremskönigin bereits zur Reihe seiner übrigen Omas wie Bisi und Ada hinzugefügt.

»Doch, das würde sie schon. Aber Mama Patty ist

eben sehr alt. Und da sie in mir eine Tochter sieht, muss ich es ihr abnehmen.«

»Mama, warum lebt diese Oma eigentlich nicht bei uns auf der Farm?«, fragte Josh und setzte gleichzeitig sein fröhliches Spiel mit Faraa fort.

Mein aufgeweckter Junge hatte eine völlig logische und simpel klingende Frage gestellt. Also begann ich, ihn behutsam in den Dschungel meiner Vergangenheit hineinzuführen. Denn ich wollte Josh eine Wahrheit erzählen, die ihn beschützte vor der hässlichen Wirklichkeit und ihn nicht verletzte. »Weißt du, sie hat bislang weit entfernt gewohnt. Dort, wo auch meine Mutter gelebt hat, deine Oma Lisa. Und ich bin dort auf die Welt gekommen. Das war ein ganz ungewöhnlicher Ort, wir nannten ihn Harem.«

Joshs Augen blitzten interessiert auf, während ich ihn über eine Brücke aus Worten in meine Vergangenheit entführte. Wer erzählt, erfindet die Welt neu. Damit jener, der die Geschichte hört, sie verstehen kann. Somit verändert sich die Welt und mit ihr die Erzählerin. So schlüpfte ich für Josh noch einmal in die Haut des kleinen Mädchens, das am Sonntag zwischen den weiß gewandeten *Mamas* saß und ihre süßlichen schweren Parfüms einatmete. Für ihren prächtig gewandeten Mann hatten sie sich in *queens* verwandelt. Ich lauschte meinem Vater, bewunderte die schönen bodenlangen Gewänder, die er trug, und war sehr stolz auf ihn. Ich spielte mit meinen vielen Halbschwestern hinter hohen Mauern und war umgeben von *Mamas*, die sich um mich kümmerten. In dieser Welt, die ich für Josh zu neuem Leben erweckte, gab es keine Eifersucht und keine Intrigen. Weder wurde ich gegen meinen Willen verheiratet noch musste ich fliehen. Es gab kein Aids und keine Toten. Nur ein friedliches Miteinander, reine Geborgenheit. Das, was ich mir unter einer Familie vorgestellt hätte.

»Mama, hast du deinen Papa eigentlich lieb gehabt?«

»So wie du mich lieb hast und Faraa?« Josh nahm die Kleine jetzt auf den Arm. »Nein, so nicht. Aber auf eine andere Art. Weißt du, Männer sind anders als Frauen. Jedenfalls die, die ich kenne oder kannte. Sie kuscheln nicht. Sie sind immer stark.« Ich lächelte ihn zärtlich an. »Jedenfalls glauben sie das.«

Er beugte gerade den Kopf runter und ließ sich von Faraa an seinen schon wieder viel zu langen Locken zupfen. »Hat er dich nicht in den Arm genommen?«, fragte er.

Ich musste lange nachdenken. Nein, mir fiel keine Situation ein. Vielleicht hatte es sie gegeben. »Papa David strahlte wie ein ferner Stern, den du nicht berühren kannst.« Joshs Blick tastete sich zu mir hoch, ich las darin Unverständnis. »Das hat mir nichts ausgemacht«, fuhr ich fort. »Bisi, Ada und auch Mama Lisa nahmen mich in die Arme. Das war genug Liebe.«

Das Kleinkind setzte seinen Haaren gewaltig zu und er musste dieses Spiel beenden. Er legte Faraa zwischen uns. Wenn er angestrengt über etwas nachdachte, kniff er die Lippen zusammen. Dann platzte die gewaltige Frage heraus: »Mama, habe ich eigentlich auch einen Vater?«

»Natürlich, Schatz, jeder Mensch hat einen Vater. Dein Vater hieß Felix. Aber er ist an einer schweren Krankheit gestorben. Darum hast du ihn auch nie getroffen.«

»Warst du traurig, als mein Vater starb?«

Ich hätte lügen müssen, um die Antwort zu geben, die mein Sohn jetzt erwartete. »Wir hatten vorher einen sehr schweren Streit, Josh. Ich hatte mit deinem Vater schon lange nicht mehr gesprochen, als er starb.« Ich hatte mich mit Josh bei Amara vor ihm versteckt! Das war die Wahrheit, und Patty hatte mir an diesem Morgen erst bewiesen, wie richtig ich gehandelt hatte: Felix hätte Josh zu seinem Nachfolger erzogen. Ich hätte mein Kind nie wieder gesehen.

Faraa begann zu nörgeln; sie hatte sich an Joshs Aufmerksamkeit gewöhnt und forderte sie nun ein. Doch jetzt hatte mein Sohn keine Zeit für sie.

»War mein Vater wie Papa David? Wie ein ferner Stern, den man nicht berühren kann?«

Ich liebte mein Kind so sehr, dass ich ihm am liebsten wenigstens solch einen Vater gebastelt hätte. Wenn ich dafür weiterhin seine Unschuld hätte bewahren können! Doch an Felix gab es keine guten Seiten. Ich sah in ihm einen Mann, der Sexualität als pures Instrument der Unterdrückung missverstanden hatte. Auch Josh hatte ich durch Vergewaltigung empfangen. Denn Kinder, noch dazu möglichst viele, waren für Felix ein Zeichen seiner Kraft und Macht. Sie banden Frauen an ihn, gaben ihm vielleicht auch das Gefühl der Unsterblichkeit. Aber er bewirkte das Gegenteil: Vielmehr hatte dieser Mann seinen Nachkommen ein tödliches Erbe mit auf den Weg gegeben.

Doch auch Felix musste positive Seiten gehabt haben. Sie waren nur versteckt gewesen. Sonst wäre Josh nicht so ein wunderbarer Mensch geworden.

»Dein Vater Felix war anders als Papa David. Er war kein unerreichbarer Stern. Sondern ein Mann wie viele andere auch. Er tat, was er für richtig hielt. Er war groß und sah gut aus.« Ich suchte verzweifelt nach etwas Schönem, woran Josh sich festhalten konnte, wenn er künftig an seinen Vater dachte. Allerdings fiel mir nichts ein. Ich wollte doch nicht, dass er in seinem Vater, von dem er sich kein eigenes Bild machen konnte, einen Schuft sah! »Papa David hielt viel von Felix. Darum wollte er, dass Felix mich heiratete. Er führte mich selbst zum Altar. Ich trug ein weites weißes Kleid und sah ganz schön aus. Alle sagten, dass ich eine hübsche Braut gewesen sei.« Das stimmte sogar!

Ich atmete erleichtert auf, als ich Joshs glückliches Gesicht strahlen sah. »Das hätte ich gern gesehen, Mama!«

»Stell dir vor, ich hatte sogar richtige Schuhe an. Aber an dem Tag hat es geregnet und im Harem war alles matschig. Da mussten mich die anderen Frauen tragen, damit mein Kleid nicht schmutzig wurde.« Ich lachte und die beiden Kinder freuten sich mit mir.

Es war mir gelungen, Josh einen Vater zu schenken, den er nicht verachten musste. Nun galt meine Sorge Patty, die sich Josh irgendwann vorknöpfen und ihm ihre Version erzählen würde. Daher traf ich eine Entscheidung, die gegen die eisernen Regeln des Respekts vor dem Alter und der Würde einer Haremskönigin verstieß: Ich würde Patty daran hindern, Felix in Joshs Augen schlecht zu machen.

Die Sonne sank immer tiefer und es wurde dämmrig. »Josh«, fragte ich, »warum kommt Tanisha eigentlich nicht wieder?«

»Das ist ein Geheimnis.« Mein Sohn grinste vieldeutig. »Soll ich es dir trotzdem sagen?«

»Wenn Tanisha sich dann nicht verraten fühlt.«

»Ich glaube, ich darf: Sie sucht in der Nähe Holz.«

Für unser abendliches Feuer musste immer Feuerholz gesucht werden. »Wieso ist das ein Geheimnis?«

»Das wirst du dann schon sehen, Mama.« Wir drei kuschelten uns aneinander und beobachteten den unvergleichlich schönen Anblick des sattgrünen Urwalds, der sich für kurze Zeit golden verfärbte.

Hinter uns raschelte es und Tanisha tauchte auf. Sie trug einige Äste und wirkte leicht niedergeschlagen. »Ich wollte dir eigentlich schwarzes Holz bringen, damit du schnitzen kannst. Tut mir Leid, Choga, aber hier scheint es keines zu geben«, sagte meine Freundin.

Ich nahm ihr die Ausbeute ab und schloss sie in die Arme. »Du bist so lieb, Tanisha. Ich danke dir. Allein dass du versucht hast, mir die mühevolle Suche abzunehmen, ist schon ein wahrer Freundschaftsdienst.«

»Helles Holz ist gewiss weicher. Du könntest es doch hinterher schwarz einfärben«, schlug sie vor.

Damit hatte sie völlig Recht. So machten es viele Schnitzer. Ich betrachtete die Äste. Sie hatte einige schöne, gerade gewachsene ausgesucht. Man könnte daraus viel schnitzen. Warum eigentlich einen Jesus?, fragte ich mich. Allein schon dieser Gedanke glich einer kleinen Rebellion gegen meinen Vater; eine »besondere« Tochter hätte so nie gedacht …

Eine Frage des Respekts

Wie immer wurde das Abendessen im Kreis vor dem Kochhaus eingenommen. Tanisha, Josh und ich trafen gerade rechtzeitig ein. Ezira und Patty kamen gemeinsam aus der Hütte meiner alten Lehrerin. Sie war in der Dunkelheit wegen ihrer braunen Tücher schlecht zu erkennen. Patty hingegen, deren weiße Kleidung in der Nacht hell leuchtete, stach aus den Übrigen hervor. Die beiden so unterschiedlichen Frauen hatten offenbar ein erstes Gespräch geführt, setzten es jedoch nicht fort.

Während wir aßen, fütterte Tanisha gleichzeitig Faraa. Damit sie in Ruhe weiteressen konnte, nahm Josh sie ihr ab und trug sie ein wenig herum. Mama Patty saß neben Ezira, nur wenige Meter von mir entfernt. Plötzlich rief sie meinen Sohn zu sich. Für ihn war es immer noch etwas Neues, dass er Faraa tragen durfte. Entsprechend stolz ging er zu der alten Frau. Ohne jeden Argwohn, denn er sah in jeder Großmutter eine liebevolle Oma wie Bisi.

»Warum trägst du ein Kind mit dir herum?«, fragte Patty ziemlich brüsk. »Es hat doch eine Mutter, oder nicht?«

Patty kannte die komplizierte Vorgeschichte nicht, doch für meinen Sohn musste ihre Äußerung wie ein Schlag ins Gesicht gewesen sein. Immerhin kam es für ihn einem großen Triumph gleich, auf das Baby aufpassen zu dürfen. Er zuckte förmlich zurück.

»Ich weiß nicht«, sagte er und blickte verlegen zu Boden. »Ich habe Faraa eben lieb.«

»Mädchen passen auf Kinder auf. Nicht Jungen. Hat deine Mutter dich nicht so erzogen?«, fragte Patty.

Josh blickte sich verunsichert nach mir um. Mein Herz raste. Obwohl ich mir so fest vorgenommen hatte, Patty nicht gewähren zu lassen, kämpfte ich mit mir. Die Zeit schien plötzlich um zwei Jahrzehnte zurückgedreht. Ich glaubte, selbst ein Kind zu sein, das sich von der mächtigen Haremschefin einen Rüffel abholte. Wie ich diese Schwäche an mir hasste und sie dennoch kaum überwinden konnte!

Pattys barsche Worte hatten die Aufmerksamkeit aller geweckt. Nkem, die schon bei unserer Ankunft versucht hatte, Josh auszugrenzen, kicherte. Die meisten anderen verstanden allerdings nicht, worauf Patty hinauswollte. Denn sie hatten Joshs besondere Rolle längst akzeptiert.

»Warum behandelt diese Frau Josh so?«, flüsterte Tanisha.

Ich hatte das Gefühl, alle Blicke seien auf mich gerichtet. Ich griff nach meinem Stock und stand auf, meine Knie schlackerten, und ich wusste nicht, ob aus Wut oder Verzweiflung.

»Lass dir das Kind abmachen. Du willst doch mal ein Mann werden, Enkel Josh!«, sagte Patty kaltherzig.

Ich brach in Schweiß aus, während ich gleichzeitig die Hitze meiner Wut aufwallen fühlte. Ich hasste schon immer, wenn Unrecht geschah. Was Patty jetzt tat, verletzte meinen Sohn. Ich erreichte ihn schwer atmend und legte eine Hand schützend auf seine Schulter. »Josh ist mein Sohn, und ich bin so glücklich wie er, dass meine Freundin Tanisha ihm ihre Tochter anvertraut. Er passt sehr gut auf sie auf.« Josh blickte zu mir hoch, und ich sagte zu ihm: »Das ist ganz richtig, was du machst. Geh mit Faraa zu Tanisha. Ich muss mit Mama Patty sprechen.«

»Ja, Mama.« Er wandte sich ab und trottete zu ihr.

Patty musterte mich mit diesem von mir so gefürchteten gebieterischen Blick. »Wie kannst du es wagen, mich so vor dem Jungen herabzusetzen, Tochter!«

Wahrscheinlich war es dieses Wort, das alles plötzlich veränderte. Mein Zittern blieb zwar noch, aber meine Wut war so schnell gegangen, wie sie gekommen war. Meine Stimme schwankte nur ein wenig, als ich sagte: »Ich bin nicht nur deine Tochter. Ich bin auch Joshs Mutter. Und als seine Mutter weiß ich, was richtig ist und was falsch. Im Harem hast *du* die Gesetze gemacht. Aber wir sind hier nicht im Harem.«

Pattys Miene gefror. Wahrscheinlich war ihr so etwas im ganzen Leben noch nicht widerfahren. »Ich scheine mich in dir sehr getäuscht zu haben!« Mama Pattys harte Stimme durchschnitt die feuchtwarme Abendluft. »Du wirst immer die Tochter deines Vaters bleiben. Wo du auch sein magst.«

»Ich weiß«, erwiderte ich. »Aber mein Sohn ist nicht das, was du in ihm siehst.«

Meine Knie wollten nicht zu zittern aufhören; ich musste mich auf einen Hocker setzen. Konfrontationen wie diese hatte ich immer tunlichst vermieden; lieber hatte ich gelitten.

Die Mädchen machten lange Hälse, damit ihnen ja kein Wort entging. Ezira, die in ihrem Reich auf ein friedvolles Miteinander größten Wert legte, klatschte in die Hände. Das Zeichen für die Schülerinnen zum Aufbruch. »Geht schlafen!«, rief sie. Ihr Wort wurde sofort befolgt und ohne Murren verzogen sich alle in ihre Hütten. Josh zögerte noch.

»Gute Nacht, mein Schatz. Ich komme nachher zu dir«, sagte ich. Auch Ezira zog sich zurück. Es gehörte zu ihren Regeln, dass Dritte sich nicht in Gespräche einmischten, die zwei andere Menschen führten.

»Ich habe dir gesagt, was Gott für deinen Sohn vorhergesehen hat, Tochter Choga. Was du gerade getan hast, ist eine Sünde, ein Verstoß gegen die Vorhersehung.« Pattys dunkle Augen funkelten mich voll Empörung an. »Ich erwarte deine Bitte um Vergebung. Denn ich will auf meine alten Tage nicht erleben, wie Papa Davids Tochter vom rechten Weg abgekommen ist.«

Warum musste ich diese Auseinandersetzung führen? Warum konnte nicht alles so weiterlaufen wie bisher? Gut, ich hatte meine Vergangenheit verdrängt. Aber war das so schlimm? Durfte ich nicht einfach friedlich weiterleben? Ich hatte doch wirklich genügend andere Probleme! Aber nein: Die *Familie* musste mich bis in den tiefsten Regenwald verfolgen …

Diese Verzweiflung, vielleicht sogar Mitleid mit mir selbst, legte sich über meine Nervosität und ich wurde ruhiger. »Ich möchte nicht, dass du Josh erzählst, dass er der Nachfolger von Papa David und Felix werden sollte«, sagte ich. »Denn Josh ist ein Kind, dem nur wenig Zeit auf dieser Welt bleibt. Er war schon zwei Mal lebensgefährlich krank. Die wenigen Jahre, die er noch vor sich hat, soll er unbeschwert genießen. Ohne das Wissen um unsere Vergangenheit. Denn es geht ihn nichts an, Mama Patty.«

»Wie kannst du so etwas sagen!« Ihre Stimme wurde schrill. »Kennst du seine Bestimmung besser als Gott? Der Allmächtige allein weiß, wie lange Josh leben wird. Woher willst du nun wissen, wie alt er wird? Du bist nur seine Mutter.«

»Nichts anderes will ich sein, Mama Patty.« Ich sah sie nun offen an. Ihr Gesicht war so unnachgiebig hart und verschlossen wie eine Wand aus Stein. Ihre scharf geschnittenen, schmalen Lippen waren fest zusammengepresst. »Du hast mir gesagt, warum ich gezeugt wurde und warum Felix mich vergewaltigt hat. Ausgerechnet du sprichst jetzt davon, dass nur Gott weiß, wie lange wir leben? Hast du nicht selbst Schicksal gespielt, indem du Mutter in Vaters Arme getrieben hast? Hast du zu ihm gesagt, als er meine Ehe mit Felix beschloss, wir sollten Choga fragen? Nein, Mama Patty, ihr habt getan, was ihr für richtig hieltet.«

Sie starrte mich entsetzt an. »Wie sprichst du mit mir, Tochter?! Hast du vergessen, wer ich bin? Hast du etwa vergessen, was Papa David immer gesagt hat? Wir leben für unsere *Familie*. Und so werden wir auch für sie geboren. Das ist unsere Bestimmung.« Ihre Brust bebte vor Empörung. »Aber gut, ich werde dir antworten. Wir haben nicht Schicksal gespielt, als du verheiratet wurdest. Es war Mama Idus Vision, durch die Gott zu uns sprach. Und 300 Menschen waren Zeugen, Tochter! Wie kannst du das vergessen haben!«

Idus Vision! Nun musste sie tatsächlich als Begründung für eine Eheschließung herhalten, die doch wohl schon längst festgestanden hatte. Sie hatte mein Schicksal allenfalls besiegelt.

Mitten im Gottesdienst war Idu, die zu diesem Zeitpunkt nur halb so alt war wie meine Mutter und Vaters 32. Frau, in Verzückung geraten. Sie sprach mit seltsamer Stimme und jemand musste übersetzen. Sie sagte, mein Vater solle die liebste seiner Töchter mit jenem Mann verheiraten, der ihm am nächsten stehe. Ich hatte mich nicht angesprochen gefühlt, denn ich hatte mich nicht als liebste Tochter empfunden – ich traf ihn ja kaum und er ließ mir keinerlei Sonderbehandlung zukommen, die diesen Schluss nahe gelegt hätte. Zwei Abende später eröffnete mir meine Mutter, dass es dennoch so war. Idu begleitete Felix, seine anderen Frauen und mich dann nach Jeba auf die Farm. Obwohl sie Vaters Frau war, betrog sie ihn mit Felix. Sie wurde von ihm schwanger, das Kind starb in ihrem Leib und sie wusste es nicht. Bevor sie einer Blutvergiftung erlag, beichtete sie mir ihre

Sünde: Sie hatte nie eine Vision gehabt. Es war nur Schwindel gewesen, um mit Felix nach Jeba gehen zu können, wo sie meine angebliche »Vertraute« sein durfte. Und seine Geliebte.

All das erzählte ich Mama Patty nun, die von dieser Wendung nie erfahren hatte.

»Du sagst, Idu hat Gott gelästert?«, fragte Mama Patty kaum hörbar; sie war wirklich erschüttert. Eine schlimmere Sünde gab es nicht als jene, der Idu sich schuldig gemacht hatte. Verglichen damit war mein Schicksal wesentlich unbedeutender.

»Ja, Mama Patty, das hat sie. Ihre Lüge hat mein Leben zerstört. Und somit das von Josh, lange bevor er geboren wurde. Wie soll ich ihm das erklären? Das Unfassbare, dass er der Nachfolger von Männern sein soll, die ihn vor seiner Geburt zum Tode verurteilt haben!« Das Gesicht der alten Frau zeigte keine Empfindungen. Ich fürchtete, dass es in ihrem Herzen ebenso aussah. Dennoch flehte ich um Verständnis: »Sieh uns doch an, Mama Patty. Fühlst du nicht, dass wir nicht Papa Davids Erben sein können?«

Ich musterte sie schwer atmend. Meine lange Rede hatte mich völlig außer Atem gebracht. »Dich bitte ich, das zu respektieren. So wie ich nicht meinen Vater und Felix vor meinem Sohn schlecht machen werde. Er soll beide lieben können. Denn du hast Recht: Es ist beider Blut, das in seinen Adern fließt. Nur das muss er wissen.«

Mama Patty schwieg eine Weile, dann richtete sie sich auf und legte ihren Schleier sorgfältig um den Kopf. »Ich habe mich tatsächlich in dir getäuscht. Sage Ezira, sie möchte mir eine andere Hütte geben, wir können nicht mehr dieselbe teilen.«

»Bleib du in meiner Hütte. Meine Freundin wird mich gewiss in ihrer aufnehmen«, sagte ich.

»Nun lass mich bitte allein. Ich muss beten.« Patty schloss die Augen. Für mich sah es aus, als ob sie mich nicht mehr sehen wollte.

Ich war nun nicht mehr Papa Davids »besondere Tochter«. Doch das störte mich nicht. Es genügte, dass ich Joshs Mutter war und wir beide unser Leben weiterführen durften. Aber es entsprach nicht den ungeschriebenen Gesetzen des Respekts vor dem Alter und der Gastfreundschaft. Genau genommen hätte mein Verhalten Ezira sogar das Recht gegeben, mich aus ihrem Reich zu verbannen, da ich der ältesten Frau meines Vaters offen widersprochen hatte. Noch dazu vor anderen Menschen. Ich mochte mir nicht vorstellen, wie ich es verkraften konnte, die Zuneigung und Unterstützung meiner Lehrerin, meines Vorbildes, zu verlieren.

Mein Zittern hatte kaum nachgelassen; ich fror trotz der Wärme und humpelte eilig zu Tanishas Hütte. Ich musste Josh schnellstens beruhigen, bevor ich Ezira meinen Standpunkt erklären konnte. Schon vor dem Häuschen hörte ich Joshs Stimme. Er war sehr aufgeregt. Als ich eintrat, stürzte er sich in meine Arme. »Mama, das ist aber keine liebe Oma wie Bisi und Ada! Die war so böse zu mir. Ich habe doch gar nichts falsch gemacht. Ich darf doch Faraa tragen?«

Ich streichelte ihm übers Haar. »Selbstverständlich! Mama Patty kennt uns nicht. Im Harem galten andere Regeln.«

»Dann hat Papa David dich nicht wirklich lieb gehabt!« Josh zog die Tränen durch die Nase hoch.

»Eben anders als wir uns, mein Schatz.«

Ich wartete, bis er sich auf seine Schlafmatte gelegt hatte, und ließ mich schwerfällig neben ihm nieder. »Manche Menschen verstehen nicht, dass andere anders leben als sie. Sie wollen sie dazu zwingen, es ihnen nachzumachen.«

»Kannst du Oma Patty nicht sagen, dass sie uns nicht zwingen darf?«

»Das habe ich getan. Aber sie hat es nicht eingesehen.« Mir blieb nicht anderes, als Ezira zu fragen, was ich tun sollte.

Meine Lehrerin musste sich entscheiden: zwischen ihrer Loyalität mit mir auf der einen Seite. Dagegen standen die Bedeutung, die sie dem Recht auf Gastfreundschaft für eine Vertriebene einräumte, sowie die Frage des Respekts. Sie hätte den Konflikt natürlich auch lösen können, indem sie mich aufforderte, Patty um Vergebung zu bitten. Es hätte bedeutet, meine Überzeugung zu leugnen.

Eziras Vorschlag

In dieser Nacht war das Feuer nicht entzündet worden, und ich musste bis ans Ende des *compounds* laufen, um Ezira in ihrer Hütte aufzusuchen. Ihre Tür stand offen. »Darf ich mit dir noch sprechen?«

»Ich habe auf dich gewartet«, erwiderte sie, und ich trat ein.

Die Hütte meiner alten Lehrerin war genauso groß wie die übrigen und ebenso karg eingerichtet. Wie alle anderen schlief sie auf einer Matte am Boden und es gab nur einen Hocker. Im Gegensatz zu Patty, für die ich einen Altar hätte bauen sollen, brauchte meine Lehrerin einen solchen Ort der stillen Zwiesprache nicht. Allerdings verbarg sie in einer Ecke einige große und kleine, hübsch verzierte Kalebassen, in denen sie wahrscheinlich geheime Utensilien verwahrte, die sie für besondere Zeremonien benötigte.

Ich nahm auf der Matte vor ihr Platz. Ezira sog sinnierend an ihrer kurzen Pfeife und sah dem aufsteigenden Rauch nach. »Ich habe vorhin mit Mama Patty ein langes Gespräch geführt«, meinte sie. »Als du mit dem kleinen Josh vor sechs Jahren zu mir gekommen bist, hast du mir viel von deiner Ehe erzählt. Von all dem, was man dir angetan hat. Aber ich hatte nie die Möglichkeit, auch die andere Seite zu hören.« Sie blickte auf ihre kleine Pfeife und fügte nachdenklich hinzu: »Du hast dich inzwischen gewiss gefragt, warum Patty gekommen ist. Hast du eine Antwort gefunden?«

Ich erzählte ihr ehrlich von Pattys soeben an meinem Widerstand gescheiterten Plänen. Auch meine groben Verstöße gegen das Gebot des Respekts erwähnte ich ungeschönt; Patty hätte es ihr am nächsten Tag ohnehin mitgeteilt. Ezira hörte aufmerksam zu, ließ sich jedoch nicht anmerken, was sie über meinen ungebührlichen Auftritt dachte.

Meine Lehrerin war wie nachts fast immer barhäuptig. Sie strich sich mit der Hand über ihren teilweise haarlosen, vernarbten Kopf. »Als Kind sprang ich beim Spielen über ein Feuer und fiel hinein. Viele Monate später blickte ich in eine Wasserlache und erschrak zu Tode über mein Aussehen. Mein zuvor hübsches Mädchengesicht war von Narben entstellt. So wie es mir damals erging, erlebst du es jetzt. Mama Patty ist der Spiegel, in dem du deine Vergangenheit erkennst. Er macht dich darauf aufmerksam, wer du einmal warst. Wenn du diesen Anblick erträgst, bist du bereit, dich mit deiner Gegenwart auszusöhnen.« Sie sah mich aufmerksam an. »Hältst du den Blick in den Spiegel aus?«

Ich dachte lange nach, was ich jetzt empfand, nachdem ich Patty meine wahren Gefühle offenbart hatte. »Nein«, sagte ich ehrlich, »ich ertrage es nicht. Es tut zu weh. Denn wenn Patty wirklich mein Spiegel ist, dann zeigt sie mir, dass ich vor mir selbst nicht entkommen kann. Die *Familie* hat mich benutzt. Und die Folgen davon kann ich nie mehr ablegen. Eigentlich kann ich nur vermeiden, in diesen Spiegel zu blicken.«

Ezira klopfte ihre Pfeife aus. »Egal wo die Narben sind, ob auf meinem Kopf oder in deiner Seele – unsere Wunden sind ein Teil von uns. Ich wollte dir damit nur sagen, dass du deine nicht jeden Tag ansehen musst. Du kannst sie durchaus wie ich gelegentlich verstecken. Aber du sollst nicht vor ihnen davonlaufen. Du hast Aids, weil dir Schlimmes widerfahren ist. Patty hat dir auf ihre

Weise geholfen, einen klaren Standpunkt zu finden, um mit etwas Unabänderlichem umzugehen. Sie war zwar in anderer Absicht gekommen, doch das war ihre Aufgabe.« Meine alte Lehrerin lächelte mich verstehend an. »Patty wollte wieder einmal Schicksal spielen. Aber diesmal hast du ihr einen Spiegel vorgehalten.« Ezira klopfte ihre Pfeife auf dem nackten Boden aus. »Ich sah dich mit der Wäsche auf dem Kopf hinter deiner Königin herlaufen. Das war wie ein Sinnbild deines Lebens, Choga.«

»Ich hatte doch so viel Respekt vor ihr. Ich würde auch deine Wäsche tragen, wenn du es sagst. So bin ich eben«, meinte ich hilflos.

Sie lachte kurz auf. »Ich würde niemanden meine Wäsche tragen lassen, sofern ich es noch selbst kann.«

Ihre Worte klangen so verständnisvoll, wie ich es mir von ihr nur wünschen konnte. Dennoch vergewisserte ich mich: »Ich hatte Angst, du würdest mir mein Verhalten nicht nachsehen.«

Ezira schüttelte den Kopf. »Nein.« Ihre gütigen Augen blickten mich intensiv an. »Kannst du dich an den Tag erinnern, als Patty hier ankam? Ich ließ sie niederknien. Obwohl ich nicht mal meinen Schülerinnen diese Unterwerfung abverlange. Sie aber hat diese Geste verstanden. So wird sie auch verstehen, dass du unter meinem Schutz stehst, wenn du es möchtest. Sie kann bleiben, so lange sie möchte. Du aber hast heute einen wichtigen Schritt getan, um du selbst sein zu können. Jetzt solltest du darüber nachdenken, meine liebe Choga, ob das reicht.«

»Wie meinst du das?«, fragte ich verwirrt.

»Du sagst, dass dich der Blick in den Spiegel schmerzt. Doch wenn du auf deine Farm zurückkehrst, was erwartet dich dann?«

»Bisi, Ada, Amara, meine Schwester Magdalena und meine Gefährtinnen, ihre Kinder«, zählte ich auf.

Aus einem kleinen Beutel neben sich holte Ezira frischen Tabak und stopfte ihre Pfeife. Sie schien angestrengt nachzudenken. Vielleicht wollte sie mir auch nur Gelegenheit geben, mich auf einen mir fremden Gedanken einzulassen: Hielt sie die Farm etwa auch für einen Spiegel meiner Vergangenheit? Ich wies diese Überlegung im ersten Moment weit von mir. Denn sie schockierte mich. »Es ist meine Lebensaufgabe, meine kranken *Schwestern* zu versorgen«, sagte ich.

»Auch über sie habe ich mit Patty gesprochen«, erklärte Ezira. »Du hast mir nie so deutlich gesagt, dass sie die Frauen von Felix waren. Und ihre Kinder alle von ihm. Ich habe mich gefragt, warum ich das bislang nicht wusste. Nun würde ich gern von dir wissen, warum. Denn meine Antwort wäre von meinem Urteil geprägt und würde dir nicht gerecht werden.«

»Weil es im Grunde nicht wichtig für mich ist, wem ich helfe«, antwortete ich.

Patty blickte auf ihre frisch gestopfte Pfeife und legte sie fort. »Choga, dreh dich einmal um. Zeige mir deinen Rücken und sitz ganz still.« Ich war zwar verwundert, aber meine alte Lehrerin hatte mich schon oft mit ihren ungewöhnlichen Methoden überrascht. Ich spürte nun ihre Hände auf meinem Rücken. Die Wärme, die von ihr ausging, tat jedoch gut. Ich schwieg, denn ich vertraute darauf, dass sie mir etwas erklären würde. Stattdessen fragte sie: »Heile ich dich jetzt gerade?«

»Nein«, antwortete ich verwundert. »Du gibst mir Geborgenheit.«

»Was gibst du deinen Schwestern?«

Ich stutzte. »Das ist nicht dasselbe. Ich bin nur für sie da, wenn sie Hilfe brauchen.«

»Wie weit geht deine Hilfe? So weit, dass du ihnen deine Wärme gibst?«

»Ja«, sagte ich, »wahrscheinlich schon.«

»Ist denn in dir so viel Kraft, dass du davon an andere abgeben kannst?«

Langsam drehte ich mich zu ihr um. »Was willst du mir sagen, Ezira? Dass ich mich wieder übernehme, wenn ich auf die Farm fahre? Dass ich es lassen soll, weil ich mit meiner Vergangenheit abschließen muss?« Ich schüttelte den Kopf. »Ich bin vielleicht nicht die Erbin meines Vaters, aber ich kann keinen neuen Weg beginnen. Was soll denn aus den anderen werden?«

»Du wirst nie wieder gesund werden, Choga. Du kannst nur eines tun: dich schonen.« Sie fasste nach meinen eiskalten Händen. »Wenn du zu Hause bist, wird nicht nur eine Patty an dir zerren. Dort werden es viele junge Frauen sein, die dich als ihre Heilerin zurückerwarten. Hast du die Kraft dazu?« Ich wollte antworten, dass ich mir das durchaus zutraute. Aber sie bat mich, zu schweigen. »Ich möchte dir einen Vorschlag machen: Bleibe hier, Choga. Du hast das, was du für deine Pflicht hältst, erfüllt und deinen Schwestern ein Zuhause gegeben. Du musst nicht zurückkehren. Unterrichte Tanisha. Sie vertraut dir und du hast in ihr eine Freundin gefunden. Du brauchst Ruhe.« Sie lächelte. »Gewiss, auch hier gibt es manche Aufregung. Aber wir haben sie gemeinsam gemeistert.«

»Du meinst, ich soll wirklich nie wieder nach Hause?«

»Wenn du sie unterrichtest, wird Tanisha in einigen Jahren wissen, was eine Heilerin wissen muss. Sie wird bei Buchi lernen und irgendwann kann sie deine Nachfolgerin werden. Dann könnt ihr gemeinsam nach Jeba fahren. Sie wird dir zurückgeben, was du ihr jetzt gibst.«

»Wer versorgt bis dahin meine Gefährtinnen?«

»Ich bin sicher, dass Amara einen Weg findet. Der Rest, meine Tochter, liegt in Gottes Hand. Er ist es, der unser aller Schicksal bestimmt. Du musst nur den Zeichen folgen, die er dir gibt.« Sie erhob sich und half auch mir aufzustehen, was mir nach langem Sitzen auf dem Boden immer schwer fiel. »Für heute haben wir genug gesprochen. Bewege meine Worte in deinem Herzen und frage deinen Verstand. Anschließend gib sie wieder an dein Herz zurück. Komme nicht vor Ablauf von sieben Tagen, um mir deine Antwort mitzuteilen.« Sie nahm mich in die Arme und küsste mich auf die Stirn. »Schlaf dich aus, Tochter. Die Leiden deiner Seele haben deinen Körper wieder angegriffen.«

Obwohl ich mein Leben völlig auf den Kopf gestellt hätte, wenn ich Eziras Angebot angenommen hätte, schlief ich in dieser Nacht wieder wie ein Stein. Die Nähe meines Sohnes, seine gleichmäßigen Atemzüge zu hören, tat einfach gut. Tanishas entspanntes Lächeln ließ mich wohlgemut den Tag angehen. Ich fühlte mich sicher.

Um Josh und Tanisha mit der Möglichkeit eines auf unbestimmte Zeit verlängerten Aufenthalts keine falschen Hoffnungen zu machen, wog ich in der folgenden Woche alles gründlich gegeneinander ab. Bisi und Ada hätten mir die Entscheidung, zu bleiben, gewiss nicht verübelt. Ihre Liebe zu mir war so groß, dass ihnen mein Wohlergehen wichtiger war. Wesentlich größere Sorge machte mir meine Schwester Magdalena, die sich Joshs und meinetwegen hatte beurlauben lassen. Amara konnte unmöglich für immer bleiben. Was sollte dann aus meinen *Schwestern* und ihren Kindern werden? Diese Fragen konnte ich nicht allein beantworten; ich musste dazu einen Brief nach Hause schreiben. Doch das betraf die Organisation meines Lebens. Und nicht mein Herz, das mit großer Leidenschaft an meiner Farm hing. Sie war mehr als eine Aufgabe; sie war so etwas wie mein Lebenswerk.

Mama Patty hielt sich unterdessen noch immer bei Ezira auf und wohnte in meiner Hütte. Sie verbrachte gelegentlich einige Stunden des Tages mit meiner Lehrerin; über ihre Unterhaltungen erfuhr ich nichts. Meine und Joshs Gesellschaft mied die einstige Königin jedoch. Wenn ich mit meinem Sohn und Tanisha im Schatten der Bäume Schreiben, Lesen und Rechnen übte, tat sie, als sehe sie uns nicht. Mit den anderen suchte sie ebenfalls keinen Kontakt.

Nachdem die von Ezira gesetzte Frist verstrichen und ich zu keiner Entscheidung gekommen war, beschloss ich, mich mit Tanisha zu beraten. Sie kannte die Situation auf der Farm und mein Leben im *compound* gleichermaßen.

Über Feuer springen

Als Ezira wieder einmal theoretischen Pflanzenkundeunterricht mit den Schülerinnen machte, ließen wir Faraa bei Josh und den anderen. Dann brachen Tanisha und ich auf. Während einer ausgedehnten Wanderung durch den Regenwald legte ich ihr meine Bedenken und Hoffnung dar. Je mehr ich redete, desto klarer wurde mir alles. Die duftende grüne Pracht umschloss uns wie ein Mantel.

»Der Streit mit Patty hat mir gezeigt, dass ich Auseinandersetzungen nicht mehr gewachsen bin«, sagte ich. »Bevor wir abgereist sind, habe ich meine Schwestern belauscht. Einige vertrauen meiner Gesundheit nicht mehr. Ich hatte gehofft, dass ich wieder ausreichend zu Kräften kommen kann. Doch das ist natürlich unmöglich. Ich habe mir etwas vorgemacht.«

»Du hängst doch so an deinem Zuhause«, meinte meine Freundin, als ahnte sie meine Gedanken.

Ich schüttelte den Kopf. »Es wird nie wieder sein wie früher, Tanisha. Selbst wenn es mir jetzt besser geht, werde ich dennoch immer Aids haben. Ich werde als eine Heilerin zurückkehren, die niemandem helfen kann. Das wird die anderen nur traurig machen. Darum ist es wahrscheinlich besser, ich bleibe bei dir und gebe mein Wissen an dich weiter.«

Tanisha antwortete: »Der Gedanke, deine Nachfolgerin zu werden, macht mich traurig, Choga. Ich möchte viel lieber, dass es dir gut geht.« Wir schlossen uns in die

Arme. »Meinst du, dass Gott dir hier mehr Zeit schenkt?« Ich nickte stumm. »Dann bleib«, sagte meine Freundin und drückte mich fest an sich.

Wir vergaßen die schweren Gedanken und genossen die Kraft der Natur. Gut gelaunt kehrten wir Stunden später in den *compound* zurück. Ich war nun bereit, Ezira meine Entscheidung mitzuteilen. Sie begrüßte mich allerdings mit einer anderen, die sie mir in ihrer Hütte überbrachte: »Buchi war hier und hat Medizin geholt. Sie ist allerdings schon wieder fort. Und sie hat Patty mitgenommen«, sagte Ezira.

Das war eine überraschend angenehme Nachricht! Die alte Königin hatte sich in der Tat nicht mehr bei uns wohl gefühlt. Was sollte sie auch noch länger an diesem Ort? »Wohin ist Patty gegangen?«, erkundigte ich mich.

»Sie hat noch einen Sohn. Sie wollte wohl zunächst nicht zu ihm, weil sie sich mit dessen Frau nicht versteht. Das scheint sie nun in Kauf zu nehmen.« Ezira hob die Schultern in gespielter Gleichgültigkeit. Ich war überzeugt, dass Eziras Gespräche mit Patty einen erheblichen Anteil an deren Entscheidung hatten. Meine Lehrerin gewährte mir in dieses Geheimnis keinen Einblick. Das musste ich akzeptieren; eine junge Frau hatte ihre Neugier dem Respekt vor Älteren unterzuordnen.

Dann gab sie mir zwei Briefe, die Buchi für mich aus dem Dorf mitgebracht hatte. Magdalena hatte mir am zweiten Todestag unserer Mutter geschrieben. Das bedeutete, dass Josh und ich mittlerweile über fünf Monate fort waren: Die Zeit war wie im Flug vergangen! Gespannt riss ich den Umschlag auf. Was ich las, machte mich froh und bestärkte mich in meiner Entscheidung: Es lief auch ohne mich bestens. Es gab sogar wieder ein neues Heilhaus und Amara versorgte meine Gefährtinnen bestens.

Dann nahm ich den zweiten Brief zur Hand; er war

von Amara und nur wenige Tage später abgeschickt worden. Durch ihn bekam ich einen völlig anderen Eindruck von den Vorgängen auf der Farm. Gerade so, als ob meine mütterliche Freundin nicht im selben Haus wie Magdalena lebte!

»Liebe Choga, leider habe ich eine schlechte Nachricht für dich. Obwohl ich Lape gut versorgt habe, ist bei deiner Schwester nun auch Aids ausgebrochen. Ihr Zustand hat sich in kurzer Zeit sehr verschlechtert«, schrieb meine Vertraute. »Ich wollte sie natürlich selbst hier auf der Farm pflegen. Inzwischen ist Lape allerdings im Krankenhaus in Jos. Du fragst dich sicher, wie es dazu kommen konnte. Die Wahrheit ist leider nicht sehr schön. Magdalena hat Lape ohne mein Wissen fortgebracht. Ich fahre mit Ada oder Bisi einmal in der Woche zu ihr, um sie zu besuchen. Aber ich sehe, dass es Lape immer schlechter geht, obwohl die Ärzte sie mit der Medizin des Westens behandeln. Ich wünsche dir von ganzem Herzen, dass es dir und Josh bei Ezira gut geht. Doch ich möchte nicht, dass du mir bei der Rückkehr auf die Farm Vorwürfe machst, wenn du Lape nicht mehr antriffst.«

Wortlos reichte ich Ezira beide Briefe.

Ich war so wütend. Wie konnte Magdalena sich gegenüber Amara so verhalten? Ich dachte an mein eigenes Ringen um das richtige Vorgehen in Pattys Fall. Hatte meine deutsche Schwester denn überhaupt keine Skrupel, Amara derart zu bevormunden? Warum ließen Bisi und Ada sie gewähren? Plötzlich wurden meine Gespräche mit Magdalena wieder lebendig: Von Anfang an hatte sie meine Naturheilmethoden überaus skeptisch beurteilt.

Die schlimmste Erkenntnis betraf Lape: Sie rang offensichtlich mit dem Tod. Obwohl sie bei meiner Abfahrt einen ebenso stabilen Eindruck gemacht hatte wie alle anderen. Doch was konnte ich im Urwald ausrichten? Nicht einmal von ihr verabschieden konnte ich mich! Geschweige denn dafür sorgen, dass sie ihre letzten Tage in Würde auf der Farm verbrachte.

»Ich wollte dir eigentlich mitteilen, dass ich bleibe«, sagte ich zu Ezira und war den Tränen nah. Mein Entschluss, mit dem ich tagelang gerungen hatte, war von Amaras Brief hinfortgefegt worden. Er zeigte mir mit unbarmherziger Brutalität, dass ich nicht loslassen konnte. Und das tat so weh. Das Schicksal wollte es einfach anders! »Ich muss zurück. Meine Vergangenheit ist und bleibt meine Gegenwart, Ezira. Ich muss wieder nach Jeba. Ich begreife nicht, warum sich Magdalena so verhält, denn es ist nicht richtig, was sie getan hat.«

Meine alte Lehrerin schloss mich in die Arme und sah mich so traurig an, dass ich es kaum aushielt. »Du bist verwirrt, Choga. Das ist sehr verständlich. Aber handle nicht in der Hitze des Augenblicks. Solange man jung ist, springt man so wie ich damals über ein Feuer. Wenn man älter wird oder wie in deinem Fall die Kräfte schwinden, sollte man das nicht mehr tun. Denn es ist gefährlich. Spring nicht über ein Feuer«, flehte sie mit schwankender Stimme. »Wenn du auf rutschigem Untergrund stürzt, greifen die Flammen nach dir. Und du wirst verbrennen.«

Eziras eindringliche Warnung ließ mir keine Ruhe. Wir nahmen das Abendessen ein, aber ich brachte keinen Bissen herunter. Meine alte Lehrerin, das spürte ich ganz deutlich, hatte Recht: Im Moment ging es mir zwar wieder so gut, dass ich mir die lange Reise zutraute. Doch es änderte nichts an meiner Einsicht, dass ich in Jeba nicht mehr wie gewohnt meinen Aufgaben nachkommen konnte.

Tanisha sah mir meine Sorgen an, und während Josh

und Faraa noch ein wenig mit den Mädchen spielten, erzählte ich ihr von Amaras Brief.

»Ich kenne Magdalena lange nicht so gut wie du«, sagte sie. »Aber sie ist bestimmt eine verantwortungsvolle Frau. Wir beide waren noch nie in ihrem Land. Vielleicht macht man das dort so, dass man so schwer Kranke in die Klinik bringt?«

»Das mag gut sein«, räumte ich ein. »Dennoch übergeht sie Amara!«

Meine Freundin stützte den Kopf in die Hände und dachte angestrengt nach. Schließlich sagte sie: »Deine Mamas und Amara sind doch erwachsene Frauen. Warum haben sie sich nicht gegen deine Schwester durchgesetzt? Wenn sie es nicht konnten, warum meinst du, dass du es schaffst?«

»Das stimmt, Tanisha! Ich kann nicht heimkehren und Magdalena offen ins Gesicht sagen, dass sie etwas falsch gemacht hat. Denn bin ich ihr zu großer Dankbarkeit verpflichtet. Sie hat ihr Leben in Deutschland für Josh und mich aufgegeben und geholfen, die zerstörte Farm aufzubauen. Darf ich deshalb gar nichts tun?«

»Ich glaube, dass dein Platz hier ist, Choga«, sagte Tanisha. »Aber ich verstehe, dass du nicht einfach weitermachen kannst, als wäre nichts geschehen.«

Nachdem ich Josh zu Bett gebracht hatte, suchte ich Ezira auf, die noch die Ruhe am nächtlichen Feuer genoss. Die Fragen, die Tanisha aufgeworfen hatte, reichte ich an sie weiter. »Du fühlst dich verantwortlich, deiner Gefährtin Lape beizustehen«, meinte Ezira. »Das ist verständlich, denn du möchtest sie beschützen, weil sie ein Teil jener Vergangenheit ist, die dir am meisten bedeutet. Aber spricht nicht aus Amaras Brief auch die Nachricht, dass auf deiner Farm ein anderer Wind weht? Du warst lange fort und Magdalena ist offenbar eine Frau wie du selbst. Sie tut, was sie für richtig hält. Kehrst du also zurück, wirst du nicht mehr alles so vorfinden, wie du es verlassen hast. Und du selbst bist keine Heilerin mehr, Choga.« Meine Lehrerin machte eine lange Pause. Ihre weisen Augen ruhten auf mir, gerade so, als versuchte sie meine Gedanken zu lesen. »Ich wüsste eine Lösung. Doch ich zögere noch, sie dir vorzuschlagen.« Gebannt hing ich an ihren Lippen. »Du kannst auch gehen, um wieder zurückzukommen«, erklärte sie schließlich.

»Du meinst, ich soll klären, was mir wichtig ist, und dann wiederkommen?«

»Ja, das meine ich. Doch du musst dir vornehmen, dich nicht wieder von der Situation auf der Farm in die Pflicht nehmen zu lassen. Verabschiede dich von allen. Mach ihnen keine Hoffnungen, dass du bei ihnen bleibst. Sondern zeige ihnen, wie schwach du wirklich bist und dass sie einen neuen Weg für sich finden müssen. Dann hast du getan, was ich dir geraten habe: Du hast dich mit deiner Vergangenheit ausgesöhnt.«

Das Feuer spie kleine Funken in die Nachtluft hinaus. Ezira hatte Recht: Ich durfte nicht mehr hinüberspringen. Vor allem wollte ich es gar nicht mehr. Ich war so erleichtert, als ich das dachte. Es war, als wäre mir eine riesige Last von den Schultern genommen, die mich niedergedrückt hatte.

»Ich werde wiederkommen!«, sagte ich laut und deutlich. »Am liebsten würde ich dich umarmen, Ezira.«

»Dann tue es, meine Tochter! Du würdest mich damit sehr glücklich machen.«

Als ich am nächsten Morgen aufwachte, war Tanisha schon aufgestanden und bereitete den Tee in der Kräuterküche.

»Du hast im Schlaf gesprochen. Ich habe nicht alles verstanden. Hast du dich inzwischen entschieden?«, fragte sie.

»Ich werde mit Josh heute fahren. Sobald ich alles geregelt habe, kommen wir jedoch wieder«, sagte ich.

Sie stellte den Topf aus der Hand und umarmte mich. »Danke, Choga, dass du es so machen willst. Ich freue mich jetzt schon auf deine Rückkehr.«

»Ich hatte so viel Angst, ob es richtig war, dich zu Ezira zu bringen. Und wir hatten wirklich schwere Zeiten. Aber sie haben uns zusammengeführt. Ich bin dir so dankbar für deine Freundschaft«, sagte ich gerührt. Nachdem wir uns lange im Arm gehalten hatten, ging ich zu unserer Hütte und suchte unsere Sachen zusammen.

Mein Sohn rieb sich schlaftrunken die Augen. »Was machst du, Mama?«

»Wir fahren heute nach Hause.«

»Echt?« Mit einem Satz sprang er hoch. Sein Ungestüm warf mich fast um. »Ich freu mich so auf Oma Bisi und Oma Ada! Und Hope! Mama, sie ist bestimmt ganz viel gewachsen. Ob sie mich wiedererkennt?«

Seine laute Freude weckte die noch schlafende Faraa. Er nahm sie hoch und tanzte mit ihr durch die Hütte. »Wir fahren zu Oma Bisi«, sang er und vergaß in seinem Überschwang, dass er die Kleine nicht mitnehmen konnte ... Ich ließ ihn gewähren. Sich von seinem Schützling zu trennen, würde ihm ohnehin schwer genug fallen.

»Mama, darf Faraa schon mit Hope spielen?«, fragte er.

Ich ließ meine Packerei ruhen und wandte mich den beiden zu. »Hör mal, Schatz, Faraa und Tanisha können leider nicht mitkommen.«

»Warum denn nicht?«, rief er entrüstet.

»Tanisha muss so viel lernen. Sie wird Heilerin. Da kann man nicht einfach wegfahren. Und Faraa braucht ihre Mutter. Aber ich habe mir überlegt, dass wir wieder hierher kommen. Schon ganz bald. Dann hast du Faraa wieder«, versprach ich. Für den Moment war der inzwischen Siebenjährige versöhnt und stellte keine weiteren Fragen. Er war noch zu jung, um sich auszumalen, dass er dann nicht mehr bei seinen Omas auf der Farm leben konnte. Ich schob diese Überlegung lieber von mir; ein Leben ohne meine Lieblingsmamas wollte ich mir einfach nicht vorstellen. Vielleicht würden wir gemeinsam einen Weg finden, um zusammenbleiben zu können. Jetzt schon Ezira zu fragen, ob es möglich wäre, die beiden aufzunehmen, hielt ich für verfrüht. So wie ich Ezira einschätzte, durfte ich von ihrem Beistand auch in diesem Punkt ausgehen: Sie hatte ja sogar Patty ein Zuhause angeboten! Und die war gewiss kein so angenehmer Gast, wie es Ada und Bisi sein würden …

Die Nachricht von unserer Abreise verbreitete sich an diesem frühen Morgen so schnell wie der Samen im Wind. Alle Schülerinnen liefen zusammen, um sich zu verabschieden. Schließlich erschien Ezira und küsste uns zum Abschied.

»Ich danke dir für alles«, sagte ich. »Ohne dich hätte ich nie die Kraft gehabt, nach vorn zu blicken. Dein Beistand hat mich ermutigt und …«

Meine alte Lehrerin hob abwehrend die Hände. »Meine liebe Choga, du bist für mich wie eine Tochter. Danke mir nicht, sondern finde deinen Weg. Und komm bald wieder zurück. Das wird viel schwerer werden, als du es dir jetzt vorstellst. Vor allem beherzige die Erkenntnis deiner alten Lehrerin: Jemanden zu lieben, ist nicht dasselbe, wie jemanden zu versorgen. Nimm jene, die du liebst, an der Hand und lehre sie zu laufen. Doch dann musst du loslassen. Denke bitte daran, wenn du deine *Schwestern* triffst. Nun geht, habt eine sichere Reise und eine glückliche Heimkehr.« Sie umarmte mich ein letztes Mal. »Ich werde dich wiedersehen, meine Tochter.« Sie lächelte und strich mir sanft über die Wangen. Dann umarmte sie meinen kleinen Sohn. »Ich hoffe, es wird nicht wieder so lange dauern, bis wir uns wiedersehen, Josh. Bis bald.«

Ich blickte mich noch einmal um, damit sich mir die Bilder dieser friedlichen kleinen Welt einprägten: Ezira, klein und zart, stand inmitten ihrer winkenden Schülerinnen. Wieder überwältigte mich der Gedanke, dass man dieser unscheinbaren Frau in braunen Gewändern ihre wahre Größe nicht ansah ...

Tanisha hakte mich unter und wir machten uns auf den Weg ins Dorf. Sie ließ es sich nicht nehmen, eines meiner Bündel zu tragen. Josh nutzte es bis zum letzten Augenblick aus, die kleine Faraa auf dem Rücken zu spüren, wo sie fröhlich lachte, während er kleine Sprünge vollführte. Wir verließen das Dunkel des Waldes. Das ungefilterte Licht blendete mich. Noch nie hatte mich die Helligkeit so in den Augen geschmerzt. Ich musste mein Tuch so über den Kopf legen wie Ezira. Doch ich verschwendete daran weiter keinen Gedanken. Wahrscheinlich hatte ich mich einfach zu sehr an den Regenwald gewöhnt.

Buchis Krankenhaus war wie immer voller Menschen und sie vollauf damit beschäftigt, ihre vielen Patienten zu versorgen. Sie war völlig überrascht, uns zu sehen, und als ich ihr den Grund nannte, wurde sie traurig. »Choga, wir haben uns kaum gesehen in der ganzen Zeit. Nicht ein Mal bist du ins Krankenhaus gekommen.«

Mein Blick fiel auf die vielen kranken Menschen und mir wurde schwer ums Herz. Die Zeiten, in denen ich heilen durfte, waren vorbei.

»Ich komme wieder, Buchi, aber auch dann werde ich bei dir nur noch kleine Hilfsarbeiten ausführen können. Ich habe eingesehen, dass meine Gesundheit mir Grenzen auferlegt.« Ich wandte mich Tanisha zu. »Lehre sie, was du mir beigebracht hast. Tanisha wird meine Nachfolgerin.«

Buchi schloss mich in ihre starken mütterlichen Arme. »Du hast von einer großen Aufgabe Abschied genommen. Doch so, wie du vor mir stehst, wirkst du erleichtert, Choga. Ich danke Gott, dass er dir die Kraft gibt, dein Schicksal anzunehmen.« Sie küsste mich auf die Stirn. »Pass auf dich auf, Choga, gehe mit deinen Kräften sorgsam um. Ich wünsche dir alles Gute.«

Als Josh seinen Schützling zum letzten Mal küsste, liefen ihm dicke Tränen über die Wangen. »Ich komme wieder, Faraa«, sagte er mit großer Ernsthaftigkeit. »Du musst nicht traurig sein!« Es klang, als wollte er sich selbst trösten.

Buchi organisierte uns ein Taxi, und bevor wir einstiegen, versprach ich Tanisha noch einmal unsere baldige Rückkehr. Ich war fest entschlossen, mein Versprechen einzuhalten.

Der Boden unter meinen Füßen

Die Rückreise mit überfüllten Bussen und Sammeltaxen dauerte zwei Tage und war anstrengender, denn ich es mir hatte vorstellen können. Als wir aus dem letzten Auto stiegen, war es Nacht. Mein ganzer Körper schmerzte, während ich auf die Farm zuhumpelte. Die dunklen Umrisse des hohen Dachs beschirmten die Farm. Wir schoben das Eingangstor auf und wie ein beständiger Herzschlag empfing uns das leise Tuckern des Generators. Lampen, die wie vor dem Überfall den Hof beleuchteten, sagten mir, dass ich zu Hause war. Hinter dem Tor legte ich erschöpft meine Gepäckbündel ab und atmete tief durch: Ich war angekommen.

Dies war mein Zuhause. Mein Erbe. Ich spürte jetzt schon, dass es mir nicht leicht fallen würde, es aufzugeben. Doch das Wenige, das ich in der Dunkelheit erkennen konnte, gab mir ein gutes Gefühl: Wenn ich in ein paar Wochen zu Ezira aufbräche, würde ich nicht so wie damals mein Vater einen Haufen Scherben zurücklassen. Sondern ein intaktes Gebilde. Ein Zuhause, das zwar nicht mehr meines sein würde; aber es würde sich jemand finden, der weitermachen könnte. Vielleicht Amara, möglicherweise auch eine Heilerin aus ihrem *compound* in Lagos, die sie ausgebildet hatte. Erst jetzt, im Augenblick der Heimkehr, wurde mir bewusst, wie dankbar ich Ezira war. Sie hatte meine Füße wieder auf festen Boden gestellt.

Mein Sohn wurde bereits von Hope laut bellend begrüßt, die Sekunden später auch an mir hochsprang. »Hope, meine Hope, endlich habe ich dich wieder!« Josh knuddelte den Mischling mit solch einer Herzlichkeit, dass beide bald über den Boden kugelten. Dass inzwischen über fünf Monate vergangen waren, konnte ich an ihr zuerst erkennen: Aus dem Welpen war ein ausgewachsener Hund geworden, der schon über ein Jahr alt war. Der treue Ausdruck mit den beiden hellbraunen Flecken über den Augen hatte sich kaum verändert.

Hopes Bellen hatte die Farm aus dem Schlaf gerissen. Gerade so, als würde das alte Haus die Augen öffnen, gingen die Lichter an. Auf der gegenüberliegenden Seite erkannte ich hinter zwei Fenstern Helligkeit. Bei unserer Abreise hatten dort nur Trümmer gelegen. Jetzt zeichneten sich die Umrisse eines neuen, aus hellen Steinen errichteten Heilhauses ab, dessen Tür mit gewaltigem Schwung geöffnet wurde.

Meine mütterliche Freundin Amara kam mir mit schweren Schritten entgegen. Die Wiedersehensfreude überwältigte uns so sehr, dass wir uns schweigend in die Arme fielen. Untergehakt gingen wir zum Farmhaus. Mama Bisis Stimme weckte alle, die Hopes Gebell zum Trotz noch geschlafen hatten: »Choga ist zurück! Josh ist wieder da! Heißt sie willkommen!« Sie schloss erst Josh in die Arme, dann mich und sagte zu Tränen gerührt gar nichts mehr.

Wir gingen ins Haus. In der Eingangshalle trafen wir auf Ada. »Endlich! Unsere Heimkehrer!« Meine große hagere Mama wirkte noch schlanker, als ich sie in Erinnerung hatte. Die vergangenen Monate hatten der hart arbeitenden 50-Jährigen zugesetzt. Mit ihren starken Händen umfasste sie meine Schultern. »Du siehst zwar müde aus. Aber du machst mir den Eindruck einer Frau, die wieder weiß, was sie will. Täusche ich mich, Choga?«

»Nein, Mama Ada, du hast völlig Recht.«

Sie nahm mich fest in die Arme und sagte: »Ein bisschen Angst machst du mir schon, Choga, wenn du so sprichst. Du hast eine große Entscheidung getroffen. Ich kenne sie noch nicht, aber du sollst wissen, dass ich dich dabei unterstützen werde. Egal was zu vorhast. Du bist meine Tochter.«

Ich drückte sie an mich. Denn ohne dass wir beide das Thema angesprochen hatten, durfte ich daraus schließen, was ich erhofft hatte: Ada würde mich vielleicht sogar zu Ezira begleiten. Doch ich war zu frisch heimgekehrt, um sie gerade jetzt danach zu fragen.

Nach und nach kamen meine *Schwestern* die Treppe herunter. Ich war überwältigt, in so viele vertraute Gesichter zu sehen, und umarmte eine nach der anderen: Abidem, Jumoke, Yetunde, Chinne und ihre vier Kinder. Jede freute sich über unsere Rückkehr und begrüßte uns mit lieben Worten.

Dann jedoch war Charity an der Reihe. Auch sie umarmte mich, aber nur flüchtig, und in ihrem Blick lag eine seltsame Kälte. »Bist du wirklich wieder in Ordnung?«, fragte sie. Ich konnte ihr nicht antworten, was ich dachte: Es waren zu viele Menschen, die wieder meinen Beistand erwarteten. So sagte ich nur ausweichend: »Im Moment geht es mir gut.« Mein Blick suchte automatisch nach Lape, bis mir wieder einfiel, dass sie nicht hier sein konnte.

Josh saß inzwischen auf der Treppe, die ins obere Stockwerk führte, und erzählte. Er war umringt von seinen Halbschwestern Zuna, Baina, Dayo und Ijaba, unter die sich Bisi und Ada mischten. Sein Mund stand überhaupt nicht mehr still. Er hatte so viel zu erzählen von der langen Reise und den vielen Menschen, die er getroffen hatte. Als er sich endlich müde geredet hatte, schmiegte er sich an seine Lieblingsomas.

Meine deutsche Schwester Magdalena hatte den Ansturm der anderen abgewartet und kam erst jetzt zu mir. Ihr volles dunkles Haar war grauer geworden. Durch die strenge Brille musterten mich ihre stets etwas sorgenvollen Augen. Sie wirkte wie meine Mutter, wenn sie mich lange nicht mehr gesehen hatte. Ein wenig förmlich reichte sie mir die Hand, gerade so wie bei unserer ersten Begegnung auf dem Flughafen von Lagos vor inzwischen zwei Jahren. Dann endlich umarmten wir uns. »Schwesterchen«, meinte sie, »du wirkst verändert.«

»Die Ruhe bei Ezira hat mir gut getan.« Ich wollte nicht mit der Tür ins Haus fallen und schon bei der Ankunft über meine Abreise sprechen. Ich nahm mir vor, erst mal die Richtung jenes neuen Windes zu erspüren, der nach Eziras Meinung inzwischen in meinem Zuhause wehte.

Meine Schwester musterte mich. »Du bist wie ausgewechselt, Choga. Du wirkst entspannt. Das ist sehr gut.«

»Ich habe wegen der Dunkelheit noch nicht viel gesehen, aber ihr habt unsere Farm wieder richtig schön hergerichtet. Ich danke dir, Magdalena.« In ihrem Brief, den ich im Regenwald erhalten hatte, hatte sie geschrieben, dass sie ihre Stelle als Lehrerin in Deutschland endgültig aufgegeben hatte. Deshalb fragte ich: »Ist es dir nicht schwer gefallen, dein Zuhause aufzugeben?«

Ihre Antwort stimmte mich nachdenklich: »Mein Zuhause, Schwesterchen, ist jetzt hier. Du wirst sehen, ich habe alles im Griff.«

Amara führte mich in die Küche, die nun nicht mehr als Ersatzheilhaus diente. Dort trank ich erst mal einen Becher heißen Tees, der mich wärmte. Wir plauderten ungezwungen. Ich erzählte von Pattys unerwartetem Besuch und sie schwärmte vom neuen Heilhaus. Sie sagte: »Ich habe alles in deinem Sinne wieder eingerichtet. Du wirst dich zurechtfinden, als wäre nichts geschehen.«

Vertraut legte sie mir den Arm um die Hüfte. »Du bist schmaler geworden, Choga.«

»Wirklich?«, fragte ich. »Das habe ich noch gar nicht bemerkt.«

»Wie ich dich kenne, wirst du dich wieder mal um dich selbst viel zu wenig gekümmert haben.« Sie sah mich aufmerksam an. »Du gibst dir Mühe, sehr entschlossen zu wirken. Aber ich glaube, ich spüre da eine leichte Trauer. Was ist los?«

Ich sah sie offen an. »Meine Gesundheit ist stabil. Doch ich weiß inzwischen, dass ich nie mehr als Heilerin arbeiten werde. Darüber muss ich mit dir sprechen. Nicht jetzt, wo ich gerade ankomme. Aber schon bald, Amara.«

Meine Mentorin wurde sehr ernst. »Oh, ich verstehe.« Es schien, als legte sich ein leichter Schatten auf ihr Gesicht. »Ezira ist eine sehr kluge Frau. Habe ich Recht, wenn ich vermute, dass sie dich ermahnt hat, deine Grenzen zu erkennen?«

Ich zögerte mit meiner Antwort. Doch dann kam ich zu dem Schluss, dass ich sie nicht im Unklaren lassen durfte. Die Wende, die ich innerlich anstrebte, betraf immerhin sie ganz besonders. »Ich habe meine Grenzen nicht nur erreicht, sondern überschritten. Und zwar an dem Tag, an dem ich beschlossen hatte, unsere Heilstation für fremde Patientinnen zu öffnen. Damit begann ich, mich zu übernehmen. Ich hätte mich darauf beschränken sollen, nur meine *Schwestern* zu behandeln.«

Amara stimmte mir zu. »Das habe ich mir auch schon so manches Mal gedacht. Irgendein kleines gesundheitliches Problem hat eigentlich dauernd jemand. Und wenn es nur ein Durchfall ist. Wenn man als Heilerin von HIV-Patienten nicht Acht gibt, erwächst daraus rasch eine Aufgabe, die schwer zu lösen ist. Wenn es nur darum ginge, den Tee zu machen, wäre alles nicht so schlimm.« Ihr intensiver Blick versuchte abzuschätzen, was in mir vorging. »Was hast du dir überlegt, wie es hier weitergehen soll?«

»Ich weiß es nicht«, gab ich zu. »Denn das hängt nicht zuletzt von dir ab, Amara. Eigentlich möchte ich wieder in den Regenwald zurückgehen. Ich will es den anderen aber lieber erst in den nächsten Tagen sagen, wenn sie eingesehen haben, dass ich nicht mehr ihre Heilerin sein kann.«

»Das wird nicht einfach werden, Choga«, erwiderte meine Mentorin und umfasste meine Hände. »Gib mir etwas Zeit, um über alles nachzudenken. So etwas will reiflich überlegt sein. Jetzt kann ich nur sagen, dass ich die große Idee, die du, Ada und Bisi mit eurer Oase hattet, weiter unterstützen werde. Nur weiß ich noch nicht, wie. Auf jeden Fall werde ich meine Nachfolgerin anrufen und ihr sagen, dass ich noch länger bei euch bleiben möchte.«

»Ist das denn möglich?«

»Es gefällt mir hier so gut, dass ich mir schon mehr als einmal gedacht habe: Es wäre schön, hier bleiben zu können. Doch das muss ich natürlich mit meiner Nachfolgerin besprechen.«

»Was ist mit Lape? Du schreibst, es geht ihr sehr schlecht. Wie lange wird sie noch durchhalten?«, fragte ich.

»Das weiß ich nicht, denn sie ist nicht mehr meine Patientin. Aber ich beuge mich dem Lauf der Dinge. Magdalena führt jetzt die Farm. Sie hat damit die Verantwortung übernommen.«

Sie klang, als ob sie aufgegeben hätte, sich mit meiner Schwester auseinander setzen zu wollen. Ich war noch zu frisch in mein altes Zuhause heimgekehrt, um in den möglicherweise offenen Wunden meiner Mentorin zu stochern. Ich nahm meinen Tee und trank. In der Eingangshalle löste sich die Willkommensversammlung auf. Abidem, Charity und Chinne drängten neugierig zur Tür. Damit sie nicht den Ernst unseres Gesprächs erfassten, fragte Amara locker: »Tanisha geht es gut?«

Ebenso leichthin formulierte ich meine Antwort: »Sie hat ein neues Zuhause gefunden.«

»Na, da sind wir aber froh!«, rief Charity, die sich vor unserer Abfahrt so abfällig über meine Freundin geäußert hatte. »Die Muslimin und ihre Probleme brauchen wir hier wirklich nicht mehr. Seitdem sie weg ist, hat man uns in Ruhe gelassen.«

Mir versetzte es einen Stich, doch ich ließ ihre spitze Bemerkung im Raum stehen. Wenn Tanisha allerdings tatsächlich jemals meine Nachfolgerin wäre, würde zumindest Charity sich von ihr gewiss nicht behandeln lassen. Bis dahin würden drei Jahre vergehen. Wenn nicht sogar noch mehr. Was bis dahin wäre, konnte niemand voraussagen. Denn auch dies hatte mich Ezira gelehrt: Ich wollte keine Pläne mehr machen, die über einen so weiten Zeitraum reichten.

Ich erkundigte mich, wie das Verhältnis zu unseren Nachbarn sei, und die Wortführerin Charity sagte: »Magdalena hatte eine gute Idee. Unsere Kinder gehen jetzt mit den Nachbarskindern in die Schule. Magdalena unterrichtet sie gemeinsam.« Charity schickte ihre beiden Kinder ebenfalls in die kleine Schule auf unserer Farm, die inzwischen neu erstanden war. Meine Schwester hatte in ihrem Brief erwähnt, dass sie Schülerinnen aus Jeba aufgenommen hatte. Ich war zu müde, um darüber nachzudenken, ob das womöglich irgendetwas mit meinen Plänen zu tun hatte. Denn ich wäre nie auf die Idee gekommen, dass ausgerechnet die Schule all meine schönen Absichten gefährden könnte ...

Bisi und Ada ließen es sich nicht nehmen, Josh im ersten Stock ins Bett zu bringen. Dort teilte er sich mit Zuna und Baina, den Töchtern von Charity, einen Raum. Ich setzte mich auf die Veranda, um die würzige, klare Luft der Hochebene zu genießen. Hope erinnerte sich an ihre Gewohnheit, auf meinen Schoß zu springen, wenn ich draußen saß. Obwohl sie so schön wärmte, musste ich sie sanft hinunterschubsen. Sie war zu schwer geworden. Ich saß kaum, als Mama Bisi mir mit einem heißen, duftenden Tee folgte, den sie mir reichte.

Nichts an Bisi erinnerte daran, dass sie einst in einem Harem gelebt hatte. Die weiße Kleidung hatten sie und Ada gemeinsam mit mir vor über einem Jahr abgelegt. An diesem Abend trug sie ein buntes T-Shirt mit einem roten Herzen darauf und ein geblümtes Tuch als Rock. Sie wirkte wie das, was sie war: eine Farmerin. »Du weißt über die Sache mit Lape Bescheid?«, fragte sie.

»Ich habe Magdalena noch nicht darauf angesprochen, Bisi. Ich wollte wissen, wie es dazu gekommen ist. Amara hat sie wohl zuvor nicht gefragt?«

Und auch nicht Bisi, unsere respektierte Älteste, die in solchen Fragen eigentlich das letzte Wort gehabt hätte, wie ich nun hörte. »Nein, sie hat Lape einfach ins Auto gesetzt und ist mit ihr nach Jos gefahren. Ada und ich wollten Magdalena aufhalten. Es war ein trauriger Augenblick für uns alle. Amara war wie versteinert. Denn damit hatte sie nicht gerechnet. Doch deine Schwester meinte, dass die westliche Medizin Lape besser helfen würde.«

Aus Amaras Brief hatte ich allerdings herausgelesen, dass es ihr nicht besser ging! Ich beschloss, mir eine eigene Meinung zu bilden, und schlug vor: »Ich würde gern morgen zu Lape fahren.«

»Ich werde mitkommen. Lape freut sich immer, wenn sie mich sieht. Aber du musst dich auf eine böse Überraschung gefasst machen. Es geht ihr wirklich nicht gut.

Ich bete immer noch dafür, dass Magdalenas Entscheidung richtig war.«

Eingedenk meines eigenen Ringens mit Patty fragte ich: »Warum hat Magdalena nicht auf dich gehört?« Kannte sie denn keinen Respekt vor Bisis natürlicher Autorität als unsere Älteste?

»Ach, meine Kleine, das ist nicht so sehr der Fehler deiner Schwester. Wie deine Mutter ist sie eine weiße Frau. Auch Lisa habe ich immer vertraut, dass sie das Richtige tut. Ich konnte mich nicht gegen sie durchsetzen.« Sie sah mich liebevoll an. »Könntest du es? Wo deine Schwester uns doch so geholfen hat?«

Die Widersacherin

Der erste Morgen nach unserer Rückkehr auf die Farm gab mir das Gefühl, die Zeit wäre tatsächlich um etwa zehn Monate zurückgedreht worden. Damals, im August 2001, vor dem Überfall, hatten wir uns morgens auf der Veranda um den langen Tisch versammelt und gemeinsam das Frühstück eingenommen. Jetzt, nach unserer Rückkehr, war es wieder so wie früher. Die Veranda erstreckte sich über die gesamte Längsseite des Hauses und war so tief, dass sämtliche Bewohner darauf Platz hatten. Wir saßen an mehreren, zu einer langen Tafel zusammengeschobenen Holztischen. Das weit vorgezogene, auf schmale Holzsäulen gestützte Dach bot sogar bei schlechtem Wetter allen Schutz.

Es war etwa sieben Uhr morgens und meine *Schwestern* und ihre Mädchen schwatzten fröhlich durcheinander. Die Aufgaben des jungen Tages wurden verteilt: Abidem, Jumoke, Yetunde, Chinne und Charity wurden Ada zugeteilt, um auf den Feldern zu arbeiten. Zuna, Baina, Dayo und Ijaba würden ebenso wie Josh mit ihrer Lehrerin Magdalena in die Schule gehen. Mama Funke sollte sich während der Abwesenheit der anderen wie üblich um das Haus kümmern und das Mittagessen vorbereiten.

Funke war eine mittelgroße, sehr schweigsame Frau. Im Gegensatz zu Bisi und Ada war sie nicht mit meinem Vater verheiratet gewesen. Funke hatte sich uns erst im April 2000 angeschlossen. Die knapp 60-Jährige hatte schon zuvor in Jeba gelebt und kannte dort viele Leute. Deshalb hatte sie eine besondere Aufgabe: Sie unterhielt enge Kontakte zu den Frauen der örtlichen Farmer-Kooperative, über die wir unsere Produkte wie Mais, Hirse und Kartoffeln verkauften. Von dem Erlös bestritten wir unseren Lebensunterhalt.

Bisi hatte als Älteste ihren Stammplatz auf der Stirnseite des Tischs. Magdalena, mit dem Rücken zum Hof, saß mir gegenüber. Neben meiner Schwester saßen Amara und Funke, an meiner Seite, mit dem Rücken zum Haus, Ada. Meine Schwestern schlossen sich daran an, zum Ende der Tafel hatten sich die Kinder versammelt. Eine fest gefügte Ordnung, die jeden Streit um die Plätze vermied.

Mein Blick fiel auf den sauber gefegten, etwa acht Meter breiten und 25 Meter langen Hof und das gegenüberliegende Haus: Das Heilhaus, in dem Amara die Medizin schon zubereitet hatte, bevor alle anderen aufgestanden waren, schloss sich wie früher an die Heilstation an und daran grenzte die neue Schule. Von außen wirkten alle drei Abteilungen wie ein langes Gebäude. Die aus hellem, noch unverputztem Stein errichteten Mauern mit den sechs scheibenlosen Fenstern waren mit Blech eingedeckt. Zuvor hatten wir Palmwedel und langes Gras verwendet, was zwar hübscher war; doch der Brand hatte bewiesen, wie gefährlich diese Bauweise war. Das Blech war zwar teurer, aber haltbarer.

Hinter dem langen Vielzweckhaus, gleich neben dem breiten Einfahrtstor, lag die neue Kapelle, die auf die gleiche schlichte Weise errichtet worden war wie zuvor. Auf der gegenüberliegenden Seite, nah beim alten Farmhaus, befanden sich das kleine steinerne Kochhaus, das traditionell mit Blättern gedeckt war, und daneben ein altes Lehmhaus, das als Speicher diente. Dazwischen befand sich unser Brunnen, der nachmittags im Schatten eines Baums lag. Dem Blutbaum verdankten wir die Zutaten für eine wichtige Schmerzmedizin.

»Ich fahre mit Choga heute nach Jos, um Lape zu besuchen«, verkündete Mama Bisi, sobald das Frühstück beendet war. Amara, die als einzige außer Magdalena Auto fahren konnte, versprach, uns zu chauffieren.

Meine Mentorin hatte mich immer wieder angeschaut. Irgendetwas wollte sie mir noch sagen, bevor wir aufbrachen. Als es so weit war, nahm sie mich zur Seite. »Lass mich mal in deine Augen sehen.« Sie schnalzte leise mit der Zunge, was sie immer tat, wenn ihr etwas nicht gefiel. »Ich hab's doch richtig gesehen. Deine Augen sind leicht entzündet. Du hast wohl etwas reinbekommen. Tut es dir weh?«

»Sie brennen ein bisschen. Wahrscheinlich habe ich zu wenig Tränenflüssigkeit.« Ich blickte zum Himmel, dessen Morgenschleier sich nun hob. »Seit kurzem bin ich etwas lichtempfindlich.« Ich legte mir ein buntes Tuch um den Kopf, um meine Augen zu schützen. »Ist nicht so schlimm«, sagte ich. »Das geht wieder weg. Liegt vielleicht auch an der trockeneren Luft hier auf der Hochebene.«

Amara war von meiner Antwort nicht recht beruhigt. »Wir werden das beobachten.«

Ich verschwendete keinen weiteren Gedanken an meine Gesundheit, denn auf mich stürmten so viele andere Eindrücke ein. Magdalena wollte mir vor Schulbeginn noch kurz den neuen Raum zeigen. Auf gestampftem Lehmboden standen drei Bänke, die von der handwerklich geschickten Ada wohl selbst geschreinert worden waren. In jeweils einer hatten drei Kinder Platz. Gedanklich ging ich die Namen unserer vier Mädchen durch: die Schwestern Zuna und Baina sowie Jumokes Tochter Dayo und Yetundes Tochter Ijaba.

»Mit den vier Mädchen, die Rose schickt, ist unsere kleine Schule ausgelastet.« Magdalena war sehr zufrieden über diese Entwicklung.

Ich konnte ihren Optimismus überhaupt nicht nachvollziehen. Roses Name weckte bei mir keine guten Erinnerungen. Sie war eine Verwandte von Mama Funke und deren Mitfrau Ngozi. Nachdem Ngozi von den Muslimen im September getötet worden war, hatte Rose uns für den Tod ihrer Mutter verantwortlich gemacht. Es war zu einer hässlichen Szene gekommen: Rose hatte mich eine Hexe genannt und uns verflucht. Daraufhin hatte Bisi sie aus dem Haus geworfen. Magdalena hatte das alles miterlebt. Umso verwunderter war ich, dass sie Roses Kinder nun unterrichtete.

»Hast du dich denn mit Rose vertragen?«, fragte ich. »Ist der ganze Streit vergessen?«

Magdalena seufzte. »Leicht war das nicht, Choga. Aber ich sah keine andere Möglichkeit. Irgendwie mussten wir schließlich unsere Ernte verkaufen. Das ging nun mal nur über die Kooperative, in der Rose ein entscheidendes Wort mitzureden hat. Ich habe dann eben in den sauren Apfel gebissen und Mama Funke einen Vorschlag gemacht: Wir unterrichten Roses Kinder, wovon übrigens zwei ihre eigenen Töchter sind und die anderen Nichten, und dafür arbeiten die Händlerinnen wieder mit uns zusammen. Es war ein Friedensangebot. Und es hat geklappt.« Sie hob die Schultern. »Was soll's? Die Kinder können nichts dafür. Sie müssen lernen und sind auch ungeheuer dankbar für diese Möglichkeit. Es macht Spaß, sie zu unterrichten.«

»Und Rose hat alles vergessen? Ihren Fluch, ihren Zorn? Das ist ja unfassbar! Aber es freut mich, dass dir das gelungen ist.« Ein bisschen unangenehm erschien mir diese Konstruktion allerdings schon, durch die unsere wirtschaftliche Situation von Roses Wohlwollen abhing. Doch ich schob meine Bedenken beiseite. Die streitbare Rose hatte mit dem Farmleben offenbar nicht viel zu tun, sondern vor allem mit der deutschen Lehrerin.

»Zugegeben«, sagte Magdalena, »ein wenig habe ich gemogelt. Sie zahlen kein Schulgeld. Aber das ist nicht wichtig. Für mich zählte, dass wir durch die Kooperative wieder Anschluss an die Nachbarn fanden und Einnahmen haben, von denen wir leben können.« Meine deutsche Schwester packte die Dinge mit wirklich bewundernswertem Pragmatismus an. Da wollte ich mich nicht einmischen. Es war offensichtlich, dass ich auch hier nicht mehr gebraucht wurde. Es wehte ein neuer Wind.

Ich trat mit Magdalena vor das Schulhaus und atmete tief durch. Ich fühlte mich in der Tat wie befreit. Josh stürmte mit seinen vier Halbschwestern aus dem Farmhaus auf die Schule zu. Hope umsprang die Kinder. Wie sie hatte auch mein Sohn ein Heft und ein Schulbuch an sich gedrückt. »Machen wir jetzt Unterricht?« Das war weniger eine Frage, sondern glich mehr einem Jubelschrei. Mein wissensdurstiges Kind nahm einen Platz ganz vorn ein. Seine Lehrerin hatte ihm in ihrem Brief, der uns im Regenwald erreicht hatte, einen Platz in der ersten Reihe versprochen. Nun saß er zwischen Zuna und Baina und strahlte übers ganze Gesicht. Er war zu Hause. Sein kindliches Gemüt hatte völlig vergessen, dass er noch eines im Regenwald hatte …

Von der Tür aus beobachtete ich noch, wie Magdalena Josh zeigte, welchen Stoff sie inzwischen durchnahmen.

»Das kann ich doch schon!«, maulte Josh.

»Dann hilf Baina«, erwiderte seine Lehrerin ungerührt.

Ich packte Hope am Halsband und zog mich zurück; es wurde Zeit, dass wir nach Jos fuhren, um Lape zu besuchen. In der Türöffnung prallte ich auf Rose, eine kleine Frau von Ende 30 mit einem verbitterten Zug um den Mund. Ich erinnerte mich, dass sie auch früher schrille, in den Augen schmerzende Farben bevorzugt hatte. Jetzt trug sie helles Grün und schreiendes Violett. Sie war ebenso überrascht wie ich und musste sich von Hope überdies ein leises Knurren gefallen lassen.

Beiläufig murmelte ich: »Gott sei mit dir auf all deinen Wegen.« Ich schob mich und Hope an ihr und den vier Dorfmädchen vorbei.

Meine einstige erbitterte Widersacherin wiederholte pflichtschuldig: »Gott sei mir dir.« Aber dann rief sie mir mit ihrer unangenehm hohen Stimme doch nach: »Wieso bist du wieder hier?«

»Ich wohne hier«, antwortete ich so ruhig wie möglich und ging mit dem Hund meiner Wege.

Ich spürte den alten Groll gegen eine Frau, die immer nur genommen hatte. Als ihr Haus im Vorjahr durch die Kämpfe zwischen Christen und Muslimen im nahen Jeba zerstört worden war, hatten wir ihr Unterkunft und Essen gewährt. Doch sie hatte nur missgünstig gefragt, warum nicht auch sie den von mir unter Mühen hergestellten Kräutertee trinken dürfe, der nur für die HIV-positiven Mitbewohnerinnen bestimmt war. Als ich ihn verweigert hatte, war ein erbitterter Streit entbrannt. Er legte die Grundlage für Roses später ausgestoßene Verwünschungen. Denn sie hatte in der Zwischenzeit erfahren, wie krank wir waren.

Dennoch hatte sie sich nun entschlossen, ihre Kinder in Magdalenas Schule zu schicken. Es entsprach Roses Charakter, sich darauf einzulassen, weil sie auf diese

Weise viel Geld sparte. Da es in Jeba nur diese Kooperative gab und Rose dort ein wichtiges Mitglied war, sah ich ein, dass wir wohl nicht umhinkamen, mit ihr Frieden zu schließen. Ich nahm mir vor, meinen Teil dazu beizutragen.

Lapes Befreiung

Amara und Bisi erwarteten mich bereits am Auto, einem Pick-up mit offener Ladefläche. Hope sprang sofort hinten drauf; sie war es inzwischen wohl gewohnt, mitzufahren. »Choga, wir können sie nicht mitnehmen!«, rief Amara mir zu, und ich brachte unsere Hündin zu Funke, die sie festhielt. Der kleine Pick-up war recht eng für drei Frauen wie Bisi, Amara und mich und wir drängten uns in dem schmalen Fahrerhaus aneinander.

Meine Gedanken waren bereits bei Lape, und ich machte mir große Sorgen, in welchem Zustand wir sie vorfinden würden. Zuletzt hatte sie sich von mir verabschiedet und klang so optimistisch. »Wenn du zurückkommst, wird alles so schön sein wie zuvor«, hatte sie gesagt und sich eine Träne aus dem Auge gewischt. Ich sah eine hübsche, junge 25-Jährige vor mir, deren ganzer Stolz ihre langen schwarzen Haare waren. Sie konnte den ganzen Abend damit verbringen, sich dünne Zöpfchen flechten zu lassen. Sie war immer etwas schüchtern, und mir kam es oft so vor, als benutze sie ihre langen Zöpfe wie einen Vorhang, hinter dem sie sich versteckte. Ihre Meinung behielt sie meistens für sich und ließ Charity für sich sprechen, die das vorlauteste Mundwerk hatte. Lape war sehr beliebt unter meinen *Schwestern*, da sie eine seltene Tugend pflegte: Wer Lape ein Geheimnis anvertraute, konnte sicher sein, dass es nicht wenig später die Runde gemacht hatte.

»Wann wart ihr zuletzt bei Lape?«, fragte ich Bisi, während Amara bereits den Wagen durch Jeba lenkte.

Meine Lieblingsmama rechnete kurz nach. »Vor fünf Tagen. Magdalena hat kein schlechtes Krankenhaus ausgesucht, Choga. Es ist ziemlich modern und sie haben dort viele Aidspatienten.«

»Zu viele«, muffelte Amara. »Die haben doch gar keine Zeit für jeden Einzelnen.« Meine Mentorin blickte mich an. »Wir sind unter uns, erlaubt, dass ich mal offen spreche. Was Magdalena gemacht hat, ist Unsinn. Lape befindet sich im Endstadium. Auch die Medizin des Westens vollbringt keine Wunder. Die Ärzte geben ihr in erster Linie starke Schmerzmittel. Das kann ich auch. Doch es widerspricht meinen Ansichten, einen Patienten in einen todesähnlichen Dauerschlaf zu versetzen. Der große Schlaf kommt früh genug; Todgeweihte sollen halbwegs wach hinübergehen.«

Amara hatte wohl fast vergessen, dass sie ein Auto lenkte. Im letzten Augenblick riss sie das Steuer herum, als uns ein entgegenkommender Wagen anhupte. Ich erschrak furchtbar. »Pass auf, dass wir nicht gleich hinübergehen!«, rief Bisi.

»Ach, ich kann mich so aufregen! Diese Ärzte haben überhaupt kein Fingerspitzengefühl. Wie sollen sie auch? Bei den vielen Todkranken!« Sie umklammerte das Lenkrad und stierte zornig auf die Straße. Ich verstand ihre Gefühle so gut! Ich dachte an Efe und ihren kleinen Sohn Jo zurück. Die Dankbarkeit dieser beiden Menschen, dass ich ihnen bis zum letzten Atemzug beigestanden hatte, war in meinem Herzen lebendig. Mit dieser Erinnerung im Hinterkopf näherte ich mich jenem Ort, an dem Lape auf uns wartete.

Amara parkte den Wagen vor einem mir riesig erscheinenden Gebäudekomplex aus alten und neuen Häusern, der sich über ein weites Gelände erstreckte. Die

Universitätsklinik von Jos hatte einen hervorragenden Ruf als Zentrum der Aidsbekämpfung. Ich stieg schon mit weichen Knien aus. Solche Krankenhaus-Maschinen, wie ich sie nannte, erschreckten mich durch ihre schiere Größe. Meine Welt waren schließlich die kleinen Heilstationen von Buchi und mir. Häuschen, in denen Patienten eher Schützlinge waren, denen die Heilerin eine Art Mama war, der sie sich anvertrauten. Und Lape hatte sich nicht einmal entscheiden können, ob sie aus Amaras Obhut entlassen werden wollte.

Bisi eilte zielstrebig auf ein älteres Gebäude zu. »Sie liegt dahinten in dem Zimmer«, sagte sie. Wir öffneten die Tür zu einem Raum mit sechs Betten. Meine Vorbehalte schwanden ein wenig, denn alles wirkte sehr gepflegt. Bisi und Amara blickten in die Betten und tauschten verwunderte Blicke. »Nanu, wo ist sie denn? Haben wir das falsche Zimmer erwischt?«, fragte Bisi verunsichert. Doch auch im nächsten entdeckten wir meine *Schwester* nicht. Wir fragten Personal, das keine Zeit hatte, und wurden in einen anderen Trakt geschickt. Dort irrten wir durch verstopfte, kaum beleuchtete Gänge, blickten in überfüllte, muffig riechende Krankenzimmer. Endlich fanden wir Lape auf einer Liege in einem engen Gang. Wir wären fast an ihr vorbeigelaufen.

Meine *Schwester* dämmerte apathisch vor sich hin. Ich erkannte sie erst auf den zweiten Blick. Das schöne lange Haar hatte man ihr abrasiert, dunkle Stellen verunstalteten ihren Kopf, die Augen lagen eingefallen in den Höhlen, die Haut war grau, die Knochen traten spitz hervor. Wo ich Apparate erwartet hatte, die ihr Leiden erleichtern könnten, gab es nichts. Nur ein graues Tuch, das sie kaum noch bedeckte.

»Wie ist das möglich?«, sagte Bisi entsetzt. »Wieso ist sie hier? Kümmert sich denn niemand um sie?«

Amara und mir fehlten die Worte. Wir blickten uns nach Personal um, das uns diese Gemeinheit erklären konnte. Wohin ich auch sah, entdeckte ich nur Menschen, die in einem ähnlich erschreckenden Zustand waren wie Lape. Der Gang war mit unzähligen anderen Feldbetten voll gestellt. Nicht anders als im Regenwald brachten auch hier Angehörige ihren ausgezehrten Verwandten Essen und unterhielten sich lautstark. Allerdings hatte Buchi mit ihren Heilerinnen für eine angenehme Atmosphäre gesorgt. Hier dagegen war nur Lärm. Der Geruch war unerträglich. Die Krankheiten, an denen die Menschen litten, offensichtlich: Hautkrebs, Lungenentzündung, Durchfall, Infektionen. Wer hier gelegen hatte, brauchte nach seinem Tod nicht mehr die Hölle zu fürchten.

Ich wagte kaum, die Verbindung zwischen Lape und mir herzustellen. Aber auf mich käme irgendwann ähnliches Leid zu! Der Gedanke, meine eigenen letzten Tage an einem solch trostlosen Ort verbringen zu müssen, machte mich weniger wütend als vielmehr unendlich traurig. Zählte denn das Leben eines Aidskranken gar nichts? Ich wünschte mir, dass dann jemand da wäre, der mich vor solch einem Ende bewahrte.

»Wir können sie doch nicht einfach hier so liegen lassen«, flüsterte ich niedergeschlagen. »Lasst sie uns nach Hause bringen.«

»Und zwar sofort. Das ist ja nicht zu verantworten«, pflichtete mir Amara beherzt bei.

»Natürlich. Alles andere wäre unmenschlich«, sagte Bisi.

Lape selbst schlief immer noch fest. Ich beugte mich zu ihr herunter und sprach sie mit ihrem Namen an. Endlich schlug sie die Augen auf, aus denen der Glanz gewichen war. Obwohl sie so geschwächt war, trat ein leichtes Lächeln auf ihr Gesicht. Als sie die rissigen, ausgetrockneten Lippen bewegte, konnte ich sie kaum verstehen. Sie erkannte mich nicht sofort.

»Ich bin's. Choga«, sagte ich.

»Choga? Wo warst du denn?« Sie war immer noch nicht ganz in ihre Wirklichkeit zurückgekehrt. Die Kranke versuchte, die Hand zu heben, um nach mir zu greifen, aber selbst dazu fehlte ihr die Kraft. Ich nahm die Todgeweihte in die Arme und kämpfte gegen die aufsteigenden Tränen an.

Ohne weiter nachzudenken versprach ich: »Wir nehmen dich jetzt mit, Lape. Mach dir keine Sorgen mehr. Alles wird gut.«

Lape war zu schwach, um sich noch freuen zu können. Oder um diese erlösende Botschaft überhaupt zu verarbeiten. Ihre Augen fielen bereits wieder zu.

»Magdalena hat mit irgendwelchen Ärzten gesprochen. Sie hat erzählt, dass sie etwas unterschrieben hat«, erinnerte sich Mama Bisi. »Mit denen müssen wir erst reden, sonst können wir Lape nicht mitnehmen.« Sie sah allerdings nicht so aus, als würde sie sich einem solchen höchstwahrscheinlich unangenehmen Gespräch stellen wollen. Das konnte ich gut verstehen. Im Moment war es wesentlich wichtiger, dass sie Lapes Hand hielt und ihr Zuversicht gab.

Amara und ich schoben uns durch die Gänge. Die gesuchten Ärzte fanden wir nach etlichen Irrwegen in einem anderen, freundlich wirkenden Gebäude, in dessen Gängen keine Patienten ihrem Jüngsten Tag entgegendämmerten.

»Für die besteht wohl noch Hoffnung«, meinte Amara. »Aber es kann doch nicht angehen, dass man alle anderen einfach aufgibt!« Ihre schweren Schritte hallten wütend durch die leeren Flure.

Man ließ uns in einem großen Raum warten, dessen Wände mit zahlreichen Urkunden geschmückt waren.

Universitäten in Ländern, deren Namen ich noch nie gehört hatte, priesen ihre Patenschaften mit dieser Klinik und versicherten ihre Unterstützung. Gerahmte Zeitungsartikel zeigten Fotos von einheimischen Ärzten, die weißen Medizinern die Hände schüttelten. Die dazugehörigen Überschriften lobten den begonnenen Kampf Nigerias gegen die Krankheit und mahnten gleichzeitig zu weiterem entschlossenen Vorgehen, damit mein Land eine Zukunft habe.

Weder Amara noch ich waren bereit, in den mit Leder bezogenen und verchromten Stühlen Platz zu nehmen. Wir wussten nur eines: Obgleich diese Ärzte dasselbe Ziel hatten wie wir, trennten uns Welten. Und jene, der ich mich hier ausgeliefert sah, überforderte mich. Das viele Geld, das aus dieser Umgebung sprach, stieß mich ab. Wozu war eine solch protzige Umgebung gut, wenn gleichzeitig Patienten wie Lape in einem Gang vergessen wurden?

»Lass uns gehen«, drängelte Amara. »Wir nehmen Lape einfach so mit.«

»Vielleicht hast du Recht«, sagte ich. »Die werden ohnehin nicht auf zwei Frauen wie uns hören.«

»Über Heilerinnen lachen die doch nur«, meinte Amara. »Was wir machen, nennen die Buschmedizin. Ich werde denen auch nicht sagen, dass ich Heilerin bin. Das muss ich mir nicht antun, dass sie mich voller Verachtung ansehen.« Sie stemmte die Arme in die Hüften. »Wenn nicht sofort einer kommt, gehen wir, Choga. Lape soll keine Minute zu lang hier bleiben.«

Wir hatten die Tür schon fast erreicht, als ein Mann von etwa Mitte 40 den Raum betrat. Er hatte ein freundliches Gesicht, das ich auf einem der Fotos an den Wänden entdeckt hatte. Er trug elegante Hosen, Krawatte und einen weißen Kittel und bat uns, auf den teuren Stühlen Platz zu nehmen. Obwohl ich das eigentlich nicht wollte, tat ich es dennoch. Der Mann musterte mich durch seine goldgefasste Brille. Er sagte seinen Namen: Dr. Rashid.

»Wir sind hier, um unsere Freundin abzuholen«, sagte Amara und umriss, um wen es ging. »Warum muss sie so dahinvegetieren? Niemand versorgt sie. Deswegen werden wir sie jetzt sofort mitnehmen.«

Der Arzt schob seine goldene Brille mit dem Zeigefinger hoch und blickte auf ein Blatt Papier. Er überflog den Inhalt und sagte dann, anstatt auf den Vorwurf zu antworten: »Jetzt weiß ich, mit wem ich es zu tun habe. Sie sind die Heilerinnen aus Jeba.« Er blickte mich an. »Frau Choga Regina Egbeme?« Ich nickte. Was ging hier vor? »Ich hatte ein Gespräch mit Ihrer Schwester. Sie ist Deutsche, nicht wahr?« Er blickte mich interessiert an. »Sie sagte, dass Sie ein Mittel gegen Aids gefunden haben. Stimmt das?«

»Wir haben kein Mittel gegen Aids«, widersprach ich energisch und voller Verärgerung. Ich hatte Magdalena nicht gebeten, Fremden – schon gar nicht Ärzten – etwas von unserem Tee zu erzählen. Noch dazu in dieser Form! Wenn sie Lape hierher brachte, sah es ja ganz so aus, als ob unser Tee wirkungslos wäre. »Der Tee ist nur sinnvoll, solange Aids nicht ausgebrochen ist. Er stärkt die Abwehrkräfte«, stellte ich klar.

»Nun seien Sie mal nicht so bescheiden, Frau Kollegin«, sagte der Mann mit der Brille und lächelte auf eine Art, die mich ärgerte. *Kollegin!* So ein Witz! Er hatte studiert, wusste so viel mehr als ich über alle möglichen Krankheiten. »Sie haben doch jahrelang Frauen und Kinder mit Ihrem Tee behandelt. Ich interessiere mich sehr dafür.«

Amara verschränkte die Arme vor der Brust. Ihr Gesicht wirkte sehr verschlossen. »Was wollen Sie mit unserem Tee?« Mit einer lässigen Kopfbewegung deutete meine Mentorin auf die an den Wänden aufgereihten Dokumente. »Sie bekommen doch alles aus Europa und den USA. Sie wollen nur die Wirkungslosigkeit unserer Naturmittel beweisen, um noch mehr Geld beantragen zu können. Weil Afrika allein angeblich mit Aids nicht fertig wird. Aber solche Spielchen machen wir nicht mit, Doktor. Geben Sie unsere Freundin frei und wir sind fort.«

»Meine Absichten sind ernst gemeint. Ich will Sie nicht vorführen«, sagte der Arzt.

»Leere Worte«, gab Amara knapp zurück. »Wer so arbeitet wie Sie, hat gar keine andere Wahl.« Sie griff blitzschnell nach einem der vor Rashid ausgebreiteten Bögen. »Na bitte!« Sie schob mir ein Formular hin. Es war ein Entlassungsbogen. Ich unterschrieb zügig und übernahm damit gleichzeitig die Verantwortung für unser Handeln.

Als ich schon aufgestanden war, fragte ich dennoch, was mir auf dem Herzen lag: »Meine Schwester Magdalena kann unmöglich gewollt haben, dass unsere Freundin in einen Gang zum Sterben abgeschoben wird. Warum haben Sie das getan?«

Dr. Rashid wendete die Papiere in seinen Händen hin und her. Dann sagte er: »Ich bin kein Stationsarzt, Frau Egbeme. Ich leite eine ganze Abteilung dieses Krankenhauses. Normalerweise spreche ich nie mit Angehörigen. Aber es war ungewöhnlich, dass eine Europäerin eine Patientin einliefert. Deshalb unterhielt ich mich mit Ihrer Schwester. Was danach geschah, lag nicht in meiner Hand.«

Ich ärgerte mich über die Herzlosigkeit, die in dieser mir fremden Welt herrschte, und sagte: »Ihre Patientin möchte ich dann allerdings lieber nicht sein.«

Rashid stutzte, als er mir höflich die Tür öffnete. Er blickte mich geradewegs an. »Was ist mit Ihren Augen?

Darum sollten sie sich dringend kümmern!« Seine Worte machten mir das Brennen eigentlich erst bewusst, das stärker geworden war. Da mir jedoch dauend irgendetwas wehtat, spürte ich auch diesen Schmerzen nicht nach. Solche Unannehmlichkeiten gehörten zu meinem Leben.

Der Arzt reichte mir die Hand. »Ich werde Sie demnächst besuchen.«

»Sparen Sie sich den Weg.« In Amaras Tonfall lag eine Unfreundlichkeit, die ich zu schroff fand. Mein Gefühl sagte mir, dass dieser Mann noch eine andere Seite hatte. Wir sahen nur jene eines Arztes, der mit seiner Arbeit Geld verdienen musste und darüber Lape vergessen hatte. Insofern war ich froh, als wir draußen waren.

Lape reagierte nur mit einem kurzen, erleichterten Aufatmen, als Amara sie kurz darauf von dem Feldbett hob, auf dem sie lag. Bisis liebevollem Zureden war es zu verdanken, dass meine *Schwester* verstand, was nun mit ihr geschah.

»Ach Kind, das ist aber nett, dass du dich so leicht machst«, scherzte die resolute Amara. Obwohl der Anblick der 25-Jährigen ein Bild des Jammers war. Sie bestand nur noch aus Haut und Knochen, zu schwach selbst für die winzigsten Schritte.

Der kleine Lastwagen taugte schlecht als Krankentransporter. Da wir die geschwächte Lape nicht ins Fahrerhaus setzen konnten, mussten wir sie auf die Ladefläche legen und gaben ihr alle Tücher, die wir entbehren konnten. Glücklicherweise war es ein warmer Tag und Amara fuhr diesmal sehr vorsichtig. Unterwegs kauften wir eine Schaumstoffmatratze, auf der Lape einigermaßen weich lag. Bisi saß hinten neben ihr und achtete darauf, dass sie gut versorgt war. Die Matratze, auf der Lape während der lediglich anderthalb Stunden langen

Rückfahrt geruht hatte, war bei unserer Ankunft auf der Farm völlig durchgeschwitzt.

Wir brachten unsere Gefährtin in die neue Heilstation. Bislang hatte ich den etwa dreißig Quadratmeter großen Raum noch gar nicht betreten. Er war kleiner als der vorherige. Aber so hatte ich es noch mit Ada und Amara vor meiner Abreise besprochen, denn fremde Patientinnen sollten ohnehin nicht mehr aufgenommen werden. Im Grunde war es nur noch ein Heil*zimmer*. Vier Betten hätten darin dennoch problemlos Platz gehabt. Bislang befanden sich dort nur ein einziges, in dem Lape bis zu ihrer Verlegung geruht hatte, sowie eine Schlafmatte.

Die Fahrt hatte die geschwächte Lape viel Kraft gekostet. Sie wirkte wie erlöst, als Amara sie ins Bett legte. Durch das offene Fenster waren die Stimmen der spielenden Kinder zu hören. Ein wenig war es, als wäre sie zurück im Leben. Sie blickte Amara, Bisi und mich glücklich an. »Danke«, sagte sie. Und das war ein wunderbarer Lohn.

Amara entschwand durch die Verbindungstür in die Heilküche nebenan. Sie musste dringend einen stärkenden Tee brauen und einen Ernährungsplan aufstellen. Denn Lapes Rückkehr stellte sie vor eine große Herausforderung. Bisi ging ebenfalls, und ich blieb bei Lape, damit sie in den leeren Raum nicht allein war. Ich setzte mich auf einen Stuhl neben ihr Bett und hielt ihre Hand.

Plötzlich streckte Magdalena den Kopf zur Tür herein. Auf ihren blassen Wangen zeichneten sich hektische rote Flecken ab. »Choga Regina, ich muss sofort mit dir sprechen!«

»Was ist passiert?«, fragte ich. In meiner Arglosigkeit wäre mir nie eingefallen, dass sie mir Lapes Befreiung vorwerfen könnte. Doch am finsteren Blick meiner Schwester erkannte ich, dass ich wohl ihrer Meinung nach einen kaum wieder gutzumachenden Fehler begangen hatte. Ich legte Lapes eiskalte, kraftlose Hand auf das Bett. »Ich komme gleich wieder«, sagte ich und ging hinaus.

Wo die Liebe wohnt

Kaum hatte ich die Tür der kleinen Heilstation geschlossen, fuhr mich Magdalena an: »Wie konntest du so etwas machen? Das ist unverantwortlich!«

»Du meinst Lape?«, flüsterte ich. Meine glücklich heimgeführte *Schwester* sollte unsere Auseinandersetzung nicht durch die geöffneten Fenster erlauschen können.

»Natürlich meine ich sie!«, erwiderte Magdalena.

»Ich kann dir alles erklären«, sagte ich. Ich war überzeugt, dass Magdalena Amaras, Bisis und mein Handeln verstehen würde, sobald sie die Gründe kannte. Doch zuerst rief ich Josh herbei, der mit Zuna und Baina Fangen spielte. Ich trug den Kindern auf, Bisi zu holen, damit sie Lape Gesellschaft leistete.

Magdalena straffte den Rücken. Aus ihrem Gesicht sprach solch ein Unverständnis, dass mich fröstelte. Wenn sie so in ihrer ganzen Autorität vor mir stand, fühlte ich mich meiner 18 Jahre älteren Schwester immer unterlegen. Sie wirkte in solchen seltenen Momenten wie meine Mutter. Zu keinem Zeitpunkt hatte ich mich gegen deren Willen aufgelehnt. »Ich habe versucht zu helfen, Choga Regina. Deine kindische Aktion macht das alles zunichte.«

»Lass uns zur Bougainvillea gehen. Da haben wir Ruhe«, bat ich und humpelte los. Dummerweise hatte ich meinen Stock im Heilhaus zurückgelassen und wollte ihn nicht gerade jetzt noch holen. Mit dem kurzen Spaziergang an meinen Lieblingsplatz verband ich die Hoffnung, dass meine deutsche Schwester sich etwas beruhigen würde. Doch ich irrte mich.

»Eine Todkranke hierher zu schleppen! Was soll das? Ihr tut ihr damit keinen Gefallen«, ereiferte sich Magdalena.

Die Fahrt nach Jos, die Konfrontation mit den vielen dem Tod nahen Aidskranken, das Gespräch mit dem Arzt und Lapes Rücktransport hatten ohnehin an meinen Kräften gezerrt. Nun auch noch dafür meiner erbosten Schwester Rede und Antwort stehen zu müssen, ging an die Grenzen meiner Belastbarkeit. Ich hörte Magdalenas Vorwürfen schweigend zu und mühte mich, mein selbst gesetztes Ziel unter den Sträuchern zu erreichen. »Wir haben es nur gut gemeint«, brachte ich hervor.

»Mit wem denn? Mit euch selbst? Wollt ihr beweisen, dass ihr mehr zustande bringt als studierte Ärzte?«, schimpfte Magdalena.

Endlich konnte ich mich unter die Büsche setzen. »Nein, es war alles ganz anders. Sie war nicht mehr in dem Zimmer, das du kanntest. Sie lag in einem Gang und war unversorgt. Wir haben nur menschlich gehandelt. Nicht so sehr als Heilerinnen.«

Magdalena verschlug es für einen Augenblick die Sprache. »Unversorgt?«, wiederholte sie verblüfft. Dann richtete sie sich mit dem Kampfesmut einer gesunden Frau auf. »Hast du mit Dr. Rashid gesprochen?« Ich nickte. »Und? Hat er sie nicht sofort verlegt?«

»Darüber habe ich gar nicht nachgedacht«, gab ich kleinlaut zu. »Sie tat mir nur so Leid, weißt du. Ich habe mich da selbst liegen sehen. Und mir einen Engel ersehnt, der mich aus dieser Hölle befreit.«

»Was für eine Hölle?«, fragte sie.

Ich beschrieb die Situation wohl so anschaulich, dass

Magdalenas Empörung nur weiter wuchs. »Dieses Nigeria!«, rief sie aus. »Bevor ich hierher gekommen bin, habe ich über dein Land alles gelesen, was ich irgendwie in die Finger bekommen konnte. Ich wusste von der Korruption und dem Chaos, das hier herrscht. Mit Sicherheit haben sie Lapes bezahlten Platz verschachert.« Sie sah mich ernst an. »Ich hatte mir auch alle Informationen über dieses spezielle Krankenhaus besorgt. Darum habe ich, als es bei Lape so weit war, gezielt nach dem Chefarzt gefragt. Ich hatte ein langes Gespräch mit ihm und gewann den Eindruck, dass Lape bei ihm in guten Händen ist. Natürlich gab ich ihm viel Geld. Aber das war nicht das Problem. Sondern ich wollte ...« Meine deutsche Schwester verstummte plötzlich. Sie blickte auf einen imaginären Punkt im Nirgendwo. »Choga, ich wollte vorbereitet sein für den Fall der Fälle.«

»Wie meinst du das?«

Magdalena stöhnte auf. »Du hast nun mal Aids. Wir wissen beide nicht, wie es dir irgendwann mal geht. Ich wollte sicher sein, dass du dann gut versorgt wirst. Deshalb musste ich wissen, ob diese Klinik auch wirklich so gut ist wie ihr Ruf.« Sie sank in sich zusammen. »Offensichtlich ist sie es nicht.«

»Es belastet mich zwar, zu wissen, dass du Lape genau genommen meinetwegen dorthin gebracht hast. Aber ich bin irgendwie erleichtert über deine Offenheit. Darum sage ich dir jetzt auch etwas ganz ehrlich. Denn du sollst wissen, warum ich tatsächlich wieder hier bin.«

Es war ein total unwirklicher Augenblick ewiger Schönheit. Diese friedliche Stille, die uns umgab, die Schmetterlinge und Bienen, die uns umtanzten. Das entfernte Kinderlachen. Doch unter dieser Oberfläche lauerte die Erinnerung an das Grauen im Krankenhaus von Jos und an die erlöschenden Augen Lapes. Mit diesen

Bildern im Kopf sagte ich: »Ich will nicht hier sterben, Magdalena.«

Sie starrte mich entsetzt an. »Choga, was redest du da? So habe ich das doch nicht gemeint, wenn ich sage, dass ich vorbereitet sein wollte!«

Gleich neben uns befanden sich die Gräber von Efe und Jo. Mama Bisi hatte wie jeden Morgen eine neue, dicke rote Kerze davor gestellt und entzündet. Das heiße Wachs schwamm, der breite Rand war nach innen geknickt. Ein leichter Windzug drückte die Flamme beständig in eine Richtung. Dadurch war die Kerze auf dieser Seite stärker heruntergebrannt. Das Wachs lief beständig heraus, bildete am Fuß eine breite erstarrte Lache. Wenn der schwache, gleichmäßige Luftzug anhielt, würde der Flamme irgendwann die Nahrung entzogen werden. Sie würde verlöschen. Also drehte ich die Kerze, damit der Wind ihr noch etwas Zeit ließ. Nun driftete die Flamme gegen die andere Seite. Ich beobachtete, wie der dicke Rand noch mehr nach innen knickte. Das flüssige Wachs stieg kurzzeitig an und überschwemmte den Docht. Mit einer winzigen Rauchfahne erlosch die Kerze.

Ich nahm sie aus der leichten Erdvertiefung, in die Bisi sie gestellt hatte, goss das Wachs aus und richtete den Docht wieder auf. Hätte ich ein Streichholz gehabt, so hätte ich sie wieder angezündet. Ich betrachtete die rote Kerze, die sich in meiner Hand warm und weich anfühlte. Die Stelle, an der das Wachs ausgelaufen war, glich einer breiten, dick verkrusteten Narbe.

»Wie diese Kerze bin ich dem beständig wehenden Wind ausgeliefert, dem ich nichts entgegenzusetzen habe«, wandte ich mich nun wieder an Magdalena. »Darum will ich mich in den Regenwald zurückziehen. Gewiss wird mich auch dort immer wieder ein Wind erwischen. Aber vielleicht flackert mein Licht etwas länger. Das ist die Hoffnung, die mich aufrecht hält.«

Meine Schwester sah mich mit einem Ausdruck ungläubiger Fassungslosigkeit an. »Das ist deine Hoffnung? Du Arme! Das habe ich nicht gewusst. Du beobachtest deinen eigenen langsamen Verfall. Als ob dein Leben ein Stundenglas wäre. Du bist doch viel zu jung, um ans Sterben zu denken.« Sie nahm ihre Brille ab und rieb sich die Augen.

»Ich denke nicht ans Sterben, sondern ans Leben. Sieh doch die Kerze an«, meinte ich. »Sie weiß nicht, dass sie verlöscht. Sie brennt bis zuletzt.«

Magdalena richtete sich auf, als ob sie sich nicht unterkriegen lassen wollte, und meinte: »Warum der Regenwald? *Hier* sind doch die Menschen, die dich lieben!«

Es fiel mir so schwer, zu sagen, dass es weniger jene waren, die mich liebten, als jene, für die ich die Farm aufgebaut hatte, denen ich nicht zur Last fallen wollte. So weit wollte ich es nicht kommen lassen. Nachdem ich Magdalena meine Gefühle offenbart hatte, sagte sie: »Du hast doch den Tee! Hilft der denn gar nicht mehr?«

»Doch, er hat mir einige Jahre geschenkt. Aber ich hätte damit nicht aufhören dürfen, als das Heilhaus zerstört wurde.« Ich blickte auf die erloschene Kerze in meinen Händen und das ausgelaufene Wachs. »Das war eben einfach mein Schicksal, das mich damals ereilt hat. Bis zu diesem Tag war ich wirklich überzeugt gewesen, dass ich den Tod überlisten kann. Aber das geht nicht. Und das habe ich eingesehen.« Ich stellte die Kerze ans Grab und sagte: »Was mir noch an Zeit bleibt, will ich mit Josh genießen. Ohne Verantwortung für Kranke, denen ich ohnehin nicht helfen kann.« Ich sah meine Schwester an. Sie wirkte traurig. »Du bist Joshs und meinetwegen nach Afrika gekommen. Du hast alles aufgegeben. Das muss für dich eine schreckliche Nachricht sein. Ich kann nur hoffen, dass du verstehst, warum ich mich so entschieden habe.«

Sie atmete tief durch, stand auf und fuhr sich mit beiden Händen durch das ergraute Haar. Dann ließ sie den Blick über die aus Trümmern wieder erstandene Farm schweifen. In vielem von dem, was sie sah, steckte nicht nur ihr Erspartes. Sondern auch ihre Sehnsucht nach einem Leben mit mir und Josh in Afrika.

»Ich liebe diese Farm«, meinte Magdalena. »Mit deinem Land habe ich durchaus Probleme, das kann ich nicht verheimlichen. Lapes Geschichte beweist es. Aber wenn du mich fragen würdest, ob ich dennoch bleiben würde, muss ich dir jetzt sagen: Ich verlasse diese Farm keinen Tag vor dir. Darauf gebe ich dir mein Wort.«

Ich dachte wieder an jenen Satz unserer Mutter, dass ich stolz auf meine Schwester sein könne. Doch ich empfand mehr als Stolz oder Glück: eine tiefe Liebe, die uns verband. Mochte das Leben uns auch spät zusammengeführt haben – es war der richtige Augenblick gewesen. Wie lange er dauern würde, konnte ich nicht sagen. Es spielte auch nur eine geringe Rolle. Es zählte allein die Tatsache, dass wir uns überhaupt gefunden hatten. Mein Weg war beschwerlich, aber Gott hatte mir Menschen an die Seite gestellt, die mich liebten. Das Gefühl der Dankbarkeit dafür war größer als die Angst vor meiner Zukunft.

Magdalena setzte sich neben mich. »In meiner Jugend gab es einen englischen Schlager. Darin hieß eine Zeile: ›Freiheit ist ein anderes Wort für: Du hast nichts mehr zu verlieren.‹« Sie hob die vertrockneten Blüten der Wunderblume auf und ließ sie durch die Finger wieder zu Boden gleiten. »Weißt du, daran habe ich oft gedacht, bevor ich mich auf den Weg zu dir gemacht habe. Ich ging auf Mitte 40 zu, meine Tochter lebte weit entfernt in den USA, ich war geschieden und ich hatte eine Arbeit, die mir nicht mehr richtig Spaß machte. An eine neue Liebe glaubte ich nicht, weil ich keine neue wollte. Ich war also frei. Dann kam ich hierher und plötzlich war alles anders. Ich hatte euch und das war wie ein Geschenk. Dann fuhrst du weg und ich habe festgehalten an dem, was mir so wertvoll geworden war. Jetzt sagst du mir, dass du mich verlassen wirst. Und ich spüre, dass ich nicht frei bin. Denn ich habe etwas zu verlieren: dich, Choga. Und Josh. Das tut wahnsinnig weh. Mein Herz, das glaubte, frei zu sein, hat sich an euch gebunden.«

In etwa zehn Metern Entfernung erhob sich die Mauer, die meine Gefährtinnen ein Jahr zuvor errichtet hatten, um unsere Farm zu schützen. Sie erschien mir wie ein Sinnbild: Wir zwei Schwestern, die sich ein Leben lang nicht gekannt hatten, hatten eine kleine Oase gefunden. So ähnlich muss es unserer Mutter ergangen sein, die selbst dann nicht den Harem verließ, als Felix einzog, die blieb, als so viele starben. Der Harem war ihr Zuhause; er gab sie nicht frei. Während ich auf die unregelmäßig geformten Steine blickte, überkamen mich Zweifel, ob ich die Kraft hatte, jemals wieder von hier fortzugehen.

Zu Hause ist, wo deine Liebe wohnt – so lautet ein englisches Sprichwort. Ich liebte meine Schwester, Bisi und Ada. Ezira verehrte ich, Tanisha hatte einen Platz in meinem Herzen als Vertraute und Freundin. Mochte Ezira auch Recht haben, was meine Vergangenheit betraf, nämlich meine *Schwestern*, die einstigen Frauen von Felix. Die anderen drei gehörten nicht zu dem abzuschließenden Kapitel meines Lebens. Sie waren jener Teil meiner Gegenwart, den ich liebte. Und in der Tiefe meines Herzens nicht loslassen mochte.

Magdalena und ich standen auf. Ohne ein Wort zu sagen schlossen wir uns in die Arme. »Bist du denn sicher, dass es bei dir schon so schlimm ist? Bleibt dir wirklich so wenig Zeit?«, fragte Magdalena.

»Das liegt in Gottes Hand«, erwiderte ich.

Meine Schwester blickte mich aufmerksam an. »Warum sind deine Augen so entzündet? Hast du mit Amara schon darüber gesprochen?«

»Ja«, sagte ich und erinnerte mich auch an Dr. Rashids Worte, »dagegen muss Amara etwas tun. Ich hatte eigentlich gehofft, es würde von allein weggehen.« Gemächlich liefen wir zum Hof zurück. Ich lenkte meine Schritte zum Heilhaus und Magdalena ging ins Farmhaus.

Ich ließ mir von Amara gründlich die Augen untersuchen. Sie stellte eine eitrige Entzündung fest. »Ich werde eine Tinktur und eine Augenspülung für dich zusammenstellen«, sagte sie.

In ihrem kleinen Reich sah es vertraut chaotisch aus. Der relativ kleine Raum war voller Zutaten, aus denen sie nicht nur unseren Tee, sondern alle möglichen anderen Arzneien zubereitete. Von der Decke hingen gebündelte Pflanzen zum Trocknen und auf der kleinen Feuerstelle kochte ein Tee für Lape. »Du kannst ihn ihr jetzt geben«, meinte unsere Heilerin und begann bereits damit, etwas gegen meine Augenentzündung anzurühren. Ich beobachtete sie und spürte, wie es mich in den Fingern juckte, ihr zu helfen. Doch ich unterdrückte diesen Impuls schweren Herzens.

»Kranke dürfen nicht heilen«, sagte ich mehr zu mir selbst als zu meiner Mentorin.

»Aber helfen dürfen sie«, erwiderte Amara mit einem leichten Augenzwinkern.

Ich goss einen Becher voll Tee und trug ihn ins Heilhaus nebenan. Bisi hatte sich eine Schlafmatte geholt und lag neben Lape auf dem Boden. Sie summte gerade ein Wiegenlied. Ob Lape es hörte, war nicht zu erkennen; die geschwächte Patientin rührte sich nicht. Erst als ich mich auf den Bettrand setzte, schlug sie die Augen auf.

»Trink einen Tee. Der gibt dir Kraft«, sagte ich und flößte ihn ihr Löffel um Löffel ein. Sie war fast zu schwach, um den Mund zu öffnen. Aber sie gab sich dennoch Mühe, mitzumachen.

»Ich werde Amara helfen. Für eine ist das viel Arbeit«, sagte Bisi und ging nach nebenan. Wenig später betrat Magdalena das Heilhaus. Durch die Verbindungstür hörte ich sie und Amara miteinander sprechen, verstand aber nicht, worum es ging. Kurz darauf bestieg meine Schwester den neben dem Tor abgestellten Pick-up und fuhr vom Hof. Nachdem es mir gelungen war, mehr als die Hälfte des Tees in Lapes Mund zu manövrieren, erkundigte ich mich nebenan im Heilhaus, wohin Magdalena gefahren sei.

Bisi, die unseren Tee fertig stellte, antwortete: »Nach Jeba. Sie will mit Rose reden. Denn sie befürchtet große Probleme, wenn diese Streithenne erfährt, dass wir Lape geholt haben.«

»Ach, Rose soll sich nicht so haben«, meinte ich leichthin. »Weder sie noch die Kinder werden Lape je zu Gesicht bekommen. Schule und Station trennt immerhin eine Mauer.«

»Hoffen wir, dass Rose es ebenso sieht«, erwiderte Bisi. In ihrer Stimme schwangen erhebliche Zweifel.

»Du glaubst das nicht?«

»Auf jeden Fall hat Magdalena Recht, wenn sie mit Rose vorher sprechen will. Wir können uns keinen neuen Streit leisten. Wir sind auf das Wohlwollen der Kooperative angewiesen.« Mama Bisi lächelte. »Auf die deutsche Lehrerin wird Rose schon hören, wenn die sie beruhigt.«

»Dennoch war es richtig, Lape zu befreien, meine liebe Bisi. Wenn Rose uns Steine in den Weg legt, werden wir sie eben beiseite räumen. Dies ist euer Zuhause. Nicht das von Rose. Ihr dürft euch nicht vorschreiben lassen, wer hier noch leben darf und wer nicht!«, wetterte Amara.

Meine kleine Lieblingsmama blickte unsicher zu ihr. »Ja, ja, ich weiß!«, stöhnte sie. Dann sagte sie zu mir: »Lape darf auch nachts nicht allein sein. Abidem, Jumoke, Yetunde, Chinne und Charity sollten sich damit abwechseln, bei ihr zu schlafen. Könntest du eine von ihnen bitten, heute den Anfang zu machen?«

Ich ging unverzüglich los, und Amara rief mir nach, dass sie mir später meine Augentinktur verabreichen würde.

Auf den Verandastufen saßen Charity und Chinne. Sie legten sich gerade Zöpfchen und ich richtete ihnen Bisis Vorschlag aus. Charity blickte zu mir auf, während sie sich von ihrer *Schwester* schön machen ließ. »Jetzt bist du doch zurück. Warum bleibst du nicht bei Lape? Du hast früher auch im Heilhaus geschlafen, wenn Patientinnen krank waren.« In ihrer Stimme glaubte ich einen lauernden Unterton zu hören.

»Es geht doch nur darum, dass jemand Lape Gesellschaft leistet«, erwiderte ich ruhig. Aber ein bisschen ärgerte ich mich auch. »Warum sollen nur Amara, Bisi und ich für unsere Gefährtin da sein? Lape war bislang doch auch deine Freundin.«

»Ja, schon«, maulte Charity. »Aber wir verstehen nichts davon, wie wir ihr helfen müssen.«

Ich lehnte mich gegen einen der Verandapfosten und fühlte mich plötzlich sehr müde. Wieso empfand Charity es nicht als Selbstverständlichkeit, sich um ihre Freundin zu kümmern? Warum musste darüber erst diskutiert werden? Ich sah den beiden jungen Frauen zu, die mich kaum mehr beachteten. Jetzt tauschten sie die Plätze und Chinne ließ sich von Charity frisieren. Schlagartig wurde mir klar, dass für sie der Tod noch nicht in greifbare Nähe gerückt war. Sie konnten sich nicht vorstellen, selbst einmal so krank zu sein wie Lape. »War eine von euch heute schon bei Lape?«, fragte ich.

Charity und Chinne gaben ein undefinierbares Brummen von sich.

»Kommt«, sagte ich, »wir gehen jetzt mal rüber zu ihr.«

»Ach nein, Choga, jetzt nicht«, erwiderte Charity und umwickelte eines von Chinnes Zöpfchen mit buntem Garn.

Ich spürte, wie in mir eine heiße Welle der Wut aufstieg. »Möchtest du eigentlich, dass ich mir die Haare machen lasse, wenn du im Sterben liegst?«, brauste ich auf und packte Charitys Hand.

Sie schüttelte mich ab. »Du bist Heilerin. Das ist etwas anderes!«

»Du bist ihre Freundin. Empfindest du denn gar kein Mitleid?«, entfuhr es mir.

Endlich sagte Chinne auch mal etwas. »Ist ja gut, Choga.« Sie stand auf und ging zum Heilhaus.

Charity sah mich verblüfft an. »Was ist mit dir denn passiert? Sonst hast du dich doch um alle gekümmert. Jetzt bist du richtig komisch geworden.« Dann folgte sie Chinne, die sie an der Tür der Heilstation erwartete. Allein traute sie sich wohl nicht hinein. Ich ging den beiden nach. Sie standen wenig später recht ungelenk neben Lape und blickten auf sie hinunter. Aber keine von beiden sagte ein Wort. Mama Bisi trat durch die Verbindungstür zum Heilhaus zu uns. Mit einem Blick erfasste sie die Spannung, die im Zimmer lag. Es war offenkundig, dass Charity und Chinne von Lapes Anblick schockiert waren. In ihrer mütterlichen Art ermunterte Bisi die beiden, sich zu Lape zu setzen und mir ihr zu sprechen.

Ich zog mich unauffällig zurück und bewunderte Bisis Klugheit. Ihrer Idee war es zu verdanken, dass meine *Schwestern* zu lernen begannen, was jede Heilerin früh erfahren muss: Sterben ist ein Teil des Lebens. Es tut weh, das einsehen zu müssen. Aber es bleibt niemandem erspart.

Doch ich bedachte nicht, dass wir damit mancher von uns viel zu viel Tapferkeit abverlangten …

Die Hand an unserer Kehle

Noch am gleichen Abend verabreichte Amara mir in meinem Zimmer erstmals eine Tinktur, die sie eigens für mich zubereitet hatte. Sie hatte sich für eine ölige Substanz entschieden, die mich für eine Weile kaum noch etwas erkennen ließ. Sobald es nachließ, untersuchte ich meine Augen vor dem Spiegel. Rote Äderchen durchzogen sie, sie brannten wie Feuer und die Tränensäcke waren geschwollen. Für einen Moment überlegte ich, ob ich noch mal zu Amara ins Heilhaus hinübergehen sollte. Aber als Heilerin hatte ich mit so vielen Kranken zu tun gehabt und ihre Ungeduld zu spüren bekommen; Naturmedizin wirkt nun mal sehr langsam. Obwohl es gerade erst dunkel geworden war, entschied ich mich deshalb dafür, lieber früh schlafen zu gehen.

Kaum lag ich im Bett, als ich draußen Amaras Pickup vorfahren hörte: Magdalena war von ihrem Besuch bei Rose in Jeba zurück. Wenig später klopfte es; nur meine deutsche Umgangsformen liebende Schwester tat das. Alle anderen platzten nach afrikanischer Sitte einfach ins Zimmer, wenn ihnen etwas auf dem Herzen brannte.

»Komm rein, Magdalena!«, rief ich.

Ich entzündete eine Kerze, die so schwaches Licht spendete, dass es mich nicht in den Augen schmerzte. Meine Schwester setzte sich zu mir aufs Bett. Sie fuhr sich nervös durch das Haar. »Ich wusste nicht, dass du schon schläfst«, entschuldigte sie sich. »Ich bin so aufgewühlt, dass ich mit dir einfach sprechen muss«, sagte sie. »Wir haben wirklich ein Problem mit Rose!«

»Bisi erzählte mir, dass du versuchen wolltest, ihr unser Vorgehen mit Lape in Ruhe zu erklären«, erwiderte ich. »Sie war einigermaßen zuversichtlich, dass Rose auf dich hören würde.«

Meine Schwester ballte die Fäuste. »Choga, ich sitze in einer ziemlichen Zwickmühle!« Ihre innere Unruhe ließ sie nun im Zimmer auf und ab gehen. »Du hast mir vorhin erklärt, warum ihr Lape geholt habt. Ich verstehe, dass du nicht anders handeln konntest. Nur – Rose durfte ich das nicht so sagen.«

»Wie hast du es denn gesagt?«, fragte ich.

»Dass wir sie aus dem Krankenhaus holen mussten, weil sie dort nicht richtig versorgt wurde. Und dass du jetzt wieder hier bist, um dich um Lape zu kümmern. Von Lape gehe aber keine Ansteckungsgefahr aus, weil sie die Heilstation ohnehin nicht mehr verlässt.« Magdalena lehnte sich mit verschränkten Armen gegen die Tür. »Was hätte ich sonst sagen sollen? Ich fand, das sei eine vernünftige Argumentation.«

»Aber Rose hat das nicht gereicht?«

»Nein, leider nicht. Ich glaube, bei ihr kommen zwei Dinge zusammen. Zum einen die Angst vor Ansteckung.« Sie hob abwehrend die Hände. »Ich weiß, was du sagen willst: Das ist völliger Unsinn. Aber jemandem wie Rose kannst du nicht mit Vernunft kommen. Was glaubst du, Choga, was gesunde Menschen über diese Farm denken mögen, auf der immerzu junge Leute sterben?«, fragte Magdalena. »Die Leute haben Angst vor dem Tod. Sie wissen, dass sie ihm nicht entkommen können. Also meiden sie alle, die sie mit dem Tod in Verbindung bringen. Jetzt ist Lape aber hier. Und sie wird sterben. So furchtbar das auch ist, so wahr ist es dennoch.«

»Und zum anderen?«, fragte ich gefasst.

Magdalena suchte meine Nähe und setzte sich wieder auf mein Bett. »Es tut mir Leid, dir das sagen zu müssen, Schwesterchen: Aber Rose hasst dich. Sie glaubt, dass du ihre Kinder verhexen willst.«

»Was?« Ich musste lachen. Das war ja nur noch albern! »Ich habe ihre Kinder niemals angerührt! Nicht mal angesehen. Es sind deine Schülerinnen. Was gehen sie mich an?«

»Das weiß ich doch!« Magdalena griff nach meiner Hand und hielt sie fest. »Sieh mal, Schwesterchen, du bist Afrikanerin. Und ich bin Deutsche. Jetzt sitze ich hier und habe die unerfreuliche Aufgabe, dir klar zu machen, wie eine Landsmännin von dir denkt. Obwohl ich es selbst nicht begreife. Ich kann nur wiederholen, was sie gesagt hat: Du hättest einen bösen Blick und wolltest das Schlimme, das dir geschehen ist, an andere weitergeben. Darum hättest du Lape geholt.« Sie schüttelte traurig den Kopf. »Ach, sie hat noch eine Menge anderes Zeugs geredet, das ich dir lieber erspare.«

Ich lehnte mich zurück und schloss die brennenden Augen, um nachzudenken. Dass der Glaube an Hexerei und schwarze Magie in meinem Land sehr lebendig war, wusste ich durchaus. Obwohl die Menschen in die Kirchen oder Moscheen gingen. In Bibel und Koran fanden sie wohl nicht die Antwort auf Aids. Die angeblich überzeugte Christin Rose hätte sie dort gewiss gefunden. Es war allerdings bequemer, eine Hexe verantwortlich zu machen, als in der Bibel zu lesen. Ausgerechnet mich, die an meinem Elend die geringste Schuld traf, bedachte sie mit dieser Rolle! Das war unfair, und ich hatte keine Chance, mich zu wehren.

»Wie soll es weitergehen?«, meinte ich niedergeschlagen. »Du wirst Rose doch etwas vorgeschlagen haben?«

Meine Schwester stand erneut auf; ihre innere Zerrissenheit war körperlich spürbar. »Ich möchte dir nicht wehtun. Das weißt du. Wir sind auf die Kooperative angewiesen, in der Rose so großen Einfluss hat. Wenn wir unsere Produkte nicht verkaufen können, wovon sollen wir leben? Eine Farm ohne Abnehmer hat ein richtiges Problem! Rose hat sozusagen die Hand an unserer Kehle. Ich habe ihr gesagt, dass du den Kindern nicht nahe kommst. So ist es ja auch. Du sagst selbst, dass du die Mädchen noch nicht mal angeschaut hast.«

Es war hart, zu hören, dass ich mich in gewisser Weise auf meiner eigenen Farm verstecken musste. Trotzdem regte ich mich nicht auf, sondern sagte ganz ruhig, was ich aus all dem folgerte: »Wenn Rose in mir eine böse Hexe sieht, die unschuldigen Kindern etwas zuleide tut, kann sie genauso gut in ein paar Tagen verlangen, dass ich völlig zu verschwinden habe.« Es war einfach unglaublich, wie sich die Dinge entwickelt hatten. Ich störte auf meiner eigenen Farm! Es war nur gut, dass ich ohnehin nicht für immer bleiben wollte. Aber doch zumindest so lange, wie Lape noch lebte …

Magdalena massierte sich die Schläfen, als bereite ihr das Nachdenken Kopfschmerzen. Es tat mir richtig weh, sie zwischen zwei Stühlen sitzen zu sehen – der Verantwortung für die Farm und ihrer Liebe zu mir. Langsam kam sie zurück an mein Bett. »Der Kompromiss mit Rose ist dir gegenüber unmenschlich. Also lass uns über eine Alternative sprechen: Dr. Rashid hat dich gewiss auf deinen Heiltee angesprochen, oder?«

»Doch«, sagte ich und erkannte noch nicht ganz den Zusammenhang.

»Warum verkaufst du ihm nicht den Tee?«

»Würde er denn dafür bezahlen?«, fragte ich zurück.

»Natürlich! Jedoch bin ich noch nicht so weit gegangen, darüber mit ihm zu sprechen.« Sie atmete tief durch. »Also, ich erzähle mal von Anfang an: Ich kam mit Lape an. Aber da war Dr. Rashid noch nicht dabei, sondern irgendein anderer Arzt. Ich verlangte gezielt nach Rashid, weil ich wusste, dass er der Chefarzt ist. Ich bin eine Weiße. Das ist ein Vorteil, den ich in diesem Moment nutzte. Rashid kam und wir sprachen über Lapes Vorgeschichte. Wie lange sie schon krank sei; und ich erzählte in diesem Zusammenhang, dass sie hier bei euch diesen Naturtee bekommen hatte. Er wurde hellhörig, als ich ihm erzählte, dass du und Amara ihn herstellen und er schon vielen HIV-Patienten seit Jahren hilft.«

»Wunderte er sich denn nicht, dass du ihm Lape dennoch brachtest?«

»Nein. Im Gegenteil. Ihn hat wohl überzeugt, dass ich nicht behauptet habe, der Tee könnte Aidskranke wieder gesund machen. Ich hatte mich schon in Deutschland darüber informiert, dass in Nigeria falsche Heiler ihre eigentlich wirkungslosen Präparate so anpriesen. Außerdem erzählte ich ihm, dass du im Gegensatz zu diesen Leuten umsonst behandelst.« Sie lächelte. »Über deine Wohltätigkeit hatte ich mich ja so aufgeregt, als wir uns letztes Jahr nach meiner Ankunft hier darüber unterhielten.«

Ich war verwirrt. »Es stimmt, Amara und ich geben den Tee umsonst ab. Aber wie wollen wir ihn dann Dr. Rashid verkaufen?«

»Du müsstest in diesem Punkt über deinen Schatten springen, um den Unterhalt deiner *Schwestern* zu sichern«, erwiderte sie rundheraus.

Nun saß ich zwischen zwei Stühlen! Der eine war die Verantwortung für meine Schwestern, denen ich mit meiner Anwesenheit eine Last auferlegte. Der andere war die Treue zu meinen Grundsätzen. Heilen gegen Geld lehnte ich ab, weil die Natur mir ihre Gaben schenkte. Sie kamen somit von Mutter Erde. Verwandelte ich sie in Geld, entweihte ich sie. Und riskierte somit, dass Mutter Erde mir ihre Unterstützung entzog. Nur ein einziges Mal hatte ich gegen diese eiserne Regel verstoßen: als Tanishas Bruder mir Geld zukommen ließ, weil ich seiner Frau empfängnisfördernde Mittel verabreicht hatte. Ich brachte Mutter Erde zwar sofort ein Dankesopfer und betete für das Ungeborene. Aber ich wurde kurz darauf so krank, dass ich seitdem nicht mehr als Heilerin arbeiten konnte.

Ich erklärte Magdalena diesen Zusammenhang und sie hörte aufmerksam zu.

»Das heißt, dein Glaube und deine Heilfähigkeit gehören untrennbar zusammen«, resümierte meine deutsche Schwester. »Ich verlange somit etwas Unmögliches, wenn ich sage, dass du über deinen Schatten springen sollst. Du müsstest dazu eigentlich deine Überzeugung verraten.«

»Es geht nicht um eine Überzeugung, Magdalena. Mutter Erde ist meine Göttin, die ich verehre, weil sie meine oberste Schutzpatronin ist.«

»Kannst du ihr denn nicht irgendwie verständlich machen, dass es im Sinne unzähliger kranker Menschen wäre, wenn du dein Wissen an Dr. Rashid weitergibst?«, fragte sie. In ihrem Blick lag ein Flehen. Nur zu gern hätte ich ihrem Wunsch entsprochen.

»Natürlich ginge das«, sagte ich, »aber nur wenn Rashid sich seinerseits verpflichtet, nach Amaras und meinen Prinzipien zu handeln. Er dürfte also auch kein Geld verlangen, wenn er Patienten mit unserem Tee behandelt. Meinst du, er lässt sich darauf ein?«, fragte ich. Ich bezweifelte es stark. Immerhin arbeitete er in einer teuren Klinik, die davon lebte, dass Menschen für die Behandlungen Geld bezahlten.

Magdalena erhob sich. »Wenn alle so selbstlos denken würden, sähe unsere Welt wohl anders aus, Schwesterchen.« Ihr tiefes Seufzen drückte die Vergeblichkeit dieser Hoffnung aus. »Wie du können nur Menschen handeln, die einen tiefen Glauben haben. Verstehen werden dich nicht viele, wenn du so sprichst. Ich tue es, weil du meine Schwester bist und ich dich liebe.«

»Ich bin nicht selbstlos«, widersprach ich, »Heilige sind das. Ich bin nur dankbar für das, was die Natur mir schenkt. Mache ich Geld daraus, gibt es Streit. Weil die Leute sich nun mal grundsätzlich wegen Geld in die Haare geraten.«

»Oder wegen ihres Glaubens«, stöhnte Magdalena. »Damit wären wir wieder bei Rose und ihrem Hexen-Quatsch!«

Ich rang mich zu einem Vorschlag durch: »Ich mache mich unsichtbar, solange die Dorfmädchen bei uns sind. Dann sehen wir mal weiter, ob Rose das reicht. Das fällt mir nicht so schwer. Ich werde ohnehin viel bei Lape sein.«

Meine Schwester küsste mich auf die Stirn. »Du bist – ach, ich weiß nicht … Ich habe dich einfach lieb und bin unglaublich froh, dich kennen gelernt zu haben. Ich lasse dich jetzt schlafen.« Sie ging zur Tür, blieb stehen und drehte sich noch einmal um. »Ich habe immer darüber nachgedacht, warum du so anders bist. Ich glaube, ich kenne jetzt die Antwort: Für dich zählt das Wohl anderer mehr als dein eigenes.« Sie griff nach dem Türknauf und sagte mehr zu sich selbst: »Aber warum musst dann ausgerechnet du so krank werden? Wo liegt da der Sinn? Ich verstehe diese Welt nicht.« Ein letztes Mal wandte sie sich mir zu. »Gute Nacht, Schwesterchen.«

In den nächsten Tagen, die auf dieses Gespräch folgten, ging ich stets morgens nach dem Frühstück ins Heilhaus und hielt mich dort bis zum Einbruch der Dunkelheit auf. Lape schlief viel. Ich wendete sie zwischendurch gemeinsam mit Amara oder richtete sie etwas auf, damit sie keine Lungenentzündung entwickelte. Trotz all unserer Mühe wussten wir, dass wir Lape nicht heilen, sondern nur ihr Leiden erträglicher machen konnten. Damit sie spürte, dass diese Welt ihr auch Liebe gegeben hatte, wenn sie gehen musste. Nicht nur Gleichgültigkeit.

Während ich zu Lapes Krankenschwester wurde, war ich gleichzeitig Amaras Patientin. Unsere Heilerin probierte verschiedene Augenspülungen und Tropfen aus und legte mir sogar stundenweise Umschläge aus geriebener Rinde und Blätterextrakt auf. Allerdings wurde meine Entzündung kaum besser. Ich zwang mich zur Geduld. Und fühlte mich dennoch niedergeschlagen. Mein Rückzug ins Heilhaus kam mir ein wenig vor wie eine Gefangenschaft, obwohl ich mich selbst dazu entschieden hatte. Wenn Lape nicht gewesen wäre, die ich nicht im Stich lassen wollte, wäre ich wohl bereits zu Ezira aufgebrochen. Doch so zwang ich mich, auszuhalten, und hoffte, dass meine Augen sich in der Zwischenzeit erholten.

Um mich abzulenken, lauschte ich den Stimmen der Kinder, die durch die dünne Wand zwischen Heilhaus und Schule gut zu hören waren. Magdalenas Unterricht machte den Kleinen offenbar Spaß. Am meisten freute ich mich, wenn Joshs Stimme erklang. Er beteiligte sich rege am Unterricht, und ich grübelte, wie ich ihn bei Ezira zur Schule schicken konnte. Wenn er nicht morgens und abends jeweils eine Stunde bis ins Dorf gehen wollte, müsste er wohl bei Buchi unterkommen. Magdalena wollte ich nicht bitten, uns in den Regenwald zu begleiten. Eziras Welt und ihre passten einfach nicht zusammen. Immer wenn ich über dieses Thema nachdachte, verschlechterte sich meine Laune noch mehr. Denn jede Lösung, die ich erwog, würde jemandem wehtun.

Am sechsten Tag begann der Kreislauf der Nachtwachen von vorn: Charity war wieder an der Reihe. Sie betrat das Krankenzimmer, als ich auf einer Matte am Boden neben Lape lag, einen Kräuterumschlag auf den Augen.

»Na, Heilerin«, meinte sie, und ihr eiskalter Tonfall ließ mich frösteln, »du scheinst ja selbst deine beste Patientin geworden zu sein.«

»Meine Augen werden nicht besser«, gestand ich, denn es gab keinen Grund, daraus ein Geheimnis zu machen. Ich nahm den Umschlag von den Augen und richtete mich auf, konnte die Besucherin jedoch zunächst nur schemenhaft erkennen – wie einen bunten, großen Farbklecks. Sie, Chinne, Yetunde, Jumoke und Abidem kleideten sich in weite Tücher, doch Charity wählte immer besonders leuchtende Farben. Wie den anderen einstigen Frauen von Felix war auch ihr nicht anzusehen, dass sie das Virus in sich trug. Wer sie und die anderen nicht kannte, wäre nicht auf die Idee gekommen, dass sie HIV-positiv waren.

»Als du bei deiner Lehrerin im Regenwald warst, habe ich von meiner Tante einen Brief bekommen«, sagte Charity und lehnte sich gegen den Türrahmen. Sie wirkte, als wollte sie gleich wieder gehen. »Sie schrieb mir, dass sie wieder geheiratet hat. Heute habe ich sie angerufen und sie gefragt, ob ich bei ihr leben kann. Sie ist einverstanden!«

Während Charitys letzte Worte einem Jubelschrei glichen, erschrak ich. »Du willst fort?«, fragte ich überrascht. »Wann denn?«

»Morgen«, gab sie zurück.

»Weiß denn schon jemand davon?«, erkundigte ich mich erstaunt. Schließlich musste das mit allen abgesprochen werden.

»Ja, ich habe es eben Bisi gesagt.«

»Eben erst? Und morgen willst du uns nach zwei Jahren einfach so verlassen? Ist das nicht ein wenig plötzlich?«, fragte ich mit aufsteigender Verärgerung. »Und deine Kinder? Als Mutter hast du ihnen gegenüber eine Verantwortung. Sie brauchen regelmäßig Medizin. Hast du das bedacht?«

»Meine Tante wird sich auch um meine Töchter kümmern. Zuna und Baina geht es im Moment ja ganz gut!«

»Das kann sich schnell ändern, wenn sie den Tee nicht mehr bekommen. Charity, du bringst sie in große Gefahr! Auch du musst sicher sein, dass deine Behandlung fortgesetzt wird.«

»Ach, der Mann meiner Tante hat sehr viel Geld. Er wird für uns sorgen. Dort sind wir sicher. Was man von der Farm wohl nicht mehr sagen kann, wenn die Heilerin selbst Aids hat.«

Charitys schonungslose Offenheit, die mich völlig unvorbereitet traf, überforderte mich. Wir standen direkt neben der vor sich hin dämmernden Lape, deretwegen ich zurückgekehrt war. Und Charity wollte genau in dem Augenblick abreisen, wo die Tage ihrer Freundin gezählt waren. Das überstieg mein Verständnis vollkommen. Am liebsten hätte ich Charity aus dem Raum gezerrt, um zu verhindern, dass die sterbenskranke Lape unser Gespräch mit anhörte.

Während meine Gefühle Verrat schrien, redete Charity ungerührt weiter: »Übrigens nehme ich Chinne mit. Sie kennt meine Tante und wird sich bei ihr wohl fühlen.«

Ich spürte eine heiße Welle in mir aufsteigen, die mich kaum noch vernünftig denken ließ. »Charity, du benimmst dich unverantwortlich. Wir sind damals gemeinsam hierher gegangen, um uns gegenseitig zu helfen. Das war ein Versprechen! Du kannst nicht einfach gehen, ohne dich mit uns auszusprechen. Ich erwarte von dir, dass du wenigstens so lange bleibst, bis wir uns alle beraten haben. Das bist du uns schuldig!«

Doch Charity fertigte mich mit einer schnippischen Antwort ab: »Wir können ja morgen früh noch mal kurz reden. Aber jetzt muss ich packen.« Sie zog die Tür von außen zu. Ich stand verdutzt da und wusste zunächst nicht, was ich tun sollte. Ihr Verhalten war mir unerklärlich. Ging es um Lape? Ertrug Charity es nicht, die Freundin sterben zu sehen? Oder wollte sie meinetwegen weg? Ich warf einen raschen Blick auf unsere Patientin, stellte fest, dass sie unverändert ruhte, und eilte hinaus.

Hinter dem Schleier der Tränen

Charity pumpte gerade Wasser aus dem Brunnen, um sich einen Krug aufs Zimmer mitzunehmen. »Warum läufst du davon?«, fragte ich, bemüht, meine Enttäuschung zu verbergen. Ich wollte ihre wahren Beweggründe erfahren.

Meine Gefährtin füllte den Tonkrug randvoll. »Ich halte es hier nicht mehr aus, Choga. Wenn ich noch eine Nacht neben Lape verbringen müsste, würde ich durchdrehen.« Sie wandte mir ihr hübsches Gesicht zu, in dem ich nun statt Trotz eine große Traurigkeit erkannte. »Von allen, die mit uns vom Harem auf die Farm gegangen sind, war Lape eine der Gesündesten. Warum muss ausgerechnet sie als Erste dran glauben? Und wann bin ich dran? Wann Zuna und Baina?« Sie wischte sich mit dem Handrücken über die Augen, als ob sie weinte, was ich wegen der Dunkelheit nicht erkennen konnte. »Das ist wie bei dem Kinderabzählreim: Und raus bist du!«

Wie sie so vor mir stand, zart und zerbrechlich, schämte ich mich fast, dass ich sie wenige Minuten zuvor noch derart hart angegangen war. Charitys brutaler Vergleich mit dem Kinderspiel schockierte mich gleichzeitig. Wenn sie das so sah, dann taugte unsere ganze Idee von einer Oase nichts. Denn natürlich lag es auf der Hand, dass wir unserer Erkrankung nicht ewig die Stirn bieten konnten. Doch das begriff ich erst jetzt, als ich mir endgültig eingestand, dass wir mit dem Tee und aller heilerischen Vorsorge das Fortschreiten unseres Verfalls nicht aufhalten konnten. Unsere Oase konnte nur ein Glück auf Zeit bedeuten; Lapes Tod hatte Charity das bewiesen. Das hielt sie nicht aus.

»Warum hast du nicht eher Bescheid gesagt, was du empfindest?«, fragte ich. »Dann hätten wir das mit den Nachtwachen besser unterlassen. Vielleicht habe ich zu sehr Lapes Wohl beachtet und nicht genug daran gedacht, wie es euch damit geht«, gab ich zu. »Wir werden eine andere Lösung finden, Charity. Deswegen musst du nicht fortlaufen.«

Als sie mich nun direkt ansah, schwammen ihre Augen in Tränen. »Ich will nicht abwarten, bis du an Lapes Stelle liegst, Choga. Da hau ich lieber vorher ab. Meinetwegen halt mich für feige. Aber ich kann nicht anders.«

Ich hätte sagen können, dass ich es nicht so weit kommen lassen und vorher gehen wollte. Doch was hätte das noch geändert? Charity sah in mir die Heilerin. Und die durfte nicht selbst ausfallen. Ich entschloss mich, meine Gefährtin nicht festzuhalten. »Versprich mir, dass ihr alle sofort mit einer anderen Therapie beginnt, Charity«, schärfte ich ihr ein. »Aber du weißt auch, dass das für euch vier eine riesige Summe Geld kosten wird, oder?«

Sie bedachte mich mit einem tränenschweren Lächeln voll zaghafter, vager Hoffnung. »Gott wird seine schützende Hand über uns halten.«

»Umarmen wir uns noch einmal?«, fragte ich, und wir hielten uns fest. Wir konnten uns keinen Halt geben. Wir waren eher wie zwei Schiffbrüchige, die sich noch einmal aneinander klammerten. Dann nahm Charity ihren Krug und wir gingen gemeinsam zum Farmhaus.

Die Lämpchen an der Verandawand zauberten ein heimeliges Licht. Bisi und Ada hatten ihre Stühle dicht aneinander geschoben und steckten die Köpfe zusammen.

Ein Bild voll Gemütlichkeit, das ich liebte. Wenn die beiden alten, seit Jahrzehnten befreundeten Frauen so vertraut miteinander sprachen, fühlte ich mich immer behütet. Sie waren voller Herzlichkeit und Sorge um alle. Schon der Anblick der beiden sagte: Alles wird gut. Ihr Verhältnis zu Mama Funke, der dritten Seniorin, war längst nicht so eng, denn Funke war erst viel später zu uns gestoßen. Sie wurde erst zu Rate gezogen, wenn Bisi und Ada sich vertraulich ausgetauscht hatten.

Meine beiden Lieblingsmamas wandten sich Charity und mir zu. Der Blick in ihre Gesichter verriet mir, dass sie sich Sorgen machten. Charity wünschte rasch Gute Nacht und verschwand mit gesenktem Kopf im Haus. Sobald ich an die aneinander geschobenen Tische trat, um die wir uns gewöhnlich zum Essen versammelten, nahmen mich meine Lieblingsmamas in ihre Mitte.

»Habt ihr euch ausgesprochen?«, fragte Mama Bisi.

»Im Grunde läuft es darauf hinaus, dass Charity nicht zusehen kann, wie wir immer weniger werden. Irgendwie kann ich sie ja auch verstehen«, sagte ich nachdenklich.

Ada stimmte mir zu: »Wir können keine zwingen, hier zu bleiben. Das würde nur zu noch mehr Unruhe führen, als ihre und Chinnes Abreise ohnehin verursachen. So wird nur ein paar Tage lang darüber gesprochen und dann geht alles wieder seinen gewohnten Gang.«

»So meinte ich das eigentlich nicht«, erwiderte ich. »Magdalena sagte kürzlich, dass Außenstehende in unserer Farm einen Ort des Todes sehen. Anscheinend tut das zumindest auch Charity. Als ich vor fünf Monaten Tanisha bitten wollte, meine Nachfolgerin zu werden, da habe ich gezögert. Denn mir wurde bewusst, dass ich viel zu jung bin, um solch ein großes Wort in den Mund zu nehmen. Ich wollte sie nicht erschrecken. Aber wir sind alle nicht in dem Alter, uns damit abzufinden, dass wir nicht mehr viel Zeit haben. Eigentlich ist das grausam.«

Mama Bisi, unsere Älteste, drückte mich sanft an sich. »Ich wusste nicht, dass du so denkst, meine Kleine.«

»Erst Charitys Angst hat mir das klar gemacht. Ich habe als Heilerin schon viele Patienten in den Tod begleitet, so dass für mich der Tod zum Leben gehört. Andere Menschen jedoch sehen im Tod einen Gegner, der ihnen keine Chance lässt.«

»Charity war auch hier auf der Farm, als erst mein Enkel Jo starb und dann meine Tochter Efe«, sagte Bisi. »Da wollte sie nicht gehen, Choga. Warum jetzt?«

»Bei Jo und Efe war das anders. Die beiden gehörten nicht zu uns sieben jungen Frauen, die aus Lagos kamen, um auf der Farm ein neues Leben zu beginnen«, vermutete ich.

»Niemand kann ein neues Leben beginnen, Choga«, widersprach die praktisch denkende Mama Ada. »Es bleibt immer das alte.«

»Das weißt du«, meinte Mama Bisi, »aber Choga spricht von den jungen Frauen. Obwohl – wenn ich sie so reden höre, dann ist unsere Kleine keine von den jungen Frauen mehr. Eher eine von uns, meine liebe Ada.«

An mich gewandt, erwiderte meine Patin: »Ich weiß nicht, wer sich so wie du wegen Rose im Heilhaus eingesperrt hätte.«

»Schließlich bin ich hier, um mich von Lape zu verabschieden«, sagte ich, ohne weiter nachzudenken, ob das missverständlich sein könnte.

Doch als Ada entgegnete: »Das hier ist immerhin dein Zuhause, Choga!«, wurde mir bewusst, dass jetzt der Moment gekommen war, um meinen Lieblingsmamas zu gestehen, das auch ich gehen wollte. Doch es fiel mir unendlich schwer, und ich suchte nach Worten, die sie nicht verletzten.

So umschrieb ich meine Empfindungen wohl etwas zu ungenau. »Ich fühle mich unserer Gemeinschaft nicht mehr gewachsen. Ich sehne mich nach einem Platz, wo ich nur noch Ruhe habe und keine Verantwortung zu tragen brauche.« Eziras Namen traute ich mich nicht in den Mund zu nehmen.

»Demnächst sind hier ja vier Menschen weniger, um die du dich sorgen musst«, erwiderte Ada in ihrer manchmal recht burschikosen Art.

Auch Bisi erahnte nicht, was in mir vorging. Sie wie auch Ada beschäftigten die Sorgen des Alltags. »Wenn Charity und Chinne gehen, fehlen zwei Frauen, die das Farmland bearbeiten«, gab sie zu bedenken. Immerhin handelte es sich um 20 Hektar. »Das können die übrigen drei kaum noch schaffen. Wir überlegen, wie wir die Farm künftig bewirtschaften. Ada meint, wir sollten einfach nur weniger Fläche bearbeiten, weil wir ja weniger verbrauchen. Was meinst du, Choga?«

So verstrich mit dieser Frage die Gelegenheit für mich, über meine Abreise zu sprechen. Ich sah ein, dass der Zeitpunkt ohnehin nicht gerade glücklich war. Was sollte den anderen nun noch Auftrieb geben, wenn ich dasselbe wie Charity und Chinne tat?

»Eine andere Möglichkeit, als uns zu verkleinern, werden wir wohl kaum haben«, pflichtete ich bei.

Wir sprachen noch über Zuna und Baina, um die ich mich sorgte. Doch meine Lieblingsmamas meinten, dass Charity alt genug sei, um zu wissen, was sie tue. Ich dachte an Josh, der künftig ohne seine beiden Freundinnen auskommen musste. Als er kurze Zeit später zu uns kam, beschloss ich, es ihm lieber gleich zu sagen. Mein kleiner Sohn ließ den Kopf hängen, als er die traurige Nachricht hörte.

»Es ist doch so schön hier! Wollen sie denn gar nicht mehr bei uns bleiben?«, fragte mein Kind.

Mama Bisi nahm mir die Antwort ab, und als ich hörte, was sie sagte, merkte ich mir jedes Wort. Denn ich würde sie vielleicht schon wenige Tage später brauchen. »Charity hat Sehnsucht nach ihrer Tante. Sie möchte lieber dort leben. Wenn ihr Herz sie dorthin zieht, müssen wir sie gehen lassen, Josh.«

Mein Sohn, gerade erst von einer weiten Reise heimgekehrt, fragte, ob er seine Spielgefährtinnen dort besuchen dürfe. Da wir keine rechte Antwort wussten, wollten wir ihm zumindest nicht die Hoffnung nehmen.

Am nächsten Morgen frühstückten wir noch einmal alle gemeinsam mit Charity, Chinne und den Kindern am langen Tisch auf der Veranda. Über der Versammlung hing eine eigenartig gedrückte Stimmung. Ich wollte es niemandem zu schwer machen, indem ich nun noch einmal an das Verantwortungsgefühl der beiden einstigen *Schwestern* appellierte, doch zu bleiben. Amara erklärte sich bereit, die vier bis nach Jeba zu fahren. Dort würden sie ein Taxi nehmen, das sie nach Jos brachte, von wo aus sie mit Bussen an ihren Zielort reisen würden, eine Großstadt im Südwesten Nigerias. Abidem, Jumoke und Yetunde hatten ebenso wie Josh, Dayo und Ijaba Tränen in den Augen, als der Pick-up aus dem Hof fuhr. Hope rannte noch ein Stück bellend hinter dem Auto her. Es sah fast so aus, als ob sie die Abfahrt verhindern wollte. Dann gab sie auf und kehrte hechelnd zurück.

Bisi wischte sich Tränen aus dem Gesicht. »Zuna und Baina sind wirklich süße Geschöpfe. Möge Gott sie beschützen.«

Von Charity und Chinne sowie den Mädchen hörte ich nie wieder etwas. Vielleicht war das ein gutes Zeichen und sie wurden bei Charitys Tante glücklich.

Magdalena bemühte sich, so zu tun, als ob alles wie

gewohnt weiterginge, und bat die verbliebenen drei Kinder in die Schule.

Der kleine Klassenraum wirkte gespenstisch leer ohne Roses vier Mädchen, die erst eine Stunde später erwartet wurden. Unsere Kinder waren in der ersten Reihe zusammengerückt, die übrigen Bänke waren leer. Der Anblick machte mir richtig klar, dass Magdalena wohl Recht hatte: Wir brauchten die Gesellschaft anderer Menschen. Zusehen zu müssen, wie wir allmählich weniger wurden, war eine wesentlich erschreckendere Alternative. Vor allem, wenn ich daran dachte, dass Josh schon bald nicht mehr dort wäre ... Ich traute mich kaum, Abidem, Jumoke und Yetunde anzusehen, die mit verschränkten Armen hinter mir standen und ebenso wie ich auf die kläglich geschrumpfte Versammlung blickten.

»Kommt, lasst uns auf die Felder gehen!«, rief Ada und suchte die Schaufeln und Hacken zusammen.

»Ich mache auch mit!« Bisi, die wegen ihres Alters selten auf dem Feld arbeitete, gesellte sich nun zu Ada und den jungen Frauen. Die Energie meiner Lieblingsmamas, mit der sie bewiesen, dass sie sich nicht unterkriegen lassen wollten, steckte meine drei *Schwestern* an. Ich sah ihnen nach, wie sie zum Tor hinausgingen. Sie waren eine Gemeinschaft, zwar kleiner als zuvor, aber sie hielten zusammen.

Die aufgehende Sonne schmerzte in meinen entzündeten Augen. Ich sah zu, dass ich im Heilhaus verschwand. Amara hatte mir bereitgestellt, womit ich Lape versorgen sollte. Ich führte den Tee an Lapes Lippen und sie trank langsam und unter Schmerzen. Danach sank sie erschöpft zurück. Ich wollte nach nebenan gehen, um mir im Heilhaus meine Augentropfen selbst zu verabreichen, bevor ich mich endgültig zu ihr gesellte. Doch Lape hielt mich mit einer sanften Berührung meines Armes zurück.

»Choga«, sagte sie ganz leise, »ich habe gehört, was Charity gestern Abend zu dir gesagt hat.«

Während die Todkranke nach Luft schnappte, erwiderte ich: »Das tut mir Leid. Du hättest das nicht mitbekommen sollen. Aber jetzt sind Charity und Chinne fort.«

»Das ist besser so«, meinte Lape. »Sie waren nicht mehr gern hier.« Ihr matter Blick musterte mich fragend. »Dir geht es immer schlechter?« Ich stimmte schweigend zu. »Warum bist du dann nicht bei Ezira geblieben?«

Am liebsten hätte ich geantwortet: Deinetwegen. Doch das wäre ihr gegenüber unfair gewesen. Und es stimmte eigentlich nicht. Ich durfte nicht Lapes Schicksal als Ausrede missbrauchen. Es war ein Anlass, jedoch kein Grund gewesen. Das verstand ich inzwischen besser als eine Woche zuvor. Der wahre Grund lag mittlerweile über 13 Jahre zurück. Lape hatte ich zu jener Zeit noch nicht gekannt, und ich erzählte ihr jetzt diese Geschichte, die mich für immer geprägt hatte:

Bisis Sohn Jo, der schon ein erwachsener Mann gewesen war, und ich gingen damals jeden Samstag zum Markt in Jeba. Dort verkauften wir Farmprodukte und Schnitzereien. Anfangs konnten wir einen Traktor benutzen. Doch der ging kaputt und wir beluden eine Handkarre. Jo zog, ich schob. Doch mein Hüftleiden verursachte unerträgliche Schmerzen; ich wollte aufgeben. Da hob Jo mich auf die Karre und zog die Last mit mir darauf in die Stadt. Zwei Wochen lang machten wir es so. Dann beobachtete meine Mutter uns. »Jo ist nicht dein Diener«, ermahnte mich Mama Lisa streng. »Ich kann verstehen, dass dir das Laufen Schmerzen bereitet. Dennoch: So geht es nicht.« Ich durfte nicht mehr zum Markt. Meiner Mutter machte ich deshalb keine Vorwürfe. Sondern mir selbst; ich war zu schwach.

»Seitdem habe ich immer versucht, meine Schwäche

nicht zu zeigen«, schloss ich und sah Lape an. »Genau genommen war ich für das Landleben nie geeignet. Aber Mama Lisa hatte mir die Farm nun mal vermacht. Und ihr alle brauchtet ein neues Zuhause.« Ich hatte immer nur auf das reagiert, was das Schicksal mir als Aufgabe gestellt hatte. Auf die Idee, wegzulaufen, war ich nie verfallen. Weil man nie entkommen kann …

Lape öffnete ihre glasigen Augen weit und sagte mit schwacher Stimme: »Du wolltest die Handkarre ziehen, mit uns allen darauf.«

»Ja, wahrscheinlich«, erwiderte ich.

»Choga«, flüsterte meine *Schwester* dicht an meinem Ohr, »lass die anderen die Karre ziehen. Sonst liegst du bald hier, wo ich jetzt bin.« Im Zwischenreich zwischen Leben und Tod erkannte sie plötzlich alles ganz klar.

An diesem Abend kam Josh zum ersten Mal leise zu mir ins Bett, als alle schon schliefen. Mein kleiner Sohn konnte überhaupt nicht verstehen, warum seine beiden Freundinnen Zuna und Baina ihn so überraschend verlassen hatten. Plötzlich hatte er ein Zimmer ganz für sich allein.

»Mama, darf ich bei dir schlafen?«

Ich rückte ein Stück zur Seite und er kuschelte sich an mich. Ich musste mir für ihn eine schöne Gutenachtgeschichte ausdenken, die ihn mit der Wirklichkeit aussöhnte.

Es folgten weitere Wochen, die ich nicht zählte. Vielleicht waren es zwei, möglicherweise drei. Amara hatte mir in der Zwischenzeit mitgeteilt, dass ihre Nachfolgerin auch weiterhin ohne sie zurechtkam. Meine Mentorin und ich mühten uns in dieser Zeit, Lapes Leben so angenehm wie möglich zu gestalten. Aber wir sahen genau genommen zu, wie sie immer weniger wurde. Und wir spürten es, wenn wir sie hochnahmen. Wenn meine *Schwes-*

ter stöhnte, sah ich nach ihr. Ich fragte mich nicht, ob es sinnvoll war, was ich tat. Denn heilen konnte ich nicht, nur helfen.

Jeden Morgen blickte ich prüfend in den Spiegel und stellte fest, dass sich meine Augen kaum besserten. Die Entzündung war nun nicht mehr eitrig, aber ich musste mir eingestehen, dass sich mein Gesichtsfeld ganz allmählich veränderte. Alles, was außerhalb des Spiegels lag, wurde immer unschärfer. Ich sprach darüber mit Amara und sie veränderte die Zusammensetzung der Kräuter. Ich übte mich weiterhin in Geduld und hoffte auf Besserung.

Dann gab ich Lape eines Morgens wieder den Schmerz stillenden Tee. Er wurde aus den Knospen des Blutbaums gewonnen, der direkt neben dem Brunnen in unserem Hof wuchs. Lape, die sonst fast immer apathisch war, wirkte sehr unruhig. Sie hielt es nicht im Bett aus, war aber zu schwach, um aufzustehen.

»Weißt du, was einer im Krankenhaus gesagt hat?« Lape sprach so leise, dass ich sie kaum verstehen konnte. Ich kam ihr ganz nah. »Aids ist gar nicht so schlimm. Aids geht vorbei. Das Blöde ist nur, dass man dann mitgehen muss ...« Lape sah mich ernst an. Ihr Mund war dicht an meinem Ohr. »Ich will nicht mehr. Mir reicht's.« Sie kicherte wie ein Kind. »Ich geh ja doch mit!«

Das Sprechen kostete Lape viel Kraft. Schweiß stand auf ihrer Stirn, den ich abtupfte. »Irgendwann gehen wir alle«, sagte ich, »aber ich finde es wichtig, *wie* man geht. Denk an die vielen Menschen im Krankenhaus. Wie sie lagst du dort in einem trostlosen Gang. Hier bist du umgeben von Menschen, die sich um dich kümmern.«

»Ich weiß«, erwiderte Lape mit kraftloser Stimme. »Aber ich habe solche Schmerzen. Jetzt, wo du mir den Tee gegeben hast, ist es besser. Aber sie werden wiederkommen. Nachts liege ich hier und weine.« Ihr Blick flehte um Hilfe, die ich nicht leisten konnte. »Warum muss ich so leiden?«

»Überleg doch mal«, meinte ich, »welche Qualen ein kleiner Mensch auf sich nimmt, wenn er auf diese Welt will. Die ganze Zeit zuvor war da dieses rötliche Licht um ihn herum. Er wollte immer wissen: Woher kommt das? Das muss ich herausfinden. Also strengt er sich an und schiebt sich dem Licht entgegen. Es ist die Hoffnung, die ihn vorantreibt, trotz all der Schmerzen, die dabei entstehen. Wenn er diese unglaubliche Anstrengung nicht aushalten würde, könnte der kleine Mensch das Licht niemals erreichen.«

»Ohne Schmerzen kein Leben. Stimmt doch, oder?« Sie stöhnte. »Warum hat der liebe Gott sich das für uns Menschen ausgedacht?«

»Wenn du keine Schmerzen hättest, könntest du doch auch nicht wissen, wie es ohne sie ist. Aber weil du sie bei der Geburt kennen gelernt hast, weißt du, dass du lebst, wenn du sie hast. Vielleicht muss das Leben auch wieder mit Schmerzen enden. Weil das ein Kreislauf ist. Ein Kreis aus Schmerz.«

Dass meine *Schwester* nachts weinte, wenn ihre Wache schlief, bestätigte mein Bild von ihr. Ich hatte sie immer für einen Menschen gehalten, der nicht gern im Mittelpunkt stand. Sie war für jeden da, aber was wirklich in ihr vorging, wusste zumindest ich nicht. »Oder nimm deine Tränen«, sagte ich deshalb. »Sie lassen dich alles verschwommen sehen. Hinter dem Schleier deiner Tränen, da steckst du. Du allein. Die Tränen, die der Schmerz verursacht, erinnern dich an dein eigenes Ich. An jenen Menschen, den die anderen nie zu sehen bekommen.«

»Sie wollen keine Schwachen und Kranken sehen, Choga. Sonst wären Charity und Chinne doch nicht gegangen. Dich rechnen sie doch auch dazu.« Sie atmete schwer und verbarg ihr Gesicht, indem sie sich abwandte.

Schweigend saß ich neben ihr, ratlos und überfordert. Mein Trost war durchschaut; er reichte nur für den Augenblick, aber nicht für die Ewigkeit. Weder mit Taten noch mit Worten ließ sich der Tod aufhalten. Ich erhob mich, um mir meine Augentropfen zu verabreichen. Doch Lape hielt mich noch einmal zurück: »Choga, wenn es so weit ist – darf ich dann zu Efe und den anderen unter die Bougainvillea?«

Ich streichelte sie und versprach, ihr diesen letzten Wunsch zu erfüllen.

Roses Zorn

Es war noch nicht wieder richtig hell, als mich eine innere Unruhe weckte. Ich stand im Hof, die aufgehende Sonne kam mir vor wie ein blasser roter Ball ohne Kraft. Hätte ich nicht die Tageszeit gewusst, hätte ich auch annehmen können, sie gehe gerade unter. Aus dem neben dem Brunnen bereitstehenden Eimer schöpfte ich etwas Wasser und strich es mir über das Gesicht. Ich sog die klare Morgenluft ein, wie ich es gewöhnlich tat, und betrat die Heilstation. Es war darin dunkel und stickig. Ich öffnete die Fensterläden und das Licht fiel herein. In dieser Nacht hatte Bisi Wache gehalten. Zusammengekauert lag sie auf der Matte neben Lape.

Lape starrte mich aus weit geöffneten Augen an. Ich setzte mich auf ihr Bett und fühlte ihren schwachen Puls. »Choga ...« Sie flüsterte. »Jetzt habe ich keine Schmerzen. Hilfst du mir aufzustehen?«

»Wohin möchtest du denn?«, fragte ich.

»Noch einmal den Sonnenaufgang sehen. Bringst du mich zur Veranda?«

»Natürlich«, sagte ich. Doch allein konnte ich es nicht schaffen. Und Bisi schlief ganz fest; ich weckte sie sanft. Wir nahmen Lape in unsere Mitte und führten sie hinaus. Es war nicht zu spät; die Sonne glühte in mildem Morgenrot. Wir gingen langsam hinüber und setzten uns in die Korbstühle.

»Ich hole dir eine Decke, damit du dich nicht verkühlst«, sagte Mama Bisi. Denn meine *Schwester* war schweißnass von der ungewohnten Anstrengung.

»Lass nur, ich kann mich nicht mehr erkälten.« Lapes Lächeln schien seine Zuversicht aus einer anderen Dimension zu beziehen.

In Bisis Augen stand das blanke Entsetzen. Erst jetzt begriff sie, dass Lapes Todesstunde gekommen war. Sie schickte mir einen flehenden Blick, aber ich konnte meiner Lieblingsmama nicht helfen.

»Es ist so schön hier«, sagte Lape.

»Wollen wir hier bleiben?«, fragte ich. Denn ich hatte eine spontane Idee: Wenn der Tod zum Leben gehört, dann darf eine Sterbende bei den Lebenden bleiben, wenn sie es will.

Lape nickte. »Ich möchte alle noch einmal sehen.« Sie lehnte sich gegen Bisis mütterliche Schulter. Meine Lieblingsmama und ich hielten je eine ihrer Hände. Schließlich stieß Amara zu uns, die schon im Kräutergarten Pflanzen geerntet hatte. Sie erfasste die Situation sofort und wickelte die Sterbende in die rote Decke meiner Mutter. Nach und nach erwachten Abidem, Jumoke und Yetunde, Ada, Funke und Magdalena sowie unsere drei Kinder. Josh und die Mädchen nahmen ihr Frühstück wie immer ein. Für sie war es ein Morgen wie so viele andere auch. Dass sich Lape währenddessen auf ihre letzte Reise begab, bekamen sie nicht mit. Unsere Gefährtin saß einfach nur lächelnd und sehr schweigsam in unserer Mitte. Sie wirkte sehr glücklich.

Nur eines war an diesem Morgen anders. Als das Frühstück vorbei war und die Kinder zur Schule aufbrechen sollten, sagte Mama Bisi: »Jetzt werden wir noch gemeinsam beten.« In ihrem laut gesprochenen Gebet dankte Bisi Gott, dass er uns zusammengeführt und beschützt hatte. Sie bat auch um die Kraft, dass wir nicht an dem verzweifelten, was auf uns zukam. Es war ein schönes Gebet, ohne Bibel und Psalmen, geboren aus tiefer Ehrfurcht vor der Schöpfung.

Ich sah Lape an. Im Gesicht unserer *Schwester* lag noch immer ein leichtes Lächeln. Irgendwann, ganz leise, war sie gegangen. Josh und die beiden Mädchen brachen mit Magdalena zur Schule auf. Als sie fort waren, stand Amara auf und schloss Lapes Augen.

Mama Bisi weinte. »Sie hatte einen wunderschönen Tod.« Die *Mamas* und meine *Schwestern* küssten Lape ein letztes Mal und trugen sie ins Heilzimmer, wo wir sie aufs Bett legten und sorgsam zudeckten.

Wir beerdigten unsere *Schwester* kurz nach Sonnenaufgang des folgenden Tages. Ada, Abidem und Jumoke hatten für Lape ein Grab neben den Bougainvilleabüschen ausgehoben. Es war noch sehr früh und die friedvolle Stimmung des jungen Tages glich jener, in der Lape von uns gegangen war. Wir versammelten uns alle um das frische Grab, warfen Blumen und Erde hinein. Magdalena las aus der Bibel vor, denn Lape war wie alle meine Gefährtinnen eine gläubige Christin gewesen. Josh stand dicht neben mir. Lapes Freundinnen, die so viele Jahre mehr als ich mit ihr verbracht hatten, weinten. Ich hatte keine Tränen; ihr Leiden, das ich wochenlang erlebt hatte, hatte mich mehr berührt. In ihrem Tod sah ich eine Erlösung. Nach meiner Überzeugung, in der das Leben aus einem ewigen Kreislauf aus Geburt, Tod und Wiedergeburt besteht, trat unsere Gefährtin nun in einen neuen Kreis ein.

Meine Hand umfasste Joshs. Er fragte nicht, warum schon wieder jemand aus unserer Mitte starb. Der Tod gehörte zu seinem Leben; er war für ihn selbstverständlich. Ich hielt Josh, als ob ich mich an ihm festhalten müsste, um nicht in den dunklen Abgrund zu meinen Füßen zu fallen.

An diesem Morgen erst, als ich mich angekleidet hatte, waren mir auf meinen Oberarmen zwei dunkle Flecken aufgefallen. Ich hatte sie bislang nicht einmal Amara gezeigt. Ich wusste auch so, was sie bedeuteten. Mein Körper hatte die für Aids typische Variante des Hautkrebses entwickelt. Die Entzündung meiner Augen gehörte ebenso in dieses Krankheitsbild. Amara hatte sie mit der mittlerweile dritten Kräutertinktur, Spülungen und den nach wie vor angewandten Wickeln in den Griff bekommen. Doch meine Sehkraft hatte sich nicht erholt, sie wurde ganz allmählich sogar schlechter. Mein medizinisches Wissen reichte zwar nicht aus, um den Zusammenhang erklären zu können, doch ich wusste, dass es ihn gab. Ich war nicht einmal richtig überrascht; ich hatte unbewusst geahnt, dass mein Augenleiden nicht nur eine Infektion war.

Während ich auf den Sarg blickte, den Ada und Abidem aus schlichten Brettern gezimmert hatten, gestand ich mir ein, dass meine Zeit noch rascher ablief, als ich befürchtet hatte. Lape hatte keine Kinder hinterlassen; sie hatte ein Baby verloren, lange bevor wir uns begegnet waren. Joshs zarte Hand war wie das Leben, das ich nicht loslassen wollte. Aber nicht festhalten konnte; es lag nicht in meiner Macht. Nur eins blieb mir noch: Joshs Wohl jemandem anzuvertrauen, den ich liebte und den er ebenso in sein Herz schloss. Ich betete um genügend Zeit, damit mein Vorhaben Wirklichkeit werden konnte.

Mein Blick glitt über die Gräber, klammerte sich an den Blüten der Wunderblume fest. Nein, ich war noch nicht bereit für den Tod. Wenn auch meine Kraft schwand, meine Bereitschaft, wenigstens um Joshs Wohlergehen zu kämpfen, war größer als je zuvor. Und ich fühlte mich jetzt frei dazu, da Lape gegangen war. Meine Aufgabe auf der Farm war in diesem Moment beendet.

Noch am selben Tag wollte ich meine Gefährtinnen über unsere bevorstehende Abreise unterrichten. Ich sehnte mich nach Ezira und Tanisha. Bei ihnen konnte ich schwach sein, wenn ich schwach war. Auf meiner eigenen Farm hatte ich das Gefühl, selbst meine Schwäche als Stärke tarnen zu müssen. Ich warf das niemandem vor. Sondern es war, wie Lape so hellsichtig gesagt hatte: Ich wollte nicht zulassen, dass jemand anders meinen Karren zog. Bei Tanisha, meiner Freundin und Vertrauten, gesund und jung, hätte ich dieses Gefühl nicht: Wir stützten uns gegenseitig. Wenn ich nicht mehr wäre, würde sie gemeinsam mit Ezira mein Kind beschützen.

So dachte und hoffte ich, während ich noch mitten im Leben und dennoch meiner eigenen Endlichkeit gegenüberstand. Ich drückte Josh an mich und sah zu ihm hinunter. Unsere Blicke trafen sich und er lächelte ganz leicht. Tonlos formten meine Lippen: Ich habe dich lieb. Er erwiderte ebenso stumm und beredt gleichzeitig: Ich dich auch.

Wie bei jeder unserer Totenfeiern ließen wir uns noch am Grab nieder und sprachen über die Verstorbene. So blieb sie jeder von uns als lebendiger Mensch in Erinnerung und Josh durfte ebenso wie alle anderen Kinder Fragen stellen. Nachdem wir gemeinsam *Glory Glory Hallelujah* gesungen hatten, brachen wir zum Farmhaus auf. Wir waren fest entschlossen, diesen Tag wie jeden anderen zu gestalten, mit Farmarbeit und Schule. Das Leben musste normal weitergehen; daran hielten wir uns fest.

Bevor wir den Hof erreichten, fasste ich mir ein Herz. »Wartet einen Augenblick!«, rief ich den Vorausgehenden nach. »Ich muss euch noch etwas sagen.«

Die anderen hatten unsere kleine Schule fast erreicht; sie blieben stehen und sahen mich erwartungsvoll an.

»Mir müssen uns heute Abend auf der Veranda treffen«, sagte ich. »Und reden.«

Magdalena und Amara, die ich bislang als Einzige in meine Pläne eingeweiht hatte, nickten stumm. Bisi, Ada, Abidem, Jumoke und Yetunde waren überrascht. »Was ist denn los?«, fragte Abidem.

»Sobald die Kinder im Bett sind, erkläre ich es euch«, meinte ich ausweichend.

In diesem Augenblick kamen Rose, ihre mir namentlich unbekannte Verwandte und die vier Kinder durch das Hoftor. Es musste also kurz vor zehn sein, denn der Unterrichtsbeginn stand unmittelbar bevor. »Holt eure Schulsachen!«, rief Magdalena. Josh, Dayo und Ijaba rannten zum Farmhaus. Ada, Bisi, Abidem, Jumoke und Yetunde machten sich auf den Weg zur Veranda, vor der Schaufel und Hacken lehnten. Funke ging zum Kochhaus. Da ich für gewöhnlich um diese Uhrzeit bereits bei Lape gewesen war, hatte ich nie bemerken können, dass niemand Roses Nähe suchte. Es sah fast so aus, als ob lediglich meine deutsche Schwester mit der streitbaren Frau aus Jeba in Kontakt kam.

Ich wollte mit Amara zum Heilhaus. Plötzlich gellte Roses schrille Stimme über den ganzen Hof: »Miss Magdalena! Sie haben gesagt, die Hexe hält sich von unseren Kindern fern. Jetzt ist sie aber trotzdem da!«

Unwillkürlich blieb ich stehen und drehte mich um. Schon an mein Versteckspiel gewohnt, wollte ich mich rechtfertigen.

Doch Magdalena kam mir zuvor. »Meine Schwester ist keine Hexe«, antwortete sie ruhig. »Sie hat niemals jemandem etwas getan.« Dann wandte sie sich an Roses Schützlinge. »Kommt jetzt, Mädchen!« Sie hoffte ganz offensichtlich, die Wogen glätten zu können, indem sie einfach mit dem Unterricht begann.

»Choga, ärgere dich nicht. Die Frau ist es nicht wert«,

sagte Amara und verschwand schon im Heilhaus. Ich gab ihr Recht und wollte folgen. Bis zum Eingang des Heilhauses gleich neben der Schultür waren es nur zwei Schritte. Mindestens drei Wochen hatte ich dort verbracht und war offensichtlich nicht bemerkt worden.

Wie eine Rasende tauchte Rose neben mir auf und versperrte mir den Weg. »Du wagst es, dich direkt neben unseren Kindern aufzuhalten?«, schrie sie.

»Sie sind dort und ich bin hier. Wir berühren und sehen uns nicht. Du hast keinen Grund, dich aufzuregen«, meinte ich. Roses wutverzerrtes Gesicht war dicht vor meinem. Ich hatte plötzlich Angst, dass sie mir etwas tun würde, und wich einen halben Schritt zurück. Dabei stolperte ich unglücklich über meinen eigenen Stock. Um das Gleichgewicht zu halten, riss ich ihn hoch.

»Du willst mich schlagen, Hexe!«, brüllte Rose wie von Sinnen. Sie griff nach meinem Stock. Ich verlor die Balance und taumelte nach vorn, direkt auf die Rasende zu. »Komm mir nicht zu nah!«, schrie sie und stieß mich mit solch einer Wucht von sich, dass ich zu Boden stürzte.

Unser Streit hatte inzwischen die Aufmerksamkeit aller auf sich gezogen. Amara, die am nächsten gewesen war, eilte aus dem Heilhaus und half mir, mich aufzurichten. Magdalena, die schon mit den vier Dorfmädchen in der Schule gewesen war, stürzte ebenfalls herbei, in ihrem Gefolge die Schülerinnen. Auch Ada, Bisi, Abidem, Jumoke und Yetunde rannten auf uns zu. Mit ihren Hacken und Schaufeln in der Hand mochten sie auf Rose bedrohlich wirken. Dann kamen auch noch Josh, Dayo und Ijaba aus dem Farmhaus, die Schulsachen unter dem Arm. Alle redeten aufgeregt durcheinander.

»Sie wollte mich schlagen!«, wiederholte Rose und deutete auf mich.

Da ich unglücklich auf die Hüfte gestürzt war, konnte ich mich kaum aufrecht halten. Ich selbst war viel zu überrascht, um wirklich zu begreifen, was überhaupt vor sich ging. Mich wunderte vor allem, wie sich die so friedliche Stimmung nach Lapes Beerdigung in so kurzer Zeit ins Gegenteil verwandeln konnte.

Amara hakte mich bereits unter. »Du lügst!«, herrschte meine Mentorin die ihr im Grunde fremde Frau an.

Jetzt rastete Rose völlig aus. »Ich?«, brüllte sie mit sich überschlagender Stimme. »Ich bin eine ehrbare Frau. Aber diese Hexe hat schon meine Mutter auf dem Gewissen!«

Ada, groß und hager, bahnte sich einen Weg durch die Kinder. In ihrem Gefolge befand sich Bisi, wie Ada eine Hacke in der Hand. »Ich habe dir damals schon gesagt, dass unsere Gefährtin Ngozi nicht durch unsere Schuld gestorben ist!«, rief Bisi. »Warum musst du immer wieder mit diesem Unsinn anfangen? Der Tod deiner Mutter schmerzt uns ebenso wie dich. Schweig jetzt!«

Ada hatte bemerkt, dass meine Kleidung auf Hüfthöhe verschmutzt war. »Was ist passiert, Choga?«

»Ist schon gut. Es war nichts«, wiegelte ich ab, um nicht noch Öl ins Feuer zu gießen.

»Nichts ist gut!«, kreischte Rose. »Du hast dich nicht an die Verabredung gehalten, die ich mit Miss Magdalena habe.«

»Heute ist unsere Freundin Lape gestorben. Wir haben sie gerade beerdigt. Vielleicht hätten wir dich dazu um Erlaubnis fragen müssen«, gab ich zurück. Kaum dass ich gesprochen hatte, ärgerte ich mich bereits über meine Worte. Schweigen wäre klüger gewesen.

Roses Antwort bewies, dass meine Einsicht zu spät kam. »Schon wieder ist eine von euch an der Seuche gestorben?« Sie griff die Hand des erstbesten ihrer Mädchen und zog das verdutzte Kind mit sich fort. »Wir gehen. Kommt!« Über die Schulter rief sie uns noch nach: »Mit euch wollen wir nichts mehr zu tun haben!«

Unsere Kinder, meine *Schwestern* und Mamas wichen verblüfft zurück. Schweigend starrten sie dem Auszug der sechs Menschen nach. Keinen von ihnen sah ich jemals wieder.

»Die wären wir los!«, schmetterte Adas kräftige Stimme in die allgemeine Betretenheit hinein. »Wir werden auch ohne diese Streithenne zurechtkommen. Oder was meint ihr?«

Manche murmelten Zustimmung. Doch es war offenkundig, dass alle wussten: Jetzt kamen harte Zeiten auf unsere Gemeinschaft zu. Ohne die Unterstützung von Roses Kooperative konnten wir unsere Farmprodukte nicht mehr auf dem Markt verkaufen. Langsam wandten sich die einzelnen Gruppen wieder ihren ursprünglich angestrebten Beschäftigungen zu.

Josh, der vor Schreck erstarrt zugesehen hatte, löste sich von den anderen Kindern und umarmte mich. »Mama, hast du dir wehgetan?« Rührend wischte er den Staub von meinen Tüchern.

»Es tut nicht so weh«, beschwichtigte ich ihn und drückte ihn an mich. »Du kannst ruhig in die Schule gehen.« Er reckte den Hals, um mir noch einen Kuss zu geben, und sauste durch die nahe Schultür in den Klassenraum.

Mit dem Rücken zur Wand

Amara und ich zogen uns ins Heilhaus zurück, wo wir eigentlich Lapes durchgeschwitzte Matratze hatten auswechseln wollen. Doch dazu fehlte mir die Kraft. Ich lehnte mich gegen die Wand, mir war schwindlig, der Druck hinter meinen Augen kaum auszuhalten. Sie schienen mir aus dem Kopf springen zu wollen. Ich musste Amara bitten, mich in mein Zimmer zu begleiten, damit ich mich hinlegen konnte.

»Das war zu viel für dich«, stellte meine mütterliche Freundin fest, nachdem sie mich ins Bett gebracht hatte. »Solchem Streit bist du nicht mehr gewachsen.« Meine Mentorin setzte sich zu mir. Sie blickte mich ernst an. »Warum willst du, dass sich heute Abend alle versammeln?«

Ich seufzte. Amaras Frage erinnerte mich an ein Vorhaben, das nun unmöglich erschien. »Ich hatte ihnen sagen wollen, dass Josh und ich zu Ezira gehen. Das kann ich ja nun kaum noch. Meine *Schwestern* stehen doch nach diesem Streit vor dem Nichts. Die Zusammenarbeit mit der Kooperative können sie vergessen.«

»Das ist auch so, wenn du bleibst.«

»Ich werde dennoch zu Ezira und Tanisha gehen. Nur nicht jetzt. Erst müssen wir sehen, wie es weitergeht«, gab ich traurig zu bedenken. »Ich merke es doch an mir selbst: Für einen Aidspatienten ist es enorm wichtig, dass das Leben in ruhigen Bahnen verläuft.«

»Zumindest in einen Punkt musst du dir keine Sorgen

machen«, meinte meine mütterliche Freundin. »Meine Nachfolgerin hat mich heute angerufen. Wir haben uns fröhlich unterhalten. In Lagos läuft alles bestens. Ich glaube, sie vermissen mich nicht.« Sie lachte unbekümmert.

Kurz nachdem Amara hinausgegangen war, fiel ich in tiefen, erlösenden Schlaf.

Joshs Hände streichelten mein Gesicht und Hopes feuchte Zunge kitzelte meine nackten Füße, als ich erwachte. »Mama, geht es dir nicht gut?«

Erschrocken richtete ich mich auf und blickte zum Fenster. Der Himmel war schon fast dunkel. Ich hatte den ganzen Tag verschlafen! Ich nahm meinen Sohn in die Arme und wir hielten uns fest. »Ich war erschöpft, Schatz«, sagte ich. »Aber jetzt stehe ich wieder auf.«

Während ich mich auf meinen Stock stützte, um mich aufzurichten, fragte mein Sohn: »Warum war Rose so böse mit dir? Hast du sie wirklich geschlagen, Mama? Warum hat sie gesagt, dass du eine Hexe bist? Was heißt das, wieder ist jemand an der Seuche gestorben?«

Die Wucht seiner Fragen warf mich schier um! Ich erklärte ihm alles geduldig. Nur die letzte Frage war ein wenig schwieriger. »Eine Seuche«, sagte ich, »ist etwas, woran ganz viele Menschen in sehr kurzer Zeit sterben. Bei uns hat niemand eine Seuche. Lape ist an einer Krankheit gestorben, von der ich dir schon mal erzählt habe: Aids.« Wir saßen nebeneinander auf dem Bett und mein Sohn sah mich aufmerksam an. Ich nahm seine Hände. »Weißt du, mein Schatz, auch ich bin krank. Bei mir ist Aids noch nicht so schlimm. Wenn ich mich schone und alles ganz langsam mache, dann komme ich gut mit allem klar. Vorhin habe ich mich über Rose sehr geärgert und das verträgt mein Körper nicht mehr.«

Er kuschelte sich an mich. »Meine arme Mama, du darfst aber nicht krank sein.«

»Weißt du, Josh, das kann man sich nicht aussuchen. Wer solch eine Krankheit hat, muss versuchen, damit zu leben, und sich daran ausrichten.«

Seine großen Augen sagten, dass er nicht verstand, wovon ich sprach. »Wie macht man das?«

Ich erinnerte ihn an die Zeit bei Ezira, in der es mir viel besser gegangen war. »Damals«, sagte ich, »habe ich mich nur um dich und Tanisha gekümmert. Das war sehr schön. Ich glaube, wir beide waren dort sehr glücklich.«

»Ich vermisse Faraa!«, rief Josh unvermittelt. »Können wir wieder zu ihr, Mama?« Er strahlte übers ganze Gesicht, und ich glaubte, mir würde ein zentnerschwerer Brocken vom Herzen fallen.

»Ja, wenn du willst, dann können wir das tun!« Ich schloss meinen kleinen Jungen in die Arme. Es würde doch noch alles gut werden. Davon war ich in diesem Moment überzeugt. Das flackernde Licht meiner Kerze würde im Regenwald neue Kraft gewinnen. Ich sah uns im Geiste schon in der kleinen Hütte bei Tanisha und Faraa. In einer Welt, in der die Sorgen überschaubar waren. Wir mussten uns nur noch ein wenig gedulden.

Nachdem die kleine Schar unserer Kinder ins Bett gegangen war, versammelten wir Erwachsenen uns auf der Veranda. Ich sah in besorgte Gesichter. Seit zwei Jahren und vier Monaten lebten wir zwar erst zusammen. Doch obwohl uns anfangs nur der Wille, zu überleben, geeint hatte, war daraus inzwischen eine Schicksalsgemeinschaft geworden. Hätte es an diesem Tag nicht den Zwischenfall mit Rose gegeben, so hätte ich jetzt von meiner Abreise gesprochen. Als Bisi mir nun das Wort erteilte, um das ich nach der Beerdigung gebeten hatte, wusste ich nicht recht, was ich sagen sollte.

»Ich wollte mich in Lapes Namen bedanken«, brachte ich schließlich hervor. »Es war toll, wie das mit den Nachtwachen geklappt hat. Doch jetzt müssen wir uns neu orientieren. Mit der Farm.« Es war nur ein hilfloses Gestammel, das ich vorbrachte.

Glücklicherweise sprang Magdalena mir bei und sprach von der Kooperative, und auch Mama Funke meldete sich zu Wort: »Wir müssen das Land verpachten«, sagte sie. »Wir sollten nur den Kräutergarten behalten und ein wenig Land, das wir für den Eigenbedarf bebauen.«

Als meine deutsche Schwester nun sprach, glaubte ich, mein Herz würde für einen Moment aussetzen: »Für so viele Menschen, wie wir jetzt sind, werden die Erträge nicht reichen.« Damit erwähnte sie indirekt, dass unsere Gemeinschaft in dieser Form nicht mehr lange bestehen konnte. Da ich sie in meine Pläne eingeweiht hatte, vermutete ich, dass sie mir wieder einmal zu Hilfe eilen wollte. So wie in Lapes Fall, die sie ins Krankenhaus geschickt hatte. Nun sollten die anderen wohl erkennen, dass unsere kleine Oase keine Zukunft mehr hatte.

Ich sah Abidem, Jumoke und Yetunde an und versuchte in ihren Mienen zu lesen, was sie dachten. Doch sie blieben erstaunlich gefasst. So als ob sie Magdalenas Äußerung gar nicht richtig begriffen hätten.

»Gott wird uns einen Weg weisen, wie es weitergeht«, sagte Abidem. »Wir sind in seiner Hand.«

Bevor noch jemand etwas sagen konnte, begann Abidem, das Vaterunser zu beten, und alle schlossen sich an. Hinter allem, was geschah, erkannten meine *Schwestern* den Willen Gottes. So hatten sie es in der Kirche meines Vaters gelernt. Dass jemand die Karre schob, die sie zogen, war ihnen niemals aufgefallen. Vorwerfen durfte ich ihnen das nicht; es war das Prinzip, nach dem wir lebten. Die Hoffnung, dass es irgendwie weiterging, gehörte ebenso dazu. Sie trieb alle an. Nur wer wie Lape und mittlerweile auch ich nicht mehr blind auf die Hoffnung bauen konnte, der zweifelte.

Nachdem das Gebet beendet war, löste Bisi unser Treffen auf.

»Erst mal werden wir wie gewöhnlich weiterarbeiten«, sagte Ada zum Abschied.

Nachdem sie sich zurückgezogen hatten, blieben Magdalena, Ada, Bisi, Amara und ich am Tisch sitzen. »Haben wir denn überhaupt eine Chance, einen Pächter zu finden?«, fragte ich meine deutsche Schwester.

»Das wird sehr schwer werden«, antwortete sie. »Wenn Rose richtig gegen uns hetzen sollte, wird es fast unmöglich. Dann stehen wir mit dem Rücken zur Wand.« Sie stöhnte auf. »Eine Gemeinschaft kranker Frauen wird nicht gerade freiwillig unterstützt.«

In den nächsten Wochen wurde Magdalenas Befürchtung leider wahr: Sie fand tatsächlich niemanden, der bereit gewesen wäre, unser Land zu pachten. Obwohl sie und Mama Funke mit allen infrage kommenden Farmern gesprochen hatten. Gleichzeitig stand die nächste Ernte an; meine fleißigen *Schwestern* hatten Kartoffeln gepflanzt.

»Auf dem Markt in Jeba hat es keinen Sinn«, sagte Mama Funke. »Wir müssten bis nach Jos fahren.«

Magdalena war dazu bereit. Also wurde Amaras Pickup schwer beladen.

»Eine deutsche Lehrerin als Kartoffelhändlerin«, scherzte meine Schwester. »Hoffentlich haben wir Erfolg.« Am Abend kehrte sie unzufrieden zurück. Die Ladefläche war zwar leer, aber der Erlös entsprach nicht ihren Erwartungen.

»Macht nichts«, sagte Ada. »Die Mädchen haben wenigstens nicht das Gefühl, dass sie völlig vergeblich geschuftet haben.« So nahm meine Schwester noch einige weitere Fahrten in die Großstadt auf sich. Doch die nächste Aussaat beschränkte sich auf wesentlich weniger Felder; der Rest lag brach. Ich selbst verließ den Hof nur noch, um gelegentlich in meinen Kräutergarten zu gehen. Ich hatte immer öfter Kopfschmerzen, und meine Augen waren inzwischen so schlecht geworden, dass ich selbst auf dem Hof die Menschen nur noch am Gang erkannte. Das klappte auch gut, nur bei Abidem und Jumoke hatte ich gelegentlich Schwierigkeiten, sie auseinander zu halten. Denn beide hatten die gleiche Statur. Zufällig wurde Magdalena zweimal nacheinander Zeugin solch einer Verwechslung.

Als wir uns kurz darauf in der Eingangshalle trafen, hielt sie mich an der Hand fest. »Wegen dieser Fahrerei nach Jos habe ich mich zu wenig um dich gekümmert«, sagte sie. »Was ist eigentlich mit deinen Augen? Das müsste doch längst wieder gut sein!« Sie trat dicht vor mich. »Die akute Entzündung ist tatsächlich verschwunden. Trotzdem siehst du nicht gut?«

»Das gehört zu meiner Erkrankung«, meinte ich.

»Wie bitte?« In Magdalenas Stimme lag eine unangenehme Schärfe. »Du akzeptierst das einfach so?« Sie platzte fast vor Empörung. »Da fahre ich fast jeden Tag wegen dieser blöden Kartoffeln nach Jos. Anstatt dich dort endlich den Aidsspezialisten vorzustellen!«

»Es würde nichts nützen, wenn ich sie aufsuchte.«

»Du hast doch längst selbst eingesehen, dass die Naturmedizin nicht ausreicht. Oder etwa nicht?«

»Mutter Natur braucht Zeit, um zu helfen. Ein Baum trägt auch erst nach Jahren Früchte. Diese Geduld muss ich einfach haben.«

»Deine Ansichten in allen Ehren, Choga. Aber Aids kann man nicht mit Geduld behandeln. Ich werde Dr. Rashid aufsuchen. Vielleicht hat er bessere Argumente als ich. Und du wirst wenigstens mit ihm reden. Ist das ein Kompromiss?«

»Du meinst, er soll hierher kommen?«

»Wie ich dich kenne, wirst du ja wohl nicht zu ihm fahren. Dann wird deine deutsche Schwester jetzt die Dinge in die Hand nehmen. So kann es nicht weitergehen«, sagte sie. Entschlossen verließ sie den Raum.

Unser Blutbaum

Wenige Tage später fuhr ein großer Wagen in den Hof, eine lange Antenne auf dem Kofferraumdeckel. Magdalena hatte gerade begonnen, die Kinder zu unterrichten, meine *Schwestern* und die *Mamas* arbeiteten auf den Feldern, und ich half Mama Funke im Kochhaus, das Mittagessen vorzubereiten. Hope sprang bellend an den Türen hoch. Im Wagen saßen zwei Männer. Erst als sie ausstiegen und auf mich zukamen, erkannte ich Dr. Rashid. Ein mir unbekannter Mann begleitete ihn. Trotz der Wärme trugen beide dunkle Anzüge. Ich rief Hope vergeblich zurück.

»Lassen Sie nur, Frau Egbeme. Ich mag Hunde«, sagte Dr. Rashid und reichte mir freundlich lächelnd die Hand. Außerhalb seines sterilen Büros wirkte Dr. Rashid einnehmender, und mir fiel erst jetzt auf, dass er nicht größer war als ich. Als Hope ihn beschnüffelte, tätschelte er freundlich ihren Hals. Seinen Kollegen stellte Rashid als Dr. Nwosu vor. Der Mann war einen halben Kopf kleiner als Dr. Rashid und sein Blick huschte ständig umher. Er wehrte Hopes neugierige Begrüßung ab. Noch etwas unschlüssig, wie ich mich verhalten sollte, standen wir an dem Auto. Magdalena wollte ich nicht rufen; meine Position den Ärzten gegenüber wäre noch schwieriger geworden. Rashid erkundigte sich zunächst höflich nach Lape. Als ich erzählte, dass sie noch viele Wochen in unserer Obhut gelebt hatte, sagte er: »Sie war gewiss sehr glücklich, wieder nach Hause zu dürfen.«

Das klang in meinen Ohren wie blanker Hohn. »Bei uns bekam sie die Aufmerksamkeit, die eine Sterbende verdient«, erwiderte ich spitz.

Der Arzt spürte meine Reserviertheit. »Als mich Ihre Schwester vor kurzem in der Klinik aufsuchte, habe ich mich dafür bereits entschuldigt. Inzwischen haben meine Mitarbeiter überprüft, wer in jenem Bett lag, das Ihrer Freundin zugedacht war. Für diese Frau war nichts bezahlt worden; sie war mit einer inzwischen entlassenen Krankenschwester verwandt. Für sie hat sie Ihre Freundin einfach abgeschoben.« Aus seiner Anzugtasche holte er ein Bündel Geldscheine, das er mir nun hinhielt: »Das gehört Ihnen.«

Zwar verwies ich auf Magdalena, der er diesen Betrag schuldete, doch meine Einstellung zu Rashid änderte sich allmählich. Er hatte bestätigt, was meine Schwester von Anfang an vermutet hatte: Die in Nigeria weit verbreitete Bestechlichkeit hatte wieder einmal alles verdorben. Egal wie ich zu Rashids Heilmethoden stand, er mochte durchaus Gutes im Sinn gehabt haben. Ich entschloss mich, die Männer auf die Veranda zu bitten, wo wir an unseren Tischen Platz nahmen. Hope legte sich hechelnd zu meinen Füßen nieder.

Dr. Rashid wechselte in fehlerfreies Deutsch: »Ich habe in Berlin studiert. Deutschland ist ein schönes Land. Vermissen Sie nicht Ihre Heimat?«

»Ich war noch nie in Deutschland. Nigeria ist meine Heimat«, antwortete ich. Doch ich blieb beim Englischen. Mutters Sprache hatte für mich immer etwas Intimes. Ich benutzte sie lediglich, um mit Magdalena Vertrauliches zu besprechen. Aus Rashids Mund klangen die deutschen Worte irgendwie anbiedernd.

»Sie hatten nie den Wunsch, in das Land Ihrer Mutter zu fahren?«

»Als Kind schon. Aber es hat sich nicht ergeben.« Ich

spürte deutlich, dass ich der gewandten Gesprächsführung des Arztes nicht gewachsen war. »Warum sind Sie gekommen?«, fragte ich. Obwohl ich den Grund ahnte, wollte ich erst mal herausfinden, wie der Arzt ihn benennen würde. Ging es ihm noch um den Tee? Oder hatte Magdalena ihn nur meinetwegen um Hilfe gerufen?

Statt einer direkten Antwort bat Dr. Rashid: »Sehen Sie mich bitte mal an.« Er bewegte seinen Finger seitwärts vor meinen Augen hin und her und forderte mich auf, ihm zu sagen, wann ich den Finger aus dem Blickwinkel verlöre. Der Arzt runzelte die Stirn. »Ihr Gesichtsfeld ist stark eingeschränkt. Das müsste ich natürlich wesentlich genauer untersuchen als mit dieser simplen Methode.« Er blickte mich direkt an. »Haben Sie Flecken auf der Haut, die sie erst vor kurzem entdeckt haben?«

»Ja«, erwiderte ich. »Und ich weiß, was das bedeutet.«

Rashids Kollege beugte sich zu mir vor. »Umso dringender brauchen Sie eine starke antiretrovirale Therapie. Und zwar sehr schnell. Eigentlich sofort!«

»Verstehen Sie, was Dr. Nwosu Ihnen damit sagen will?«, hakte Dr. Rashid nach.

»Ich kenne diesen Begriff nicht«, räumte ich ein. »Aber er bedeutet gewiss nichts anderes, als dass ich ins Krankenhaus müsste.«

»Zumindest zeitweise«, gab Dr. Nwosu zu. »Es gibt verschiedene Aidsviren. Zunächst müsste jener Stamm bestimmt werden, den Sie haben. Entsprechend würden wir eine Kombination verschiedener Präparate wählen, um Sie damit zu behandeln.«

»Und dadurch werde ich gesund?«

»Das kann niemand garantieren«, räumte Dr. Nwosu ein.

»Warum sollte ich mich dann darauf einlassen?«

Dr. Rashid lächelte nachsichtig. »Ich vermute, dass ein Virus, das Sie sich eingefangen haben, durch Ihren ganzen Körper wandert. Dagegen hilft keine Ihrer Heilmethoden. Natürlich haben wir auch nichts, um Aidskranke gesund zu machen. So etwas wurde noch nicht erfunden. Aber wir können Ihr Leben verlängern und vielleicht Ihre Sehkraft erhalten. Wenn Sie sich nicht von jener Medizin helfen lassen, die Sie ablehnen, dann …« Der Arzt machte eine Pause. »Unter Umständen werden Sie blind, Frau Egbeme.«

Die Deutlichkeit, mit der die Ärzte mich warnten, schockierte mich. Wenn Amara, Buchi oder selbst ich Patientinnen über deren gesundheitliche Probleme berieten, so mussten sie zuvor über ihr Leben und ihre Sorgen sprechen. Denn dort konnte sich der Auslöser einer Erkrankung verbergen. Doch Rashid wusste nichts von mir. Seine forsche Vermutung konnte für mich somit nur die Mahnung sein, über meine Erkrankung eingehender nachzudenken. Doch dazu war jetzt nicht die Gelegenheit.

»Verstehen Sie mich bitte nicht falsch«, meinte ich, »ich bin Ihnen dankbar, dass Sie den weiten Weg von Jos zu uns gemacht haben. Doch ich werde nicht Ihre Patientin. Das hat auch nichts damit zu tun, ob Ihre Methoden gut sind oder nicht. Gott hat für jeden Menschen einen bestimmten Weg vorgesehen. Wenn unser Blut ein Virus trägt, das zum Tod führen soll, so ist das Gottes Wille.«

Dr. Rashid schob seine rutschende goldene Brille hoch. Auf seiner Stirn stand Schweiß. »Was ist mit Ihrem Tee, Frau Egbeme? Greifen Sie damit denn nicht in das ein, was Gott vorgesehen hat?«

»Eben nicht!«, widersprach ich. »Der Tee besteht nur aus natürlichen Mitteln. Die Heilerin erhält sie von Mutter Erde und gibt ihrem Patienten so zurück, was seinem

Körper fehlt. Bei Aids sind es Abwehrkräfte. Mutter Erde ist sozusagen die Mittlerin zwischen den Menschen und Gott. Sie gleicht aus und hilft.« Sie ermöglichte es mir, von Gott etwas Zeit zu borgen. Doch das sagte ich den studierten Männern nicht.

»Ich würde gern eine Probe des Tees mitnehmen«, bat Dr. Rashid.

Ich erwiderte, dass ich mich darüber mit Amara abstimmen müsse, und ging hinüber zum Heilhaus. Meine Mentorin empfing mich voller Ungeduld: »Du hast lange mit diesen Männern gesprochen.« Ich setzte sie ins Bild über unser Gespräch und erklärte ihr Rashids Wunsch nach dem Tee. Untergehakt machten wir uns auf den Weg. Als Amara den großen Wagen der Besucher entdeckte, führte sie uns dorthin. Das Auto stand im Schatten unseres Blutbaumes. Meine die Großstadt gewohnte Freundin deutete auf die Aufschrift an den Autotüren, die ich nicht beachtet hatte.

»Sieh mal«, raunte sie mir zu, »die lassen sich von interessanten Partnern helfen.«

Ich verstand nicht, was sie meinte, und sie deutete unauffällig auf ein Firmenzeichen: »Das ist ein großer Erdölkonzern. Hinter den Doktoren steckt Geld aus Amerika.«

»Ja und?«, fragte ich etwas schwer von Begriff.

Amara drehte mich zu sich um. »Nachdem Rose den Verkauf der Farmprodukte verhindert, brauchen deine Schwestern eine andere Einnahmequelle.«

»Du willst den Ärzten das Rezept verkaufen?« Ich war mehr entsetzt als überrascht, meine Mentorin wie Magdalena reden zu hören.

Sie wog ihren Kopf bedächtig hin und her. »Von Verkaufen kann keine Rede sein. Ich denke da an eine andere Lösung.« Sie zwinkerte mir verschwörerisch zu. »Lass mich mal machen. Vielleicht klappt es.«

Seite an Seite saßen wir kurz darauf Rashid und Nwosu gegenüber. Amara bestimmte den weiteren Verlauf des Gesprächs mit ihrer ersten Frage. »Ihr Interesse an unserem Tee schmeichelt uns. Aber was wollen Sie damit?«

Dr. Rashid antwortete ihr. »Ich will testen, ob er wirkt.«

Amara lachte dröhnend. »Das dauert Jahre!«

»Dann sollten wir schnellstens anfangen«, erwiderte Dr. Nwosu ungerührt. »Vier von 120 Millionen Menschen in Nigeria haben bereits Aids oder sind infiziert.«

»Dafür stehen Ihnen doch Medikamente aus Europa und den USA zur Verfügung«, gab Amara zurück. »Wozu brauchen Sie da noch unseren Tee?«

»Die Zahl der Aidsfälle hat erschreckend zugenommen. In manchen Gegenden Nigerias ist jeder Dritte im erwerbsfähigen Alter betroffen. Das ist für unser Land eine Katastrophe«, sagte Dr. Rashid.

Dr. Nwosu blickte Amara kritisch an. »Sie haben Recht. Wir bekommen aus dem Ausland Medikamente. Selbst wenn Europa und die USA meinen, sie würden uns die Präparate günstig verkaufen, so kann Nigeria sich das dennoch nicht leisten. Darum kam Dr. Rashid auf die Idee, nach Naturmitteln zu suchen.«

»Arbeiten Sie eigentlich beide am gleichen Krankenhaus?«, erkundigte sich Amara.

Dr. Nwosu verneinte. »Ich leite eine Privatklinik in Jos, die im ganzen Land Ableger hat. Dr. Rashid hat sich mehr der Gemeinnützigkeit verschrieben.« Er lächelte gekünstelt. »Aber unsere Probleme sind mehr oder weniger dieselben. Wir kämpfen an einer vorrückenden Front und sind bald umzingelt.«

»Nach den Worten Ihrer Schwester zu urteilen, sind Sie mit Ihrem Tee auf einem guten Weg.« Dr. Rashid sah mich offen an. »Wie lange nehmen Sie ihn schon?«

»Seit sieben Jahren«, sagte ich. »Aber ich musste die Einnahme unterbrechen. Vermutlich wäre ich sonst in einem besseren Zustand.«

»Das ist bei den industriellen Medikamenten nicht anders«, erklärte Dr. Rashid. »Wenn der Patient sie jedoch danach weiterhin nimmt, ist der Körper resistent. Dann hilft meist gar nichts mehr; die Menschen sterben sehr schnell. Welche Erfahrungen haben Sie mit Ihrem Tee in diesem Punkt gemacht?«

Ich war angenehm überrascht, ihn so reden zu hören. Er nahm Amara und mich richtig ernst. »Mein kleiner Sohn Josh musste ebenso aussetzen wie meine anderen Freundinnen. Und es geht allen gut. Genau wie zuvor. Nur ich hatte Pech.«

»Jeder Mensch reagiert anders«, meinte Dr. Rashid. »Aber es gibt noch einen anderen Grund, weshalb wir nach Alternativen zu den industriellen Medikamenten suchen«, fuhr er fort. »Die Tabletten werden unregelmäßig oder gar nicht eingenommen. Manchmal werden sie verkauft, Kinder hielten sie für Bonbons oder sie wurden schlichtweg vergessen. Patienten, die lediglich HIV-positiv waren, bekommen Aids.«

Dr. Nwosu legte seine Anzugjacke ab und Dr. Rashid folgte wenig später seinem Beispiel. »Die falsche Einnahme ist nur *ein* Problem. Das andere sind gefälschte Medikamente, die nur aus Zucker, Mehl und all solche Sachen bestehen. Damit verdienen Verbrecherorganisationen viel Geld.«

»Sie sehen, die Medizin aus dem Ausland hilft uns in Afrika nicht wirklich weiter«, sagte Dr. Rashid. »Afrika muss einen eigenen Weg gehen, um Aids zu bekämpfen. Das ist nicht nur unsere Überzeugung. Vielleicht bringt uns Ihr Tee dabei ein Stück weiter. Wir möchten die Wirkstoffe analysieren lassen und darauf eine eigene Therapie aufbauen. In gewisser Weise also eine Mischung aus Ihrem Vertrauen auf die Kräfte von Mutter Erde und der Medizin der Amerikaner und Europäer.« Der Arzt sprach wie ein Mann, der große Ziele hat. Zwar wollte er aus Naturmitteln chemische Medizin herstellen, doch als er sagte, dass man vier Millionen Patienten nicht dreimal am Tag mit einem aufwändigen Tee versorgen konnte, musste ich ihm zustimmen: Man würde hunderttausende von Heilerinnen brauchen! Wer sollte die ausbilden?

»Lassen Sie uns Ihr Mittel ausprobieren«, drängte Dr. Rashid.

Amara, die Arme vor ihrer schweren Brust gekreuzt, neigte ihren Kopf zur Seite, die Lider halb geschlossen. »Das klingt sehr gut, was Sie sagen. Aber jetzt hören Sie sich mal die Sichtweise einer alten Heilerin an. Sehen Sie den Busch dort drüben, in dessen Schatten Ihr Auto parkt?«, fragte Amara, und die Köpfe der Ärzte folgten ihrem Blick. »Das ist unser Blutbaum. Bereits wenige seiner Knospen senken das Fieber und lindern Schmerzen. Die Blätter, getrocknet und zerstoßen, helfen gegen Depressionen. Aber es dürfen nicht zu viele sein und sie müssen wie die Knospen vor Sonnenaufgang genommen werden. Jeden Morgen gießen wir den Baum ein wenig und reden mit ihm. Wenn wir Knospen brauchen, sprechen wir länger mit ihm. Dieser kleine Baum ist ein Mitglied unserer Gemeinschaft, darum steht er auch so, dass wir oft an ihm vorbeikommen. Wir sind freundlich zu ihm und er hilft uns.«

Der Mann mit der goldenen Brille nickte ernsthaft. »Ich verstehe.« Dann schüttelte er den Kopf und sagte: »Nein, ehrlich gesagt, verstehe ich nicht, was Sie meinen.«

»Als Heilerin muss ich der Natur etwas geben, um im Tausch etwas anderes zurückzubekommen. So wie das Zusammenspiel von Natur und Mensch funktioniert, ist es auch zwischen den Menschen. Mit einem wesentlichen Unterschied: Die Pflanze gibt aus Dankbarkeit. Der Mensch aber weiß nur zu schätzen, wofür er etwas anderes hergeben musste.«

»Sie sprechen von Geld«, erwiderte Dr. Nwosu, hinter dem nach Amaras Meinung die reichen Firmen standen. »Warum sagen Sie das nicht gleich?«

Sein Kollege widersprach: »Nein, das tut sie nicht. Sie spricht vom Prinzip der Dankbarkeit.«

»Junger Mann«, sagte Amara anerkennend, »Sie scheinen mich zu verstehen. Das ist in Ihrer Generation nicht selbstverständlich. Darf ich Sie etwas Privates fragen?«

»Bitte.« Dr. Rashid sah ihr direkt in die Augen.

»Wer hat Ihr Studium bezahlt?«

»Mein Onkel. Er hat in Kaduna einen Schrotthandel.«

»Wann haben Sie ihn zuletzt besucht?«

Dr. Rashid lächelte. »Aha! Jetzt ist alles klar. Sie sind keine Geschäftsfrau. Sie sind der kleine Blutbaum und Sie wollen wissen, ob ich Sie jeden Morgen gießen würde.«

Amara blieb völlig ungerührt. Sie fixierte Dr. Rashid. »Und?«, fragte sie. »Wann waren Sie das letzte Mal bei Ihrem Onkel?« Ich erinnerte mich daran, dass Rashid erwähnt hatte, er habe in Deutschland studiert. Sein Onkel musste demnach sehr viel Geld für seine Ausbildung bezahlt haben.

»Sie haben mich ertappt«, gestand der Arzt. »Zuletzt war ich vor drei Jahren bei ihm. Bin ich nun durch Ihre Prüfung gefallen?«

»Natürlich sind Sie das!«

»Sagen Sie mir, was ich tun soll.«

»Zum einen sollten Sie möglichst bald Ihren Onkel besuchen.« Amaras prüfender Blick taxierte den Arzt. »Zum anderen müssen wir uns darüber unterhalten, wie Sie dafür sorgen können, dass unser Blutbaum nicht verdurstet. Damit meine ich nicht Geld«, sie wandte sich bei diesen Worten an Dr. Nwosu, »sondern Hilfe für diese Farm und ihre Menschen.«

»Wie kann die aussehen?«, fragte Dr. Nwosu.

»So wie das Prinzip des Blutbaums. Aber ich kann Ihnen nicht sagen, was das für Sie bedeutet. Sie selbst kennen Ihre Möglichkeiten am besten«, orakelte Amara.

Der Arzt mit der goldenen Brille erhob sich. »Darf ich mir den Blutbaum mal aus der Nähe ansehen?« Ich begleitete ihn und Dr. Nwosu, während Amara zum Heilhaus ging. Die Sonne war inzwischen weitergewandert und der Blutbaum spendete dem Auto kaum noch Schatten. Dr. Rashid betrachtete den kleinen Baum lange. »Er sieht aus wie ein normaler Busch«, sagte der studierte Herr schließlich nachdenklich.

Amara kehrte zu uns zurück, eine aus Gras geflochtene Tasche in der Hand. Sie war gefüllt mit getrockneten Kräutern, Rindenstücken, Blüten und Wurzeln. »Den fertigen Tee kann ich Ihnen leider nicht mitgeben«, erklärte Amara. »Denn dann kennen Sie die genaue Zusammensetzung.« Sie lächelte anzüglich. »Und unser Blutbaum wäre vergessen.«

Dr. Rashid nahm die Tasche mit einer leichten Verbeugung entgegen. Dr. Nwosu reichte uns die Hand und stieg, von der bellenden Hope umtanzt, ins Auto. In diesem Moment trat Magdalena aus der Schultür. Dr. Rashid begrüßte sie. Da er sein Sakko über dem Arm trug, suchte er das Geld für Lapes Behandlung umständlich hervor und überreichte es ihr. »Ich wiederhole es gern noch einmal: Es tut mir Leid, was geschehen ist.«

»Ich hoffe, Ihr Besuch bei uns war erfolgreich«, meinte Magdalena bedeutungsschwer und sah dabei mich an.

»Das wird sich erst noch herausstellen«, erwiderte der Arzt. Wahrscheinlich weil meine Schwester neben mir stand, sagte Dr. Rashid nun an mich gewandt: »Ich habe vergessen zu erwähnen, dass ich ein Programm betreue, mit dem Aidspatienten umsonst behandelt werden. Ich könnte Sie darin sofort aufnehmen. Vielleicht entspricht das dem Prinzip des Blutbaums, Frau Egbeme. Wollen Sie nicht noch einmal darüber nachdenken?« Er reichte Amara, Magdalena und mir die Hand. »Wir sehen uns wieder.«

Wir blickten dem Auto mit der wippenden Antenne lange nach. »Kein schlechter Mann«, brummte Amara. »Vielleicht hat er wirklich verstanden, um was es uns geht.«

Magdalena war irritiert. »Habt ihr nicht über deine Krankheit gesprochen, Choga?«

»Doch, lange«, sagte ich und gab ihr einen ausführlichen Bericht.

Mit ihrer Reaktion versuchte meine Schwester, ihre Enttäuschung nicht allzu deutlich zu zeigen. »Du willst also nichts unternehmen und einfach dem Schicksal seinen Lauf lassen.« Während unseres Gesprächs humpelte ich auf meinen Stock gestützt zum Brunnen, pumpte etwas Wasser in den daneben stehenden Krug und verteilte es sorgsam über die in der Sonnenglut dürstenden Wurzeln des Blutbaumes. Meine Schwester beobachtete mich. »Warum tust du das jetzt?«

»Weil ich mir wünschte, ich könnte so anspruchslos sein wie dieser hübsche kleine Baum«, meinte ich. »Das Leben wäre so einfach und dennoch so vollkommen.«

Ein rätselhaftes Orakel

Von einem Teil des vielen Geldes, das Magdalena von Dr. Rashid zurückerhalten hatte, kaufte sie in der folgenden Woche in Jeba mehrere Säcke Putz. Ich war überrascht, als meine Gefährtinnen eines Mittags Amaras Pick-up entluden. Denn zumindest mit mir hatte sie über ihr Vorhaben nicht gesprochen. »Ich wollte ein Zeichen setzen, Schwesterchen«, verkündete Magdalena bester Laune und hob mit Jumoke einen Sack vom Wagen. »Die Kapelle, die Schule und das Heilhaus sehen so unfertig aus.« Die neu erbauten Gebäude bestanden bislang nur aus nackten grauen Steinen. »Ich dachte mir, wenn jetzt alle mit anpacken, bekommen sie das Gefühl einer gemeinsamen Zukunft zurück. Nichts ist schlimmer als der Zweifel an dem, was man hat, und daran, wie man lebt.«

»Haben wir denn diese Zukunft?«, fragte ich. Erst am Morgen hatte ich zufällig mit angehört, wie Amara lange mit ihrer Nachfolgerin in Lagos gesprochen hatte. Normalerweise scherzten die beiden miteinander. Dieses Gespräch war jedoch sehr ernst gewesen. Danach hatte ich keine Gelegenheit gehabt, mit Amara zu reden; sie hatte sich auf eine weite Wanderung in die Hochebene begeben, wo sie seltene Wurzeln sammeln wollte. Doch in mir lauerte das ungute Gefühl, dass sie sich mir nach ihrem Telefonat entziehen wollte.

Meine Schwester stemmte die Arme in die Hüften. »Natürlich haben wir hier eine Zukunft. Aber damit es so ist, müssen wir auch daran glauben.«

Gemeinsam mit Abidem wuchtete sie einen weiteren Sack von der Ladefläche. Die Schule fiel an diesem Tag aus und unsere drei Kinder schleppten Eimer, Maurerkellen und anderes Handwerkszeug herbei, dessen Zweck mir nicht bekannt war. Vor allem Josh zeigte große Begeisterung.

»Ich brauche jemanden, der mir hilft, die große Leiter zu tragen!«, rief Ada.

»Ich mach das!«, schrie Josh und rannte los. Wenig später trugen die große, kräftige Ada und der schmächtige Josh das hölzerne Ding quer über den Hof und Ada lehnte es gegen die Kapellenwand. Mir war sofort klar, warum Josh sich so für die Leiter interessierte: Flink wie ein Wiesel kletterte er die Sprossen hoch und winkte. »Mama, ich bin hier oben!«, rief er. Ich glaubte, mein Herz würde stehen bleiben. Doch Ada bat ihn ruhig, nun wieder herunterzukommen, damit sie mit der Arbeit in luftiger Höhe beginnen konnte.

»Ach, Choga, ich habe ganz vergessen, dir etwas zu geben. Ich war nämlich noch beim Postfach«, sagte Magdalena und drückte mir einen Brief in die Hand. Es stand kein Absender darauf. Ich riss den Umschlag auf und versuchte zu lesen. Es war fast unmöglich. Nur wenn ich das Papier ganz nah vors Gesicht hielt, konnte ich etwas erkennen. Doch immerhin wusste ich: Diesen Brief musste ich in Ruhe lesen! Bis zu meinem Lieblingsplatz unter den Büschen der Bougainvillea waren es vielleicht zwanzig Schritte, die ich mit klopfendem Herzen zurücklegte. Ich setzte mich in den Schatten.

Die Schrift auf dem hellblauen Papier war klein und zart; Wort für Wort musste ich mich vorwärts kämpfen. Während ich las, glaubte ich die Schreiberin ganz nah bei mir zu fühlen – Ezira.

»Liebe Choga«, las ich, »wie lange du nun schon fort bist, weiß ich nicht. Aber es werden viele Wochen, gar Monate sein. Hier bei uns sind alle gesund. Tanisha vermisst dich sehr und spricht viel von dir. Sie lässt dir und Josh ausrichten, dass es auch Faraa gut geht. Ihre Ausbildung macht so schnelle Fortschritte, dass ich fast glaube, sie will dich einholen! Auch mir fehlst du. Doch es geht nicht um mich, deine Lehrerin.

Schon in der Nacht bevor ihr uns verlassen habt, habe ich das Orakel befragt. Ich wollte dir seine Antworten nicht am Morgen eurer Abreise mitteilen. Denn du solltest voller Freude auf dein Zuhause zurückkehren können. Nun, da du noch nicht wieder zu uns zurückgekommen bist, weiß ich, dass ich einen Fehler gemacht habe. Ich hätte es dir sagen sollen. Das Orakel sah Menschen, die dich an einem Ort festhalten, und ich nehme an, es meint die Geschicke deiner Gefährtinnen. Es sah auch deine Verzagtheit, die dir den Mut zur Veränderung nimmt. Es sagt außerdem, dass dich eine große Dunkelheit umgeben und lähmen wird. Vielleicht ist damit eine tiefe Traurigkeit gemeint, denn du wirst einen Menschen verlieren, der dir sehr nahe steht.

Meine liebe Tochter, auf deiner Farm sind so viele, die du liebst, und so viele sind krank. Wen das Orakel meint, kann ich nicht sagen. Doch ich glaube herausgelesen zu haben, dass der Tod diesen Menschen sehr überraschend holt. Durch eine plötzliche Krankheit, einen Unfall?

Aber das Orakel sagt ebenfalls, dass du durch die Dunkelheit wieder zum Licht findest. Seine Kraft wird dich nicht verzehren, seine Helligkeit dich nicht blenden, dein Übermut dich nicht mehr verleiten, über das Feuer zu springen. Du wirst es lieben, denn ihr werdet eins sein.

Es sind leider nicht die glücklichen Stunden, meine Tochter, die dich zur inneren Wahrheit führen. Nur die überwundenen Hindernisse lassen dich deine Stärke erkennen. So findest du das Licht der Klarheit.

Meine Liebe ist für immer bei dir. Ezira.«

Ich ließ mich auf das Bett aus Bougainvilleablüten zurücksinken und schloss die Augen, die wegen der Anstrengung des Lesens schmerzten. Ich glaubte, das weise Lächeln meiner Lehrerin vor mir zu sehen. Schon lange hätte ich wieder bei ihr im *compound* sein sollen! So vieles, was Eziras Orakel in der Vergangenheit als meine Zukunft gesehen hatte, war inzwischen Gegenwart. Manches sogar bereits vergangen. Der plötzliche Tod eines geliebten Menschen ... Lape? Nein. Es brauchte kein Orakel, um ihr Sterben zu prophezeien.

Aber was war dann gemeint? Die Dunkelheit als meine Traurigkeit? Oder eine wirkliche Dunkelheit? Ich erinnerte mich an Rashids Warnung vor einer möglichen Erblindung. Unter dem Eindruck von Eziras Orakelbrief konnte ich diese Mahnung nicht mehr von der Hand weisen. Aber warum musste Gott mich diesen Weg gehen lassen? Was ich liebte, würde ich nie mehr sehen können: mein Kind, meine *Mamas*, Magdalena, die Natur. Weil sie da waren, würde ich nicht allein in der Dunkelheit bleiben, in die Gott mich schickte. Nahm er mir auch das Licht meiner Augen, so blieb mir doch noch das Leben. Und die Hoffnung, Josh bei mir zu haben. Ich würde ihn streicheln können und in die Arme nehmen, seine Stimme hören, seine Schritte. Ich wäre bei ihm.

Ich richtete mich auf und versuchte erneut, die Zeilen zu lesen. Diesmal wollte es mir nicht gelingen. Es war, als ob das Orakel nur einmal zu mir sprechen wollte. Unsinn!, schalt ich mich, das lag nur an der Überanstrengung. Wahrscheinlich brauchte ich einfach eine Brille. Doch welche Schlüsse sollte ich aus diesem Orakel ziehen? Missachten konnte ich es nicht, denn schon in meiner Kindheit hatte ich durch Mama Bisi die Kraft der Orakel erfahren und während meiner Lehrzeit bei Ezira selbst gelernt, wie ich die Zeichen deuten konnte.

Mit den schweren Nachrichten im Herzen beschloss ich, erst einmal Abstand zur Farm zu gewinnen. Mit meiner Angst, die ich deutlich spürte, hätte ich sonst alle nur verrückt gemacht. Ich brach zum Kräutergarten auf. Während ich den Weg nahm, den ich so oft schon gegangen war, stellte ich fest, dass ich mich nicht an dem orientierte, was ich sah. Sondern meine nackten Füße, die nie Schuhe trugen, ertasteten den Pfad. Als ich mein Ziel erreicht hatte, pflückte ich einige Minzeblätter und genoss den erfrischenden Geschmack. Dann befühlte ich die Erde der Pflanzen, die ich zum Großteil vor Jahren selbst angebaut hatte. Ich holte Wasser aus dem Brunnen, der von einer kleinen Quelle gespeist wurde, und goss meine Heilkräuter. Das kräftige Grün ihrer Blätter schien mir grau zu sein.

Den letzten Krug trug ich zu einem abgelegenen Winkel. An manchen Stellen glich der Garten einem dichten Hain, in dem man sich verstecken konnte. Ich erschrak bis ins Mark! Denn dort, gegen einen Stein gelehnt, saß Amara. »Was ist mit dir? Geht es dir nicht gut?« Besorgt ließ ich mich neben ihr nieder.

»Choga, ich habe keine Kräuter gesammelt. Ich bin davongelaufen, um hier in Ruhe nachzudenken.« Sie wirkte völlig verzweifelt. Ihre schwermütigen Augen erinnerten mich an Hope, wenn sie auf meinen Schoß wollte und nicht durfte. »Ich muss zurück, Choga. Meine Nachfolgerin kann nun doch nicht in Lagos bleiben. Sie stammt aus einem Dorf im Süden, dessen Heilerin gestorben ist. Sie soll ihren Platz einnehmen. Ich muss also heimkehren und jemand anderen finden.«

»Als ich dich heute Morgen telefonieren hörte, habe ich

mich schon irgendwie auf schlechte Nachrichten eingestellt«, sagte ich. »Aber dass es so schlimm kommt ...«

»Ich sitze hier wie eine dicke Kröte, die nicht fortwill, Choga. Denn dein Zuhause ist mir so sehr ans Herz gewachsen. Außerdem habe ich dir versprochen, deine Gemeinschaft zu retten. Mir fällt nur eine Lösung ein: Da Abidem, Jumoke, Yetunde, Dayo und Ijaba weiterhin ihre Medizin bekommen müssen, wäre es am besten, ich nehme sie nach Lagos mit. Dort wären sie ebenso versorgt wie hier.«

»Hast du denn in deinem *compound* genug Platz?«, fragte ich im ersten Reflex.

»Einige Schülerinnen haben ausgelernt. Mach dir darum also keine Sorgen«, erwiderte meine auf alles vorbereitete mütterliche Freundin. Ich spürte große Dankbarkeit. Sie, die Erfinderin des Blutbaum-Prinzips, lebte es mir vor.

»Du bist eine wirkliche Freundin, solch eine schwere Verantwortung auf dich zu nehmen. Aber sie werden krank werden, irgendwann.«

»Das ist der Lauf der Dinge, Choga. Doch zu Hause habe ich viele helfende Hände, die mich unterstützen.«

Ich setzte mich neben sie und schloss die Augen, die mir den Kräutergarten ohnehin nicht mehr in seiner Pracht zeigen wollten. So schnell und einfach würde nun alles gehen. Gewiss, wir würden meine *Schwestern* am Abend nach ihrer Meinung fragen. Doch was hatten sie schon für eine Wahl? Es war seltsam, dass ausgerechnet die Möglichkeit, alles hinter mir zu lassen, mich nun bedrückte. Ich dachte an meine Gefährtinnen, die in diesem Augenblick auf kahle Mauern Putz auftrugen. Für sie und vor allem meine optimistische Schwester Magdalena würde Amaras Nachricht einen Schock bedeuten.

»Choga, ich habe mir etwas überlegt. Du musst mir sagen, was du davon hältst.«

Als ich die Augen wieder öffnete, war meine Freundin in einen noch dichteren grauen Schleier getaucht. Ich konnte sie kaum erkennen. »Was hast du vor?«, fragte ich.

»Eigentlich bin ich das Leben in der Großstadt leid. Und jünger werde ich auch nicht gerade. Sobald ich jemanden gefunden habe, der meinen *compound* auf Dauer übernimmt, würde ich gerne auf der Farm bleiben. Dann könnten deine *Schwestern* und die beiden Mädchen wieder zurückkehren. Es wäre also nur ein Abschied auf Zeit.«

Ich atmete erleichtert auf. »Ja«, sagte ich, »damit werden sich alle anfreunden. In der Zwischenzeit können Ada, Bisi und Funke hier bleiben. Vielleicht sogar Magdalena.« Doch mein nächster Gedanke ließ Amaras schönen Traum wie eine Seifenblase platzen. »Wovon sollen sie leben? Zu dritt oder viert können sie die Felder nicht bestellen.«

»Du vergisst diesen cleveren Arzt aus Jos«, meinte Amara. »Der wird sich gewiss wieder melden.«

»Wie kann dein Blutbaum-Gedanke eigentlich funktionieren?« Das hatte ich nämlich immer noch nicht begriffen. Amaras bisherige Andeutungen waren mir zu ungenau.

»Ich wollte nicht, dass sie gewissermaßen alle Blätter des Blutbaums nehmen, uns Geld geben und wir hören nie wieder von ihnen. Stattdessen sollte eine enge Verbindung zwischen diesen Ärzten und uns entstehen.« Amara stöhnte auf. »Wenn deine *Schwestern* fort sind, geht das ohnehin nicht mehr. Ich wollte, dass Rashids und Nwosus reiche Geldgeber unsere Farmprodukte kaufen. So wäre unsere Existenz weiterhin gesichert gewesen. Doch das können wir jetzt vergessen.« Meine besorgte Freundin stützte den Kopf nachdenklich in die Hände.

»Aber es kann auch andersherum laufen«, überlegte ich laut. »Die Herren könnten die *Mamas* mit Lebensmitteln versorgen.«

Meine Mentorin fand meinen Vorschlag zwar nicht ganz überzeugend. Aber wir entschlossen uns dennoch, den anderen mitzuteilen, welche Veränderungen bevorstünden. Untergehakt gingen wir zurück zum Hof, als Amara sagte: »Choga, du musst wirklich bald reisen. Sonst ist es zu spät. Deine Krankheit schreitet viel zu schnell voran.«

Ihre Mahnung rief mir Eziras Brief in Erinnerung. Doch ich erwähnte ihn nicht; Orakel sind etwas sehr Persönliches. Es heißt, dass man sie nicht einmal den engsten Freunden offenbaren darf. Denn durch Orakel tut sich der Wille Gottes kund. Und ich kannte nicht die Absichten, die er mit mir hatte.

Ich musste sie herausfinden.

Die Dunkelheit

Ich bat Bisi noch für denselben Abend, alle Erwachsenen zur Besprechung auf die Veranda zu rufen. Niemand außer Amara und mir wusste, worum es gehen würde. Meine *Schwestern*, Magdalena, Ada, selbst Bisi und auch die Kinder hatten den ganzen Tag damit verbracht, unsere neuen Gebäude zu verputzen. Sie waren sehr weit gekommen. Nun saßen sie müde, aber mit ihrer Arbeit zufrieden vor mir. Ein dicker Kloß blockierte meinen Hals, denn seit meiner Heimkehr hatte ich diesen Moment gefürchtet, in dem ich mich von ihnen verabschieden musste. Aber ich war immer davon ausgegangen, dass ich diejenige sein würde, die sie verlässt. Die Gemeinschaft, die wir aufgebaut hatten und an die Abidem, Jumoke und Yetunde fest glaubten, würde nach diesem Treffen nicht mehr bestehen. Genau genommen starb endgültig jene Idee, die mein Vater einst aufgebracht hatte: Frauen um sich zu sammeln, die seine *Familie* wurden.

»Amara muss nach Lagos zurück«, begann ich. Weiter kam ich nicht; meine Stimme versagte. Ich fühlte mich wie ein Wanderer, der sich in der Fremde verirrt hat und nicht mehr weiterweiß. Denn wenn sie mich fragten, was aus mir werde, so konnte ich keine Antwort geben. Was sollte ich, falls ich tatsächlich blind wurde, noch im Regenwald? Doch konnte ich andererseits auf der Farm bleiben und meinen *Mamas* zumuten, mich zu pflegen? Und Josh an einem Ort leben lassen, an dem er keine

Kinder zum Spielen hatte? Welch ein trostloses Leben für einen Siebenjährigen!

Meine abgebrochene Ansprache verursachte Unruhe; alle riefen durcheinander. »Lasst Choga reden!«, rief Adas starke Stimme. Doch ich schüttelte nur den Kopf und kämpfte mit den Tränen der Verzweiflung. Ich wusste nichts mehr zu sagen. Mein Kopf war wie leer gefegt.

»Sprich du, Amara«, sagte ich heiser. Bisi, die in allen Versammlungen zu meiner Rechten an der Stirnseite saß, griff nach meiner Hand und drückte sie tröstend. Voller Entschlossenheit legte Amara ihren Plan dar, beantwortete alle Fragen und nahm meinen *Schwestern* die Sorgen.

»Wir haben dich sehr lieb gewonnen, Amara, und vertrauen dir ebenso wie Choga«, sagte Abidem gerührt. »Wir danken dir. Ich war schon mal in deinem *compound*. Dort ist es auch sehr schön.«

»Wann müssen wir denn fahren?«, erkundigte sich Jumoke.

»Sobald ihr euch von der Farm verabschiedet habt und bereit seid«, erwiderte Amara. »Wir haben es nicht eilig.« Diese Antwort tat ihnen offensichtlich gut, denn damit kam das Ende unserer kleinen Familie nicht einer Flucht gleich. Die Kinder konnten in Ruhe auf alles eingestimmt werden. Und die Frauen sich langsam an den Gedanken gewöhnen, dass eine schöne Zeit zu Ende ging.

»Ich war gern hier«, sagte Abidem. »Bist du denn wirklich sicher, Choga, dass alles aus ist?« Jetzt, nachdem die Neuigkeit ihr Herz erfasst hatte, verbarg sie ihr Gesicht in den Händen und weinte hemmungslos.

»Eigentlich will ich auch lieber hier bleiben!«, schluchzte Jumoke.

»Wir werden die Kinder auseinander reißen«, klagte

Yetunde, die Mutter von Ijaba. Die Sechsjährige hatte sich enger an Josh angeschlossen, seitdem Zuna und Baina fort waren.

Mit einem kräftigen Räuspern meldete sich Amara zu Wort und weckte in ihnen die Hoffnung, irgendwann wieder auf der Farm wohnen zu können. Meine liebevolle Mentorin blickte mich an. »Vielleicht wirst du dann mit Tanisha hier leben.«

»Ja«, sagte ich und rang meine aufsteigenden Tränen nieder. Denn ich wusste, dass ich so viel Zeit nicht mehr haben würde. Doch das wollte ich nicht aussprechen. Meine *Schwestern* sollten sich auf unser Wiedersehen freuen können; Trauer ist kein guter Reisegefährte.

»Komm doch mit zu Amara!«, rief Abidem spontan. »Dann sind wir weiterhin zusammen.«

»Ich bleibe hier bei den *Mamas* und warte auf euch«, antwortete ich. Magdalena und Amara, die nach wie vor als Einzige von meinen Plänen, zu Ezira zu fahren, wussten, schauten mich verwundert an. Doch sie fragten nichts. Erst als meine *Schwestern* sich aufgeregt mit Amara über ihre Zukunft unterhielten, gab Magdalena mir ein Zeichen. Wir gingen in mein Zimmer. Ich setzte mich auf mein Bett, doch Magdalena lief unruhig herum. Offenbar suchte sie etwas.

»Hier ist es so dunkel. Wo sind denn deine Kerzen?«

Ich streckte den Arm aus und griff neben mein Bett, wo sie am Boden lagen. Es war eine Bewegung, für die ich mich nicht einmal umsehen musste. Ich reichte meiner Schwester eine Kerze und sie fragte nach Streichhölzern. Die Packung, die ich fand, war leer. »Dann habe ich wohl keine mehr«, sagte ich.

Magdalena setzte sich neben mich und griff nach meiner Hand. »Du willst nicht mehr zu Ezira und Tanisha? Warum?«

»Erinnerst du dich noch an meinen Vergleich mit der

Kerze?«, fragte ich. »Das ist noch gar nicht lange her. Doch seitdem sind meine Augen so viel schlechter geworden. Ich kann doch nicht als Blinde durch den Urwald irren.«

Magdalena griff nach meinem Kopf und drehte ihn sanft in ihre Richtung: »Was heißt das, Choga?« Sie klang sehr erregt.

»Wahrscheinlich werde ich blind.«

»O Gott!«, rief Magdalena entsetzt. Ich hatte etwas Zeit gehabt, mich mit meinem Schicksal abzufinden; für sie war es jedoch ein Schock. Meine Schwester tat mir so Leid. »Bitte, du musst dir von Dr. Rashid helfen lassen! Nimm sein Angebot mit der Therapie sofort an!«, flehte sie.

»Mutter hat früher mal zu mir gesagt, als ich eine Erkältung bekam: Wenn du Medizin nimmst, dauert es sieben Tage, sonst eine Woche. So ist das bei mir wohl auch, bloß ein bisschen komplizierter. Dr. Rashid hat mir gesagt, dass er mich nicht heilen kann. Er hat damit indirekt bestätigt, was ich immer gesagt habe: Ich muss mein Schicksal so akzeptieren, wie Gott es will.«

»Ich glaube auch an Gott«, meinte meine Schwester und hielt meine Hand nun wieder so fest, als hätte sie Angst, mich schon jetzt zu verlieren. »Aber ich fürchte, ich würde ganz schön sauer auf Gott sein, wenn er mir so übel mitspielen würde.«

»Er spielt mir nicht übel mit. Er liebt mich und ich liebe Gott. Also kann ich auch nicht mein Schicksal ablehnen, denn es ist sein Geschenk an mich. Würde ich mein Schicksal hassen, bliebe mir nichts anderes übrig, als Gott auch zu hassen. Woher soll ich dann Trost bekommen? Ich würde alles zerstören, was mir am Ende meines Weges bleibt: mich selbst. Aber Gott hat mich nicht in dieses Leben geschickt, damit ich mich zerstöre. Im Gegenteil: Von der Minute an, in der ich gezeugt wurde, ließ er mich wachsen. Irgendwann hört der Körper auf zu wachsen. Dann soll nur der Geist weiterwachsen. So verstehe ich mein Schicksal.«

»Ist es denn wirklich alles Schicksal, was geschieht?«, gab Magdalena zu bedenken. »Erst verschiebst du deine Rückkehr in den Regenwald wegen der Ereignisse mit Rose. Und jetzt wieder, weil Amaras Nachfolgerin in ihr Dorf zurückkehren muss. Dabei hast du es dir doch so sehr gewünscht. Ich habe eher den Eindruck, dass du von solchen Ereignissen fremdbestimmt bist. Du triffst gar keine eigenen Entscheidungen.«

»Doch, ich treffe sehr wohl Entscheidungen. Aber wesentlich kleinere als du, wenn du in Deutschland alles aufgibst, um bei uns zu leben. Meine Entscheidungen fügen sich dem Lauf meines Schicksals, denn ich akzeptiere es.« Ich zögerte, ob ich ihr von Eziras Orakel erzählen sollte, und tat es dann doch. Denn ich fühlte mich keineswegs fremdbestimmt. Selbst in jenen schweren Tagen, als ich den Streit mit Tanisha hatte und an meinem Weg zweifelte, hatte sich hinterher alles als richtig erwiesen. Ich war der Weisung zu Recht gefolgt. So sagte ich nun zu meiner deutschen Schwester: »Ezira hat mir heute geschrieben: ›Durch die Dunkelheit findest du zum Licht.‹«

Magdalenas Stimme rang mit den aufsteigenden Tränen. »Das hört sich ja schrecklich an.«

»Im ersten Augenblick schon, weil sich jeder irgendwie vor Dunkelheit fürchtet. Eigentlich erst jetzt, wo ich mit dir darüber rede, höre ich das Versprechen, das darin liegt: Ich werde Licht finden. Dieser Brief ist ausgerechnet heute gekommen, wo Amara uns mitteilt, dass sie uns verlässt. Um mich davon abzuhalten, einen Fehler zu machen. Als Blinde bin ich im Regenwald hilflos. Ich muss bleiben, wo ich bin. Bei euch.« Während ich redete, löste sich die Angst, die mich umklammert hatte.

Plötzlich war ich wieder zuversichtlich und wusste, dass Magdalena falsch gelegen hatte: Es war richtig, sich nicht gegen das Schicksal aufzulehnen.

Eine plötzliche Heiterkeit ließ mich lächeln. »Darum bin ich doch wiedergekommen. Um mich von Lape zu verabschieden. Ich habe Lapes letzte Wochen begleitet, um zu wissen, was auf mich zukommt. Darin liegt für mich ein großer Trost. Es gibt keine Ungewissheit mehr. Was Kranke wirklich belastet, ist die Angst. Und die habe ich nicht. Denn ich kenne den Weg, den ich gehen werde. Ich habe ihn gesehen, Magdalena.«

»Du machst mir Angst, wenn ich dich so reden höre. Du kannst dich doch nicht auf das Leiden freuen!«

»Nein, natürlich nicht. Nicht wahr? So würdest du es vielleicht sagen: Ich kann ihm einen Sinn geben, es gestalten. Vielleicht hat Gott es so gemeint, Magdalena. Ich war HIV-positiv und bekam ein krankes Kind. Dadurch wurde ich zur Heilerin. Jetzt bin ich eine Kranke, die sich damit abfinden muss, dass der Tod nach ihr greift. Doch der Tod kommt zu mir nicht als feiger Dieb. Er kündigt sich durch die Blindheit an. Ich kann also auf ihn reagieren. Aber nur, wenn ich nicht vor ihm davonlaufe, sondern mich ihm stelle.«

»Wie willst du das machen?«, fragte Magdalena atemlos.

»Genau so, wie ich den Schrecken gebannt habe, den Felix mir zugefügt hat. Ich werde alles aufschreiben! Wie in einem Tagebuch. Darin halte ich fest, welche Naturmedizin wie wirkt. Das wird später Tanisha und anderen Heilerinnen helfen. Ihre Patienten werden weniger leiden müssen. Sie müssen nur lesen, was mir geholfen hat. Was hältst du davon, Magdalena? Ist das keine gute Idee?«

Meine Schwester ließ meine Hand los. Sie stand auf und stieß mit dem Fuß gegen den Hocker, der irgendwo in der Dunkelheit des Zimmers verborgen gewesen war. »Schwesterchen«, sagte sie so leise, dass ich sie kaum verstand, »wie willst du schreiben, wenn du nichts mehr siehst?«

Meine Begeisterung hatte mich die Realität vergessen lassen ... Ich suchte nach einer Antwort, und plötzlich wusste ich es: »Magdalena, *du* kannst alles aufschreiben!«

»Und wer soll dich behandeln, wenn Amara fort ist?«

»Ich werde Bisi sagen, was sie machen muss. Ich habe ja Amara zugesehen, was sie verwendet hat. Ich kann mich zwar nicht mehr an jedes Detail erinnern. Aber das ist nicht so schlimm. Das Ausprobieren gehört dazu. Du schreibst es alles auf. Was sich als falsch erweist, kannst du löschen. Würdest du das tun?«, fragte ich.

»Wie kannst du daran zweifeln? Du bist so unglaublich konsequent, Choga. Eine Heilerin, die sogar mit ihrem Tod noch helfen will.« Sie setzte sich zu mir und umarmte mich. »Du hast Recht«, sagte sie. »Du bist nicht fremdbestimmt. Du gehst das Leben nur anders an als ich. Ich könnte das nicht, ehrlich.« Dann küsste sie mich auf die Stirn. »Ich liebe dich. Und ich danke Gott, dass wir uns getroffen haben.« Ich spürte, wie sie leicht zitterte, als sie sagte: »Das ist wohl das, was du mit Schicksal meinst. Tausende von Kilometern trennten uns ein Leben lang. Dann fanden wir uns dennoch.« Ihre Anspannung löste sich in haltlosem Schluchzen. Keine von uns beiden traute sich, die andere loszulassen.

Die Versammlung hatte sich aufgelöst, meine Gefährtinnen gingen die Treppe hinauf nach oben, wo unsere drei Kinder schliefen. Die Tür öffnete sich und Bisi trat ein. »Warum seid ihr beiden denn im Dunkeln?«, fragte sie erstaunt.

»Zum Reden brauchten wir kein Licht«, erwiderte Magdalena geistesgegenwärtig.

»Magst du nicht noch ein wenig auf der Veranda mit mir sitzen, Choga?«, fragte Mama Bisi. »Wir haben uns noch so viel zu sagen.« Magdalena wünschte uns Gute Nacht. Während Bisi in der Küche Tee kochte, sprachen wir über unsere Gefühle angesichts des Endes unserer Oase.

»Weißt du, meine Kleine, ich habe die ganze Zeit gespürt, dass dich die Situation hier sehr belastet hat. Du wolltest nicht zeigen, dass du immer schwächer wirst. Darum bist du auch gerade eben davongelaufen. Doch vorgespielte Stärke kostet Kraft, die du zum Leben brauchst. Deinetwegen bin ich froh, dass es jetzt so gekommen ist. Die jungen Frauen werden es bei Amara gut haben. Unsere Heilerin hat ein großes Herz«, sagte meine Lieblingsmama.

»Aber es ist auch ein großer Traum gestorben. Heute wart ihr draußen so fleißig. Nun war alles umsonst.«

Bisi goss Wasser in die Teekanne. Sie lachte. »Ada hat sogar gesagt, sie sollen morgen weitermachen. Denn sie würden ja wiederkehren! Keine hat gemurrt. Einen schöneren Beweis, dass sie an die Zukunft glauben, gibt es doch gar nicht. Ich bin sehr zuversichtlich, dass es auch wirklich so kommt.«

Wir nahmen unsere Becher und die Kanne und gingen hinaus, um uns in die Korbsessel zu setzen. Hope bettelte wie üblich darum, auf meinen Schoß zu dürfen, und musste sich mit ein paar Streicheleinheiten zufrieden geben. Die klare Nachtluft tat gut. Die Lämpchen auf der anderen Hofseite konnte ich nicht mehr erkennen, jedoch die beiden nackten Birnen an der Verandawand. Wenngleich ihr Licht nur noch blassen Flecken glich. Noch am Vorabend hatte ich alles wesentlich deutlicher wahrgenommen. Obwohl Bisi mir genauso nah war, konnte ich ihr Gesicht kaum noch ausmachen.

»Für Josh wird es hart werden, wenn die beiden Mädchen fort sind«, sagte ich und dachte wehmütig daran, wie schön es gewesen wäre, wenn er Faraa gehabt hätte. Aber auch das war nun nicht mehr möglich. Mit meinem eigenen Schicksal konnte ich umgehen, doch Joshs Los war viel schwieriger. Ich musste mir etwas einfallen lassen, damit er eine Aufgabe hatte.

»Es ist wirklich zu ärgerlich, dass nicht mal mehr die Schulkinder kommen«, erwiderte Bisi nachdenklich. »Magdalena wird ihn allein unterrichten müssen. Hoffen wir, dass Dayo und Ijaba bald wieder hier sind.«

Ich hatte meinen Teebecher irgendwo auf dem Tisch abgestellt und griff ins Leere. Während ich noch dachte, dass ich mir in Zukunft angewöhnen müsse, solche Handgriffe bewusster auszuführen, fühlte ich, wie Bisi behutsam meine Hand an den Becher führte. »Warum verschweigst du mir, dass du nichts siehst?«, fragte sie ohne einen Vorwurf in der Stimme.

»Ich wollte dich nicht ängstigen, Mama. Außerdem kommt es so plötzlich. Was gestern da war, ist heute nicht mehr zu sehen. Ich muss erst mal lernen, damit umzugehen.«

»Das müssen wir, die wir dich lieben, aber auch, meine Kleine. Wenn es dir schlechter geht, sollten wir das wissen, damit wir dir helfen können.«

Meine Lieblingsmama bedauerte mich nicht, was es uns beiden viel schwerer gemacht hätte. Stattdessen nahm sie die große Herausforderung, vor der wir standen, einfach an. Wieder einmal bewies sie, dass sie meine Wunderblume war. Hoffnungen, die gestorben waren, warf sie wie welke Blüten fort, um mit neuer Kraft andere Knospen zu entwickeln.

Josh kam bereits am Morgen nach der endgültigen Besprechung auf der Veranda in mein Zimmer. »Mama, warum können wir denn nicht mitfahren mit den anderen?«, fragte er aufgebracht.

»Weil dies unser Zuhause ist, mein Schatz. Hier sind deine Omas und Magdalena. Wir wollen sie nicht allein lassen. Außerdem bin ich sicher, dass die anderen nicht lange in Lagos bleiben.« Ich erklärte ihm, was Abidem, Jumoke und Yetunde sowie Dayo und Ijaba dort machten. »Neulich waren wir bei Ezira, und jetzt gönnen wir ihnen mal ein wenig Urlaub, damit sie etwas anderes sehen.«

»Fahren wir zu Faraa und Tanisha?« Aus seiner Stimme hörte ich sein großes Sehnen heraus. Doch ich musste seinen Wunsch in weite Ferne schieben.

»Erst wenn die anderen wieder zurück sind. Wir haben viel zu tun, Josh. Die Arbeit auf der Farm muss erledigt werden. Außerdem werden meine Augen immer schlechter. Ich werde dich hin und wieder bitten müssen, mir zu helfen.«

Joshs zartes Gesicht kam meinem ganz nah. Er blickte mir tief in die Augen. »Die sind aber gar nicht mehr so schlimm, Mama.«

Seit Monaten hatte Josh mich immer wieder schwach und kränkelnd erlebt; ich hatte mich stets erholt. So schien es auch jetzt zu sein: Meine Augen sahen wie früher aus, denn Amaras Medizin war gegen die äußeren Entzündungen erfolgreich. Die Schäden, die das Virus im Inneren angerichtet hatte, konnte Josh nicht erkennen. Doch es wäre unfair gewesen, ihm etwas vorzumachen. Das hatte mich mein Verhalten Tanisha gegenüber gelehrt. »Irgendwann werde ich nichts mehr sehen können, Josh. Es gibt viele blinde Menschen. Aber wenn sie jemanden haben, der ihnen hilft, haben sie es nicht so schwer.«

Seine Kinderhände strichen sanft über mein Gesicht. »Meine Mama, ich habe dich so lieb!« Er bettete seinen Kopf an meine Schulter und schlang die Arme um mich.

Ich kostete diesen Moment der Nähe aus wie ein großes Geschenk. Meine Mutter hatte mich nie so an ihren Empfindungen teilhaben lassen. Darum hatte ich ihr Verhalten oftmals nicht verstanden. Josh und mich verband mehr als die unsichtbare Nabelschnur zwischen Mutter und Kind. Wir teilten dasselbe Schicksal. Die Dunkelheit, die mich erwartete, würde dieses Band noch fest knüpfen. Doch meine Angst wurde von Tag zu Tag größer, ihn in der Welt, die ich irgendwann nicht mehr sehen könnte, allein zurücklassen zu müssen.

Am Morgen ihrer Abreise bereitete Amara noch einmal den Tee zu. Ich leistete ihr Gesellschaft, um nun auch ihr zu sagen, dass ich mich endgültig entschlossen hatte, nicht mehr zu Ezira zu fahren. »Tust du es wegen Ada, Bisi, Funke und Magdalena oder traust du dir die Reise nicht mehr zu? Wenn es wegen der anderen ist, dann entscheidest du dich falsch!«, sagte meine Mentorin. Ich erklärte ihr, dass ich es wegen meiner Augen nicht mehr wagen wollte. »Du wirst blind? Dann bleibe ich da!«, rief sie spontan.

»Nein, du musst fahren. Ich habe mir eingeprägt, wo alles ist, und ich werde noch heute Bisi anlernen, den Tee allein zu brauen, und ihr zeigen, wo die Zutaten stehen.«

»Es ist alles da«, sagte Amara. »Den Rest findet ihr im Kräutergarten.« Dort kannte ich mich ohnehin aus. »Ich werde so schnell es geht wieder hier sein, Choga«, versprach sie und schloss mich in die Arme. »Ich lass dich so ungern allein. Versprich mir, mich anzurufen, wenn du Hilfe brauchst.« Ich tat es und dann verteilten wir den Tee ein letztes Mal gemeinsam an meine *Schwes-*

tern und Josh. Als wir uns zum Abschied umarmten, versprachen wir uns, bis zu unserem Wiedersehen tapfer durchzuhalten.

Meine Schwester hatte mit Amara ausgemacht, dass sie die vier Frauen und die beiden Kinder mit dem Pick-up nach Jos bringen würde. Dort würden sie die Reise mit Bussen fortsetzen, was bequemer war, als hunderte von Kilometern auf einer offenen Ladefläche zu fahren. Wir würden den Pritschenwagen behalten und somit nicht völlig abgeschieden sein.

»Grüßt alle, die sich bei Amara noch an mich erinnern«, bat ich meine *Schwestern.* »Ich war damals sehr gern dort.«

Bisi küsste Abidem, Jumoke und Yetunde, Dayo und Ijaba. Josh und die beiden Mädchen tobten mit Hope bis zur letzten Minute über den Hof. Dann krabbelten Dayo und Ijaba auf die Ladefläche zu den drei jungen Frauen und winkten ihnen nach.

»Bis in ein paar Wochen. Ihr werdet sehen, die Zeit vergeht wie im Flug!«, rief Mama Bisi.

Joshs Hope

Magdalena kehrte kurz nach Mittag aus Jos zurück. Sie hatte Fassadenfarbe mitgebracht. Die warme Sonne hatte den Putz der fertig gestellten Kapelle getrocknet, und Ada legte die Leiter an, um mit dem ersten Anstrich zu beginnen.

»Wenn die anderen zurückkommen, werden sie staunen, wie schön hier alles ist!«, rief Josh begeistert und ging Ada zur Hand. Meine Patin ließ sich in den folgenden Tagen viel Zeit und gab Josh so Gelegenheit, selbst zu streichen. Mama Funke kümmerte sich um unser Haus, Bisi und ich waren entweder im Kräutergarten oder im Heilhaus. Die Tage waren sehr ruhig geworden.

Magdalena unterrichtete Josh fortan nicht mehr in der Schule. »Das weckt nur schmerzhafte Erinnerungen in ihm«, argumentierte sie. Die beiden setzten sich nun zum Lernen auf die Terrasse. Oft machte ich mit, wenngleich ich kaum erkennen konnte, was in den Büchern stand. Magdalena nutzte mein vorgetäuschtes Nichtwissen, um Josh zu größerem Fleiß anzuleiten.

Ich hatte mich mit der Ruhe, die eingekehrt war, rasch abgefunden. Denn die Stille erinnerte mich ein wenig an jene in Eziras *compound*. Ich beschloss, Magdalena zu bitten, ihr und Tanisha einen Brief zu schreiben, in dem ich gestand, dass ich nicht mehr kommen würde. Mit diesem Gedanken hatte ich mich lange herumgeschlagen, denn ich hatte befürchtet, dass es mir schwer fallen würde. Doch es ging leichter als erwartet, Magdalena meine Worte zu diktieren.

»Die Dunkelheit hat mich fast erreicht«, bat ich meine Schwester zu schreiben, »doch sie wird keine Finsternis sein, die mich verschlingt. Denn ich bin zu Hause.« Nur für meine Lehrerin fügte ich hinzu: »Auch hier werde ich das Licht der Klarheit finden.«

Solange es ging, wollte ich den Tee selbst bereiten, und das klappte auch ganz gut. Einmal trat ich gegen Abend aus dem Heilhaus, den Becher in der Hand, und rief meinen Sohn.

»Ich bin hier, Mama!«

Ich folgte dem Klang seiner Stimme, die mich zu unserer Kapelle führte. Ich sah kaum etwas und rief ihn erneut.

»Ich bin auf der Leiter und streiche.«

»Wo ist denn Ada?«, fragte ich.

»Die kommt gleich wieder!«

Mich beschlich ein ungutes Gefühl. Ich sah nach oben, erkannte aber praktisch nichts. Ich stellte den Tee ab, legte meinen Stock weg und ertastete die Streben der Leiter, die ich umklammerte. »Du musst da runterkommen, Schatz. Das ist viel zu gefährlich.«

»Ich bin noch nicht fertig, Mama!«, protestierte er.

»Das ist Adas Arbeit, Josh. Sie weiß, wie sie das machen muss. Wenn du runterfällst, brichst du dir sämtliche Knochen.«

»So hoch ist das nicht.«

Ich forderte ihn eindringlich auf, sofort zu mir zu kommen. Als er unten war, packte ich ihn an den Schultern. »Das machst du nie wieder!«

»Ich tu's nicht mehr«, sagte er gehorsam. »Wollte doch nur helfen.«

»Da steht irgendwo dein Tee. Trink den bitte«, forderte ich ihn auf.

»Mami, du hast ihn umgeworfen«, erwiderte Josh und gab mir den leeren Becher. Ich hörte ihn davongehen.

Ein Unfall, hatte Ezira in ihrem Brief vermutet. Ich stützte mich schwer atmend auf meinen Stock und starrte in den undurchsichtigen Schleier, der mich auf Schritt und Tritt begleitete. Was nutzte ein Orakel, wenn ich dem Leben so ohnmächtig ausgeliefert war, dass ich nicht einmal beurteilen konnte, ob mein Sohn sich in Gefahr begab oder nicht?

Wie ich es mir vorgenommen hatte, ging ich mit Bisi nun regelmäßig in den Kräutergarten. Wir studierten all die vielen Pflanzen ausgiebig, und meine Lieblingsmama musste wiederholen, wofür jede einzelne gut war. Mein Leben hatte sich auf den Kopf gestellt: Als Kind hatte Bisi mich durch den Haremsgarten geführt und mich in die Geheimnisse der Botanik eingeweiht. Obwohl es dort wesentlich weniger Pflanzen gegeben hatte, hatte sie dennoch damals mein Interesse geweckt. Durch meine Ausbildung zur Heilerin wusste ich nun viel mehr als sie und konnte ihr zurückgeben, was ich einst als Geschenk erhalten hatte.

Amara war noch nicht lange fort, als ich mit Bisi wieder einmal aus dem Garten zur Farm zurückkam. Seitdem ich so schlecht sah, verließ ich mich stärker auf mein Gehör. So nahm ich schon frühzeitig eine dunkle Männerstimme wahr und fragte Bisi, ob sie wisse, wer es sei. Doch sie hatte den Mann noch nicht einmal gehört! Das war einer jener winzig kleinen Momente stillen Triumphs, die mir meine verlagerte Wahrnehmung gönnte.

Es war Dr. Rashid, und er war gerade dabei, Josh kennen zu lernen. Wir kamen dazu, als er meinen Sohn fragte, wie es ihm gehe.

»Sehr gut!«, rief Josh unbekümmert. In der Tat zeigten sich keine neuen Anzeichen der Krankheit. Um zu verhindern, dass Josh den Grund für Dr. Rashids Besuch erfuhr, schickte ich ihn mit Hope zum Spielen. Wie stets gehorchte mein Sohn. Wenngleich ich überzeugt war, dass er darauf brannte, zu erfahren, wer dieser fremde Mann war. Männliche Besucher hatten wir so gut wie nie.

Rashid reichte mir zur Begrüßung die Hand. Ich missachtete sie unabsichtlich und ärgerte mich über meine Ungeschicktheit. In Zukunft würde ich Besuchern rechtzeitig die Hand reichen, dann konnte eine solch peinliche Situation nicht entstehen. Bisi, die nicht von meiner Seite gewichen war, begleitete mich zur Veranda, wo wir Platz nahmen. Mit festem Schritt eilte auch Magdalena herbei. Sie erkundigte sich nach Dr. Nwosu, der diesmal wegen anderer Verpflichtungen nicht mitgekommen war.

»Wir haben die Zutaten Ihres Tees untersucht«, begann Dr. Rashid. »Er enthält viel, von dessen Wirkung wir überzeugt sind«, erklärte er.

Mein Herz machte einen kleinen Freudensprung. Es tat gut, zu hören, wie der studierte Mann bestätigte, dass wir mit unserer Erfindung richtig lagen. Schließlich hatten wir noch nie die Meinung eines Dritten gehört. Gleichzeitig bedauerte ich, dass Amara nicht mehr da war. Sie hätte gewiss einen Weg gewusst, um Dr. Rashid an den Blutbaum zu erinnern.

»Sie meinen, der Tee wirkt wirklich?«, fragte stattdessen Magdalena. Sie hatte es also doch nicht ganz geglaubt!

»Es kommt natürlich auf die Zusammensetzung an. Doch dafür brauche ich den fertigen Tee«, erwiderte der Arzt.

»Ich will Ihnen gern den Tee mitgeben«, sagte ich. »Aber Sie wissen ja, wie meine Freundin darüber denkt.« Ich erklärte ihm, dass Amara wieder in Lagos war.

»Ich komme nicht mit leeren Händen«, meinte Dr. Rashid. Leider konnte ich sein Gesicht nicht erkennen, um einzuschätzen, wie ernst ihm unser Anliegen war. Doch seine Stimme klang einnehmend. »In Jos gibt es eine Art Waisenhaus; es liegt am Stadtrand und besteht eigentlich nur aus Hütten. Dort leben Kinder, deren Eltern an Aids gestorben sind. Viele von ihnen sind selbst HIV-positiv. Ich habe mit der Leiterin dieses Waisenhauses gesprochen. Sie wäre sehr glücklich, wenn einige ihrer Schützlinge auf dieser Farm leben könnten. Sie könnten sie dann gleichzeitig mit Ihrem Tee behandeln, Frau Egbeme. Mein Kollege Dr. Nwosu arbeitet mit Firmen zusammen, die dieses Projekt finanzieren würden.«

Bevor ich etwas erwidern konnte, sagte Magdalena: »Das ist eine phantastische Idee, Doktor! Wir haben sehr viel Platz, nachdem unsere Freundinnen nach Lagos gegangen sind. – Stell dir vor, Choga, was das für Josh bedeuten würde: Er hätte Kinder zum Spielen und zum gemeinsamen Lernen!«

Dr. Rashids Stimme klang sehr freundlich, als er fragte: »Sehen Sie sich dazu in der Lage, Frau Egbeme?«

Ich antwortete ihm, dass es keinen Sinn habe, ihm und mir etwas vorzumachen. Egal wie viele Kinder Rashid an uns vermittelt hätte – meine Kräfte ließen es nicht mehr zu. Die Verantwortung wäre mir über den Kopf gewachsen. Deshalb musste ich diese letzte Gelegenheit, noch einmal als Heilerin arbeiten zu können, verstreichen lassen. Obwohl es mir sehr wehtat, Kindern meine Hilfe versagen zu müssen, die sie gewiss bitter nötig gehabt hätten.

»Das tut mir sehr Leid, Frau Egbeme«, meinte Dr. Rashid warmherzig. »Ich wollte Sie mit meinem Vorschlag nicht in Verlegenheit bringen.«

»Aber es gibt eine Möglichkeit!«, rief Mama Bisi leidenschaftlich. »Amara kommt doch wieder, Choga! Dann könnten wir die Kinder aufnehmen.«

»Zumindest ein paar, das stimmt«, pflichtete ihr Magdalena bei. »Wichtig ist doch, Choga, dass wir eine Perspektive haben, findest du nicht?«

Als gesunde Frau konnte sie so denken; mir fehlte dazu der Ansporn. Ich war eigentlich nur froh, wenn ich morgens die Augen aufschlug und noch etwas erkannte. Die Sorgen anderer Menschen, das machte mir das Gespräch schlagartig bewusst, waren in weite Ferne gerückt. Als lägen sie hinter dem Schleier, der sich vor meine Augen geschoben hatte.

»Wissen Sie was?«, fragte Bisi, »Choga und ich werden jetzt den Tee für Sie zubereiten.« Sie griff nach meiner Hand. »Kommst du?«

»Etwas wollte ich Sie noch fragen«, sagte ich und erhob mich. »Haben Sie eigentlich Ihren Onkel besucht?«

»Ja, ich war bei ihm«, erwiderte Dr. Rashid. »Etwa eine Woche nachdem ich zuletzt bei Ihnen gewesen bin.« Seine Stimme klang eigenartig belegt. »Ich bin Ihnen sehr dankbar, dass Sie mich dazu aufgefordert haben.«

»Sind Sie etwa zu spät gekommen?«, fragte ich mit einer dunklen Ahnung. Denn der Arzt wirkte sonderbar bedrückt.

Dr. Rashid machte eine lange Pause, bevor er weitersprach. »Er ist vor ein paar Tagen an den Folgen eines Schlaganfalls gestorben. Wenn Sie mich nicht ermahnt hätten, zu ihm zu fahren, hätte ich ihn nicht mehr getroffen, um ihm für alles zu danken.« Der Arzt trat zu mir und ergriff meine Hand; die seine war trocken und fest. »Die Begegnung mit Ihnen bedeutet mir sehr viel, Frau Egbeme. Ich kann Ihnen gar nicht sagen, wie sehr ich es bedauere, Ihnen nicht helfen zu dürfen. Ihr kleiner Sohn macht einen wirklich guten Eindruck. Geben Sie wenigstens ihm eine Chance. Ich nehme ihn in das

Programm auf, von dem ich Ihnen erzählt habe. Bei ihm hat es einen Sinn. Das Virus ist effektiver zu bekämpfen, wenn der Typ genau bestimmt ist. Ihr Tee hat lediglich eine allgemein vorbeugende Wirkung. Die Medizin aus den USA und Europa ist gezielter einsetzbar.« Er klang, als wollte er mich beschwören. »Im Moment sehen Sie vielleicht keine Notwendigkeit. Aber keiner von uns weiß, was noch kommt.« Dr. Rashid gab meine Hand frei und ich ging gemeinsam mit Bisi zum Heilhaus.

Wir beide machten uns daran, den Tee herzustellen. Ich fand mich ohne Schwierigkeiten zurecht und achtete peinlich genau darauf, die richtige Dosierung zu finden. Denn mir war bewusst, dieser Tee könnte viel bewirken: Rashids Kollegen würden ihn genau analysieren. Zum ersten Mal hatte ich das Gefühl, etwas hinterlassen zu können, was bestehen würde, wenn es mich nicht mehr gab. Mit Tanishas Ausbildung war mir das nur teilweise gelungen. Doch vielleicht war Dr. Rashid, der Mann, der seine Gefühle stets verbergen wollte, jener Mensch, den Gott mir geschickt hatte. Zumindest ein Teil meines Wissens würde erhalten bleiben und irgendwann fremden Kindern und Erwachsenen zugute kommen. Vielleicht konnte ich auch auf diese Weise den Spruch von Eziras Orakel deuten: Hinter der Dunkelheit wartete die Klarheit.

»Bist du sicher, dass du Rashids Angebot, Josh zu therapieren, nicht annehmen willst?«, fragte Mama Bisi.

»Ich könnte ihn nicht ins Krankenhaus begleiten«, sagte ich. Diese Vorstellung machte mir Angst. Ich hatte mich noch nie von ihm getrennt. Abgesehen davon hatte ich große Zweifel, dass mein Sohn in dem riesigen Krankenhaus wirklich gut betreut werden würde. Zum anderen hätte ich meinen Glauben an Mutter Erde verleugnen müssen. Wenn sie wollte, dass es meinem Sohn gut ging, so würde sie mir den Weg dazu weisen. Denn ich war ihr Werkzeug. Das erklärte ich Mama Bisi.

Doch sie brachte einen Einwand, den ich nicht von der Hand weisen konnte: »Wir müssen für Josh alles tun, was in unserer Macht steht.« Ich gab ihr Recht. Trotzdem war ich überzeugt, genau dies bereits all die Jahre getan zu haben. Die Warnung von Eziras Orakel hatte mich noch argwöhnischer werden lassen. In einem fremden, unübersichtlichen Krankenhaus war mein sieben Jahre altes Kind zum Teil auf sich gestellt.

Daher sagte ich zu Mama Bisi: »Wir wissen nicht, was Rashid und seine Kollegen mit Josh anstellen würden. Denk an Lape.«

»Ja, meine Tochter, Josh bleibt bei uns«, versprach Bisi.

Als wir mit dem Tee fertig waren, trug meine Lieblingsmama die große Kanne zur Veranda. Dort hielt Rashid inzwischen eine fest verschließbare Flasche bereit, in die er ihn umfüllte.

Magdalena und er hatten sich in der Zwischenzeit ausführlich über die Idee eines Waisenhauses unterhalten. Sie waren sich einig geworden, dass Magdalena ihn anrufen sollte, sobald Amara wieder bei uns wäre.

»Hat Ihre Farm eigentlich einen Namen?«, fragte der Arzt unvermittelt.

Ich stutzte. Obwohl sie so vielen Menschen seit Mutters Zeiten ein Zuhause gewesen war, war die Farm stets namenlos geblieben. »Nein«, sagte ich. »Braucht sie einen?«

»Damit Ihr Projekt gefördert werden kann, ist das nötig«, erwiderte er.

Josh spielte im Hof mit unserer Hündin. »Hope, bring den Stock!« Er warf ihn und sie musste ihn zurückbringen. Dann lobte er sie: »Gute Hope, kluge Hope.«

Ich hörte Rashid lachen. »Darf ich einen Vorschlag

machen?«, fragte er. »Wie wäre es mit Joshs Hope? Denn hier würden Kinder leben, die wie Ihr Sohn, Frau Egbeme, die Hoffnung haben, dass das Leben gut zu ihnen ist.«

»Joshs Hope«, wiederholte ich. Das klang gut. Ich erzählte, warum unser Hund einst diesen Namen bekommen hatte. »Es ist die Hoffnung, die uns die Kraft gibt, weiterzumachen.«

»Wie kann ich das Prinzip des Blutbaums erfüllen, bis die Kinder bei ihnen wohnen werden?«, erkundigte sich Dr. Rashid.

Ich erinnerte mich an das Gespräch mit Amara und sagte: »Wir sind zu wenige, um uns selbst versorgen zu können. Wenn Sie uns einige Lebensmittel schicken würden, wäre uns sehr geholfen.«

»Mehr verlangen Sie nicht?«, fragte der Arzt.

»Nein, mehr braucht es nicht«, antwortete ich. Diesmal reichte ich ihm die Hand und er ergriff sie.

»Wenn Sie irgendetwas benötigen – Ihre Schwester hat meine Telefonnummer. Rufen Sie mich an. Ganz egal wann oder weshalb. Zögern Sie nicht, Frau Egbeme. Denn das gehört zu unserer Blutbaum-Vereinbarung.«

Er nahm den Tee und ging zu seinem Auto, das er diesmal am Farmtor abgestellt hatte. Magdalena und Bisi begleiteten ihn. Ich hörte, wie er noch mit Josh sprach. Wenig später rannte mein Sohn auf mich zu und sagte: »Das ist aber ein netter Mann, Mama. Warum war er hier?«

»Er will uns helfen. Denn er arbeitet in einem Krankenhaus, wo Menschen sind, die unseren Tee gut gebrauchen können. Wir haben ihm welchen mitgegeben.«

»Als wir bei Ezira waren, hast du mir gesagt, dass nur jemand den Tee bekommt, den wir gern haben. Hast du den Mann gern?«

»Ja, Josh, in gewisser Weise ist er ein Heiler. Zwar anders als Amara, Buchi oder ich. Aber fast so.« Ich drückte meinen Sohn ganz fest und hoffte, meine Liebe zu ihm hatte mir das Richtige geraten, indem ich Rashids Angebot ausgeschlagen hatte.

Neugierig wie ein Kind

In meiner Kindheit hatte ich Tomaten unglaublich gern gemocht. Aus Kernen zog ich kleine Ableger, päppelte sie groß und sprach jeden Tag mit ihnen. Ich sah zu, wie sie kleine gelbe Blüten bekamen. Aus denen wuchsen erst grüne und dann leuchtend rote Früchte. Ganz besonders glücklich war ich über eine gelbe Sorte, die zuckersüß schmeckte. Ich pulte die winzigen Kerne heraus und steckte sie wieder in die Erde, goss sie und ließ sie von der Sonne bescheinen. Es war ein ewiger Kreislauf, den ich unermüdlich in Gang halten wollte.

Wenn ich mich nun im Garten um die Tomaten kümmern wollte, so führte mich ihr typischer Duft zu ihnen. Ihr Rot, das mich immer an die Sonne erinnert hatte, war für mich längst verblasst. Auf dem Verandatisch bemühte ich mich, die kleinen Kerne aus der Frucht zu holen, um neue Pflanzen ziehen zu können. Es wollte mir nicht mehr gelingen. Ich rief Josh und er half mir. Gemeinsam setzten wir die Kerne in die Erde.

»Jetzt musst du warten und darauf achten, dass sie feucht bleiben und stets viel Sonne haben. Bald wird ein kleiner grüner Keim sein Köpfchen aus dem Erdreich schieben. Dann musst du ihm genug Platz geben, damit er sich zu einer großen Pflanze entwickeln kann«, erklärte ich.

Meine Schwester hatte uns beobachtet und drückte mir am nächsten Tag eine riesige Lupe in die Hand. Sie war eigens bis nach Jos gefahren, um sie zu kaufen. Ich bedankte mich für die Aufmerksamkeit, die sie mir schenkte. Es war so rührend, wie besorgt sie um mich war. Was immer ich brauchte, Magdalena schien es manchmal vor mir zu wissen.

Immer wieder schob ich das Vergrößerungsglas zwischen die Tomatenkernchen und meine fast blinden Augen. Mama Bisi beobachtete mich. »Meine Kleine, ich glaube, du willst alles noch einmal neu sehen, um dir gut zu merken, wie es war. Es ist so unglaublich, wie du damit umgehst. Du hast es nicht leicht gehabt. Das lässt dich heute wohl mit allem besser fertig werden.«

Als ich Josh einen Tag später mein kleines Tomatenwunder mit der Lupe vorführen wollte, konnte ich nichts mehr erkennen. Ich gab sie an meinen Sohn weiter, damit er die Welt annähernd so sehen konnte, wie sie sich mir dargestellt hatte: Jedes Detail, mochte es auch so winzig sein wie ein Tomatenkernchen, war nun für ihn von großer Wichtigkeit. Mir blieben nur meine Fingerspitzen, um es zu ertasten.

Josh nahm mich immer öfter bei der Hand, führte mich herum und erzählte mir, was er sah. Das war wieder eine wundervolle Erfahrung. Denn ich hatte völlig vergessen, wie ein Kind zu sehen. An den Dingen, von denen er mir berichtete, war ich gewiss hundertmal vorbeigelaufen. Ohne sie zu sehen. Jetzt, da meine Augen mir diesen Gegenstand nicht mehr zeigen konnten, entdeckte ihn Josh für mich neu. Das wurde sogar ein Spiel: Er beschrieb etwas und ich musste raten, was es war. Ich fand das richtig spannend. So erkundeten wir die ganze Farm, die angrenzenden Felder und auch den Kräutergarten.

Manchmal, wenn Josh mich hin und her geführt hatte, verlor ich die Orientierung. So wusste ich einmal zwar, dass wir im Kräutergarten standen. Doch der genaue Ort war mir unbekannt. Plötzlich gab es ein Geräusch. »Weißt du, was das ist, Mama?«, fragte Josh. Ich musste raten, kam jedoch nicht darauf. »Ich habe einen Stein in den Brunnen geworfen.«

»Ich habe kein Platschen gehört«, sagte ich.

»Es ist kein Wasser drin, Mama! Womit sollen wir die Pflanzen gießen?« Seine Stimme war sehr besorgt.

Ich erklärte ihm, dass dieser Brunnen von einer kleinen unterirdischen Wasserader gespeist wurde. Wenn es eine Weile nicht geregnet hatte, trocknete der Brunnen aus. »Wenn du älter wirst, dann wirst du erleben, dass manche Dinge Zeit brauchen. So lernt man die Geduld kennen und erfährt, dass irgendwann neuer Regen fällt. Er füllt dann unseren Brunnen.«

»Können denn die Pflanzen so lange warten? Haben die auch Geduld?«, wollte er mit seiner präzisen Logik wissen.

»Du befühlst die Erde und die Blätter der Pflanzen. So spürst du, welche von ihnen Geduld haben. Für die, die nicht warten können, muss man das Wasser vom Hausbrunnen holen. Der ist tiefer.« Ich beugte mich zu einem Busch, dessen Blätter gegen Durchfall wirksam waren, und befühlte sie. »Der hier braucht spätestens morgen Wasser.«

Josh war dicht neben mir, als er fragte: »Wenn wir beide Pflanzen sind, dann brauche ich früher Wasser, oder?«

»Kinder«, sagte ich, »dürfen gar keine Geduld haben. Sie müssen neugierig sein und alles entdecken. Wenn sie wie die Pflanzen ruhig auf den Regen warten würden, wären sie keine Kinder.«

Seine Antwort rief er Hope zu: »Komm, wir machen ein Wettrennen!« Dann hastete er davon und Hopes schnelle Pfoten folgten ihm. Mich hatte er in diesem Augenblick vergessen. Und das war gut so. Denn es zeigte mir, dass er mich nicht für eine völlig hilflose Frau hielt. In der Wahrnehmung meines Sohnes wollte ich nichts weniger als das sein. Dabei half mir, dass mich mein Leben als Sehende in mancher Beziehung auf mein Leben als Blinde vorbereitet hatte. Das galt besonders für meine Füße; ich war immer barfuß gelaufen und bemerkte nun, dass meine Fußsohlen Erinnerungen gespeichert haben.

Meine Leidenschaft für die Natur ließ mich auch empfindlicher auf die leisesten Geräusche reagieren. So wusste ich, dass ich in der Nähe des Brunnens war, wenn die zarten Blätter des kleinen Blutbaumes leise im Wind flüsterten. Manchmal hatte ich den Eindruck, dass mein Leben intensiver geworden war. Vielleicht auch, weil ich mehr in mich hineinhorchte. Ich war nicht unglücklich in dieser Zeit, sondern freute mich, dass ich zu Hause geblieben war. Ich fühlte mich in meiner kleinen Welt sicher und geborgen.

Indem jedes Licht um mich herum erloschen war, hatte ich allerdings jegliches Zeitgefühl verloren. Es muss an einem Nachmittag gewesen sein, als Josh mich nur wenige Schritte aus meinem Zimmer in den Vorraum unseres Treppenhauses führte. Er nahm meine Hand, und meine Finger spürten eine weiche Substanz, Dinge, die sich wie Bälle anfühlten, aber hart waren, sowie schmale spitze Gegenstände. Ich konnte mir nicht zusammenreimen, was das sein sollte.

»Nadeln, Kugeln, Kerzen!«, jubelte mein Sohn. »Mama, das ist ein Tannenbaum! Bald ist Weihnachten!«

Nun hörte ich Magdalenas Stimme, die eigenartig kloßig klang: »Ich habe ihn uns aus Deutschland schicken lassen. Er sollte eigentlich rechtzeitig ankommen, damit du ihn noch sehen kannst. Hat leider nicht geklappt,

Schwesterchen. Er ist auch nur aus künstlichen Nadeln. Aber wir finden ihn alle ganz schön.«

»Welche Farbe haben die Kugeln? Sind sie rot?«, fragte ich.

»Gelb und weiß«, sagte Josh. »Es sind ganz viele.«

Nun vernahm ich Ada: »Die Kerzen sind elektrisch. Ich mache ihn jetzt mal an. Kannst du was erkennen?«

Ich schüttelte den Kopf. »Das macht nichts. Wenn ihr euch freut, bin ich mit euch glücklich.« Dann erzählten Josh und ich vom vorigen Weihnachtsfest mit Ezira und Tanisha. »Damals haben wir bestimmt zu spät gefeiert«, gestand ich meinem Sohn.

»Weihnachten ist immer schön!« Josh schmiegte sich dicht an mich. »Ich sage dir noch mal, wie der Baum aussieht.« Er beschrieb ihn derart plastisch, dass ich ihn so deutlich vor mir zu sehen glaubte, wie ich mich an das Strahlen in den Augen meines Kindes erinnerte. Mein Sohn musste sich allerdings noch einige Tage gedulden, bis es im Haus ganz köstlich duftete. Denn endlich war der Weihnachtsabend gekommen.

Als Überraschung zauberte Magdalena einen deutschen Kuchen. Dazu musste sie nach langer Zeit den uralten Herd im Farmhaus, der sonst nie benutzt wurde, in Gang setzen. Da wir nur noch zu sechst waren, hatten wir alle an einem Tisch Platz. Es war der größte, der sonst auf der Veranda stand. Ich fühlte den Stoff einer Decke, und Josh erzählte, dass sie goldene und silberne Girlanden aufgehängt hatten und überall Kerzen brannten. Wir sangen deutsche Weihnachtslieder, die Magdalena alle kannte. In seinem manchmal etwas holprigen Deutsch bemühte sich Josh, mitzuhalten.

Wir wollten uns keine Geschenke machen. Das war so besprochen worden, weil ich ja nichts mehr basteln konnte. Doch Magdalena überraschte mich mit einem kleinen eckigen Kästchen, das sie mir in die Hand legte.

»Was ist das?«, fragte ich verwundert.

»Ein Diktiergerät«, erklärte sie und führte meine Finger auf die Tasten. Wenig später hörte ich meine eigene Stimme. »Wann immer du willst, kannst du von jetzt an deine Gedanken festhalten«, sagte meine Schwester. »Denn du wolltest doch Tagebuch führen.«

Ich schloss sie gerührt in die Arme. Nun brauchte ich nicht einmal mehr zum Schreiben meine Augen. Für Josh hatte sie ein kleines Auto gekauft, mit dem er begeistert spielte.

»Es hat so eine Antenne wie das von dem Doktor, der uns besucht hat!«, freute er sich. Ich hörte einen kleinen Motor surren und »sah« natürlich das große Auto vor mir. Das war lustig, denn anfangs dachte ich, ein richtiges Auto würde in den Hof fahren. Ich schreckte hoch, weil ich nicht wusste, dass er das Spielzeug herumsausen ließ. Doch noch am Weihnachtsabend ließ er es irgendwo auf dem Weg zu meinem Zimmer stehen. Ich trat darauf. Es gab einen knirschenden Ton, und ich wusste, dass ich etwas kaputtgemacht hatte, was meinem Sohn viel Freude bereitet hatte.

Verzweifelt tastete ich am Boden herum und konnte es kaum finden. »Josh, ich habe dein Auto zerstört.«

»Ach, meine Mama!« Er kniete sich neben mich und drückte sich an mich. »Du hast doch immer nur Angst vor dem Auto gehabt.«

Magdalena erbot sich, ein neues zu kaufen. »Ist schon gut, ich brauche kein Auto«, sagte mein Sohn und streichelte mich voller Zartheit. »Mama«, fragte er, »darf ich heute Abend bei dir schlafen?« Das hatte er schon lange nicht mehr gemacht.

»Weil Weihnachten ist, ja?«

»Ich habe dich so lieb, Mami.«

Als es Schlafenszeit war, schlang Josh die Arme um meinen Hals. Ich genoss es sehr, ihn so nah bei mir zu haben.

»Wirst du denn nie wieder sehen können?«, fragte er.

»Nein«, sagte ich. »Das bleibt für immer.«

Josh rückte noch ein Stückchen näher, obwohl das kaum möglich war. Er hielt mich fest, als hätte er Angst, dass ich davonlief. Ich spürte, wie mein Nachthemd an der Stelle nass wurde, an der sein Kopf lag. Ich tastete nach seinem Gesicht, aber er vergrub es an meiner Schulter. »Tut das weh, wenn man blind ist, Mami?«

»Am Anfang schon, mein Schatz. Jetzt nicht mehr. Ich habe mich sogar schon ein wenig daran gewöhnt, nichts mehr zu sehen.« Ich streichelte lächelnd über sein lockiges Haar. »Jedenfalls so lange, wie nichts im Weg steht.«

»Ich werde besser auf dich aufpassen«, meinte er.

In der Nacht heulte ein Sturm ums Haus, der mich weckte. Josh schlief ganz fest und hörte den Lärm nicht. Doch ich tat kein Auge mehr zu. Ich war sicher, dass irgendetwas mit dem Dach nicht stimmte. Erst knallte es mehrfach, dann hörte es auf und das Jaulen des Windes war umso lauter. Es klang gespenstisch. Ich stand leise auf und tastete mich aus dem Zimmer. Der Tisch stand noch immer in der Eingangshalle, und ich hatte Angst, etwas umzustoßen. Endlich hörte ich oben in den Schlafzimmern Schritte. Mühsam fand ich meinen Weg zum Treppenhaus. Ich hatte erst wenige Stufen erklommen, als Adas Stimme erklang.

»Choga, was machst du denn da?« Meine Patin hatte sich immer um alles gekümmert, was das Haus betraf. »Geh wieder ins Bett. Ich sehe nach, was passiert ist.« Sie wollte mich zu meinem Zimmer begleiten. Doch auch als Blinde interessierte mich, was mit dem Haus los war. So kam ich mit, als sie zur Verandatür ging. Der Sturm drückte Sand vom Hof ins Haus. »Bleib drin«, meinte Ada und huschte aus dem Haus. Ich wartete. Nach einer Weile kehrte sie zurück. »Einige Wellblechstücke, mit denen das Haus eingedeckt war, sind fortgerissen worden. Ich habe zwei gefunden«, sagte sie. »Wir müssen morgen nachsehen, was los ist. Jetzt ist es zu dunkel.«

Ich ging wieder ins Bett, in dem ich kaum Platz fand. Denn unbemerkt hatte Hope es sich neben Josh gemütlich gemacht. Auch sie ängstigte sich vor dem Sturm. Ich nötigte sie auf den Boden neben meinem Bett. Doch schlafen konnte ich nicht. Die Böen zerrten an den Wellblechen und rissen nacheinander wohl mehrere fort.

Am Morgen waren alle früh auf den Beinen. Der Sturm hatte sich gelegt, und ich fand Magdalena, Ada, Bisi und Funke im Hof, wo sie sich berieten. Auch Josh war dort und tat seine Meinung kund. Ada sagte: »Das können wir nicht selbst reparieren. Das Dach ist zu steil und die Stellen liegen viel zu weit oben.«

Von Magdalena erfuhr ich, dass die Telefonleitung zerstört worden war. »Also werde ich nach Jeba fahren und jemanden holen.« Josh wollte sie unbedingt begleiten, und sie nahmen auch Hope mit, die nicht von Joshs Seite wich. Sie kamen bald wieder und berichteten enttäuscht, dass die Arbeiter erst am Folgetag beginnen würden.

»Am liebsten würde ich sofort nach oben klettern und versuchen, es selbst zu richten«, meinte Ada. Soweit ich mitbekam, legte sie unsere Leiter an, die sie zum Verputzen und Malern benutzt hatten. Doch sie war zu kurz.

»Ada, lass das Dach. Besser der Wind fegt hindurch, als dass du dich in Gefahr begibst«, ermahnte Bisi sie.

Auch die folgende Nacht wollte Josh wieder bei mir schlafen. »Du bist viel zu groß und mein Bett ist zu schmal. Denn wenn du bei mir bist, dann kommt Hope auch«, sagte ich. Aber ich klang wohl nicht recht überzeugend. Denn letzten Endes fand ich es sehr schön, wenn er sich an mich kuschelte. Die Nacht verlief glücklicherweise ruhig.

Die erwarteten Dachdecker trafen erst am nächsten Mittag ein. Später hörte ich sie mit Ada und Magdalena heftig debattieren. Kurz darauf fuhren die beiden Arbeiter wieder weg. Ich ging hinaus in den Hof, um Ada zu suchen.

»Was ist los? Warum arbeiten sie nicht?«, fragte ich.

»Ach, die behaupten, unser ganzes Dach wäre zu alt. Flicken ist angeblich sinnlos. Jetzt holen sie neue Bleche«, erklärte mir Magdalena.

»Ich spüre deutlich, dass die uns übers Ohr hauen wollen. Ich gehe da jetzt rauf und sehe mir das selber an«, meinte Ada entschlossen, die nun zu uns stieß.

»Lass das lieber, Ada. Dafür gibt es Dachdecker!« Bisi war sehr besorgt.

Nun meldete sich auch Mama Funke zu Wort: »Wenn die doch so teuer sind und uns obendrein belügen, sollte Ada schon nachsehen, Bisi.«

»Hast du denn eine Leiter, die lang genug ist?«, fragte ich.

»Die haben sie dagelassen«, meinte Ada.

»Pass auf«, sagte ich, »das Dach ist sehr hoch.«

»Das geht schon. Mich betrügen die Kerle nicht!«, schimpfte Ada. Ich konnte mir nicht vorstellen, wie sie sich dort oben bewegte. Doch ich vertraute ihr, denn Ada handelte stets sehr überlegt. Und trotz ihrer 50 Lebensjahre war sie sehr gewandt.

Plötzlich hörte ich Josh rufen: »Ist das toll, wenn man da oben ist, Oma Ada?«

»Vor allem ist es viel gefährlicher als unten«, antwortete ihm Magdalena.

Kurz darauf hörte ich Adas energische Stimme erneut von oben: »Ich habe es doch gesagt! Nur etwa die Hälfte muss erneuert werden. Denen werde ich morgen was erzählen! Die denken wohl, dass die mit uns alles machen können. Nur weil wir Frauen sind.« Wenig später war sie wieder unten und unterhielt sich mit Bisi und Magdalena darüber, wie mit den Dachdeckern umzuspringen sei. Ich hielt mich aus der Sache heraus, denn ich konnte weder den Schaden ermessen noch sonst einen vernünftigen Beitrag leisten.

Auch an diesem Abend kuschelte sich Josh wieder im Bett an mich; es war ihm wohl eine liebe Gewohnheit geworden. Ich wollte es ihm noch dies eine Mal durchgehen lassen. Sobald das Dach wieder repariert war, würde man den Wind nicht mehr so stark hören. Dann könnte er wieder oben in seinem Zimmer schlafen.

»Oma Ada ist sehr tapfer, nicht wahr?«, meinte er. »Sie klettert wie die Männer auf das Dach. Ich habe ihr zugesehen. Sie hatte überhaupt keine Angst«, sagte er.

»Mama Ada hat schon ganze Häuser gebaut«, erzählte ich und berichtete von den Zeiten im Harem. »Ständig zogen neue Frauen ein, die ihre eigenen Häuser bekommen sollten. Sie hatten Kinder, die Platz brauchten. Mama Ada hat dann immer gebaut. Sie konnte das richtig gut«, plauderte ich gemütlich und hielt ihn im Arm.

»Dann können wir doch die Männer wegschicken, die Oma Ada betrügen«, folgerte er mit seiner bestechenden Logik.

»Wenn man sich mit etwas auskennt, muss man es noch lange nicht selbst machen«, erklärte ich. »Dann kann man jemandem sagen, wie es richtig geht.«

Sein Körper lag schon, von Müdigkeit schwer, an meinem. Hope stieß die Tür auf und kringelte sich auf meine Beine. »Ist so gemütlich bei dir, Mami«, sagte Josh schläfrig. Wenige Atemzüge später hörte ich ihn entspannt atmen. Ich lauschte und dämmerte selbst ein, obwohl ich mich zwischen Josh und Hope kaum ausstrecken konnte.

Ich erwachte davon, dass ich sehr viel Platz in meinem Bett hatte. »Josh?«, fragte ich. »Bist du hier?« Ich bekam keine Antwort. Vielleicht war er in sein eigenes Bett gegangen, weil es ihm bei mir und Hope zu eng gewesen war. Der Fleck, an dem er geruht hatte, war allerdings noch warm. Auch Hope musste gerade aus dem Zimmer gelaufen sein, denn auch die Stelle, an der sie gelegen hatte, barg noch ihre Wärme. Ob es mitten in der Nacht oder schon Morgen war, konnte ich nicht einschätzen.

Plötzlich hörte ich ein seltsames Geräusch, zwei leichte dumpfe Schläge kurz nacheinander. Es klang nicht so wie in der Weihnachtsnacht, als die Blechstücke fortgerissen worden waren. Und auch nicht so, als wenn in der Etage über mir etwas umgefallen wäre.

Während ich nach meinem Stock tastete, der mein Wegweiser geworden war, fiel mir das kaputte Dach ein und Ada, die da oben herumklettern könnte. Gleichzeitig schrien meine inneren Stimmen, dass es nicht Ada war. Der Aufprall klang wie der eines viel leichteren Körpers …

Dann sah ich Ezira Brief vor mir. *Wen das Orakel meint, kann ich nicht sagen. Doch ich glaube herausgelesen zu haben, dass der Tod diesen Menschen sehr überraschend holt. Durch eine plötzliche Krankheit, einen Unfall?*

Adas Stimme erscholl aus weiter Ferne. Es war nur ein Wort: »Josh!«

In dieser eigentlich kurzen Silbe, die Adas Stimme gleichzeitig in den grellsten und dunkelsten Klangfarben modulierte, lagen alle Gefühle, die ein Mensch haben konnte.

Im nächsten Moment erzitterte das ganze Haus unter den schnellen Schritten meiner Gefährtinnen. Es war, als ob die Erde bebte. Ich musste hinaus, aber die Tür war geschlossen. Ich prallte mit dem Kopf dagegen, suchte in meiner Panik auf der falschen Seite nach der Klinke, tappte in den Flur und auf die Veranda.

Aus dem Durcheinander der Stimmen hörte ich Bisis aufgeregtes Kommando heraus: »Bringt ihn zu Choga!«

»Wo ist Josh? Was ist mit ihm? Josh, Josh, sag etwas! Bitte!«, schrie ich.

Magdalenas Hände dirigierten mich in mein Zimmer und drückten mich sanft auf mein Bett, wo mein Kind lag. So wie zuvor. Dennoch schien inzwischen eine Ewigkeit vergangen zu sein. Eine Zeitspanne, die ich nie wieder zurückholen konnte. Was hätte ich jetzt darum gegeben, ihn noch einmal sehen zu können! Um zu wissen, wie es ihm wirklich ging.

Ich legte mich neben ihn an den Rand des Bettes. Josh bewegte sich nicht, aber sein Körper war noch ganz warm. Er schien völlig unverwundet, war nur überall voller Sand. Ich tastete nach seinem Puls; er war kaum zu spüren. Seine Augen, die so neugierig fragen konnten und mich so oft liebevoll angesehen hatten, waren geschlossen. Als würde er schlafen. Ich bedeckte sein Gesicht mit Küssen, presste mein Ohr auf seine Brust, horchte an seinem Mund, ob er vielleicht ein erlösendes Wort für mich hatte, das den Alptraum bannen konnte.

Doch mein Kind schwieg.

Ich barg meinen Kopf an seinen Hals, in der Hoffnung, dass meine Lippen seine Ader pulsieren fühlen könnten. Ganz zart glitt meine Hand in seinen Nacken und spürte die oberen Wirbel, die der Sturz vom Dach verschoben hatte. In diesem Augenblick begriff ich, was das Orakel gesehen hatte. Es war nicht meine Blindheit, die mit der Dunkelheit gemeint gewesen war.

Gott hatte mir meinen Sohn genommen und mich in einen Abgrund gestoßen, der noch viel tiefer war.

Das Licht in meinem Herzen

Mein Zimmer war voller Stimmen. Die *Mamas* redeten so leise durcheinander, als könnten sie Josh sonst wecken. Dann wurde meine Tür geöffnet und sanft geschlossen. Von draußen vernahm ich das verzweifelte Weinen Hopes, die wohl alles mit angesehen hatte. Meine Schwester betrat den Raum auf Zehenspitzen und hockte sich neben uns.

»Josh muss sofort ins Krankenhaus«, flüsterte Magdalena. »Ich habe den Pick-up vorbereitet mit Matratzen und Decken auf der Ladefläche. Wir müssen es wenigstens versuchen. Josh darf hier nicht einfach so liegen!«

»Tu ihm das nicht mehr an, Magdalena. Es ist sein Genick«, sagte ich mit einer Stimme, die nicht meine zu sein schien. »Der Wagen ist viel zu hart, selbst mit Matratzen. Das überlebt er nicht.« Ich dachte an die Fahrt mit Lape. Es dauerte mehr als eine Stunde bis nach Jos. Und allein der Weg von uns bis zur Straße hatte unzählige Schlaglöcher.

»Choga Regina, du darfst ihn nicht aufgeben. Er wird leben! Er ist so jung! Kinder haben schon ganz andere Stürze überlebt. Er hatte bestimmt einen Schutzengel. Lass es uns versuchen. Er darf nicht sterben!«

»Er braucht nur noch Ruhe, damit er sanft hinüberfindet«, sagte ich.

Bisi begann als Erste, dann schloss sich Ada an, dann Funke. Sie beteten das Vaterunser. Magdalena sprach es mit, doch dann sagte sie: »Choga, bitte, sei vernünftig. Du siehst nichts mehr. Du kannst nicht einschätzen, wie es um Josh steht. Und wir anderen ebenfalls nicht. Ich werde Hilfe holen, irgendwas fällt mir schon ein.« Bevor ich antworten oder sie aufhalten konnte, verließ meine Schwester den Raum mit festem, eiligem Schritt.

Im Gebet flehte ich Gott an, dass Josh keine Schmerzen haben möge. Sondern dieses Leben als etwas Schönes in Erinnerung behielte. Ich bat Gott um die Kraft, dass ich ihm nicht zürnen möge, weil er mir mein Kind genommen hatte. Meinen Halt, meine Hoffnung, meine Liebe.

Meine Finger glitten über das sich auf einen ewigen Schlaf vorbereitende Gesicht meines Sohnes, spürten dem weichen Schwung seiner Wangenknochen nach, den jetzt entspannten Augenbrauen, die er oft so skeptisch zusammengezogen hatte, seinen vollen Lippen, die er aufeinander gepresst hatte, wenn eine Frage in ihm gebrodelt hatte. Er wirkte so unversehrt, als hätte der Sturz ihm nicht wirklich etwas angetan. Ich roch in seinen Haaren diesen ganz typischen Duft, den wohl jede Mutter an ihrem Kind liebt und an dem sie es aus tausend anderen erkennt.

Die Dunkelheit, die mich umfing, war erfüllt von Bildern. Ich fühlte seinen Stolz, als er die kleine Faraa auf dem Rücken herumtragen durfte, und die Enttäuschung, als Mama Patty ihn dafür schalt. In mir war die Angst, als er vor dem wilden Hund stand, der Faraa bedrohte. Ich empfand aber auch das Glück, wenn er mit Hope über unsere Farm tollte. Ich spürte seine Freude, als es ihm gelungen war, mich im Urwald beim Fest der Fröhlichkeit zum Tanzen zu bewegen. Und ich spürte wieder seine unbändige Freude, mich herumführen und mir die Welt mit seinen Augen zeigen zu dürfen. Ich trauerte mit ihm um einen Vater, den er nie gehabt hatte. Ich empfand seine Wärme, als er sich an mich kuschelte, und hörte ihn sagen: »Es ist so gemütlich bei dir, Mami.« Nicht zuletzt fühlte ich seine unglaubliche Verwunderung darüber, dass die Welt der Erwachsenen so groß war und er zu schwach, um sich auf unserem Dach halten zu können.

Ich lauschte auf Joshs Atmung; sie wurde immer flacher. Die starke Hand, die ihn in dieses Leben geschickt hatte, nahm ihn ganz langsam wieder fort. Ich beugte mich über sein Gesicht, streichelte mit den Fingerspitzen seine leicht geöffneten Lippen. Sie vibrierten, als wollte er mir ein letztes Lebewohl zuflüstern. Ich spürte ihn noch einmal aufatmen, dann wich alle Spannung aus seinem zarten Körper. Und jetzt, da ich wusste, dass meine liebevolle Umarmung ihm nicht mehr wehtun konnte, hielt ich ihn fest. Mein Kopf lag auf seiner schmalen Brust. Sein Herz hatte aufgehört zu schlagen. Ich blieb so liegen, unfähig, mich zu bewegen. In mir war nur noch Leere, eine tiefe schwarze Ohnmacht. Und gleichzeitig ein Schmerz, der mein Herz zerriss.

Dass draußen ein Auto vorgefahren war, merkte ich gar nicht. Ich kam erst wieder zu mir, als ich Magdalenas Hände auf meinen Schultern spürte.

»Schwesterchen, hörst du mich? Dr. Rashid ist hier. Mit einem Krankenwagen. Wir können Josh jetzt in die Klinik bringen.«

Ich richtete mich auf. »Gott hat Josh zu sich geholt, Magdalena. Er ist erlöst.« Erst als ich das ausgesprochen hatte, wusste ich, was diese Worte bedeuteten: Mein Kind musste nicht mehr leiden. Gottes Gnade hatte es ihm erspart. Obwohl er mir meinen Sohn genommen hatte, spürte ich dennoch ein Gefühl der Dankbarkeit. Begreifen konnte ich zwar nicht, warum mein Kind so plötzlich aus diesem Leben gerissen wurde. Doch Gott hatte ihm einen friedlichen Abschied geschenkt. Wir durften ihn alle begleiten – seine Omas, die er so liebte, und ich.

»Frau Egbeme, lassen Sie mich Josh untersuchen«, hörte ich Dr. Rashid sagen. Ich hätte ihn am liebsten fortgeschickt. Ich wollte nicht, dass fremde Hände mein Kind gerade jetzt berührten. Dieser Moment sollte uns gehören. Für immer vielleicht. Gleichzeitig spürte ich die Hand des Arztes, der mir aufhelfen wollte.

So ließ ich mein Kind los. Ich konnte Josh nicht festhalten. Er war fort. Nur sein Körper lag noch da. Ungeschützt. In diesem Moment war ich froh, nichts sehen zu müssen. Die Dunkelheit erschien mir wie eine Gnade, mit der Gott mir diesen unerträglichen Abschied leichter machte.

Magdalena begleitete mich ein paar Schritte fort vom Bett und drückte mich auf den Hocker. Es war gespenstisch still. Nur das unterdrückte Schluchzen von Mama Bisi, Mama Ada und Mama Funke nahm ich jetzt wahr. Bisis mütterliche Nähe umfing mich mit Wärme. Ich lehnte mich an sie und lauschte in die Dunkelheit.

Endlich vernahm ich Dr. Rashids leise Stimme, verstand jedoch nicht, was er sagte. Erst an Magdalenas Reaktion erkannte ich, dass ich mich nicht geirrt hatte. »Warum? Er war doch noch so jung!«, rief sie verzweifelt.

Mama Bisi drückte mich noch fester an sich, aber auch ihr fehlten die Worte, um das Unfassbare einzufangen. Dr. Rashid ergriff meine Hände: »Es tut mir Leid, Frau Egbeme. Ich kann nichts mehr für Ihren Sohn tun.«

Ich erhob mich so langsam von dem Hocker, auf dem ich saß, als würde eine zentnerschwere Last auf mir ruhen.

»Als Ihre Schwester mich anrief, habe ich alles versucht, um so schnell wie möglich Hilfe zu organisieren«, sagte Dr. Rashid mit tiefem Bedauern in der Stimme. Ich hatte Mühe, seinen Worten zu folgen. Es erschien mir so sinnlos, über das Unabänderliche zu sprechen.

Doch für Magdalena war es wichtig. Selbst im Moment von Joshs Tod wollte sie sich nicht, wie sie es genannt hatte, fremdbestimmen lassen. »Ich bat um einen Hubschrauber. Vielleicht hätten wir Josh dann noch retten können.« Meine deutsche Schwester klang verzweifelt. »Aber so etwas gibt es hier nicht.«

»Ich weiß, in Deutschland hätte man Josh wohl noch ins Krankenhaus geflogen. Aber wir sind in Afrika. Hier ist das nicht so einfach. Bei uns geht alles viel langsamer«, meinte der Arzt, der beide Welten kannte.

Mir fehlte fast die Kraft, zu sprechen. »Joshs Leben lag in Gottes Hand«, sagte ich, um wenigstens Magdalena zu trösten, damit sie nicht verzweifelte. »Von dem Tag an, als ich Josh zum ersten Mal in meinen Armen hielt, wusste ich, dass Gott uns nur eine kurze Zeit zusammen schenken würde. Sie würde niemals reichen, um erleben zu können, wie ich sein Kind einmal auf dem Arm halten würde. Ich konnte Gott nur bitten, uns etwas mehr Zeit zu geben. Darum wollte ich ihn immer beschützen. Mit meinem Tee, mit meiner Aufmerksamkeit.« Ich wusste nicht, wo Dr. Rashid stand. Ich wandte mich in die Richtung, wo ich ihn vermutete. »Das letzte Mal, als Sie hier waren, wollten Sie Josh in Ihr Programm aufnehmen. Ich höre Ihre Worte noch deutlich: Wir wissen nie, was noch kommt.« Ich hielt mich an Mama Bisi fest, als ich fortfuhr: »Dass er von einem Dach fallen könnte, hat keiner erwartet. Denn was geschehen soll, geschieht. Wir werden nie verstehen, warum das so ist.«

Dr. Rashids Stimme klang heiser, als er antwortete: »Manchmal muss man sein Schicksal wohl akzeptieren. Es ist nur furchtbar, dass wir das ausgerechnet durch Joshs Tod wieder einmal erfahren müssen.« Er machte eine lange Pause. »Ich wollte Ihnen noch etwas sagen, was Ihnen vielleicht gerade jetzt, wo Josh noch in unserer Nähe ist, ein Trost ist. Denn wir wollten unser Projekt Joshs Hope nennen. Sie sagten, es sei die Hoffnung, die uns aufrecht erhält. Wenn hier eines Tages Kinder sein werden, dann wird Josh nicht vergessen. Denn sie leben und spielen dort, wo er glücklich war. Und sie bekommen den Tee, der ihm geholfen hat.«

Mama Bisi kämpfte mit den Tränen um jedes Wort, das sie nun sagte: »Choga hat ihn für Josh entwickelt. Er war ihr erster Patient.«

»Meine Kollegen haben beschlossen, das Waisenhaus zu unterstützen, Frau Egbeme. Dr. Nwosu hat die Gelder für Joshs Hope bewilligt bekommen.« Er griff nach meiner Hand. »Ich gehe jetzt. Aber ich würde gern irgendwann wiederkommen. Auf Wiedersehen.«

»Josh hat Sie gern gemocht«, sagte ich und drückte seine Hand. »Gott schütze Sie.« Sobald er das Zimmer verlassen hatte, kehrte ich zu Josh zurück und legte mich neben ihn auf mein Bett.

Den ganzen Tag über hielten meine *Mamas* und ich bei ihm Totenwache. Wir beteten gemeinsam dafür, dass seine Seele ewigen Frieden finden möge. Magdalena fuhr zwischendurch weg und manchmal hörte ich sie telefonieren. Sie brachte uns Wasser und Essen, das niemand anrührte. Bei dieser Gelegenheit schlüpfte Hope in mein Zimmer. Sie fiepte und wollte mit Josh spielen. Dann sprang sie so wie immer aufs Bett und rollte sich zu seinen Füßen zusammen.

Magdalena wollte die Hündin hinausschicken. »Lass sie«, bat ich, »auch Hope muss sich verabschieden dürfen.«

Dann tauchte ich wieder in die Bilder von Joshs und meiner Vergangenheit ein. Meine Erinnerung führte mich in den Urwald zurück. Ich saß am Ufer des Flusses und beobachtete Josh. Er schwamm wie ein Fisch, tauchte unter und kam wieder hoch, schüttelte den Kopf und ließ die Tropfen fliegen. »Ah, Mama, das tut so gut!«, rief er. Ich genoss den Anblick seiner Unbeschwertheit und merkte nicht, dass er immer weiter von mir wegschwamm. Ich hatte keine Angst um ihn. Denn ich wusste, das Wasser würde ihn tragen.

Bisi küsste mich sanft auf die Stirn. »Es ist bald Abend, meine Kleine. Magdalena hat Amara angerufen. Sie wird bald hier sein. Lass uns Josh schön machen, ihn waschen und neu anziehen.«

Damit begann die letzte Reise meines Kindes. Mama Bisi wollte mir zwar Kleidung aus seinem Zimmer bringen. Denn mir fiel das Treppensteigen sehr schwer. Doch diesen Weg wollte ich selbst tun. Sie begleitete mich nach oben und wir suchten nach seinen Lieblingssachen. Seine T-Shirts konnte ich nicht auseinander halten; ich wollte ein sonnengelbes und dazu eine knielange rote Hose. Beides hatte er beim Fest der Fröhlichkeit angehabt, bei dem wir uns Mama Lisas Decke umgelegt und gemeinsam getanzt hatten. Als wir wieder nach unten kamen, hatte Mama Ada Josh bereits aus meinem Zimmer ins Heilzimmer getragen.

»Magdalena hat Sonnenblumen mitgebracht.« Mama Bisi beschrieb, wie schön das kleine Heilzimmer aussah. Josh lag auf einer Schlafmatte am Boden. Ada hatte einen Eimer Wasser neben ihn gestellt. Nun wusch ich den Sand vom Körper meines Sohnes und kleidete ihn so, wie ich ihn gern in Erinnerung hatte. Ich kämmte seine Haare und streichelte sein zartes, nun so entspanntes Gesicht.

Als er fertig war, schloss ich ihn in die Arme. Ich weinte um mein Kind, das nie erwachsen werden durfte. In den letzten Wochen seines Lebens hatte er mir gezeigt, dass er ein wunderbarer Mann geworden wäre. Ein Mann, der mir nie begegnet war: hilfsbereit und aufmerksam, voller Liebe und Rücksicht.

Ich erinnerte mich an das Geschenk, das er mir zum Fest der Fröhlichkeit gemacht hatte, und ging in mein Zimmer, um die kleine Rassel zu suchen. Seit einem Jahr hatte ich sie nicht mehr zur Hand genommen. Ich hatte sie nicht gebraucht; ich hatte Josh in meiner Nähe. Als ich sie gefunden hatte, kehrte ich zu Josh zurück und legte mich auf den Boden neben ihn. Ich führte das Instrument dicht an mein Ohr, um es erklingen zu lassen. Die winzigen Perlen schlugen sacht gegen den hohlen Körper des getrockneten Kürbisses. Es war, als würde ich Joshs Stimme hören. Er schien mir ein Geheimnis zuzuflüstern. Aus einer anderen Welt, die mir nun ganz nah war. Ich rührte mich nicht mehr, lag ganz still und lauschte.

»Choga, ich bin's, Amara.« Ihre Stimme war ganz nah bei mir, doch ich wusste nicht, ob ich wachte oder schlief. Erst als sie mich in die Arme nahm und ich ihre Tränen auf meinen Wangen spürte, erkannte ich, dass sie wirklich gekommen war. Sie sagte, dass es spät in der Nacht sei; Mary habe sie wie einst Tanisha, Faraa, Josh und mich gefahren.

»Ich danke dir, dass du gekommen bist«, sagte ich und hielt sie ganz fest. Wir sprachen kein Wort. Denn es hätte keines gegeben, das uns über Joshs Tod hinweggetröstet hätte. Wie viele Stunden hatten wir einst an seinem Bettchen gestanden, als er im Alter von einem Jahr mit seiner ersten Lungenentzündung kämpfte. Was hatten wir uns nicht alles überlegt, um das kleine Kind zu retten. Wie viele Wege waren nötig gewesen, um die richtige Medizin zu finden. Tage, Wochen und Monate hatten wir in Kräuterküchen gestanden, geschabt, gerührt, zerstoßen, ausprobiert und verworfen. Am Ende von all dem stand »Mama Chogas Tee«, der so vielen Menschen geholfen hat. Und der doch eigentlich hätte heißen müssen: »Joshs Tee«. Welche Belohnung war es, als mein Sohn sich erholte, wuchs und größer wurde! Als er unsere Namen das erste Mal nannte.

»Weißt du, woran ich gerade denken muss?«, fragte meine Mentorin. »Die Liebe, mit der wir für Josh gekämpft haben, hat etwas hinterlassen, was anderen Menschen hilft. Vielleicht ist Josh deshalb geboren worden. Er hat durch seine Anwesenheit Gutes bewirkt. So wie sein Name ein Versprechen war: Gott hilft.«

»Du magst Recht haben«, meinte ich nachdenklich. Dann erzählte ich ihr von Dr. Rashids Besuch. »Sobald du mit meinen *Schwestern* und den Kindern wieder hier bist, kannst du darangehen, deine Idee vom Blutbaum zu verwirklichen.«

Meine mütterliche Freundin war glücklich über die Neuigkeiten. Sie bestätigten ihre Hoffnung. »Aber es wird noch eine Weile dauern, bis wir hier leben können, Choga. Ich habe noch keine Nachfolgerin gefunden, die geeignet wäre. Ich bin jedoch sicher, dass ich es bald schaffen werde.«

»Das macht nichts«, sagte ich. »Wichtig ist, dass du deinen *compound* und deine Patienten in guten Händen weißt. Der Rest wird sich mit Gottes Hilfe fügen.«

Sie erzählte von Abidem, Jumoke, Yetunde und den beiden Mädchen, dass es ihnen gut gehe und sie oft von der Farm sprächen. »Sie haben große Sehnsucht. Dies ist ihr Zuhause«, meinte Amara.

Ich fühlte die Wärme der frühen Morgensonne auf meinem Gesicht, als wir Josh neben meiner Mutter, Efe, Jo, Lape und Mama Ngozi unter den Bougainvilleabüschen beisetzten. Mama Bisi beschrieb mir den Sarg aus schlichtem Holz, den Magdalena am Vortag in Jeba hatte anfertigen lassen. Wir legten Josh in seinen hübschen Sachen hinein, ich küsste ihn ein letztes Mal und umarmte seinen kleinen Körper. Bevor wir den Sarg in die Erde ließen, verabschiedeten sich seine Omas, Magdalena und Amara von ihm. Wir beteten und sangen für ihn, und ich schwang seine kleine Rassel, die ich von nun an bei mir trug.

Ich wollte ihm noch einen letzten Gruß mit auf den Weg geben. Meine Stimme schwankte, als ich zu sprechen begann. Ich gab mir Mühe, laut zu reden, denn ich spürte, dass er mich hören konnte. »Josh, mein Kind, du bist wie ein Funke zu mir gekommen, der mein Herz zum Leuchten brachte und jeden meiner Tage mit dem Licht der Liebe erhellte. Es wird niemals erlöschen und für immer in mir bleiben. Dafür danke ich dir und werde dich immer lieben, mein Schatz. Auf dich wartet ein neues Leben. Ich wünsche dir Liebe, die dich auf deinem nächsten Weg beschützen möge. Warte nicht auf mich. Ich muss noch hier bleiben. Deine Seele ist nun frei.«

Wir setzten uns zu unseren Toten und erzählten aus ihrem Leben. Stundenlang reihte sich eine Geschichte an die andere. Jede wusste eine Episode, die wieder zur nächsten führte. Es war fast so, als ob unsere Lieben nicht unter der Erde ruhten, sondern in unserem Kreis säßen.

Hope begriff nicht, warum Josh nicht mit ihr spielte. Seit mein Augenlicht erloschen war, konnte ich mit ihr nur noch ein wenig schmusen. »Es wird lange dauern, bis Hope versteht«, sagte Bisi.

Ich wollte ein wenig im Kräutergarten sitzen. Magdalena begleitete mich. »Choga, ich weiß, dass du allein sein willst. Aber ich muss dir noch etwas sagen«, meinte sie. »Als Josh starb, wollte ich, dass er ins Krankenhaus kommt. Ich habe alles versucht. Doch es war, als ob sich die Welt gegen meinen Plan verschworen hätte. Als ich Dr. Rashid dann endlich ins Zimmer führte, war Josh gerade gestorben. Ich war so wütend, dass man in Afrika nicht helfen kann wie in Deutschland. Inzwischen denke ich anders darüber. Was du gerade über Josh gesagt hast, über das Licht, das er für dich bedeutete, das ist wahr, Choga. Man trifft Menschen nicht einfach so. Sondern man reibt sich an ihnen. Das erzeugt neue Energie.« Ich hörte, wie sie kurz auflachte. »Ich bin Physiklehrerin. Ich denke nun mal so, verzeih.«

Wir standen auf dem Pfad zum Kräutergarten, die Sonne schien sehr warm, Vögel sangen und die Luft duftete nach Kräutern. »Auch ohne mich mit Physik auszukennen, weiß ich, was du meinst«, erwiderte ich. »Ist das nicht auch so mit uns beiden?«

»Genau das wollte ich sagen. Wir hatten einander jahrzehntelang nicht gekannt. Dann trafen wir uns und wunderten uns darüber, wie verschieden wir waren und wie ähnlich gleichzeitig.« Meine Schwester berührte mich sanft an der Schulter. »Weißt du noch unsere erste Begegnung am Flughafen?«

»Ja, als ob es gestern gewesen wäre«, antwortete ich. Ich wollte alles richtig machen, und dann erkannte ich Magdalena, von der ich nur ein Foto gehabt hatte. In Wirklichkeit sah sie so viel strenger aus, dass ich mich nicht traute, sie anzusprechen. »Ich trug Schuhe, das weiß ich noch genau«, sagte ich. »Ich hatte sie extra angezogen, um einen guten Eindruck zu machen. Wegen der Schuhe fiel ich hin. Oh, war mir das peinlich!« Die Erinnerung ließ mich lächeln. »Du hast mir die Hand gereicht, damit ich aufstehe. Das war unser erster Händedruck.«

Wir umarmten uns fest, als Magdalena mit belegter Stimme meinte: »Ich habe dir nie gesagt, was ich damals gedacht habe.« Sie schwieg einen Moment und ich lauschte gebannt. »Ich habe zu mir selbst gesagt: Da, wo du herkommst, Magdalena, gibt es niemanden, der dich wirklich braucht. Doch deine Schwester braucht dich.« Sie hakte mich unter. »Ich werde dich nie verlassen, Choga«, sagte Magdalena.

Ich stützte mich auf meine Schwester. Voll liebevoller Fürsorge achtete sie auf mich. Es tat gut, ihre Nähe zu spüren. Gemeinsam setzten wir den begonnenen Weg fort.

Nachwort

Choga Regina Egbeme diktierte ihre Erinnerungen nach dem Tod ihres Sohnes auf Band. Sie starb am 25. Juli 2003 an multiplem Organversagen und wurde neben ihrem Sohn Joshua und ihrer Mutter Lisa begraben – unter den Bougainvilleabüschen. Sie wurde 27 Jahre alt.

Die Farm »Joshs Hope« ist heute ein Waisenhaus für Kinder, die von Amara, Ada, Bisi und Funke betreut werden. Sie erhalten »Mama Chogas Tee«. Das naturheilkundliche Modellprojekt, das Dr. Rashid und Dr. Nwosu wissenschaftlich begleiten, wird finanziell von einem internationalen Konzern unterstützt.

Magdalena reiste nach dem Tod ihrer Schwester in die USA. Ihre Tochter Kati brachte im August 2003 ein Kind zur Welt. Es trägt den Namen Regina.

Die Fortsetzung des großen Bestsellers »Hinter goldenen Gittern«

Choga Regina Egbeme lebt in einer scheinbaren Idylle: Zusammen mit einigen Gefährtinnen und ihrer deutschen Halbschwester ist sie auf die verlassene Farm ihrer Mutter in Zentral-Nigeria gezogen. Geborgenheit und neuen Mut finden sie in der alten Lebensform: ein Harem, zu dem Männer aber keinen Zutritt haben. Doch ihr Zufluchtsort ist bedroht: Die islamische Nachbarschaft, die für die Einführung der Scharia kämpft, kann diese Frauengemeinschaft nicht dulden. Immer wieder werden die Frauen brutal überfallen. Choga muss die Farm mit hohen Mauern umgeben – aber wird es ihr gelingen, sich und ihre Gefährtinnen vor der feindlichen Welt außerhalb des Harems zu beschützen?

Choga Regina Egbeme

Die verbotene Oase